PPP 项目运作实务与典型案例

孙冲冲◎主编

内 容 提 要

本书内容主要包括PPP项目概述、PPP项目获取流程及相应国家政策解读、PPP项目公司的设立及土地取得、PPP项目融资控制、PPP项目的合同主要条款及管理、PPP项目财税处理、PPP项目典型案例。

PPP项目运作实务问题颇多，本书抓住项目中关键问题进行讲解，阐述到位、针对性强。

主要读者对象为PPP项目参与各方，包括政府、社会资本方、融资方、承包商、分包商、专业运营商、保险公司和原材料供应商等。

图书在版编目（CIP）数据

PPP项目运作实务与典型案例 / 孙冲冲主编 .—北京：中国电力出版社，2019.8

ISBN 978-7-5198-3248-3

Ⅰ. ①P… Ⅱ. ①孙… Ⅲ. ①政府投资－合作－社会资本 Ⅳ. ①F830.59 ②F014.391

中国版本图书馆CIP数据核字（2019）第105294号

出版发行：中国电力出版社
地　　址：北京市东城区北京站西街19号（邮政编码100005）
网　　址：http://www.cepp.sgcc.com.cn
责任编辑：王晓蕾（010-63412610）
责任校对：黄　蓓　马　宁
装帧设计：张俊霞
责任印制：杨晓东

印　　刷：北京天宇星印刷厂
版　　次：2019年8月第一版
印　　次：2019年8月北京第一次印刷
开　　本：787毫米×1092毫米　16开本
印　　张：17.5
字　　数：405千字
定　　价：58.00元

编　委　会

前言

PPP（Public-Private Partnership）即公私合作关系。近几年，PPP正在我国公共产品和公共服务供给领域掀起一场新变革。国家发改委《关于开展政府和社会资本合作的指导意见》（发改投资〔2014〕2724号）指出："PPP模式的适用范围主要为政府负有提供责任又适宜市场化运作的公共服务、基础设施类项目。燃气、供电、供水、供热、污水及垃圾处理等市政设施，公路、铁路、机场、城市轨道交通等交通设施，医疗、旅游、教育培训、健康养老等公共服务项目，以及水利、资源环境和生态保护等项目。"而根据国务院办公厅转发的财政部、发改委、人民银行《关于在公共服务领域推广政府和社会资本合作模式的指导意见》（国办发〔2015〕42号），PPP包括能源、交通运输、水利建设、生态建设和环境保护、市政工程、片区开发、农业、林业、科技、保障性安居工程、旅游、医疗卫生、养老、教育、文化、体育、社会保障、政府基础设施和其他共19类。

PPP作为政府与社会资本合作提供公共产品与服务的一种建设模式，也是我国供给侧结构性改革的一个重要举措。它为落实"四个全面"战略部署、推进"一带一路"倡议的实施、拉动经济增长等做出了贡献。积极推动PPP有序、规范、健康地发展，对激发我国经济发展活力和推动国家治理模式变革具有重要的意义。

2015年全国两会，"互联网＋"和"PPP"模式同时被提升到国家战略的高度。在我国经济进入新常态、新型城镇化加快开展、"十三五"规划正式出台的大背景下，集政府监管优势和社会资本资金、技术与管理优势于一体的PPP模式成为当下我国经济新热点。PPP前景广阔，截至2016年6月末财政部PPP信息中心全部入库项目9285个，总投资额10.6万亿元，对PPP领域的各类社会资本是巨大的商机。据统计，截至2017年6月底，PPP项目已达1.3万个，投资额16.3万亿元，覆盖了绝大多数领域和地区。PPP以打破垄断，引入竞争、风险分担、利益共享、透明公开、全生命周期合作等创新管理理念，正逐渐成为推动国家治理现代化、政府职能转变、公共服务提质增效不可或缺的工具。

目前，我国的PPP发展正在进入一个新阶段。在现实情况下，一些大型建筑企业因其具备较强的融资和施工能力而正在加大对PPP项目的运作，推动企业自身从过去传统的单一施工逐步转型为"投资、建设、运营"的全流程综合运营管理模式。其中，PPP项目又有建设—运营—移交（BOT）、建设—拥有—运营（BOO）、转让—运营—移交（TOT）、租赁—运营—移交（LOT）、改建—运营—移交（ROT）等不同的运作方式。但在国家层面，有关PPP的政策法规还不完善；在企业层面，相关管理工作也在摸索积累经验之中。

PPP改革是国家的一项具有长期性、系统性、战略性的改革，不可急躁冒进，必须抓规范、控风险、可持续。当前，在观念认识转变尚不够到位等主观因素和政策法规亟待完善、执行不力及市场尚需培育等客观因素的交织下，PPP改革进程中出现了借PPP之名变相融资、重建设轻运营、财政承受能力论证和物有所有值评价流于形式、风险分担不合理等问题，可能引发诸多风险隐患，必须加强监管，严加防范。

PPP 项目的成功目的在于合作共赢，关键在于管理。本书从影响 PPP 项目成败的主要因素问题着手，尤其对项目的合同条款管理、融资风险及财税处理事宜做了着重讲解，合理举证，并列举若干典型案例加以分析，比如目前 PPP 行业推广的市政、生态、创新及“一带一路”项目，案例条理清楚，可读性强。

本书抓住了当下我国操作 PPP 模式的行业重点、模式重点、政府和社会资本关心的重点，无论实务还是举例都有利于读者按照不同需求学习使用。本书可作为相关政府决策部门、社会资本及其他 PPP 模式参与主体等专业人士参考工具书。

在编写过程中，编者参阅了大量资料。在此，特向这些作者表示深深的感谢。由于时间所限，书中纰漏及不足之处敬请读者批评指正！

编　者

目　录

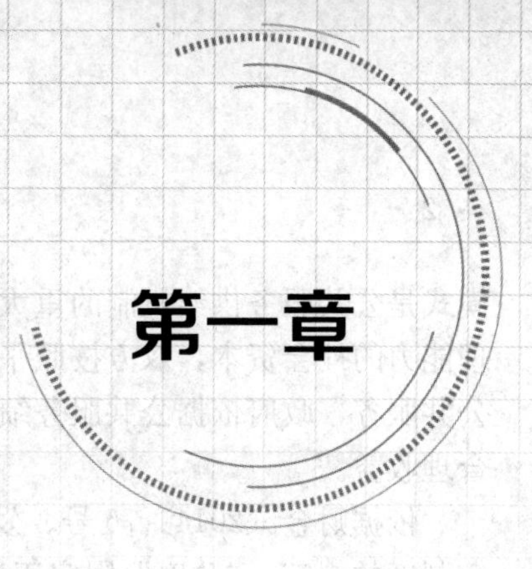

概 述

第一节 PPP 项目简介

一、PPP 项目基本定义

PPP（Public-Private Partnership）即公私合作关系，“公”即公共部门，“私”即私营机构。通俗理解下，PPP 即是指公共部门和私营机构就提供公共产品和服务而建立的合作关系或合作模式。然而，对于公共私营合作关系或模式，实际上并没有唯一的、国际上普遍接受的定义。因此，笔者选取国际与国内两个角度的定义进行对比。

1. 国际定义

由世界银行牵头，亚洲开发银行、美洲开发银行、欧洲复兴银行和全球基础设施中心等多家国际机构于 2017 年 4 月编著的 *Public-Private Partnerships Reference Guide Version* 3［《政府和社会资本合作（PPP）参考指南》（第 3 版）］，将 PPP 定义为：“A long-term contract between a private party and a government entity，for providing a public asset or service，in which the private party bears significant risk and management responsibility and remuneration is linked to performance.”（缔约政府部门和私营合作伙伴之间为提供公共资产或服务而签署的长期协议，大部分风险和管理责任由私营合作伙伴承担，相关回报与项目绩效挂钩。）

2. 中国定义

财政部在《关于推广运用政府和社会资本合作模式有关问题的通知》（财金〔2014〕76 号）中指出：“PPP 是指在基础设施及公共服务领域建立的一种长期合作关系。通常模式是由社会资本承担设计、建设、运营、维护基础设施的大部分工作，并通过‘使用者付费’及必要的“政府付费”获得合理投资回报；政府部门负责基础设施及公共服务价格和质量监管，以保证公共利益最大化。”

发改委在《关于开展政府和社会资本合作的指导意见》（发改投资〔2014〕2724 号）中指出：“PPP 模式是指政府为增强公共产品和服务供给能力、提高供给效率，通过特许经营、购买服务、股权合作等方式，与社会资本建立的利益共享、风险分担及长期合作关系。”

国务院办公厅转发的财政部、发改委、人民银行《关于在公共服务领域推广政府和社会资本合作模式的指导意见》的通知（国办发〔2015〕42 号）指出：“政府和社会资本合作模式是公共服务供给机制的重大创新，即政府采取竞争性方式择优选择具有投资、运营管理能力的社会资本，双方按照平等协商原则订立合同，明确责权利关系，由社会资本提供公共服务，政府依据公共服务绩效评价结果向社会资本支付相应对价，保证社会资本获得合理收益。”

依据财金〔2014〕76 号、发改投资〔2014〕2724 号、国办发〔2015〕42 号等 PPP 核心制度的规定：“政府”限定于国内县级以上的地方人民政府；“社会资本”限定于“已建立现代企业制度的境内外企业法人，但不包括本级政府所属融资平台公司及其他控股国有企业”；合作的领域限定在“基础设施及公共服务领域”，涉及的合作内容是“公共产品供给和公共服务提供”；合作关系是“利益共享、风险分担及长期合作关系”。

二、PPP 操作方式

根据《关于印发政府和社会资本合作模式操作指南（试行）的通知》（财金〔2014〕113 号），项目运作方式主要包括委托运营、管理合同、建设—运营—移交、建设—拥有—运营、转让—运营—移交和改建—运营—移交等。具体运作方式的选择主要由收费定价机制、项目投资收益水平、风险分配基本框架、融资需求、改扩建需求和期满处置等因素决定。现行的 PPP 模式有以下几种操作方式：

1. 委托运营（Operation & Maintenance，O & M）

指政府将存量公共资产的运营维护职责委托给社会资本或项目公司，社会资本或项目公司不负责用户服务的项目运作方式。政府保留资产所有权，只向社会资本或项目公司支付委托运营费。合同期限一般不超过 8 年。

2. 管理合同（Management Contract，MC）

指政府将存量公共资产的运营、维护及用户服务职责授权给社会资本或项目公司的项目运作方式。政府保留资产所有权，只向社会资本或项目公司支付管理费。管理合同通常作为 TOT 的过渡方式，合同期限一般不超过 3 年。

3. 建设—运营—移交（Build—Operate—Transfer，BOT）

指由社会资本或项目公司承担新建项目设计、融资、建造、运营、维护和用户服务职责，合同期满后项目资产及相关权利等移交给政府的项目运作方式。合同期限一般为 20～30 年。

4. 建设—拥有—运营（Build—Own—Operate，BOO）

由 BOT 方式演变而来，二者区别主要是 BOO 方式下社会资本或项目公司拥有项目所有权，但必须在合同中注明保证公益性的约束条款，一般不涉及项目期满移交。

5. 转让—运营—移交（Transfer—Operate—Transfer，TOT）

指政府将存量资产所有权有偿转让给社会资本或项目公司，并由其负责运营、维护和用户服务，合同期满后资产及其所有权等移交给政府的项目运作方式。合同期限一般为 20～30 年。

6. 改建—运营—移交（Rehabilitate—Operate—Transfer，ROT）

指政府在 TOT 模式的基础上，增加改扩建内容的项目运作方式。合同期限一般为 20～30 年。

三、PPP 项目的合同体系

在 PPP 项目中，项目参与方通过签订一系列合同来确立和调整彼此之间的权利义务关系，这些合同构成了 PPP 项目的基本合同体系。根据项目特点的不同，相应的合同体系也会不同。PPP 项目的基本合同通常包括 PPP 项目合同、股东协议、履约合同（包括工程承包合同、运营服务合同、原料供应合同以及产品或服务购买合同等）、融资合同和保险合同等。其中，PPP 项目合同是整个 PPP 项目合同体系的基础和核心。在 PPP 项目合同体系中，各个合同之间并非完全独立，而是紧密衔接、相互贯通的，合同之间存在一定的“传导关系”。

PPP 项目基本合同体系如图 1-1 所示。

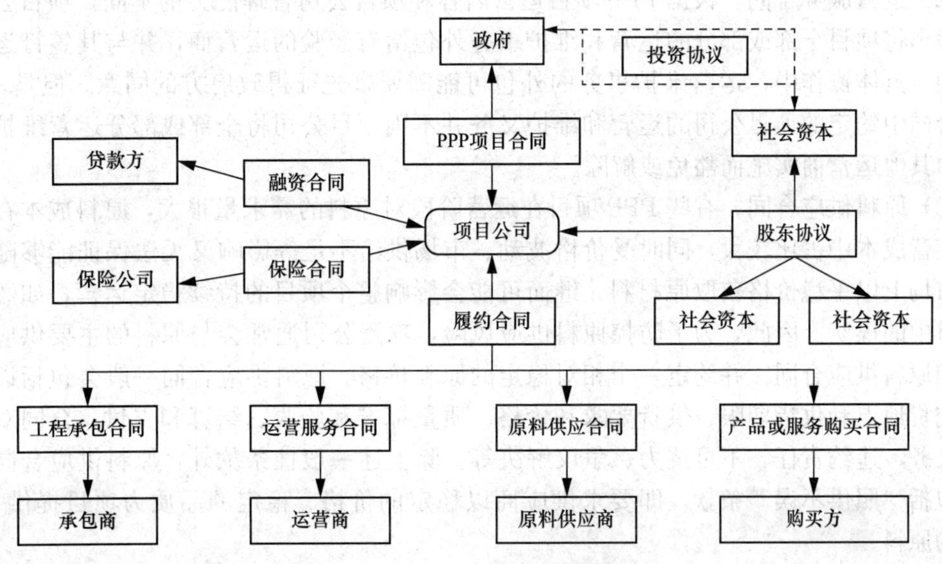

图 1-1 PPP 项目基本合同体系

1. PPP 项目合同

PPP 项目合同是项目实施机构与中选社会资本签订（若需要成立专门项目公司，则由项目实施机构与项目公司签订）的约定项目合作主要内容和双方基本权利义务的协议。其目的是在项目实施机构与社会资本之间合理分配项目风险，明确双方的权利义务关系，保障双方能够依据合同约定合理主张权利、妥善履行义务，确保项目全生命周期内的顺利实施。PPP 项目合同是其他合同产生的基础，也是整个 PPP 项目合同体系的核心。

2. 股东协议

股东协议由项目公司的股东签订，用以在股东之间建立长期的、有约束力的合约关系。股东协议通常包括以下主要条款：前提条件，项目公司的设立和融资，项目公司的经营范围，股东权利，履行 PPP 项目合同的股东承诺，股东的商业计划，股权转让，股东会、董事会、监事会组成及其职权范围，股息分配，违约，终止及终止后处理机制，不可抗力，适用法律和争议解决等。

3. 履约合同

（1）工程承包合同。项目公司一般只作为融资主体和项目管理者而有本身不一定具备自行设计、采购、建设项目的条件，因此可能会将全部或部分设计、采购、建设工作委托给工程承包商，并签订工程承包合同。项目公司可以与单一承包商签订总承包合同，也可以分别与不同承包商签订合同。承包商的选择要遵循相关法律、法规的规定。由于工程承包合同的履行情况往往直接影响PPP项目合同的履行，进而影响项目的贷款偿还和收益情况。因此，为了有效转移项目建设期间的风险，项目公司通常会与承包商签订一个固定价格、固定工期的“交钥匙”合同，将工程费用超支、工期延误、工程质量不合格等风险全部转移给承包商。此外，工程承包合同中通常还会包括履约担保和违约金条款，进一步督促承包商妥善履行合同义务。

（2）运营服务合同。根据PPP项目运营内容和项目公司管理能力的不同，项目公司有时会考虑将项目全部或部分的运营和维护事务外包给有经验的运营商，并与其签订运营服务合同。具体操作中，运营维护事务的外包可能需要事先征得政府方的同意。但是，PPP项目合同中约定的项目公司的运营和维护义务并不因项目公司将全部或部分运营维护事务分包给其他运营商实施而豁免或解除。

（3）原料供应合同。有些PPP项目在运营阶段对原料的需求量很大，原料成本在整个项目运营成本中占比较大，同时受价格波动、市场供给不足等影响又无法保证能够随时在公开市场上以平稳价格获取原材料，继而可能会影响整个项目的持续稳定运营，如燃煤电厂项目中的煤炭。因此，为了防控原料供应风险，项目公司通常会与原料的主要供应商签订长期原料供应合同，并约定一个相对稳定的原料价格。原料供应合同一般会包括以下条款：交货地点和供货期限、供货要求和价格、质量标准和验收、结算和支付、合同双方的权利义务、违约责任、不可抗力、争议解决等。除上述一般性条款外，原料供应合同通常还会包括“照供不误”条款，即要求供应商以稳定的价格、稳定的品质为项目提供长期、稳定的原料。

（4）产品或服务购买合同。在PPP项目中，项目公司的主要投资收益来源于项目提供的产品或服务的销售收入。因此，保证项目产品或服务有稳定的销售对象，对于项目公司而言十分重要。根据PPP项目付费机制的不同，项目产品或服务的购买者可能是政府，也可能是最终使用者。以政府付费的供电项目为例，政府的电力主管部门或国有电力公司通常会事先与项目公司签订电力购买协议，约定双方的购电和供电义务。此外，在一些产品购买合同中，还会包括“照付不议”条款，即项目公司与产品的购买者约定一个最低采购量，只要项目公司按照该最低采购量供应产品，不论购买者是否需要采购该产品均应按照该最低采购量支付相应价款。

4. 融资合同

从广义上讲，融资合同包括项目公司与贷款方签订的项目贷款合同、担保人就项目贷款与贷款方签订的担保合同、政府与贷款方和项目公司签订的直接介入协议等多个合同。其中，项目贷款合同是最主要的融资合同，一般包括陈述与保证、前提条件、偿还贷款、担保与保障、抵销、违约、适用法律与争议解决等条款。同时，出于贷款安全性的考虑，贷款方往往要求项目公司以其财产或其他权益进行抵押或质押，或由其母公司提供某种形式的担保，或由政府做出某种承诺，这些融资保障措施通常会在担保合同、直接介入协议以及 PPP 项目合同中具体体现。

5. 保险合同

由于 PPP 项目通常资金规模大、生命周期长，负责项目实施的项目公司及其他相关参与方通常需要对项目融资、建设、运营等不同阶段、不同类型的风险分别投保。通常可能涉及的保险种类包括货物运输险、建筑工程险、针对设计或其他专业服务的专业保障险、针对间接损失的保险、第三人责任险、政治风险保险等。

6. 其他合同

PPP 项目中还可能会涉及其他合同，如与专业中介机构签署的投资、法律、技术、财务、税务等方面的咨询服务合同等。

四、PPP 项目的类型

PPP 项目并无统一的类型标准，且由于新的模式不断涌现，其分类还在不断创新及增多。

1. 国际分类

根据《政府和社会资本合作（PPP）参考指南》（第 3 版），基于基础设施合同命名的角度，PPP 分类涵盖设计—建设—融资—运行—维护（DBFOM）、设计—建设—融资—运行（DBFO）、设计—施工—管理—融资（DCMF）、建设—运营—移交（BOT）、建设—拥有—运营—移交（BOOT）、建设—移交—运营（BTO）、改建—运营—移交（ROT）、政府特许经营（Concession）、民间主动融资（PFI）、委托运营（O&M）、租赁（Affermage）、合同管理（MC）、民间特许经营（Franchise）。

2. 国内分类

我国官方没有对 PPP 的正式分类，官方仅在相关文件中有对 PPP 类型做出不完全列举，具体如下：

财政部于 2014 年 11 月 29 日发布的《关于印发政府和社会资本合作模式操作指南（试行）的通知》（财金〔2014〕113 号）文件中，在提到“项目运作方式”的论述时，有关于 PPP 模式的论述如下：项目运作方式主要包括委托运营、管理合同、建设—运营—移交、建设—拥有—运营、转让—运营—移交和改建—运营—移交等。

发改委于 2014 年 12 月 2 日发布的《关于开展政府和社会资本合作的指导意见》（发改投资〔2014〕2724 号）文件中，在提到“操作模式选择”的论述时，有关于 PPP 模式的论述如下：经营性项目……可通过政府授予特许经营权，采用建设—运营—移交（BOT）、建设—拥有—运营—移交（BOOT）等模式推进；准经营性项目……可通过政府授予特许经营权附加部分补贴或直接投资参股等措施，采用建设—运营—移交（BOT）、建设—拥有—运营（BOO）等模式推进；非经营性项目……可通过政府购买服务，采用建设—拥有—运营（BOO）、委托运营等市场化模式推进。

（1）外包类。PPP 项目一般是由政府投资，私人部门承包整个项目中的一项或几项职能，例如，只负责工程建设，或者受政府之托代为管理维护设施或提供部分公共服务，并通过政府付费实现收益。在外包类 PPP 项目中，私人部门承担的风险相对较小。

(2) 特许经营类。项目需要私人参与部分或全部投资，并通过一定的合作机制与公共部门分担项目风险、共享项目收益。根据项目的实际收益情况，公共部门可能会向特许经营公司收取一定的特许经营费或给予一定的补偿，这就需要公共部门协调好私人部门的利润和项目的公益性两者之间的平衡关系，因而特许经营类项目能否成功在很大程度上取决于政府相关部门的管理水平。通过建立有效的监管机制，特许经营类项目能充分发挥双方各自的优势，节约整个项目的建设和经营成本，同时还能提高公共服务的质量。项目的资产最终归公共部门保留，因此一般存在使用权和所有权的移交过程，即合同结束后要求私人部门将项目的使用权或所有权移交给公共部门。

(3) 私有化类。PPP 项目需要私人部门负责项目的全部投资，在政府的监管下，通过向用户收费收回投资、实现利润。由于私有化类 PPP 项目的所有权永久归私人拥有，并且不具备有限追索的特性，因此私人部门在这类 PPP 项目中承担的风险最大。

五、PPP 项目的特征

1. PPP 合作关系具有长期性

按照 PPP 相关制度的规定，政府与社会资本的合作关系，最短不得低于 10 年，最长可以超过 30 年（没有上限）。因此，相对于建设—移交（BT）、政府购买服务等模式，PPP 模式政府与社会资本的合作关系是长期的。

2. 保障 PPP 长期合作的机制

保障 PPP 长期合作的机制是特许经营、政府购买服务确立的利益共享、风险分担机制。基于上述 PPP 模式的平等、自愿、长期、互利合作等特征，要实现双方的愉快合作，就需要通过对政府和社会资本之间的权利与义务、风险与收益进行合理设计，实现各自的权利与义务的对等、风险与收益的平衡。这种设计和保障机制，通常是通过特许经营、政府购买服务等保障手段，确立双方的利益共享、风险分担机制。

3. PPP 项目合作的内容多样

包括设计、建设、融资、运营的一种或几种。

财政部发布的《关于印发政府和社会资本合作模式操作指南（试行）的通知》（财金〔2014〕113 号）列举的 PPP 项目的运作方式主要包括委托运营（O&M）、管理合同（MC）、建设—运营—移交（BOT）、建设—拥有—运营（BOO）、转让—运营—移交（TOT）、改建—运营—移交（ROT）。事实上，PPP 模式的运作方式比较广泛，除了上述六种之外，还包括民间主动融资（PFI）、建设—租赁—移交（BLT）、建设—租赁—移交—维护（BLTM）、建设—移交—运营（BTO）、租赁—更新—运营（LRO）、设计—建设—运营（DBO）、设计—建设—融资—运营（DBFO）、设计—建设—融资—运营—移交（DBFOT）等。但是一般情况下，PPP 模式合作的内容离不开设计、建设、融资、运营（管理、维护）中的一种或几种，其中以运营（管理、维护）和融资为主；由于长期合作的原因，又以运营（管理、维护）为合作内容的重中之重。

4. PPP 合作的领域是基础设施和公共服务领域

政府与社会资本的合作，涉及的领域非常广泛，大到基础设施和外交、国防领域，小到日常的高频、低附加值的各类服务。PPP 模式双方合作的领域，主要在基础设施和公共服务领域。

5. PPP 是政府和社会资本的一种合作关系

PPP 模式是一种合作关系，不是管理关系、从属关系、命令关系甚至对抗关系，合作关系更加强调地位平等、自愿有偿。合作关系的主体是政府和作为社会资本的企业，不是行政性的政府与政府，也不是商业性的企业与企业。

目的性和领域特征明显。PPP 的主体具有强烈的公共服务和公共设施属性，而其方式是通过公共部门或者民众购买私人部门提供的产品或者服务。

物有所值。PPP 强调全生命周期的降本增效和财政可承受能力与项目可融资性。

6. PPP 合作方在业务上分工而互补

PPP 双方在明确彼此权利和义务关系的基础上进行深入合作，从而各自获得需求和回报。有时候政府部门还需要提供必要的资本支出，这些支出可能包括土地、现存资产、债务或资本融资等。不同于 BT 模式的是，PPP 项目在运营、维护、融资等方面的期限更长。

分工与互补。在“让专业的人干专业的事”的原则下，PPP 更强调运营职能，因此，公共部门的重要职能是引入社会资本方的资金和专业技能，制定出更加清晰明确的界限或标准，通过对价格和质量的监管来完成公共产品或者服务的提供。在此条件下，社会资本方将会承担设计、建设、运营、维护基础设施的大部分工作，并承担相应的风险。

7. 利益共享、多方共赢

真正的 PPP 是政府、市场和社会共同参与的公共服务，其中“风险最优”和“发展共享”是其基本理念。由于 PPP 本身带有的公共属性，因此它不能以利益最大化为目的。在项目提供产品或者公共服务的同时，保证作为参与者的私人部门、民营企业或机构取得相对平和、长期稳定的投资回报，各个参与者共享 PPP 社会成果，形成多方共赢的局面。

尽管目前 PPP 还没有形成一个统一而完全一致的表述，但其所倡导的公共部门和社会资本之间构建利益共享、风险共担的长期合作伙伴关系理念和所遵循的“让专业的人干专业的事”和“激励相容”原则却是一致的。并因此也表现出一些突出的共性特征，但脱离具体环境和本地实际去研究 PPP 的这些共性，并不具有任何意义，在实际操作中，应更加注重对其模式的规范性、灵活性和创新性。

8. 伙伴关系

PPP 中私营部门与政府公共部门的伙伴关系与其他关系相比，独特之处就是项目目标一致。公共部门之所以和民营部门合作并形成伙伴关系，核心问题是存在一个共同的目标：在某个具体项目上，以最少的资源，实现最多最好的产品或服务的供给。私营部门是以此目标实现自身利益的追求，而公共部门则是以此目标实现公共福利和利益的追求。

9. 风险共担

在 PPP 中，公共部门与私营部门合理分担风险的这一特征，是其区别于公共部门与私营部门其他交易形式的显著标志，公共部门尽可能大地承担自己有优势方面的伴生风险，而让对方承担的风险尽可能小。在私营部门达不到基本的预期收益，公共部门可以对其提供现金流量补贴，这种做法有效控制私营部门经营风险。与此同时，私营部门也会按其相对优势承担较多的，甚至全部的具体管理职责。

六、PPP 项目优缺点

尽管 PPP 项目早已在国内外市场进行了应用，并获得了一定认可，但是其项目在实践中也是优缺点并存的。

1. 优点

（1）基于资金的角度。

1）扩大项目资金来源。由于 PPP 项目建设周期长，资金需求大，因此，公共部门很难在预定的时间为项目提供足够的资金支持，需要引入外部资金支持。而私营机构等项目参与方基于项目收益的考虑，会积极参与项目的建设和运营，为项目提供部分资金支持。

2）保障各参与方财务稳健。一方面，公共部门将部分 PPP 项目的财务风险（如超出预算、收益未达预期等）转嫁到了其他参与方（如私营机构）身上，可保障公共部门财务的稳健，降低公共部门负债；另一方面，PPP 项目本身就是低风险、低收益但收益确定性较强的稳健型项目，提高了私营机构等参与方的财务稳健性。

（2）基于服务的角度。第一，私营机构加入 PPP 项目带来了其专业化的运营和管理理念，可以提升项目建设、运营、服务、管理水平；第二，私营机构为了项目的投资收益同样会充分发挥专业优势，提升服务质量，争取赢得客户信赖；第三，公共部门与私营机构合作，私营机构的服务理念也会影响公共部门，公共部门的服务意识也会得到潜移默化的加强。

（3）基于效率的角度。

1）规划期：具有前瞻性，促进社会资源跨期优化配置。由于 PPP 项目周期长（涵盖论证、设计、融资、建设、运营、维护、移交全周期），因此，无论公共部门还是私营机构规划论证项目时都是从长远角度考虑，具有很强的前瞻性与规划性，减少了“拍脑袋”的临时决策，促进社会资源跨期优化配置。

2）建设期：建设周期缩短，使得公众更早获益。由于 PPP 项目的合同期限从签约日就开始计算，因此私营机构为确保早日获得收益以及在合同期限内获得更多收益，将会加快工程建设力度，缩短建设周期及提高建设效率，使公众更早享受服务。

3）运营期：机制相对灵活，权责相对清晰，提升运营效率。由于 PPP 项目考虑到一定市场因素，设置了相对灵活的机制与清晰的权责，所以能调动各参与方在运营期的积极性，比单独由公共部门进行建设、运营项目更加高效。

2. 缺点

（1）基于资金的角度。一方面，金融市场对私营机构认可度低于公共部门，导致同样的项目，私营机构参与其中将会付出比公共部门更多的资金成本；另一方面，如果公共产品/公共服务由公共部门提供，则基于公共部门的非营利性特征，公共部门应该不会让获得服务的公众付出过高的费用。但是，私营机构参与其中则需要考虑投资收益，并通过市场化（或半市场化）定价机制提升费用，增加公众的使用成本。

（2）基于灵活性的角度。由于 PPP 项目运营时间长，因此，各方在制定和执行 PPP 项目合同时较为细致与严格。但是，随着时间的推移，不排除出现现有合同条件已不能满足当前及未来变化需要但却不得不遵守合同条款的情况发生，导致一方或多方受损。

(3) 基于效率角度。

1) 招投标环节：未必可选出最合适的参与方。由于PPP项目存在期限长、投标成本高、交易费用大的特点导致部分规模一般但专业能力较强的私营机构放弃参与竞标，从而导致招投标竞争性不强，项目未必可以选出最合适的参与方。

2) 经营环节：协调难度大。由于涉及多方合作与对接导致统一协调难度大、耗费时间长，反而降低效率。

3) 制度环节：降低资源优化配置效果。由于PPP项目较多采用特许经营制度（或其他类似制度），使得中标的私营机构获得了一定程度的垄断。

第二节 PPP项目发展历程、现状及展望

一、PPP项目发展历程

1. 1995—2003年：试水特许经营项目为PPP项目事业发展奠定基础

国务院及相关部委就外商投资特许权项目或与之有关的若干事宜发布规章或规范性文件：《关于试办外商投资特许权项目审批管理有关问题的通知》(1995)、《对外贸易经济合作部关于以BOT方式吸收外商投资有关问题的通知》(1994)、《国家计委关于加强国有基础设施资产权益转让管理的通知》(1999)、《城市市政公用事业利用外资暂行规定》(2000)。

从1995年开始，在国家计委的主导之下，广西来宾B电厂、成都自来水六厂及长沙电厂等几个BOT试点项目相继开展；2002年，北京市政府主导实施了北京市第十水厂BOT项目；合肥市王小郢污水处理厂资产权益转让项目运作中，项目相关各方对中国式PPP的规范化、专业化及本土化进行了尝试。

本阶段后期，建设部及各地建设行政主管部门开始在市政公用事业领域试水特许经营模式，形成了相对成熟的项目结构及协议文本，为中国式PPP进入下一个发展阶段奠定了良好的基础。

2. 2004—2013年：以实用主义为特征，逐步推广PPP项目

2004年，建设部颁布并实施了《市政公用事业特许经营管理办法》（建设部第126号令），将特许经营的概念正式引入市政公用事业，并在城市供水、污水处理及燃气供应等领域发起大规模的项目实践。各级地方政府以126号令为模板先后出台了大量地方性法规、政府规章及政策性文件，用于引导和规范各自行政辖区范围以内的特许经营项目开发。自此，中国式PPP进入第二轮以实用主义为特征的发展浪潮。

一方面，这一时期的中国式PPP虽不再一味追求境外资本，但其单一的筹资导向并无实质性转变，仍以筹集社会资金为导向把政府缺少财政支持的公共产品或服务推向并不成熟的市场，而项目中长期的发展、社会效益和经济收益则缺乏重视。这一时期的PPP发展，一切以短线的实用价值优先。换言之，不论哪种资金来源，项目能够在短期内创造收益是这一阶段PPP的追求，而项目是否规范、长期发展如何等方面并不受关注。大量潜在问题因此逐步累积，低价或非理性竞标、国（资）进民（资）退的现象在这一阶段的中后

期层出不穷。2008 年金融危机的爆发曾一度让 PPP 被地方政府融资平台取代从而淡出公众视野。各地方政府为实现稳增长而纷纷建立起城投公司，PPP 项目遭到搁置。

另一方面，这一阶段仍是中国式 PPP 发展壮大的重要过程。供水及污水处理行业的成功经验，经过复制与改良，被用于更加综合、开放和复杂的项目系统，而不再限于一个独立的运作单元，项目参与主体和影响项目实施的因素也趋多元，经典案例包括北京地铁四号线和国家体育场两个 PPP 项目。广泛、多元的项目实践促进了 PPP 理论体系的深化和发展，虽然此时的 PPP 项目仍缺乏顶层设计，但实践与理论共识初步成型，政策法规框架、项目结构与合同范式在这个阶段得到基本确立。

3. 2014 年至今：建章立制、多策并举，推动 PPP 模式规范化

这一阶段，PPP 模式的制度化建设被正式提上议事日程，顶层设计不断完善，2014 年被称为中国式 PPP 的发展元年。作为中共“十八大”确定的落实“允许社会资本通过特许经营等方式参与城市基础设施投资和运营”改革举措的第一责任人，财政部自 2013 年年底起展开对 PPP 模式推广工作的全面部署。2014 年 5 月，财政部正式设立政府和社会资本合作（PPP）工作领导小组。与此同时，国家发改委也在同年 5 月份推出了 80 个鼓励社会资本参与建设营运的示范项目，范围涉及传统基础设施、信息基础设施、清洁能源、油气、煤化工、石化产业，且项目模式不局限于特许经营。2015 年 4 月 25 日，国家发改委、财政部、住建部、交通运输部、水利部、中国人民银行联合发布《基础设施和公用事业特许经营管理办法》，该法规被称作 PPP 推进的“基本法”，从项目开展范围、操作流程、政府职责、项目机制手续以及融资方式多方面对 PPP 确立了全面的制度化框架。同年 5 月，国务院办公厅转发《关于在公共服务领域推广政府和社会资本合作模式指导意见的通知》（国办发〔2015〕42 号）对之前财政部和发改委对 PPP 的探索进行了统一，强调 PPP 对公共管理创新的作用，突出公私双方的平等关系。至此，中国式 PPP 的发展加速进入一个崭新的规范化阶段。

随着 PPP 在中国不断发展壮大，国家各部委逐渐认识到 PPP 在处理政府债务中的重要作用，提出推广政府债务 PPP 化，即以政府购买服务的形式来替代正面临转型压力的传统政府融资平台运作。2014 年 10 月 2 日，国务院发文《关于加强地方政府性债务管理的意见》（国发〔2014〕43 号），对地方政府债务实行规模控制，严格规范地方政府举债程序和资金用途，提出“借、用、还”相统一的地方政府性债务管理机制，同时明确推广政府和社会资本合作模式，将 PPP 作为地方政府举债融资机制的一种，鼓励地方政府通过 PPP 模式推进基础设施及公用事业项目建设，合理地将债务逐步 PPP 化。

国发〔2014〕43 号文的实施使各地方政府债务压力得到初步缓解，但部分地区违法违规举债担保行为仍有发生，局部地区风险日益显著。为进一步完善 PPP 的监管体系，整治部分地方通过政府购买服务方式开展基础设施及公用事业项目变相融资的行为，2017 年 6 月，财政部发布《关于坚决制止地方以政府购买服务名义违法违规融资的通知》（财预〔2017〕87 号）进一步明晰 PPP 模式与政府购买服务的关系，对国发〔2014〕43 号文等合法合规文件中已确定的条规内容再次进行确认和改进。财政部 87 号文详细列举了政府购买服务的负面清单，并首次将非金融机构的融资列入禁止范围；同时从预算管理上对政府购买服务进行规范，不得把政府购买服务作为增加预算支出的依据。此外，国务院法制办 7

月21日发布的《基础设施和公共服务领域政府和社会资本合作条例（征求意见稿）》总体沿用了建设部特许经营管理办法以及财政部政府和社会资本合作法征求意见稿等的框架，结合我国过去二三十年特别是过去三年实践形成的经验教训，提出要基于解决现实问题的角度分别遵循行政或民事途径去解决PPP争议，并强调了政府信用保障问题。这几年力推PPP出现了国进民退的结果：大多数民营企业除了自身问题和融资难等因素，出于对地方政府信用的不信任特别是换届后违约风险的担心，PPP参与度低，外商参与也较少，央企和地方国企占主导地位。该条例多处提及政府的履约内容和保障，例如第二十条“合作项目协议的履行，不受行政区划调整、政府换届、政府有关部门机构或者职能调整以及负责人变更的影响”。

这一时期内相继出台的系列文件对PPP项目、地方政府融资平台、土地一级开发融资、政府购买服务等进行了严格的规范，同时，针对地方政府举债融资行为的进一步规范能在一定程度上促进PPP模式在基础设施及公用事业项目中的健康有序推进。

国办发〔2015〕42号文：PPP模式是“公共服务供给机制的重大创新，即政府采取竞争性方式择优选择具有投资、运营管理能力的社会资本，双方按照平等协商原则订立合同，明确责权利关系，由社会资本提供公共服务，政府依据公共服务绩效评价结果向社会资本支付相应对价，保证社会资本获得合理收益。”

二、PPP在我国的发展现状

1. PPP项目整体规模持续扩大、落地加速，对固定资产投资的贡献上升

（1）PPP项目规模持续扩大。截至2017年6月末，全国PPP入库项目有13554个，总投资额达16.4万亿元，覆盖全国31个省（自治区、直辖市）及新疆兵团，19个行业领域。自2016年至2017年6月末，全国PPP综合信息平台项目库月均增长项目386个，投资额4842亿元，PPP项目需求还在持续加大。此外，全国PPP示范项目共有700个，总投资额1.7万亿元。其中，2014年第一批PPP示范项目22个，总投资额714亿元；2015年第二批PPP示范项目162个，总投资额4846亿元；2016年第三批PPP示范项目516个，总投资额11623亿元，呈大幅上升趋势。

（2）PPP项目落地有所加快。PPP项目按全生命周期分为识别、准备、采购、执行和移交五个阶段。执行和移交两个阶段项目数之和与准备、采购、执行、移交四个阶段项目数总和的比值为项目落地率。按照这个口径计算，截至2017年6月末，PPP项目总体推进良好，无论是入库项目还是示范项目，落地执行率均有提升。在全国入库项目中，已签约落地的项目有2021个，投资额达到3.3万亿元，覆盖除天津、西藏以外的29个省（自治区、直辖市）及新疆兵团，19个领域，整体项目落地率为34.2%，较2016年底增加了2.6个百分点。仅从2017年上半年的情况来看，识别、准备、采购阶段示范项目数和投资额均逐月减少，落地（已签订PPP项目合同，进入执行阶段）项目数和投资额逐月增加。示范项目落地495个、投资额12390亿元，落地率达到70.71%，较2016年年底大幅增加了20.5个百分点。其中，第一批和第二批示范项目已100%落地，第三批示范项目已经落地311个，落地率为60.6%，环比增加15个落地项目，落地率提高2.9个百分点；与2016年年末相比，增加91个落地项目，落地率提高17.7个百分点。

(3) PPP落地投资占固定资产投资比重有所上升。2017年1—6月，全国累计新增落地PPP项目投资额1.1万亿元，累计固定资产投资总额28.1万亿元，占3.8%，比重较2016年年底小幅上升0.1个百分点。从区域发展来看，2017年1—6月，东部、中部、西部、东北地区累计固定资产投资总额分别为12.2万亿元、7.4万亿元、7.2万亿元和1.1万亿元，落地PPP项目投资额分别为0.4万亿元、0.2万亿元、0.4万亿元和0.1亿元，占比依次为3.4%、3.2%、4.9%和6.1%，其中，中部、东北部较去年底上升0.9、3.1个百分点，东部、西部较2016年年底小幅下降0.5、0.4个百分点。

2. 地域发展不平衡，西部需求较大，东部落地情况较好

(1) PPP项目在我国地域分布上整体发展不平衡。由已签约PPP项目数量和PPP项目需求来看，贵州、新疆、山东等省（自治区）的成绩均名列前茅，发展迅速，而在上海等地，PPP发展较为缓慢。截至2017年6月末，按PPP入库项目数排序，前三位是贵州、新疆、内蒙古，项目数分别为1865个、1257个和1173个，合计占入库项目总数的31.7%；按PPP入库项目投资额排序，贵州、云南、山东（含青岛）入库投资额居前三位，分别为1.7万亿元、1.2万亿元、1.2万亿元，合计占入库总投资的25.3%。其中，与2016年年底相比，2017年入库项目数量及投资额增加最多的地区是新疆，共计新增了405个PPP项目以及2003亿元投资额，而排名最末的是上海仅有1个PPP入库项目，PPP发展有所迟滞。从落地项目看，落地项目数量最多的是山东，为293个，占落地项目总数的14.5%，西藏、天津两地暂无落地项目。

(2) 西部地区PPP项目需求较大且增速最快，东北需求相对较小。从入库项目来看，截至2017年6月末，东部、中部、西部、东北入库项目数分别为3259个、2377个、7270个、648个，分别占入库项目总数的24.0%、17.5%、53.6%、4.9%；入库项目投资额分别为4.6万亿元、2.7万亿元、8.2万亿元、0.9万亿元，分别占入库项目总投资额的27.9%、16.5%、49.9%、5.6%。与2017年5月末相比，入库项目东部净增146个、中部净增66个、西部净增245个、东北净减35个（因项目退库），投资额变动分别为东部净增859亿元、中部净增509亿元、西部净增3881亿元、东北净减85亿元；与2016年年末相比，入库项目东部净增390个、中部净增602个、西部净增1346个、东北净减44个，净增投资额分别为4459亿元、5548亿元、18453亿元、183亿元；与2016年同期相比，入库项目东部净增910个、中部净增1119个、西部净增2180个、东北净增60个，净增投资额分别为17207亿元、7156亿元、31387亿元、1892亿元。

(3) 东部地区PPP落地情况较好，西部地区落地有所加速。从落地项目来看，截至2017年6月末，东部、中部、西部、东北落地项目数分别为804个、446个、677个、94个，分别占入库项目总数的39.8%、22.1%、33.5%、4.7%。落地项目投资额分别为1.4万亿元、0.6万亿元、1.2万亿元、0.2万亿元，分别占入库项目总投资额的41.9%、18.1%、35.2%、4.8%。与2017年5月末相比，落地项目东部净增27个、中部净增22个、西部净增45个、东北净减1个，投资额东部净增357亿元、中部净增154亿元、西部净增985亿元、东北净减13亿元；与2016年年末相比，东部净增236个、中部净增191个、西部净增223个、东北净增20个，净增投资额分别为4085亿元、2365亿元、3506亿元、673亿元；与2016年同期相比，东部净增507个、中部净增336个、西部净增500个、东北净增 59 个，净增投资额分别为 9095 亿元、4375 亿元、7757 亿元、1174 亿元。

3. 行业发展不平衡，市政工程等仍是主要热点，绿色低碳项目受到重视

（1）高投入、盈利模式清晰的市政工程、交通建设还是目前 PPP 项目的热点所在；而社会保障、林业、科技、农业等盈利模式不清晰，项目建成后特许经营期难获利的 PPP 项目热度并不高。从入库项目看，截至 2017 年 6 月末，市政工程 PPP 入库项目数超过 4500 个，占项目总数的 34.9%，交通运输 PPP 入库项目数超过 1700 个，占项目总数的 13%，旅游项目数 843 个，占项目总数的 6.2%，合计占项目总数的 74.1%；交通运输、市政工程、城镇综合开发入库项目总投资居前三位，分别为 5.1 万亿元、4.4 万亿元和 1.6 万亿元，合计占入库总投资的 68.0%。

从落地项目看，截至 2017 年 6 月末，市政工程 PPP 落地项目数占比最多，达 879 个，占项目总数的 43.5%，交通运输 PPP 落地项目 269 个，占 13.3%，生态建设和环境保护落地项目 151 个，占 7.5%，合计占落地项目总数的 64.3%；市政工程落地项目投资额为 1.3 万亿元，占 39.9%，交通运输 9072 亿元，占 27.5%，城镇综合开发 3238 亿元，占 9.8%，合计占落地项目总投资的 77.2%。

（2）绿色低碳项目受重视。公共交通、供排水、生态建设和环境保护、水利建设、可再生能源、教育、科技、文化、养老、医疗、林业、旅游等多个领域 PPP 项目都具有推动经济结构绿色低碳化的作用。按该口径，截至 2017 年 6 月末，全国入库项目中绿色低碳项目 7826 个、投资额 6.4 万亿元，占全国入库项目的比重分别 57.7%、39.3%。环比净增入库 205 个、投资额 1740 亿元，占全国入库项目的比重基本无变化；较 2016 年年末净增入库 1214 个、投资额 9670 亿元，占全国入库项目的比重基本无变化。从落地项目看，已落地绿色低碳项目 1176 个、投资额 13555 亿元，分别占全国落地项目的 58.2%、41.1%。环比净增落地项目 54 个、投资额 520 亿元；较 2016 年年末净增落地项目 384 个、投资额 5259 亿元。

4. 从回报机制看，政府付费等项目占较大比例

（1）财政资金参与度高且呈不断上升态势，政府付费和可行性缺口补助类项目投资额占比近 7 成。PPP 项目的回报机制有三种：使用者付费、政府付费和可行性缺口补助，其中，后两种回报机制涉及政府财政资金的使用。从入库项目看，截至 2017 年 6 月末，使用者付费项目 4929 个、投资 5.0 万亿元，分别占入库项目总数和总投资额的 36.4%和 30.5%；政府付费项目 4659 个、投资 4.3 万亿元，分别占入库项目总数和总投资额的 34.4%和 26.5%；可行性缺口补助（政府市场混合付费）项目 3966 个、投资 7.0 万亿元，分别占 29.2%和 43.0%。

（2）从落地项目看，截至 2017 年 6 月末，使用者付费类落地项目 458 个、投资 5333 亿元，分别占落地项目总数和总投资额的 22.7%和 16.2%；政府付费类落地项目 867 个、投资 10276 元，分别占落地项目总数和总投资额 42.9%和 31.2%；可行性缺口补助类落地项目 696 个、投资 17356 亿元，分别占落地项目总数和总投资额的 34.4%和 52.6%。政府付费类和可行性缺口补助类项目的比重呈逐月、逐季度小幅上升趋势，使用者付费类项目的比重变化趋势则相反。

三、PPP 未来发展趋势展望

1. PPP 模式将是地方政府融资及融资平台转型的重要方向之一

2008 年金融危机后，在地方政府部门融资渠道受限和“稳增长”对融资需求持续加压的双重压力下，地方政府开始通过划拨土地、股权、规费等资产等方式设立融资平台，将资金投向基础设施建设、市政工程等项目。2009～2015 年，地方政府投融资平台融资状况不透明导致风险持续累积，至 2014 年城投债的规模达到 1.8 万多亿元后，43 号文出台用于强化对地方债务管理的力度。从 2014 年修订预算法到 43 号文的发布，我国一直在积极构建规范的地方政府举债融资机制和管理机制。但有些地方在财政收入放缓的背景下，地方政府违规融资行为较多，一些“新变种”违法违规举债出现，包括财政承诺兜底、给予最低收益、政府违规担保、明股实债的产业基金、明股实债的 PPP、违规的政府购买服务等。2017 年 5 月，财政部等六部委联合发布《关于进一步规范地方政府举债融资行为的通知》(财预〔2017〕50 号)，要求各地必须在 7 月 31 日前摸底排查并改正地方政府和相关部门不规范举债行为。在立法、举债行为日益规范化、透明化的今天，新发的城投债从理论上不再属于政府债务，城投剥离政府融资功能，政府融资平台不得不面临转型压力。

43 号文提出“推广使用政府与社会资本合作模式”实则为地方投融资转型和 PPP 的发展打下了基础。2014 年年底，财政部成立 PPP 中心，着手 PPP 工作的政策研究、咨询培训、信息统计和国际交流等，并公布首批示范项目，共计 30 个，总投资规模约 1800 亿元。2015 年年末，PPP 热在各地方传播开来，几个代表性的省（自治区，直辖市）针对 PPP 的集中推介、招标和签约先后召开签约会议，签约规模迅速扩张。部分地方政府开始专门成立了地方 PPP 引导基金，用“真金”鼓励和刺激 PPP 的发展。随着好的项目日益增多，不少项目产生了一定的示范效应，进一步推进了 PPP 的签约速度，形成良性循环。

2015 年，国务院转发了财政部、发展改革委、人民银行三部门联合发布的《关于在公共服务领域推广政府和社会资本合作模式指导意见》。指导意见进一步阐释了推广 PPP 的重大意义，并详细说明了 PPP 实施过程中的总体要求、制度体系、实施路径、政策保障、组织实施。这份指导意见放开了融资平台参与地方政府 PPP 项目的限制，规定已经建立现代企业制度、实现市场化运营的融资平台公司可作为社会资本参与当地政府和社会资本合作项目，通过与政府签订合同方式，明确责权利关系。预计平台转型将持续围绕着市场化或 PPP 模式运作的方向。但需考虑很多城投公司对政府资源过分依赖并不擅长市场化经营的弊端，因此实现商业化转型的难度仍将存在。

2. 相关制度完善有待推进

国外 PPP 模式的实践经验总结出，一个良好的法制环境是 PPP 有效运营和发展的根本。目前我国仍处于 PPP 的探索阶段，在监管规范、风险防范及分担、利益保障等机制方面存在着制约 PPP 实施和发展的难题，需要在未来的进程中不断完善。

从立法上规范对 PPP 模式的监管。在我国，国家发改委和财政部目前共同负责 PPP 的立法、推广和监管职责，但两家机构的职能划分不清严重妨碍了 PPP 的监管效率，可以说目前我国还没有专门的机构负责 PPP 模式的立法、推广及监管。因此，未来应该从立法上赋予相关各部门监管职能，同时建立职能相对独立的监管机构，确保 PPP 项目被明确、有效地监管。

建立PPP模式财政风险监管的管理制度。未来，全方位、全流程的监管制度是有效防范财政风险的重要前提，因此需要根据PPP的五大流程即项目可行性论证监管、项目采购合规性监管、项目融资风险监管、项目运行风险监管及项目终结监管，建立起PPP模式全流程、全方位的风险监管制度，明确这几大流程中的各监管主体，明确主体职责，确保全流程监管能够落实到位。

加强地方政府在PPP项目中的信用建设。从立法上规范地方政府信用建设有助于强化地方政府的契约精神，减少地方政府在PPP项目运营中违约率高的问题。未来可以采取的措施有：推进PPP立法信息公开，让公众参与对政府信用的监督；根据地方政府的履约表现实施一定的奖励机制，对违约行为加大处罚力度；在顶层制度上出台有关信用建设的法律文件，为信用建设提供法律依据等。

实现"物有所值"是PPP发展的重要一环，除定性体系外要尽快推进定量评价体系建设。物有所值是确认和评估方案时使用的一种方法，用来判断在项目全生命周期成本与质量方面，PPP模式是否优于传统模式、能否降低项目全生命周期成本、优化风险分配和提高运营效率。国际上主要从定性和定量两个方面开展，我国目前定性评估仍为主角，定量评价处于探索阶段。定性评价主观性大，或影响"物有所值"评价结果；定量评价相对客观，只要计算过程准确就不容易出现大偏差或者被操纵。因此，条件允许的情况下应该同时进行定性和定量评价。建设定量评价体系可包括前期利用风险评价指数体系筛选优秀合作者、营运阶段通过风险动态监测模型及时发现并控制风险在可接受区间等方面。

3. 引入独立、客观的第三方机构对项目流程进行评估

根据前文所述，在PPP项目的运作中，推动第三方评估的制度化、程序化、规范化极为必要。应着力开发先进、实用的评估方法与制度设计，比如内部评估与外部评估相结合、定量分析与定性分析相结合、专家评估与民众参与相结合、事前评估与事中事后评估相结合。首先，为了确立第三方评估的话语权，出台相关的规章和指导性文件必不可少，需明确重大方案和措施都要第三方的评估程序，规范评估主体的权利和责任，对评估的原则、类型、程序、结果、人员组成和经费使用等都作出明确规定，从法律上保护第三方的地位，规范评估的独立和法制化。例如，根据PPP项目资产证券化所需条件，建立完善的PPP项目资产评估和信用评级机制，加快公共产品和服务的定价机制的改革进程，为PPP项目资产证券化奠定资产定价基础环境。另外，依据国际经验，第三方评估的专业化将成为一种发展趋势，国外第三方评估的发达程度很大一部分建立在其专家人员的组织化和专业化上，因此加强对评估专业人才的培养和队伍的建设尤为重要，应对第三方评估机构进行规范、整合，提高评估能力和专业水准，保证评估的公正准确、独立客观。其次，需结合我国国情，探索和建立适合我国国情的评估理论、方法和技术，以保证引入第三方科学有效的评估。

4. 今后PPP项目发展将从重视数量和落地率转向项目质量

中国式PPP在政策利好的催化作用下迎来了高速发展，2017年6月底入库项目为16万亿，增幅节节攀升。在地方融资受限的背景下，PPP模式被委以重任成为各地方政府稳增长的"救命稻草"。机制不成熟使PPP项目质量参差不齐，鱼龙混杂，风险频出。甚至

部分政府PPP已逼近或超过10%的红线。在这样的情况下，防止PPP泛化，关注PPP质量将成为重中之重，禁止打着PPP的旗号“混淆视听”。今后几年，随着PPP落地项目的增加，发挥社会资本主动性和专业性的项目会成为真正需求，公共产品和公共服务供给效率而非片面融资或施工利润将得到更多关注。对于已经推出的示范项目，应该持续追踪督导和动态调整，确保其真正起到示范作用。同时，在相对成熟的行业，如收费公路、水务和垃圾处理等，可以制定包括合同范本在内的分行业的标准文本供实践中参考。

5. 从投资构成看，国有独资占比最大，民间资本参与度持续下滑

（1）从社会资本合作方类型角度分析，国有独资占比最大，民营企业数有所减少。截至2017年6月末，495个落地的国家示范项目包括283个独家社会资本项目和212个联合体项目，签约社会资本共785家，包括民营独资159家、民营控股132家、港澳台21家、外商15家、国有独资247家、国有控股189家，另外还有类型不易辨别的其他22家。民营企业（含民营独资和民营控股）291家，占比37.1%，比5月末统计结果高0.9个百分点，比2016年年末统计结果低1.9个百分点。

（2）从民营企业参与领域角度分析，民企参与行业数有所增加；但从落地情况及市场份额角度看，民企PPP参与度持续下降。截至2017年上半年，民营企业参与的行业领域达15个，其中，市政工程94个、生态建设和环境保护27个、养老16个，位列前三。民企参与行业领域数较年初新增2个。民营企业落地项目、市场成交项目自2015年年底以来均呈持续下降态势，截至2017年6月，累计落地规模、落地项目个数占比分别为48.16%、25.19%，较年初减少1.5、1.8个百分点；成交规模、成交项目个数占比也由2015年年底的35.5%、55.8%下降至24.8%、47.6%，分别下降10.7、8.2个百分点。

第三节　PPP项目实际运作问题总结

一、当前中国式PPP发展中存在的问题和制约因素

PPP在我国的发展经历了一个较漫长的过程，从最开始为吸引外资而被引入，到后来的缺乏完善顶层设计而面临发展困境，再到目前经济新常态下通过建章立制逐步适应我国国情，PPP完成了各个阶段的形态转变。然而，目前中国还存在法律体系和法规不够成熟、政府“重融资、轻管理”、政企缺乏契约精神、社会资本参与度不高、缺少专业第三方机构等问题，仍制约着PPP的持续健康发展。

1. PPP发展中缺乏更为成熟的法律体系和完善的法规

（1）从公共部门的角度来看，目前我国PPP模式的运作需要国家法律法规层面的支持。根据国外PPP模式实践经验，PPP的有效运行需要一个良好的法制环境。《特许经营法》《政府采购法》《招标投标法》是目前我国PPP项目管理中所参照的法律，但这些法律并不全面涉及PPP项目建设中可能发生的各种问题。例如，在PPP项目采购阶段，由于司法体制的不健全，政府采购、招投标过程中的合谋串标、贪污腐败等现象时有发生。另外，部分PPP模式与现行法律法规存在脱节。例如，使用者付费机制的PPP项目，其资金来源并非财政性资金，适用《政府采购法》规定的竞争性谈判等非招标方式依据不足。

（2）从社会资本的方面看，社会资本进入城市基础设施投资在我国面临法律保障不完善的问题，致使PPP项目吸引力和可行性不足。投资商在投资PPP项目中面临法律风险从而对PPP项目投资热情或有下降，比如现行的招标投标法禁止对标书上的条款条件等做出实质性修改和评标完成后的谈判协商。PPP合同的长期性及不完全性决定了PPP执行过程中会出现较频繁的“再谈判”可能。从国际经验来看，1980～2011年拉美地区的PPP项目中超过50%有再谈判发生。尽管在合同设计时应尽可能地考虑周到减少再谈判的可能，但是应该将再谈判视作常态进而给出明确的规则制度。我国目前没有建立就PPP合同条款“再谈判”的具体规则，虽然在一定程度上杜绝了某些机会主义行为，但由于PPP项目在签约时就可能存在不公平性，缺乏“再谈判”规则容易导致项目因缺乏可操作性而难以推进。

2. 过度重视PPP融资功能

PPP的核心在于公共部门与社会资源的公平合作，但如果过度关注自身的财政压力与投资方向而忽视需承担的责任，导致在某些领域的责任缺失，造成角色的缺位和错位，侵蚀公共利益，对PPP项目的实施和推广影响较大。PPP的首要功能即以特许经营等方式开展市场化融资，加大重点领域有效投资，引进私人方的技术和管理来提高公共产品和服务的供给效率，但如果盲目利用PPP的项目融资功能满足自身“稳增长”的需求，会导致PPP发展瓶颈的形成。

“重融资、轻管理”会导致PPP项目选择上的懒惰与盲目。很多项目没有严格地做好前期工作，主要表现在：项目识别阶段，PPP项目的筛选存在盲目性，最核心的“物有所值评价”环节没有受到足够重视；项目准备阶段，实施方案制订不清晰，盲目要求政府补贴，对补贴额度的要求缺乏科学客观的测算，同时对经营年限没有经过系统测算，很多都拉长为二三十年。其中，物有所值评价环节是用来判断是否采用PPP模式代替政府传统投资运营方式提供公共服务项目。我国目前对物有所值的定量评价还在探索阶段，无法科学比较PPP模式下的支出成本现值（PPP值）与公共部门比较基准（PSC值），不能保证PPP在效率提升方面有突出的优势。财政部2015年12月出台的《PPP物有所值评价指引（试行）》中提出由于缺乏充足的数据积累、成熟的计量模型难以形成，物有所值定量评价处于探索阶段，现阶段以定性评价为主。此外，过度看重融资将可能导致政府性债务风险隐患。部分PPP项目被作为引用民间资金解决政府性债务危机的方式，事实上，如果只考虑融资功能而不注重效率上的提升，PPP仅能起到延迟财政资金支付时间的作用，不重视投资效率的PPP项目可能会高估项目的收入来源，低估未来的政府补贴金额，隐藏了政府性债务风险。因此，在做好融资规范化的同时，应加强对项目的管理，平衡融资和管理的关系，加强自身诚信建设和法制建设。

3. PPP项目实施不规范，或引发地方政府债务风险

除了上述提到的对融资功能过度重视外，PPP项目执行阶段的不规范行为也会造成政府债务问题。2014年《政府购买服务管理办法（暂行）》规定，政府向社会力量购买服务的内容为适合采取市场化方式提供、社会力量能够承担的公共服务，突出公共性和公益性，要逐步加大政府向社会力量购买服务的力度，并且只要纳入政府采购目录的事项都可以做政府购买服务，而禁止纳入的范围又比较模糊。然而，政府购买服务的泛化使用对PPP产

生了一定的挤出效应，影响 PPP 规范推广，可能成为地方政府债务风险的重大隐患。具体形式为地方政府与投资人就公益类基础设施的融、投、建、运签订政府购买服务协议，同时由当地人大做出决议将购买服务期内的政府购买服务付费纳入当地财政支出预算。还有一些地方政府通过单一来源采购方式和融资平台公司签订政府购买服务协议，由平台公司继续做基建，政府从给予融资平台融资担保变为约定给平台公司购买服务付费。这些方式可以实现基础设施的融资目的，还可以规避 PPP 的操作和审查流程，也不受 PPP 项目 10％一般公共预算支出的限制，最后成为“明股实债”，形成地方政府的基础设施分期付款举债，可能导致地方政府债务实际大幅度增长。

针对上述问题，2017 年 6 月份财政部出台 87 号文进行了严肃规范，以列举的方式，明确将有形的建设和物品的采购与无形的服务分开，将融资行为与政府的服务分开。87 号文提出不得利用或虚构政府购买服务合同为建设工程变相举债，不得通过政府购买服务向金融机构、融资租赁公司等非金融机构进行融资，不得以任何方式虚构或超越权限签订应付（收）账款合同帮助融资平台公司等企业融资。87 号文中整顿这类不规范的政府购买服务方法如下：①转 PPP，即属于 PPP 领域的转成 PPP；②测算是否符合 10％的要求；③符合政府购买服务的项目，继续采用政府购买服务。

4. 市场化、规范化相对不足，政企双方契约精神缺乏

对 PPP 合作双方来说，项目的全过程都是通过合约对项目进行约束的，因此 PPP 项目的顺利完成需要在整个建设周期注重契约精神。所谓契约精神，是指商品经济所派生的契约关系及其内在原则，是一种平等、尚法、守信的品格，其主要特征除了表现为选择缔约方的自由，还隐含着契约各方的地位平等。PPP 项目需要政府与企业长达十几年甚至数十年的合作，双方要树立契约精神，严格按契约规则办事。

但当前，招商引资时积极承诺，存在包括虚增消费需求量、隐藏项目风险等不诚实的问题，项目执行过程中暴露出的执行力弱，完成基础设施建设运营后不能按照合同约定进行支付，政策随意性风险大，“朝令夕改”频繁改变项目运作的外部环境时（如批准存在商业竞争的其他项目）影响原项目收益损害了社会资本的权益。

另外，在项目的实施过程中，社会资本也存在一定的自主空间，少数企业违背契约精神的情况也有发生。究其原因，或是企业出于利润最大化目的而违背了合同中关于服务或产品的质量承诺，或是由于项目收益不及预期，企业不愿再履行合约等多种因素造成。在政府与企业组成的共同体中，由于政企双方存在天然的不平等关系，需要用契约规定双方的权利与义务，从而缩小双方地位的差距，确保双方能够以对等地位进行公平交易。因此，实施 PPP 的重要环节之一就是政企双方平等订立契约，坚守契约精神，建立利益与风险分担机制；同时，双方互相尊重并共同信守契约，政府不能滥用权力，企业必须履行责任。

5. 社会资本参与热情不高，PPP 退出机制需要完善

PPP 模式为社会资本参与基础设施投资提供了可能，但目前社会资本参与 PPP 项目积极性不高。退出渠道不丰富、资本投资周期与项目周期不匹配是 PPP 发展中社会资本表现冷淡的主要原因之一。一些地方政府在推广 PPP 过程中侧重准入保障，对正常情形下社会资本方的退出缺乏规范安排，需要补充完善。同时，资产证券化产品在 PPP 项目的推广运用还不够，社会资本难以在项目运营期实现适时退出，影响了企业和金融机构参与 PPP 项

目的热情。以基建领域为例，中国城市对基础设施的需求不断上升，但社会资本的投资比例较小、参与度低。因为PPP项目的周期和不明确的业务的前景，令一些短期基金不愿进入。若能利用资产证券化推动PPP项目投资，则可以有效吸引一些产业基金、养老基金、证券投资基金等更长远投资。PPP项目有政府信用支撑，基础设施领域的PPP项目为资产证券化提供了大量优质标的，同时资产证券化也能为项目初始投资者提供更丰富的退出通道，社会资本参与投资的积极性或将有所上升。在PPP项目资产证券化的过程中，考虑到资本与项目投资周期的匹配程度，还可以在资产证券化过程中引入中长期的资金，比如保险基金、养老基金、社保基金等参与PPP项目资产证券化产品的投资。

6. 缺乏独立客观的第三方评估机构，项目实施效率有待提升

目前中国式PPP在运作过程中凸显以下特征：一是涉及的部门（内部和外部）相对较多；二是涉及的知识领域相对广泛，产业、政策、投融资等都有；三是项目的整个过程复杂漫长，在国内缺少成功的经验可以借鉴。这就要求各个部门、发起单位和参与主体要对PPP运作以及可能存在的风险有深入的认识和了解。因此，专业第三方机构不可或缺，如信用评级机构。自2016年年底发改委、证监会联合印发2698号文以来，PPP资产证券化广受关注。信用评级是PPP项目资产证券化的关键环节，为发行人、投资人以及监管机构提供有效引导，主要作用如下：

（1）帮助发行人识别PPP资产证券化的信用风险。信用评级机构根据规范的指标体系和科学的评级方法，对PPP项目未来收益现金流的经营风险和信用风险进行评估，发行人可以较为准确地判断PPP项目资产证券化产品的风险价值关系，从而设计出PPP项目未来收益现金流相匹配的证券化交易结构，确保其合理性。

（2）向投资人揭示PPP资产证券化的信用风险。由于资产证券化产品的结构复杂、链条较长、信息披露比较薄弱等，相比普通债券工具，投资者很难对其中的风险进行准确的把握。资产证券化产品的评级结果和评级分析报告，作为市场信息的重要提供渠道，可以有效降低投资者信息收集成本和决策成本，对投资者进行投资决策提供重要参考。

（3）协助监管机构PPP项目资产证券化的信用风险。由于PPP项目资产证券化的复杂性，信用风险十分隐蔽。不仅投资者、发行人难以掌握，政府监管机构也不能完全掌握。评级机构的信用评估能够充分揭示资产证券化产品的信用风险情况，这有利于监管机构的实时监控，及时化解系统性金融风险。

因此，在PPP持续发展、PPP项目资产证券化不断推进过程中，第三方机构以相对客观、专业的角色为各个参与主体提供更权威的帮助，促进项目顺利实施。

二、影响PPP项目顺利实施的具体事项

1. 合同

合同主体变更或交接工作不到位等情况，导致政府不承认项目原有合同或其中某些条款的法律效力。

2. 中央已批准但地方不支持

对某些中央政府通过的政策，地方政府需做一些因地制宜的调整，导致某些政策得不到地方政府的支持。

3. 国有化 /征用

由于宏观调控的需要，中央或地方政府在特许经营期没有结束情况下强制收回经营权。

4. 审批获得失败 /延误

由于审批流程过于复杂，关卡层层，或工作人员效率不高导致。

5. 政策变化

由政府宏观调控需要引起。

6. 法律和监管体系不完善

由于 PPP 项目相关的现有法律条款缺失，或有而不完善，或效力等级太低等原因导致。

7. 政治 /公众反对

项目预期收费过高，或项目的环评/可研不合理，导致社会公众或其他政府部门对项目的反对。

8. 法律变更

由原法律有不合理的地方或政府宏观调控需要引起法律变更。

9. 原材料供给不足

由于政府限制或材料缺乏导致的原材料供应不足。

10. 项目唯一性

没有竞争由于准经营性项目收益小于投资的特点，需要政府用政策手段给项目提供一个一定范围内没有竞争的经营环境，如果政府因各种原因没有提供，会导致项目陷入收益不足，回收资本无望的危险境地。

11. 市场需求变化

由市场供需环境发生改变，导致项目收入减少等情况。

12. 收费变更

由于项目产品、服务收费过高，或质量不佳，或不符合市场需求等，导致政府强制规定或项目公司自行调整改变原收费标准的情况。

13. 收益不足

由于收费不合理，项目产品或服务不佳等情况导致运营收益不能满足收回投资并实现合理利润。

14. 税收调整

由国家宏观调控需要引起。

15. 利率变化

中央政府对利率的宏观调控而导致金融市场的利率变化。

16. 通货膨胀

货币的购买力下降对项目建设、运营等造成的影响。

17. 重大经济事件影响

国内、国际经济环境出现变化，发生重大经济事件对项目宏观经济环境影响。例如：金融危机。

18. 融资风险

由私营机构融资能力不高、信用度不高、国家政策原因、项目前景不佳等情况导致不能在规定期限内完成融资的情况。

19. 外汇风险

国际经济环境变化，使外汇汇率变化或外汇出现不可兑换情况。

20. 设计不合理

对项目功能设计时目光短浅，没有考虑长时间以后是否可以满足需求，或对功能细节考虑不周到，或商业比例设计不合理等导致。

21. 设计变更

设计有欠缺的地方使设计发生修改，修改的次数越多和修改发生的时间点越靠近项目后期风险越大。

22. 技术不过关

可能因为建设资质有问题，或对新技术的运用不成熟等情况导致。

23. 完工风险

项目进度控制失败导致无法完工、延期完工或完工后无法达到预期运行标准的情况。

24. 建造成本超支

由于成本控制没做好，或设计变更太大等原因导致。

25. 材料费上涨

没有预期到物价上涨，给项目带来损失。

26. 维护成本高

项目清洁、维修等费用预算做得不合理、不仔细。

27. 运营效率低

可能由项目不符合市场需求或经营不善引起。

28. 移交后项目/设备状况

投资者过度使用设备、技术条件等资源，造成移交时，项目或设备状况不佳，损害了公共部门的利益。

29. 运营成本超支

运营期的成本预算和成本控制做得不好。

30. 配套基础设施不到位

指项目相关的基础设施不到位对项目进度等造成的损失。

31. 特许经营者能力不足

由于招标过程不合理、投资者资质造假等原因导致特许经营者不善经营。

32. 私营投资者/特许经营者变动

由于各项目股东之间发生冲突或其他原因导致投资者变动，如中途退出等，或特许运营方在特许期结束前发生变动，从而影响项目的正常运营。

33. 沟通、组织、协调风险

由于 PPP 项目参与方众多，使信息沟通传递、组织、各方协调等难度加大导致。

34. 天气/环境恶劣

自然条件导致。

35. 不可抗力

一些人力不可预期或者抵抗的因素对项目产生影响。

36. 环保风险

由于需要满足环保相关法规的要求而使投入增加的风险。

三、PPP 项目融资问题

1. 现行融资制度不能适应 PPP 项目融资的需要

虽然当前为支持 PPP 项目落地，各种金融机构积极开拓、大胆探索，创新出了许多新型融资模式，较好地满足了 PPP 项目融资的需要，但从长远来看，这些融资制度并不适应 PPP 的特点，主要表现在以下方面：

（1）现行对 SPV 公司的相关管理规定不适应 PPP 项目特点。SPV 公司是政府与社会资本为建设或运营公共产品或服务而组成的特殊目的机构，是 PPP 项目实施的重要载体。作为 PPP 项目的实施主体，现行相关机构对项目公司的管理规定并不能适应 PPP 发展的要求。主要表现在：

一是有关部门对项目公司的资质规定不合理。目前，国内对于项目联合体的资质要求不统一，有些地方甚至规定联合体的每一方都必须有工程建筑资质，这就在一定程度上限制了金融机构作为投资者的进入。而从实际需要来看，如果金融机构在组建联合体时就提前介入，对于尽早确定融资方案和进行工程概算是十分有利的。

二是施工企业需要为项目提供流动性支持。现行制度下，受项目投资周期长、资金规模大、审批流程复杂等多种因素影响，经常出现项目资金衔接上的困难，存在一定的空档期，需要施工企业提供流动性支持。这样做必然增加施工企业的风险和财务成本，导致其风险与收益的不对等。

（2）项目资金期限存在严重错配。从理论上讲，资金使用期限与项目存续期限的高度匹配是有效避免债务危机发生，实现风险最小化的关键。对于多数 PPP 项目而言，由于其资金规模大、回收期长，需要大量的长期资金相匹配。但现实中，受多种因素影响，社会资本普遍追求短期收益，不愿进行长期投资，因此，长期资金的提供非常有限，很难满足大量 PPP 项目建设的需要。此外，受现行政策与风险约束机制的束缚，保险资金、社保基金、养老基金等长期资金进入的积极性也不高，长期资金供给量远小于资金需求量。而作为主要融资渠道的银行贷款，融资期限相对较短、融资成本较高，对于低收益的 PPP 项目而言，无力申请到与项目周期相匹配的长期银行贷款，不能实现项目期限与资金期限的完全匹配。而当前部分项目公司为达到资本金比例的要求，与金融机构签订的“明股实债”协议，虽然可以解决当前 SPV 公司设立的要求，但随着项目的推进，以及金融机构偿债期限的临近，必然导致未来长期资金成本上升，SPV 公司风险增加。

（3）资金来源偏重于银行贷款。从资金来源看，现行 PPP 项目融资过于偏重银行贷款。理论上讲，融资的多样性有利于风险的分散。而当前 PPP 项目一般都是相对单一的投资结构、单一的还款结构、单一的资金来源，不利于分散项目风险，无法有效降低资金成本，人为增大项目的风险。根据有关研究机构样本案例的分析，在我国目前实践的PPP项目案例中，东、中、西部地区的PPP项目普遍运用贷款这一融资模式，运用基金、股票、债权、信托和其他金融工具作为融资工具的PPP项目不多。贷款类的金融投资类型在东、中、西部地区的PPP项目中占比分别为83.4%、70.1%、60.3%，而在各个项目领域内，贷款类金融投资类型的所占比例都超过了50%。这与我国现行以银行为主的金融体系有密切关系。由于银行贷款的期限相对有限，尤其是中长期资金供给严重不足，PPP项目对银行贷款的过度倚重，难以满足投资大、经营期长且收益不高的PPP项目资金需求，更容易导致项目资金期限的错配，为项目运行埋下风险隐患。

(4) 相关部门管理跟不上PPP项目的需要。主要表现在以下三方面：

一是银行缺乏针对PPP特点的贷款管理制度。作为以间接融资为主的国家，银行贷款是PPP项目筹集资金的主要方式，但受多种因素影响，银行对PPP项目发放项目贷款的积极性不高。一方面，银行对PPP项目贷款仍沿用抵押、担保等传统模式。当前银行体系对PPP模式尚不熟悉，缺乏实施有限追索、无追索项目融资的经验，对PPP项目进行融资时多参照传统贷款模式发放贷款，要求项目公司的股东对项目贷款提供抵押品或进行连带担保，而对项目未来现金流、项目收益权质押、项目保险收益权质押、履约担保等间接担保机制并不认可。另一方面，银行缺乏适应PPP项目特点的审批制度。由于商业银行对PPP项目贷款模式不熟悉，尚未开发出针对PPP项目贷款的量化审批机制，项目审批普遍采取一事一议的方式。此外，目前银行信用评级系统尚未针对PPP项目特点建立起相应的审查制度，从而使大多数PPP项目公司因缺乏相关财务指标只能获得较低的信用评分，进而增加了贷款获取难度。

二是债券发行条件难落地。虽然在相关政策文件上明确取消了PPP项目发行项目收益债的财务指标要求，但在实践中，证券公司等业内主体仍对此有所限制，加之PPP项目的杠杆率较高、收益率较低，导致很多项目收益债无法顺利发行。此外，现行审核机制也与PPP项目设置流程存在矛盾，规定只有项目公司才能申请发行项目收益债，但实践中社会资本往往需要拿到相应的融资保证（如商业银行出具的融资意向函——银行融资意向函的目的在于确保项目公司成立后，可以获得意向函中所确定的贷款）才可顺利参加招投标。

三是信用体系不健全使融资保险及担保成本过高。当前为提升PPP项目公司获得银行项目贷款的概率，迫切需要引入第三方保险公司的融资保险或担保公司的融资担保进行增信，但由于相关信用体系的不健全，保险公司和担保公司只能通过收取高额费用来弥补其风险，导致PPP项目融资成本升高。

(5) 部分PPP引导基金存在政企不分现象。当前，为支持PPP发展，各地都积极行动起来，根据自身情况设立了一批PPP引导基金，一定程度上解决了PPP项目融资困难的问题，为PPP项目的落地实施发挥了积极作用。但与此同时，也应该注意到当前PPP引导基金因基金定位不准确，存在着政企不分的问题，部分地方政府只想通过一定资金的资助来引导社会资本参与，未来可能导致风险加速向政府集中，这对PPP的长期发展是十分不利的。

(6) 资金退出渠道过于单一。从各地实践来看，尽管金融机构参与PPP项目的方式多种多样，但归纳起来无外乎直接对SPV公司进行股权投资，通过基金等方式间接对SPV公司进行股权投资以及向项目提供贷款等。应该看到，这些资金一旦投入，退出的渠道相对比较单一，主要是通过到期退出、事前双方约定价格由社会资本或政府赎回等方式实现。由于 PPP 项目具有投资规模大、回收期长等特点，如果只能等到项目到期再退出，对于投资者尤其是财务投资者来说，风险是相当大的，很大程度上会影响金融机构参与 PPP 项目的积极性。而如果一味地追求 PPP 项目资金期限的匹配，用足够多的长期资金来实现项目资金期限的匹配，又会使项目公司因成本过高而陷入收不抵支的困境。

2. 需适合 PPP 项目特点

PPP 模式不同于传统市场主导配置资源模式和政府主导的新型配置资源模式，它是发挥政府与社会资本双方的优势，通过股权和债权融资的方式来筹集项目建设与运营资金，并以项目自身未来的收入作为偿债基础和利润来源。正是由于 PPP 模式不同于传统政府主导的公共产品和服务供给模式，原来的投融资模式、相关政策、体制机制也都不能适应政府与社会资本合作这种新模式的需要，迫切需要建立一套与 PPP 模式相适应的项目管理与融资支持制度，推进 PPP 模式发展、加快 PPP 项目落地。为此，应该针对政府与社会资本合作项目自身特点，在项目公司组建、投资制度建立、融资模式选择等方面进行特殊的制度安排。

（1）PPP 融资模式不同于以往单纯的政府或企业融资模式。市场主导配置资源模式是由企业作为主体去筹集资金，进行建设、运营和维护项目，并用企业盈利来偿还债务；政府主导配置资源模式是财政直接提供资金支持或者地方政府通过地方融资平台等为提供公共服务进行融资，还款来源由地方财政兜底和政府信用支持；而 PPP 模式是发挥政府与社会资本双方的优势，通过股权和债权融资的方式来筹集项目建设与运营资金，并以项目自身未来的收入作为偿债基础和利润来源。其融资模式上的特点主要体现在以下三方面：一是融资主体是 SPV 公司，以前是把地方政府或融资平台、中标企业作为融资主体，而 PPP 模式下的融资主体是为项目实施而成立的特殊目的公司；二是担保机制以社会资本为主，以往的模式是以地方政府信用或企业信用作为重要的支撑，而 PPP 模式则是依靠社会资本自身实力，地方政府不再提供信用担保；三是还款来源多样化，以前的模式还款来源主要是项目经营收益，也有财政还款，而 PPP 模式还款主要依赖 PPP 项目收取的项目服务费而形成的现金流，其中既包括用户支付的费用，也包括财政支付给社会资本的可行性缺口以及完全由政府支付的服务费。

正是由于 PPP 融资的特殊性，使得其融资制度也具有特殊性，相关机构不再像以往那样以企业或政府的收入能力作为风险评价的依据，加上 PPP 项目普遍存在资金需求规模大、运营期限长、回报率不高等特点，导致社会资本参与 PPP 项目的积极性不高，金融机构介入顾虑较多，这就需要实施金融创新，发展 PPP 金融，增强社会资本进入 PPP 项目的积极性。尤其要针对 PPP 项目特点，制定特殊的融资制度与政策，以金融创新解决 PPP 项目融资、股权退出等问题。

（2）要以真正的 SPV 公司为中心，积极发展适合其特点的股权和债权融资工具。PPP 融资的关键是为了 PPP 项目建设与运营而设立的 SPV 公司，它是隔离项目公司与其相关母公司收益与风险关联的特殊目的公司，是项目收益与风险同时承担的唯一载体，只有保证了 SPV 公司做到真正的风险隔离，才能确保 PPP 项目的风险绝对隔离。

鉴于中国现行的项目资本金制度，SPV 公司的股权要根据投资人性质的不同实行不同的制度，对于负责项目建设与运营的单位，要规定其必须持有一个相对较长时间的股权，以确保项目工程质量与运营水平；对于项目的财务投资人，要广泛吸纳保险、企业年金、社保基金等长期资金的参与，可以给予其相对灵活的股权持有时间，以满足其流动性需要。

针对 PPP 融资特点，要积极推进相关项目贷款发放审批制度的完善，要调整项目收益债券的审批流程，为 PPP 项目提供更便利的债券融资工具。

3. 融资具体建议

为构建更加符合 PPP 特点的融资制度，需要采取以下措施：

（1）建立真正的 SPV 公司，实现破产风险的彻底隔离。尽管当前各种 PPP 项目都建立了 SPV 公司，但并不是真正意义的 SPV 公司，并未真正实现破产风险的彻底隔离。这主要是应金融机构要求，SPV 公司的母公司需要承担 SPV 的担保、连带责任，使 SPV 公司根本无法实现与母公司的风险隔离。这严重违背 PPP 项目公司的设置原则。作为政府与社会资本组成的特殊目的机构，SPV 公司是 PPP 项目实施的重要载体，政府以该机构为载体引入社会资本，负责设计建设开发与提供公共产品或服务，并与政府共同承担风险，实行全过程合作，期满后再将项目移交给政府。SPV 公司既是项目收益的获得者，也是项目风险的承担者，项目建设、运营、资金方面的各种风险都应该由 SPV 公司独立承担，不再向其他机构传导，从而实现风险的真正隔离。因此，建议所有 SPV 项目公司相关机构都要自觉切断与 SPV 的联系，一律不承担对项目公司的担保、兜底等责任，真正实现本项目收益与风险同担。

（2）按照投资性质的不同，给予不同投资人不同的股份转让权利。与其他股权投资的被投企业永续存在不同，特许经营的融资项目从实质上讲并不是股权融资，而属于夹层融资，即随着经营期限的到期，其权利也随之消失。可见，PPP 融资是长久期付收类产品，并不是权益类产品。金融机构之间的定价差异主要来自期限定价。因此，完全可以对项目公司实行小股大债模式，即由项目建设、运营单位出很少的资本，其余资金全部通过举债获得。而 SPV 公司资金的差异性更多地通过建设、运营单位的建设质量与运营水平的差异性来体现。

但在现实中，政府部门与相关机构往往出于规避风险的考虑，对 SPV 公司要求一定的资本金比例，以实现股权与债权投资的平衡。为满足相关部门的项目资本金要求，SPV 公司需要吸收银行、保险、基金等金融机构作为财务投资人参与项目公司的组建，但由于这些财务投资人与项目建设、运营机构承担的风险责任是完全不同的。因此，建议 SPV 公司的股权按照投资人性质的不同实行 AB 股权制度，即规定财务投资人持有 B 股，负责按照双方约定完成出资，持有股份超过一年以上可以在市场转让，并赋予其项目知情权、提议否决权等；项目建设运营单位出资持有 A 股，负责项目建设质量与运营水平，要求其定期向其他股东提交财务报表、项目经营状况、报告重大事项等，且股权转让必须征得其他股东同意。为鼓励其提高建设质量与运营水平，规定其持有的股份可以按照 1∶2 的比例获得分红收益，而且所持 A 股不能随意转让，必须持有项目建设运营总期限的一半以上时才可以转让，且转让后如果持股人为项目运营单位，则仍享受 A 股权利，但如果持股人也是财务投资人则此股自动变为 B 股。这样做既有利于建设运营单位提升质量意识、树立品牌观念、关注项目生命全周期，又可以满足金融机构流动性的要求、调动金融机构参与的积极性。

（3）完善项目贷款制度，为 PPP 项目提供更好贷款服务。对于传统的政府平台公司项目融资，其融资主体为地方政府平台以及国有大中型企业（包含子公司），主要对地方政府平台以及国有大中型企业的信用风险（公司信用）进行分析判断，项目的还款来源主要依赖于地方政府平台或国有企业的经营收益。PPP 项目融资是以特定项目为融资对象，还款来源依赖于该项目产生的现金流，担保品也限定于该项目的资产。因此，对于银行来说，发放贷款的依据和标准与传统的企业贷款是完全不同的，更多的需要对项目相关的所有当事人的风险进行分析，对相关合同进行审核，并且着重于项目建设风险、运营风险、现金流风险的分析评估。

虽然银监会发布了《项目融资业务指引》，但实践中，以项目未来收益和资产为担保的项目融资方式非常少见。主要是《项目融资业务指引》对于贷款人开展项目融资贷款授信审查时，只对审查项目的运营风险、政策风险、完工风险、市场风险、成本风险、原材料风险、汇率风险、环境风险等做出了框架性的规定。为此，建议进一步完善项目贷款相关规定，如关于项目投资人风险要对其财务状况有所了解，了解其事业推进能力、实际业绩以及与战略的吻合度；关于项目完工风险，要了解承建合同签约方的推进能力、实际业绩、完工的可能性、建设相关批准证书的取得、建设用地的取得等情况；关于技术风险要了解其技术能力、过往的业绩；关于原材料风险要了解价格波动风险、运输手段、供应商的信用风险、原材料量和品质的风险；关于运营风险要了解运营商的过往业绩、运营能力、运营的复杂程度、困难程度、运营合同的期间与条件；关于销售风险要了解市场供给、销售价格的波动、长期销售合同等。此外，还应该允许项目公司对 PPP 项目资产进行抵押和质押，鼓励有关机构在 PPP 项目贷款基础上，开发出期限、利率不同的组合贷款产品，全程参与 PPP 项目的融资服务。

（4）依托市场机制，发挥政府引导基金的引领作用。针对当前各地大量涌现出的各种各样的 PPP 引导基金，部分引导基金存在政企不分等问题，有关部门一定要加强管理与引领，强调以市场化机制设立 PPP 引导基金，各地不要盲目跟风，一定要坚持产业引领，强化 PPP 项目的合法合规性，帮助给那些合法合规 PPP 项目提供股权融资、担保增信、保险补贴等，增强社会资本和金融机构债权融资的信心。此外，政府资金要多在其中做劣后投资，以此减轻社会投资者的顾虑，调动其参与积极性。

（5）完善相关配套措施，为 PPP 的规范发展创造条件。为促进 PPP 的规范发展，需要进一步加快相关领域改革、完善相关法律法规、健全相关信用信息，努力营造一个有利的政策环境。

1）加快完善相关法律法规，降低 PPP 项目参与者风险。通过制定《特许经营法》等法律，对 PPP 模式中政府与社会资本之间的权利与义务关系、项目的评估和认证、合约的履行和合理变更、行政审批的程序、政府信用的保证及违约惩戒等重大事项以法律的形式加以明确，尽可能化解社会资本对合同执行过程中对风险的顾虑；加快完善中长期预算制度，将对 PPP 项目的支付责任列入中长期预算，为项目费用的长期支付提供保障。

2）加快建立科学的公共产品和服务定价机制，确保项目公司合理的项目回报率。要加快公共产品和服务价格改革，探索建立科学合理的定价机制。积极推进水电气等公共服务领域价格改革，科学制定项目涉及的运营收费、补贴和其他支付对价，建立价格动态调整机制，按照物价水平、运营项目的成本变化等因素适时进行价格调整，提高社会资本参与积极性和项目可融资性。

四、PPP 项目投标问题

尽管 PPP 项目在我国已经经过了 20 余年的发展，但在 PPP 项目的招标过程中仍存在着许多不容忽视的问题，这些问题对 PPP 项目的发展已经形成了比较明显的阻碍。

1. 项目前期没有明确界定项目的需求和目标

在 PPP 项目筹划前期到招投标这个时期，没有准确而清晰地界定项目需求和目标，这种对招投标界定的缺失会在后期项目建设和实施过程中遇到重重阻力。同时，即使 PPP 项目最终能够顺利实施，而递交的服务和价值也可能会不能满足社会公众的服务需求，成为项目后期风险的重大隐患。

2. 缺少对市场需求的关注

PPP 模式与传统基建模式的最大区别在于项目投资主体的转换。在新模式下，项目能够吸引意向承包商以合理的财务成本顺利融资到位才是成功的关键，所以项目的架构设计要保障投资者在技术服务能力水平内获得合理的盈利和财务目标。PPP 项目的架构和设计除了要满足社会公众的服务水准和相应要求外，还应该同时满足资本市场的投资需求。政府要深刻地了解和洞察资本市场，识别社会资本关注的焦点和需求，以保证 PPP 项目的成功落地。

3. 缺乏明确而有力的责任人

PPP 项目作为一种比较新颖的基建模式，对于招标人或招标代理机构而言都属于新生事物。因此，作为项目管理和推动工作的具体执行部门，招标人或招标代理机构的权限、能力和可支配资源均相对有限。对于大型项目管理和运营，PPP 项目执行中招标人或招标代理机构通常需要与政府众多部门进行沟通、协调、谈判乃至争论，在一定程度上必然会超越其管理权限和职责授权范围，从而导致 PPP 项目实际运行与目标状态有所差异。

4. 招投标过程中缺乏与相关项目利益方的有效沟通和互动

PPP 项目的成功实施，需要招投标的各方主体进行充分沟通。目前，总是存在一些主体只顾自己的利益，而忽略整个项目其他主体的利益诉求，从而导致在某些方面出现衔接的脱节，甚至可能会出现某些短期行为造成社会资源的浪费。

5. 没有对外披露或提供充分而完整的项目信息

PPP 项目模式是项目得到社会资本认可并投资的市场化交易过程。交易成本的高低不仅取决于交易结构的复杂程度，也取决于交易双方所掌握信息的对称度。由于招标人或招标代理机构没有或者无法提供充分而完整的信息，导致投标人在投标过程中有一定的盲目性，从而影响了项目的进一步实施。

6. 联合体招投标问题

（1）建筑企业作为投资人联合体成员参股 SPV 公司。在 PPP 项目实践中，无论是社会资本出于规避投资风险的角度，还是出于政府方便管理、增加税收的角度，投资人联合体基本都会选择成立 SPV 公司。对于施工单位而言，当其作为联合体成员参与招标时，主要目的是获得施工业务所产生的利润，并非作长期股权投资。因此，多数施工单位在参与联合体投标后，并不希望参股 SPV 公司，这是颇为实际的问题。

根据合同法的一般规则，如果在招标人通知投标人中标后，项目公司未组建或未签署正式的 PPP 特许经营协议之前的阶段，有投资人联合体成员推出，不愿意参与招投标后的后续活动，包括组建 SPV 公司，政府方有权拒绝与投资人签订投资协议，没收投标保证金，要求投资人联合体各成员承担赔偿招标失败损失的连带责任。

（2）监理单位进入投资人联合体。目前，法律法规并未明确规定监理单位不得参加投资人联合体招标。但是，在具体 PPP 项目操作中，监理单位一般不会被招标人允许成为联合体成员。

《建设工程质量管理条例》第三十五条："工程监理单位与被监理工程的施工承包单位以及建筑材料、建筑构配件和设备供应单位有隶属关系或者其他利害关系的，不得承担该项建设工程的监理业务。"

由此，需要分析在投资人联合体模式下，作为联合体成员的监理单位与同作为联合体成员的施工、材料供应单位之间是否存在隶属或其他利害关系，比如：监理单位与被监理单位之间存在的可能直接影响监理单位工作公正性的非常明显的经济或其他利益关系，如参股、联营等关系！

投资人联合体是由以合同为纽带，各成员共同承担连带责任的法律形式，即联合体成员之间、无论内部员工、责任如何约定，对招标人而言，属于利益共同体、一致行动人。因此，是属于具有《建设工程质量管理条例》规定的其他利害关系的范畴的，由此推导出监理单位不得作为联合体成员。

（3）组件 PPP 项目联合体时选择合作伙伴的问题。

1）三目标：①确保联合体在项目竞标中的竞标优势，增加竞标成功的概率。②确保中标后所组建的项目公司在特许期内各阶段具有足够的运作能力，保障特许协议的顺利执行和实现预期收益。③尽可能保障发起人的个人利益。

2）四原则：①考虑潜在伙伴对联合体整体能力的贡献，潜在伙伴拥有自身核心竞争力且为联合体所需要。②考虑合作伙伴的优势互补或战略协同性。③有利于风险的合理分担和降低整体运营成本。④考虑合作伙伴的诚信情况以及伙伴见企业文化等的相容性。

（4）组建 PPP 项目社会资本方联合体的问题。《招标投标法》第三十一条规定，社会资本方联合体各方应当签订共同投标协议，明确约定各方拟承担的工作和责任，并将共同投标协议连同投标协议一并提交招标人。《政府采购法》第二十四条规定，以联合体形式进行政府采购的，参加联合体的供应商均应当具备本法第二十二条规定的条件，并应当向采购人提交联合协议，载明联合体各方承担的工作和义务。

从上述规定中，可以看出，法律法规对联合体组建方式并无详细规定，基本要求至少包括以下几个方面：

联合体成员可以为自然人、法人或其他组织，但基于承担相应责任的约定，应要求联合体成员可以独立承担民事责任；

联合体成员不少于两名，对于联合体成员的个数上限并无强制性规定；

联合体成员之间必须签订共同投标协议或联合协议；

共同投标协议或联合协议必须载明联合体各方需承担的工作和责任（义务）；

以一个投标人或供应商身份共同投标或采购。

（5）社会资本方联合体的连带责任是法定连带责任，现有法规体系下无法规避。无论是投标法还是政府采购法，均明确规定了联合体成员对招标人或采购人承担的连带责任，而且这种连带责任是法定连带责任而非约定连带责任，无法通过合同约定予以解除。

对于大部分需要设立项目公司的PPP项目中，由于项目公司才是PPP合同主体，也是承担PPP合同及其法律文件下义务的主体，社会资本作为项目公司的股东，并不存在法定连带责任，如果只在PPP项目协议中约定股东方的连带责任，则该连带责任为约定连带责任，与招投标法和政府采购法的约定出现抵触。实际操作中，可以要求社会资本方联合体成员也作为PPP项目协议的一方，既可以符合政府采购发规定的联合体“各方应共同与采购人签订采购合同”，同时可以确定联合体成员的法定连带责任。

（6）PPP项目联合体的资质认定问题。PPP联合体的资质，和施工招标不一样，不是以成员中资质低的认定联合体资质，而是以成员中所具备的资质进行综合认定作为联合体资质（联合体成员中有投资公司、承包商、运营商，一般不会认为投资公司不具有施工资质而认定整个联合体不具有施工资质，而会认定联合体的资质具备资金、施工、运营等综合资质），原因在于PPP项目比较复杂，一般要求团队具有施工、融资、技术、运营能力等综合能力，而不会要求个别成员同时具备这些能力。

（7）联合体投标有时不被青睐的问题。

1）相关法律不完善。目前有关联合体投标的法律法规都只涉及组成联合体的条件，参加联合体的供应商的资格及联合体资质的确定等，而关于联合体各方、联合体和招标人之间的权利和义务以及出现违约之后的责任划分等缺乏详细规定。

2）联合体成员管理复杂，彼此间易产生矛盾。联合体涉及多家企业，虽然联合体成员有牵头人负责具体事项，但是不配合的现象也时有发生，在上传下达方面耗时长，协调难度较大。另外，由于参加联合体的各企业在企业文化、资金实力、防范风险等方面的差异，可能导致彼此间存在争议，尤其在风险分担和利益分配上会产生较大分歧。

3）易影响项目的整体性和一致性。当前，PPP项目一般工程规模较大，涉及专业领域广，要完成整体项目，需联合体各方通力合作，工程进度无缝衔接。但现实中，由于企业理念、技术等的不同，结果可能与招标人的意愿相左，造成工程整体或局部的不和谐。

虽然联合体能够分散、降低企业风险，但上述一些原因可能导致联合体在后期执行中面临较大风险。且招标人与联合体在前期协商时也比与一家供应商协商成本要高，因此，多数招标人对联合体投标能不采纳就不采纳。

（8）招标人不接受联合体投标的问题。《招标投标法实施条例》规定，招标人有权利选择是否接受联合体投标，招标人应将是否接受联合体投标在资格预审公告、招标公告或投标邀请书中作出明确规定。招标人可以在招标文件中明确规定不接受联合体投标。如果招标文件规定不接受联合体投标的，投标人组成联合体投标时，招标人有权拒绝其投标；如果招标文件没有规定不接受联合体投标的，则招标人不能拒绝联合体的投标。

（9）PPP项目联合体投标法律依据问题。发改委发布的《关于切实做好传统基础设施领域政府和社会资本合作有关工作的通知》(发改投资〔2016〕1744 号)中提到，鼓励不同类型的民营企业、外资企业，通过组建联合体等方式共同参与 PPP 项目。

《政府采购法》第二十四条规定，两个以上的自然人、法人或者其他组织可以组成一个联合体，以一个供应商的身份共同参加政府采购。

(10) 联合体只一方盖章，中标后如何处理的问题。根据《招标投标法》第三十一条规定，两个以上法人或者其他组织可以组成一个联合体，以一个投标人的身份共同投标。联合体各方应当签订共同投标协议，明确约定各方拟承担的工作和责任，并将共同投标协议连同投标文件一并提交招标人。联合体中标的，联合体各方应当共同与招标人签订合同，就中标项目向招标人承担连带责任。即联合体协议中需要两家联合体单位分别签字盖章，投标工作由联合体牵头单位进行，投标文件只需要牵头单位的盖章即可以。联合体协议中如果只有一方盖章，说明此联合体协议本身是无效的，正常评标委员会应当否决其联合体投标的资格。

五、PPP 项目合同管理问题

1. 主体稳定性问题

PPP 项目的合作主体是政府与社会资本，由于项目周期与监管问题、市场风险与不可抗力因素等可能导致履约主体的能力变更或者主体退出，势必影响 PPP 合同的稳定性和执行力，国家发展改革委《关于开展政府和社会资本合作的指导意见》对此已有规定："依托各类产权、股权交易市场，为社会资本提供多元化、规范化、市场化的退出渠道。"

在 PPP 合同内容与合同管理方面，必须对主体稳定性及相关问题做出明确约定。

2. 政府债务问题

PPP 项目通常包含政府对社会资本的长期付费承诺或因分担项目风险而产生的显性或隐性担保责任，尽管政府财政预算机制与政府资产负债管控措施日渐建立并开展，但并未有效建立，且存在政治风险无法避免的情况，PPP 项目仍然可能突破财政承受能力而导致政府债务风险。在 PPP 合同中应当对实际履约能力做出明确的可执行的操作模式。

3. 项目选择问题

PPP 项目通常由政府发起，其对于 PPP 融资功能的依赖容易导致对项目前景过于乐观的估测，在风险分担的项目中社会资本也无足够动力对项目进行严谨的分析，从而导致项目选择的错误。此外，PPP 项目的规划和筛选有可能受到腐败或政治利益考虑的影响。

4. 有效竞争问题

公共资产和公共服务的提供通常具有排他性，在一些行业或领域存在垄断属性，导致 PPP 项目的竞争压力通常来自社会资本准入阶段，但由于 PPP 类项目的多样性、复杂性和长期性特点，不同社会资本提供的价值、承担的风险和要求的回报难以在选择阶段进行有效的直接比较，政府无法通过现有的政府采购程序有效甄选出最具竞争力的社会资本方。

5. 履约管理问题

当签署 PPP 项目协议后，政府和社会资本即进入项目履约阶段。一方面，由于履约阶段缺少竞争压力，政府在缺少相称资源和技能的情况下很难对社会资本的履约能力和履约情况进行有效监管；另一方面，由于缺乏有限的争议解决机制，在政府履约情况不佳时，社会资本也难以采取实际有效措施保护自身权益。

6. 定纷止争机制问题

PPP 模式不仅是一种项目融资方式，更是一种提高政府对整个社会资源管理效率的方式，具有投资额巨大、投资周期长、价格受监管、投资回报期长等特点，其合同内容的可执行性、项目实施的可控性、财物核算与纠纷解决的机制非常重要，决定了项目运作的价值和成败。

7. PPP 项目合同管理问题规避建议

PPP 模式是基于完备合同下的契约精神，要求政府和社会资本应作为平等的合作双方，共同分配风险、分担责任和分享利益。PPP 模式比较复杂，涉及多方利益，协调利益分配是实施 PPP 项目的关键，PPP 项目的核心是合同管理。

成功推广 PPP 模式，促进民间资本进入公共品与服务领域，需要建立一个行之有效的保障机制。PPP 项目提供法律服务，主要集中在两个阶段：其一，为 PPP 项目前期筹备阶段；其二，为 PPP 项目建设阶段、运营阶段、移交阶段。需要着重解决以下主要方面：

（1）制定法律、法规，保障社会资本的利益。公共产品与服务项目通常前期投资额高，回报周期长，影响项目的因素多，收益不确定性大，社会资本在参与这些项目时会考虑进入后的风险。如果没有相应法律、法规保障社会资本方的利益，PPP 模式就难以有效推广。通过立法等形式，对社会资本的利益予以保障，才能吸引更多民间资本进入，符合现在国家允许 PPP 项目公司通过基金、私募等方式筹集资本金，并允许项目公司发行公司债、企业债、各种非金融性融资产品等原则。

（2）完善风险分担机制。政府部门对政治风险、法律变更的承受能力强，而融资、经营等风险，与企业经营活动直接相关，根据项目具体情况在政府和社会资本之间分配风险，建立合理公平的风险分担机制。

（3）协调好参与方利益。在 PPP 项目中，政府主要任务是授权和监管，对社会资本的经营和利润进行调节，代表公众利益的同时保证社会资本方能够得到合理收益。在签订合同时，制定好收益分配规则，均衡各方收益。如果社会资本从 PPP 项目获得利润较低时，政府根据合同对其进行补贴以保证合作继续；反之，若社会资本从 PPP 项目中获得超额利润时，政府可根据合同控制其利润水平。

未来，国家政策层面应细化和完善现有“中期评估、项目变更、项目退出、监督审计、公众利益保护”等机制，为地方政府和社会各界设计、创新 PPP 投融资模式提供政策依据并规范其行为边界。PPP 项目，必须执行公正、公平、公开的合作原则。国际组织和各国政府在 PPP 模式中的共同经验表明，成功 PPP 模式的先决条件是：①坚实的法律框架；②明确的政府职能；③能干的执行团队；④透明的规定程序；⑤科学的操作方法。随着政府层面和社会资本层面对 PPP 的法律健全和认识加深，中国必将迎来 PPP 项目发展繁荣。

（4）需遵循主要原则。

1）风险最优分配原则。PPP 模式致力于在政府和社会资本之间实现最优的风险分配，在受制于法律约束和社会公共利益的前提下，将风险分配给对政府而言能够以最小成本、最有效管理它的一方承担，并给予风险承担方选择如何处理和最小化该类风险的权利。

2）项目产出导向原则。PPP 项目的目的是实现在项目建设完成后，项目资产需要达到一定标准或要求的各项物理、技术、经济指标和各项服务的交付范围、绩效水平。

3）合同主体的地位平等原则。在 PPP 项目下，合同各方应是平等主体，以市场机制为基础建立互惠合作关系，通过合同条款约定并保障各方的权利义务。

4）切实履约原则。PPP 模式的项目目标的实现，建立在各利益相关方对 PPP 相关协议的切实履行的基础上，包括实际履行、全面履行和善意履行。

5）公开透明原则。针对项目采购、建设和运营的关键环节，明确政府的监管职责，发挥专业机构作用，提高信息公开程度，确保项目的阳光运行。

6）合理回报原则。鼓励社会资本在确保公共利益的前提下，降低项目运营成本，提高资源配置效率，获取合理的投资回报。

7）强调质量和效率原则。政府通过引入社会资本和市场机制，促进重点领域和公共服务领域的有效供给和服务质量，提高公共资源的配置和运行效率。

8）合法合规合约原则。PPP 项目合同及项目经营等文件和程序，要与相关的法律法规和政策、技术规范和标准相匹配，确保合规合法、内容全面、结构合理和具有可操作性。

9）强调国际经验与国内实践相结合原则。在 PPP 项目中，要广泛借鉴国外先进经验，及时总结国内各类实践，促进各类项目的健康、有效发展，促进社会公共服务。

10）鼓励创新原则。PPP 并不是一个具体、确定的投融资模式，要把握 PPP 项目的实质内容，积极探索、务实创新，适应当前深化投融资体制改革的现实需要。

在我国 PPP 项目发展的热潮下，市场主体对 PPP 投融资模式缺少统一认识。PPP 模式的一个典型结构是公共部门与中标单位组成的特殊目的公司签订特许合同，由特殊目的公司负责融资、建设及经营。这种融资形式的实质是政府通过给予私营公司长期的特许经营权和收益权来换取基础设施建设，以解决政府的财政困境。根据财政部《关于推广运用政府和社会资本合作模式有关问题的通知》（财金〔2014〕76 号）、国家发展改革委《关于开展政府和社会资本合作的指导意见》（发改投资〔2014〕2724 号），财政部和国家发改委均对 PPP 项目的识别、准备、采购、执行和移交提出了细化要求。在 PPP 方案设计和招投标阶段，项目公司设立，建设、融资和运营等环节均有原则性规定。但在 PPP 新政下须考虑绩效考核、中期评估、项目透明化等新规定的影响。

国家发展改革委在 2014 年 12 月 2 日发布《关于开展政府和社会资本合作的指导意见》（发改投资〔2014〕2724 号）之附件《政府和社会资本合作项目通用合同指南》。2014 年 12 月 30 日财政部根据《关于推广运用政府和社会资本合作模式有关问题的通知》（财金〔2014〕76 号）和《关于印发政府和社会资本合作模式操作指南（试行）的通知》（财金〔2014〕113 号），为科学规范推广运用 PPP 模式，就规范 PPP 合同管理工作，发布《关于规范政府和社会资本合作合同管理工作的通知》（财金〔2014〕156 号）之附件《PPP 项目合同指南（试行）》。

六、PPP 项目财税问题

随着我国经济的快速发展，PPP 模式日益成熟，越来越多的建筑施工企业重视和青睐融资项目。PPP 项目集管理和运营于一体，是新型建筑施工模式，从项目全周期角度来看，

PPP 项目既有利于项目运行，更有利于建筑施工企业长期发展。但 PPP 模式的项目由于涉及整体规划、投融资决策、建设施工管理、运营养护管理、资产移交等众多环节，税收问题也相对复杂。

1. PPP 模式的内涵及在施工项目中的应用

目前，我国大多数企业都在研究 PPP，包括建筑施工企业。所谓 PPP 是指社会资本与政府合作，双方将义务与权利通过契约进行约定，在“公私合作”融资机制下，在政府与企业之间建起共享风险和收益的共赢模式。PPP 有很多种模式，常见的有 BOT、TOT、BOO 以及 BT 等。各种 PPP 项目都有共同的特点：法律关系复杂（其中包括合同法、担保法、政府采购法、金融、招投标法、环保法等）以及关联主体较多。

对我国而言，建筑施工企业从事 PPP 项目属于起步阶段，正在积累经验，从刚开始到现在，PPP 项目经历了以下四种阶段：其一，政府不参股，建筑施工企业负责项目的融资、设计和施工全过程，一般称为“BOT＋EPC”模式；其二，政府参股，但在该模式下政府与建筑施工企业出资比例与收益分配等方面存在不一致情况，但二者共同承担风险，风险大小与出资比例和收益成正比，通常称为“BOT＋EPC＋股权合作”模式；其三，“BOT＋EPC＋政府补助”模式，主要用于西部地区，政府为了补贴建筑施工企业，对预期收益较差的项目采用此种模式；其四，上述第二、三两种模式的综合运用模式，即“政府补贴＋股权合作＋BOT＋EPC”。

2. PPP 模式施工项目各阶段主要涉税问题

我国的建筑施工行业是一个资本密集型行业，施工项目一般投资额较大，回收期较长，因此可以站在项目全生命周期角度，将项目周期分为融资阶段、建设阶段、运营阶段、移交阶段四个阶段来考虑 PPP 项目的税务问题。

（1）融资阶段涉税问题。一般来说，PPP 项目权益资金投入的部分很难满足全部资金需求，因此 PPP 项目要想正常运转，就必须采取大规模项目融资。我国企业目前最为普遍采用的融资方式就是银行贷款，财政部第 36 号文第 27 条第（6）款规定，“营改增”后纳税人购进的贷款服务及直接相关费用，适用 6％税率且不得抵扣销项税额。施工项目可将贷款利息费用根据其是否可以资本化，分别计入“财务费用”或“在建工程”体现在利润表上，可以在企业所得税税前扣除。PPP 模式下的施工项目必须将增值税、企业所得税二者综合考虑，选择较低税收成本策略。

（2）建设阶段涉税问题。由于建设期间，施工项目需支付各项成本开支，因此会取得大量待抵扣的增值税进项税额，但是“营改增”之后，根据相关规定，利息费用对应的增值税进项税额不能抵扣，拆迁费用也不能取得符合增值税抵扣要求的发票。另外，若是项目在建设阶段出现亏损，也应当将其结转至运营期，但目前企业所得税政策规定弥补亏损的期限只有五年，而按照 PPP 项目的平均盈利水平，项目前期亏损在后期有可能得不到充分抵扣。

（3）运营阶段涉税问题。PPP 项目在运营阶段，可能会存在广告位出租收入、停车收入等，其中广告位出租收入可以按照经营租赁服务（税率 17％），停车收入等可以按照不动产经营租赁服务（税率 11％）等多种税率缴纳增值税，税务筹划的重点是混合销售的明细核算，施工项目方应当按照收入类型不同进行合理的增值税处理。

运营期存在的政府补贴对于 PPP 项目来说意义重大，一般来说，项目可获得补贴包括中央财政补贴及地方财政补贴。地方财政补贴在实务中是否要缴纳增值税存在争议，本文认为，要严格区分项目产品是“纯公共产品”还是“准公共产品”，纯公共产品的政府付费不征收增值税，若收到的政府补贴是可行性缺口补助，则应当适用金融资产工具的规定，对其征收增值税。

（4）移交阶段涉税问题。PPP 模式对退出方式约定一般包括资产移交和股权退出两种类型。资产移交是指在合同期满或提前按照合同约定将资产移交给政府，投资人从 PPP 项目退出，在资产移交阶段，项目公司应将项目的全部资产及其关联债权、劳动力等一并转让给政府，其中不动产、土地使用权转让行为不征收增值税，其他清算所得及损失等计算相关企业所得税；股权退出又可分为股权转让和减资，股权转让所得应当按照现行规定缴纳企业所得税，减资按照相关减资比例确认为股利所得或投资转让所得，计算缴纳企业所得税。

3. PPP 模式下施工项目相关税收问题解决建议

（1）做好 PPP 模式下的税收政策顶层设计及具体税种修订工作。建筑施工企业做好 PPP 模式下的税收政策顶层设计需要深入研究城市轨道交通、铁路以及公路等领域中遇到的税收和经营问题。与此同时，需要借鉴其他行业成熟经验，按照责权对应原则，强化税收优惠政策，还需要赋予政府一定自由裁量权，从而保证税收政策的前瞻性。

（2）充分考虑项目投资特点，建立施工项目增值税的完整抵扣链条。在“营改增”大背景条件下，建筑施工企业需要充分考虑行业特性，在税收实务工作中，充分考虑资金、发票与合同等方面因素，结合实际情况，建立降低增值税税负的有效体系。具体措施如下：其一，利息费用，此问题是各行业存在的普遍问题，建筑施工企业也不例外，需要考虑的因素包括渐进性抵扣政策、国家财政承受能力以及增值税本身的抵扣原理等；其二，拆迁成本，此数额具有一定波动性且数额较大，建议借鉴房地产行业方式解决。

（3）完善 PPP 模式下基础设施投资项目的企业所得税政策。建筑施工企业在 PPP 模式下，相关所得税政策建议有：其一，建议适当延长项目亏损弥补期限。为了建筑施工企业享受所得税优惠政策，我国建筑施工企业应当充分考虑社会资本利用率、利率水平、平均运营成本以及项目资本金比例等因素，将项目亏损弥补期限适当延长。其二，考虑 PPP 模式特点，建议将税收政策获利年度修订为项目起始时间，效仿公路项目执行。其三，在我国提倡大众创业、万众创新以及各种商业模式不断涌现的背景下，无形资产所依附的载体也各不相同，这需要充分考虑时间刻度所描述的线性关系，更需要对单一直线法描述的所得税进行适当调整。其四，目前我国经济东部沿海地区与中、西部地区有较大差距，应当制定衔接政策，笔者建议考虑两个方面：第一，对影响建筑施工企业投资收益的主要因素，建议借鉴高新技术企业研发费用加计扣除政策，例如可以在特定时期内将利息费用进行一定比例的扣除；第二，根据各省实际情况，适当顺延一些即将到期的优惠税率政策。其五，解决重复征税的问题，这也是老生常谈的问题，例如分红问题，以有限合伙基金形式进行入股的企业会面临此种问题。建议分红适用免税政策，采用实质重于形式原则，这更有利于 PPP 项目更加灵活的选择融资方式。

（4）明确和完善政府补贴相关的税收问题。政府补贴涉及增值税和所得税，这两种税都属于中央、地方共享税，因此政府补贴相关政策既对企业税收成本造成影响，也会对中央、地方财政收入分配问题有所涉及，为了将税收政策的引导作用更好地发挥出来，应当对公共基础设施领域的地方财政补贴采取免征增值税的策略，对于政府补贴形成的资产和费用等，其相应折旧、摊销应当在计算应纳所得额时予以扣除，既能有效避免财政补贴问题，又能使企业真正享受免税效应，最终实现社会效益和经济效益的统一。

七、PPP 项目风险问题

PPP 项目风险，大体上分两类，可控制风险和非可控制风险。可控制风险是指可由项目实体自行控制和管理的风险，与项目建设和生产经营管理直接有关的风险，项目的建设风险、运营风险和环保风险等属于可控制风险；非可控制风险是指与市场客观环境有关，超出了项目自身范围的风险，项目的政治风险、管制风险、市场风险、外汇风险、利率风险等属于非可控制风险。

1. 建设风险

建设风险是指项目无法完工，延期完工或者完工后无法达到预期运行标准而带来的风险，具体包括工程不能完工风险、成本超支风险和完工延迟风险。如果项目不能按照预定计划建设投产，PPP 项目赖以生存的基础就受到了根本性破坏。

建设风险管理：超支风险、延误风险以及质量风险是影响我国项目竣工的主要风险因素，控制它们的主要方法通常由项目公司利用不同形式的有固定价格、固定工期的交钥匙合同和实报实销合同，以及介于两者之间的其他多种形式的合同将部分风险转移给工程承包公司。项目公司和项目承建商签订的合同中通常明显地提出完工计划以及误工和质量不符合要求的各种赔偿条件。

2. 运营风险

运营风险是指在项目试生产阶段和生产运营阶段中存在的技术、资源储量、能源和原材料供应、生产经营、劳动力状况等风险的总称。主要表现为技术风险、资源风险、能源和原材料供应风险以及经营管理风险。

运营风险管理是通过一系列的融资文件和信用担保协议来实施的。针对运营风险的种类，设计不同的合同文件。

3. 市场风险

市场风险是指在一定的成本水平下能否按计划维持产品质量和产量，以及产品市场需求量与市场价格波动所带来的风险。主要包括价格风险、竞争风险和需求风险。项目公司在计划投资项目时必须考虑几种因素：是否存在该项目产品的国内和国外市场；可能的竞争激烈程度怎样；是否有相似项目竣工；预计产品的国际价格、适用关税和贸易壁垒；市场准入情况；当项目进行到运营阶段时，项目生产的产品或提供的服务是否仍然有市场，项目所有的技术是否可能被超过。

市场风险管理：市场风险管理贯穿于项目的始终。在项目筹划阶段，项目公司应该做好充分的市场调研和市场预测，减少投资的盲目性。在项目融资的过程中，降低项目市场风险的有效办法是要求项目必须具有长期的产品销售协议，长期产品销售协议的期限要求与融资期限一致。销售数量也应为这一时期项目所生产的全部产品或至少大部分产品，在销售价格上则根据产品的性质既可以采用浮动定价也可采用固定定价，在定价中反映出利率、汇率的变化。项目公司还可争取获得其他项目参与者，如政府或当地产业部门的某种信用支持来分散项目的市场风险，主要是要求政府或其公营机构在特许协议中明确承诺项目运营的头几年内保证最低流量或使用量，以确保项目的成功。

八、导致PPP项目达不到预期的原因

1. 项目唯一性风险

指政府或其他投资人新建或改建项目，导致对该项目形成实质性的商业竞争而产生的风险。

项目唯一性风险出现后往往会带来市场需求变化风险、市场收益风险、信用风险等一系列的后续风险，对项目的影响是非常大的。

例如，杭州湾跨海大桥项目开工未满两年，在相隔仅50km左右的绍兴市上虞沽渚的绍兴杭州湾大桥已在加紧准备当中，其中一个原因可能是因为当地政府对桥的高资金回报率不满，致使项目面临唯一性风险和收益不足风险。

鑫远闽江四桥也有类似的遭遇，福州市政府曾承诺，保证在9年之内从南面进出福州市的车辆全部通过收费站，如果因特殊情况不能保证收费，政府出资偿还外商的投资，同时保证每年18%的补偿。但是2004年5月16日，福州市二环路三期正式通车，大批车辆绕过闽江四桥收费站，公司收入急剧下降，投资收回无望，而政府又不予兑现回购经营权的承诺，只得走上仲裁庭。该项目中，投资者遭遇了项目唯一性风险及其后续的市场收益不足风险和政府信用风险。

同样类似情况全国有不少案例，都出现了项目唯一性风险，并导致了市场收益不足。

2. 法律变更

主要指由于采纳、颁布、修订、重新诠释法律或规定而导致项目的合法性、市场需求、产品/服务收费、合同协议的有效性等元素发生变化，从而对项目的正常建设和运营带来损害，甚至有直接导致项目的中止和失败的风险。

PPP项目涉及的法律法规比较多，加之我国PPP项目还处在起步阶段，相应的法律法规不够健全，很容易出现这方面的风险。例如，江苏某污水处理厂采用BOT融资模式，原先计划于2002年开工，但由于2002年9月《国务院办公厅关于妥善处理现有保证外方投资固定回报项目有关问题的通知》(国办发〔2002〕43号)的颁布，项目公司被迫与政府重新就投资回报率进行谈判。上海的大场水厂和延安东路隧道也遇到了同样的问题，均被政府回购。

3. 审批延误

主要指由于项目的审批程序过于复杂，花费时间过长和成本过高，且批准之后，对项目的性质和规模进行必要商业调整非常困难，给项目正常运作带来威胁。

比如某些行业里一直存在成本价格倒挂现象，当市场化之后引入外资或民营资本后，都需要通过提价来实现预期收益。而根据我国《价格法》和《政府价格决策听证办法》规定，公用事业价格等政府指导价、政府定价，应当建立听证会制度，征求消费者、经营者和有关方面的意见，论证其必要性、可行性，这一复杂的过程很容易造成审批延误问题。

以城市水业为例，水价低于成本的状况表明水价上涨势在必行，但是各地的水价改革均遭到不同程度的公众阻力和审批延误问题。

例如，2003 年的南京水价上涨方案在听证会上未获通过；上海人大代表也发出反对水价上涨的提案，造成上海水价改革措施迟迟无法落实实施。因此出现了外国水务公司从中国市场撤出的现象。比较引人注目的是，泰晤士水务出售了其大场水厂的股份，Anglian 从北京第十水厂项目中撤出。

4. 决策失误或过程冗长

指由于决策程序不规范、缺乏 PPP 的运作经验和能力、前期准备不足和信息不对称等造成项目决策失误或过程冗长。

例如，某污水处理项目由于当地政府对 PPP 的理解和认识有限，政府对项目态度的频繁转变导致项目合同谈判时间很长。而且污水处理价格是在政府对市场价格和相关结构不了解的情况下签订，价格较高，后来政府了解以后又重新要求谈判降低价格。此项目中项目公司利用政府知识缺陷和错误决策签订不平等协议，从而引起后续谈判拖延，面临政府决策过程冗长的困境。相类似的，其他供水厂项目中也存在同样问题。

5. 政治反对

主要指由各种原因导致公众利益得不到保护或受损，从而引起公众反对项目建设所造成的风险。

例如，某水厂的水价问题，由于关系到公众利益，而遭到来自公众的阻力，政府为了维护社会安定和公众利益也反对涨价。

6. 政府信用

指政府不履行或拒绝行合同约定的责任和义务而给项目带来直接或间接的危害。

例如在长春汇津污水处理厂项目中，汇津公司与长春市排水公司于 2000 年 3 月签署《合作企业合同》，设立长春汇津污水处理有限公司，同年长春市政府制定《长春汇津污水处理专营管理办法》。2000 年年底，项目投产后合作运行正常。然而，从 2002 年年中开始，排水公司开始拖欠合作公司污水处理费，长春市政府于 2003 年 2 月 28 日废止了《管理办法》，2003 年 3 月起，排水公司开始停止向合作企业支付任何污水处理费。经过近两年的法律纠纷，2005 年 8 月最终以长春市政府回购而结束。

再如在廉江中法供水厂项目中，双方签订的《合作经营廉江中法供水有限公司合同》，履行合同期为 30 年。合同有几个关键的不合理问题：问题一，水量问题。合同约定廉江自来水公司在水厂投产的第一年每日购水量不得少于 6 万 m^3，且不断递增。而当年廉江市的消耗量约为 2 万 m^3，巨大的量差使得合同履行失去了现实的可能性；问题二，水价问题。合同规定起始水价为 1.25 元人民币，水价随物价指数、银行汇率的提高而递增。而廉江市每立方米水均价为 1.20 元人民币，此价格自 1999 年 5 月 1 日起执行至今未变。脱离实际的合同使得廉江市政府和自来水公司不可能履行合同义务，该水厂被迫闲置，谈判结果至今未有定论。除此之外，遇到政府信用风险的还有江苏某污水处理厂、长春汇津污水处理厂和湖南某电厂等项目。

7. 不可抗力

指合同一方无法控制，在签订合同前无法合理防范，情况发生时，又无法回避或克服的事件或情况，如自然灾害或事故、战争、禁运等。

例如，湖南某电厂于 20 世纪 90 年代中期由原国家计委批准立项，西方某跨国能源投资公司为中标人，项目所在地省政府与该公司签订了特许权协议，项目前期进展良好。但此时某些西方大国（包括中标公司所在国）轰炸我驻南斯拉夫大使馆，对中国主权形成了严重的实质上的侵犯。国际政治形势的突变，使得投标人在国际上或中国的融资都变得不可能。项目公司因此最终没能在延长的融资期限内完成融资任务，省政府按照特许权协议规定收回了项目并没收了中标人的投标保函，之后也没有再重新招标，从而导致了外商在本项目的彻底失败。

在江苏某污水处理厂项目关于投资回报率的重新谈判中，也因遇到非典中断了项目公司和政府的谈判。

8. 融资困难

指由融资结构不合理、金融市场不健全、融资的可及性等因素引起的风险，其中最主要的表现形式是资金筹措困难。

PPP 项目的一个特点就是在招标阶段选定中标者之后，政府与中标者先草签特许权协议，中标者要凭草签的特许权协议在规定的融资期限内完成融资，特许权协议才可正式生效。如果在给定的融资期内发展商未能完成融资，将会被取消资格并没收投标保证金。在湖南某电厂的项目中，发展商就因没能完成融资而被没收了投标保函。

9. 市场收益不足

指项目运营后的收益不能满足收回投资或达到预定的收益。例如，天津双港垃圾焚烧发电厂项目中，天津市政府提供了许多激励措施，如果由于部分规定原因导致项目收益不足，天津市政府承诺提供补贴。但是政府所承诺补贴数量没有明确定义，项目公司就承担了市场收益不足的风险。

另外京通高速公路建成之初，由于相邻的辅路不收费，致使较长一段时间京通高速车流量不足，也出现了项目收益不足的风险。在杭州湾跨海大桥和福建泉州刺桐大桥的项目中也有类似问题。

10. 配套设备服务提供

指项目相关的基础设施不到位引发的风险。

在这方面，汤逊湖污水处理厂项目是一个典型案例。凯迪生态环境科技股份有限公司以 BOT 方式承建汤逊湖污水处理厂项目，建设期 2 年，经营期 20 年，经营期满后无偿移交给武汉高科国有控股集团有限公司（代表市国资委持有国有资产的产权）。但一期工程建成后，配套管网建设、排污费收取等问题迟迟未能解决，导致工厂一直闲置，最终该厂整体移交武汉市水务集团。

11. 市场需求变化

指排除唯一性风险以外，由于宏观经济、社会环境、人口变化、法律法规调整等引起的风险。

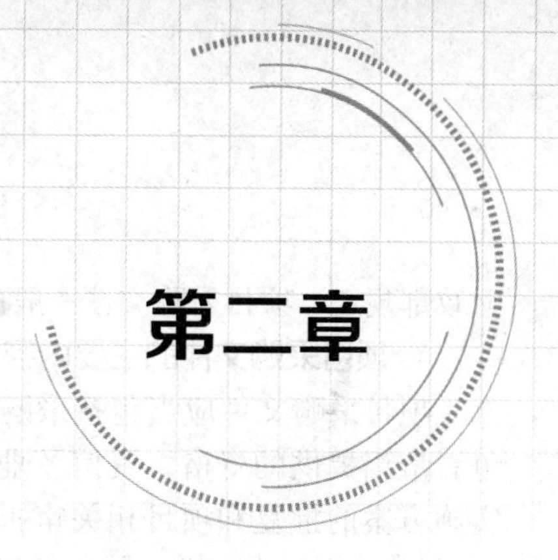

第二章

PPP项目获取流程及相应国家政策解读

第一节　PPP 项目获取流程及方式

一、PPP 项目获取流程及方式

（一）资格预审

根据财政部规定，政府在进行 PPP 项目采购时应当实行资格预审。项目实施机构应当根据项目需要准备资格预审文件，发布资格预审公告，邀请社会资本和与其合作的金融机构参与资格预审，验证项目能否获得社会资本响应和实现充分竞争。

1. 资格预审公告

资格预审公告应当在省级以上人民政府财政部门指定的政府采购信息发布媒体上发布。资格预审合格的社会资本在签订 PPP 项目合同前资格发生变化的，应当通知项目实施机构。资格预审公告应当包括项目授权主体、项目实施机构和项目名称、采购需求、对社会资本的资格要求、是否允许联合体参与采购活动、是否限定参与竞争的合格社会资本的数量及限定的方法和标准，以及社会资本提交资格预审申请文件的时间和地点。提交资格预审申请文件的时间自公告发布之日起不得少于 15 个工作日。

2. 评审小组评审

项目实施机构、采购代理机构应当成立评审小组，负责 PPP 项目采购的资格预审和评审工作。评审小组由项目实施机构代表和评审专家共 5 人以上单数组成，其中评审专家人数不得少于评审小组成员总数的 2/3。评审专家可以由项目实施机构自行选定，但评审专家中至少应当包含 1 名财务专家和 1 名法律专家。项目实施机构代表不得以评审专家身份参加项目的评审。

3. 资格预审结果

项目有 3 家以上社会资本通过资格预审的，项目实施机构可以继续开展采购文件准备工作；项目通过资格预审的社会资本不足 3 家的，项目实施机构应当在调整资格预审公告内容后重新组织资格预审；项目经重新资格预审后合格社会资本仍不够 3 家的，可以依法变更采购方式。资格预审结果应当告知所有参与资格预审的社会资本，并将资格预审的评审报告提交财政部门（政府和社会资本合作中心）备案。

（二）采购文件编制与评审

项目采购文件社会资本投标文件的编制依据，也是评审专家评审投标人的依据，根据财政部规定，项目采购文件一般由项目实施机构编制。

1. 项目采购文件的主要内容

项目采购文件应当包括采购邀请、竞争者须知（包括密封、签署、盖章要求等）、竞争者应当提供的资格、资信及业绩证明文件、采购方式、政府对项目实施机构的授权、实施方案的批复和项目相关审批文件、采购程序、响应文件编制要求、提交响应文件截止时间、开启时间及地点、保证金交纳数额和形式、评审方法、评审标准、政府采购政策要求、PPP 项目合同草案及其他法律文本、采购结果确认谈判中项目合同可变的细节，以及是否允许未参加资格预审的供应商参与竞争并进行资格后审等内容。项目采购文件中还应当明确项目合同必须报请本级人民政府审核同意，在获得同意前项目合同不得生效。

采用竞争性谈判或者竞争性磋商采购方式的，项目采购文件除上款规定的内容外，还应当明确评审小组根据与社会资本谈判情况可能实质性变动的内容，包括采购需求中的技术、服务要求以及项目合同草案条款。

2. 评审小组评审

评审小组成员应当按照客观、公正、审慎的原则，根据采购文件规定的程序、方法和标准进行独立评审。已进行资格预审的，评审小组在评审阶段可以不再对社会资本进行资格审查。允许进行资格后审的，由评审小组在响应文件评审环节对社会资本进行资格审查。

（三）采购结果确认谈判

根据财政部规定，PPP 项目采购评审结束后，项目实施机构应当成立专门的采购结果确认谈判工作组，负责采购结果确认前的谈判和最终的采购结果确认工作。采购结果确认谈判程序，是 PPP 项目政府选择社会本过程中相对特别的一个环节。

1. 采购结果确认谈判工作组

采购结果确认谈判工作组成员及数量由项目实施机构确定，但应当至少包括财政预算管理部门、行业主管部门代表，以及财务、法律等方面的专家。涉及价格管理、环境保护的 PPP 项目，谈判工作组还应当包括价格管理、环境保护行政执法机关代表。评审小组成员可以作为采购结果确认谈判工作组成员参与采购结果确认谈判。

2. 确定预中标、成交社会资本

采购结果确认谈判工作组应当按照评审报告推荐的候选社会资本排名，依次与候选社会资本及与其合作的金融机构就项目合同中可变的细节问题进行项目合同签署前的确认谈判，率先达成一致的候选社会资本即为预中标、成交社会资本。确认谈判不得涉及项目合同中不可谈判的核心条款，不得与排序在前但已终止谈判的社会资本进行重复谈判。

3. 签订谈判备忘录与公示

项目实施机构应当在预中标、成交社会资本确定后 10 个工作日内，与预中标、成交社会资本签署确认谈判备忘录，并将预中标、成交结果和根据采购文件、响应文件及有关补遗文件和确认谈判备忘录拟定的项目合同文本在省级以上人民政府财政部门指定的政府采购信息发布媒体上进行公示，公示期不得少于 5 个工作日。项目合同文本应当将预中标、成交社会资本响应文件中的重要承诺和技术文件等作为附件。项目合同文本涉及国家秘密、商业秘密的内容可以不公示。

（四）合同签订

1. 中标、成交通知书

项目实施机构在预中标、成交结果及拟定的项目合同文本在公示期满无异议后 2 个工作日内，将中标、成交结果在省级以上人民政府财政部门指定的政府采购信息发布媒体上进行公告，同时发出中标、成交通知书。

中标、成交结果公告内容应当包括：项目实施机构和采购代理机构的名称、地址和联系方式；项目名称和项目编号；中标或者成交社会资本的名称、地址、法人代表；中标或者成交标的名称、主要中标或者成交条件（包括但不限于合作期限、服务要求、项目概算、回报机制）等；评审小组和采购结果确认谈判工作组成员名单。

2. PPP项目合同签订与公示

项目实施机构应当在中标、成交通知书发出后 30 日内，与中标、成交社会资本签订经本级人民政府审核同意的 PPP 项目合同。需要为 PPP 项目设立专门项目公司的，待项目公司成立后，由项目公司与项目实施机构重新签署 PPP 项目合同，或者签署关于继承 PPP 项目合同的补充合同。

项目实施机构应当在 PPP 项目合同签订之日起 2 个工作日内，将 PPP 项目合同在省级以上人民政府财政部门指定的政府采购信息发布媒体上公告，但 PPP 项目合同中涉及国家秘密、商业秘密的内容除外。

（五）政府采购社会资本流程图

根据财政部《关于印发政府和社会资本合作模式操作指南（试行）的通知》（财金〔2014〕113 号），政府采购社会资本的操作流程如图 2-1 所示。

（六）五种采购方式的基本概念及适用范围

1. 公开招标

公开招标方式主要适用于项目核心边界条件和技术经济参数明确、完整、符合国家法律法规和政府采购政策，且采购中不做更改的项目。根据《政府采购法》的规定，公开招标应作为政府采购的主要采购方式。符合公开招标条件的项目，如果采用公开招标以外的方式，须履行批准手续。根据《政府采购法实施条例》第二十三条的规定，政府采购公开招标数额标准以上的货物或者服务，需要执行政府采购政策等特殊情况的，经设区的市级以上人民政府财政部门批准，可以依法采用公开招标以外的采购方式，即采用邀请招标、竞争性谈判和竞争性磋商等方式。

项目边界条件是项目合同的核心内容，主要包括权利义务、交易条件、履约保障和调整衔接等边界。其中，权利义务边界主要明确项目资产权属、社会资本承担的公共责任、政府支付方式和风险分配结果等；交易条件边界主要明确项目合同期限、项目回报机制、收费定价调整机制和产出说明等；履约保障边界主要明确强制保险方案以及由投资竞争保函、建设履约保函、运营维护保函和移交维修保函组成的履约保函体系；调整衔接边界主要明确应急处置、临时接管和提前终止、合同变更、合同展期、项目新增改扩建需求等应对措施。项目经济技术指标主要明确项目区位、占地面积、建设内容或资产范围、投资规模或资产价值、主要产出说明和资金来源等。

2. 邀请招标

指招标采购单位依法从符合相应资格条件的供应商中随机邀请 3 家以上供应商，并以投标邀请书的方式，邀请其参加投标。采用邀请招标方式采购的，招标采购单位应当在省级以上人民政府财政部门指定的政采购信息媒体发布资格预审公告，邀请社会资本和与其合作的金融机构参与资格预审，提交资格预审申请文件的时间自公告发布之日起不得少于 15 个工作日。招标采购单位从评审合格投标人中通过随机方式选择 3 家以上的投标人，并向其发出投标邀请书。

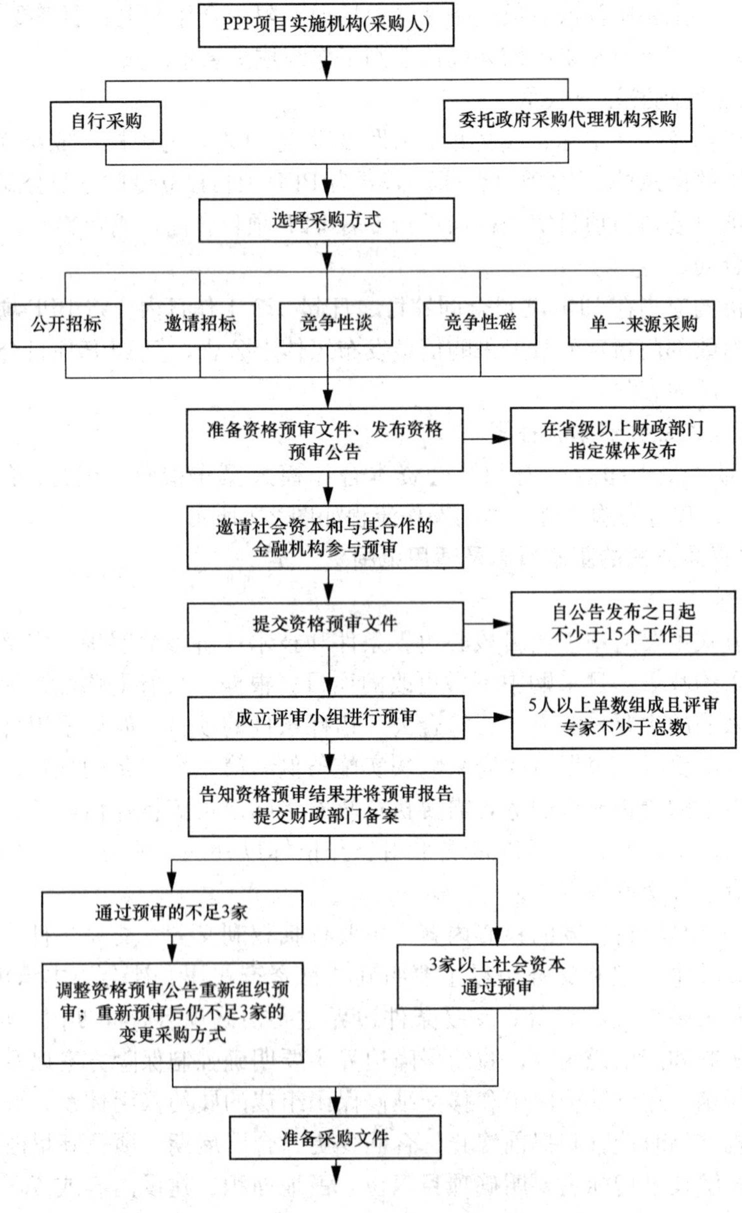

图 2-1　政府采购社会资本流程图（一）

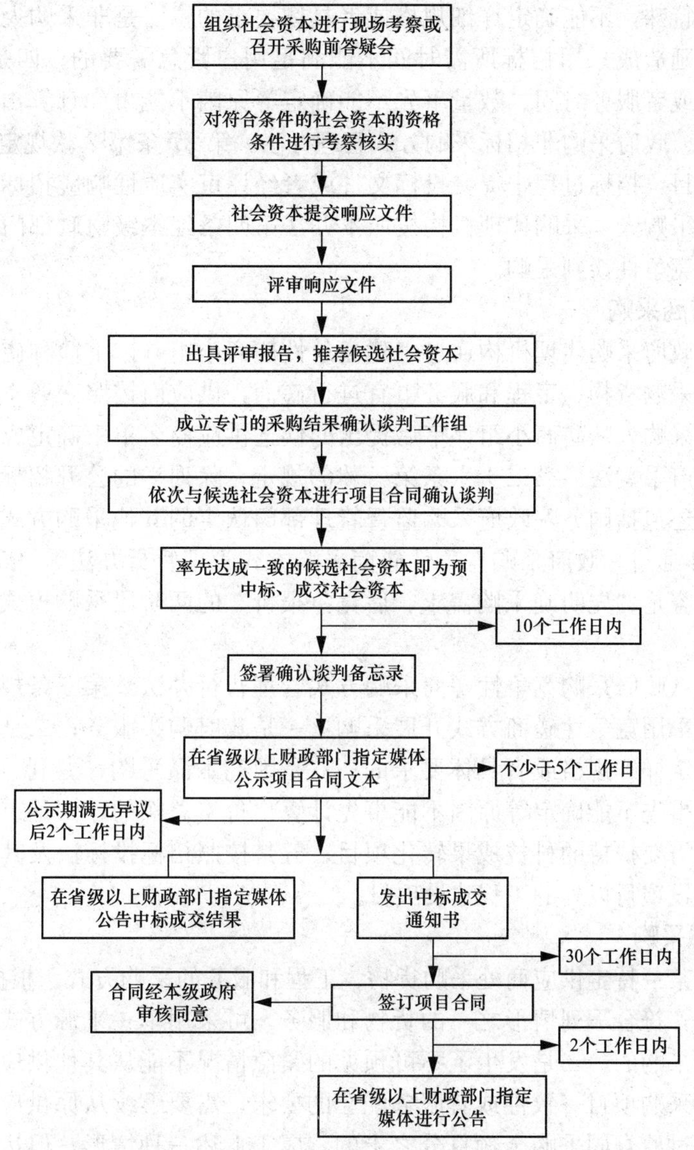

图 2-1 政府采购社会资本流程图（二）

邀请招标采购方式主要适用两类项目，一是技术复杂、有特殊要求或者受自然环境限制，只有少量潜在投标人可供选择；二是采用公开招标方式的费用占项目合同金额的比例过大。适用邀请招标采购方式时，需要履行审批、核准的项目，由项目审批、核准部门在审批、核准项目时作出认定；其他项目由招标人申请有关行政监督部门作出认定。

3. 竞争性谈判

指采购人直接邀请 3 家以上供应商，由谈判小组与符合资格条件的供应商就采购货物、工程和服务事宜进行谈判，供应商按照谈判文件的要求提交响应文件和最后报价，采购人从谈判小组提出的成交候选人中确定成交供应商的采购方式。竞争性谈判的适用范围主要有四种：一是招标后没有供应商投标或者没有合格标的或者重新招标未能成立的；二是技术复杂或者性质特殊，不能确定详细规格或者具体要求的；三是非采购人所能预见的原因或者非采购人拖延造成采用招标所需时间不能满足用户紧急需要的；四是因艺术品采购、专利、专有技术或者服务时间、数量事先不能确定等原因不能事先计算出价格总额的。另外，根据财政部《政府采购非招标采购方式管理办法》第 27 条第 2 款规定，公开招标的货物、服务采购项目，招标过程中提交投标文件或者经评审实质性响应招标文件要求的供应商只有两个时，采购人、采购代理机构按照本办法第四条经本级财政部门批准后可以与该两家供应商进行竞争性谈判采购。

4. 竞争性磋商采购

指采购人、政府采购代理机构通过组建竞争性磋商小组（以下简称磋商小组）与符合条件的供应商就采购货物、工程和服务事宜进行磋商，供应商按照磋商文件的要求提交响应文件和报价，采购人从磋商小组评审后提出的候选供应商名单中确定成交供应商的采购方式。根据《政府采购法》第二十六条第一款的规定，除列举的公开招标、邀请招标等五种采购方式外，还包括国务院政府采购监督管理部门认定的其他采购方式。竞争性磋商是财政部于 2014 年通过《政府采购竞争性磋商采购方式管理暂行办法》，依法创新的政府采购方式，核心内容是“先明确采购需求、后竞争报价”的两阶段采购模式，倡导“物有所值”的价值目标。

根据财政部《政府采购竞争性磋商采购方式管理暂行办法》第三条规定，符合下列情形的项目，可以采用竞争性磋商方式开展采购：一是政府购买服务；二是技术复杂或者性质特殊，不能确定详细规格或者具体要求的；三是因艺术品采购、专利、专有技术或者服务的时间、数量事先不能确定等原因不能事先计算出价格总额的；四是市场竞争不充分的科研项目，以及需要扶持的科技成果转化项目；五是按照招标投标法及其实施条例必须进行招标的工程建设项目以外的工程建设项目。

5. 单一来源采购

指采购人从某一特定供应商处采购货物、工程和服务的采购方式。根据《政府采购法》第三十一条规定，符合下列情形之一的货物和服务，可采用单一来源方式采购：一是只能从唯一供应商处采购的；二是发生了不可预见的紧急情况不能从其他供应商处采购的；三是必须保证原有采购项目一致性或者服务配套的要求，需要继续从原供应商处添购，且添购资金总额不超过原合同采购金额百分之十的。属于上述三种情形，但达到公开招标数额的货物、服务项目，拟采用单一来源采购方式的，采购人在报财政部门批准前，应当在省级以上财政部门指定媒体上公示，并将公示情况一并报财政部门。

（七）五种采购方式的基本程序

1. 公开招标与邀请招标

根据《招标投标法》《招标投标法实施条例》《政府采购法》《政府采购法实施条例》《政府采购货物和服务招标投标管理办法》，以及财政部《关于印发政府和社会资本合作模式操作指南（试行）的通知》和《政府和社会资本合作项目政府采购管理办法》等规定，邀请招标与公开招标流程类似，仅在第一步发布招标公告并发售招标文件环节有所区别，其中采用邀请招标采购方式的，是向特定法人或其他组织发布投标邀请书而非公开发出招标公告。采取公开招标或邀请招标方式流程如图 2-2 所示。

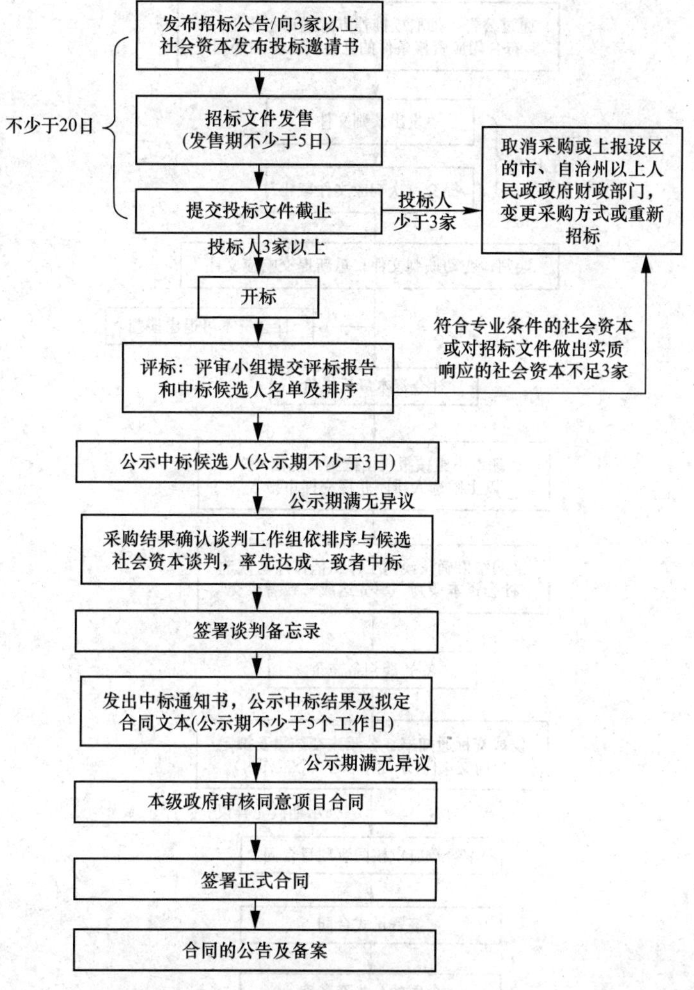

图 2-2　公开招标或邀请招标方式流程图

2. 竞争性谈判

根据《政府采购法》《政府采购法实施条例》，以及财政部《关于印发政府和社会资本合作模式操作指南（试行）的通知》《政府采购非招标采购方式管理办法》等规定，通过竞争性谈判方式采购 PPP 项目的流程如图 2-3 所示。

3. 竞争性磋商

根据《政府采购法》《政府采购法实施条例》以及财政部《关于印发政府和社会资本合作模式操作指南（试行）的通知》《政府和社会资本合作项目政府采购管理办法》《政府采购竞争性磋商采购方式管理暂行办法》等规定，通过竞争性磋商方式采购 PPP 项目的流程如图 2-4 所示。

4. 单一来源采购

根据《政府采购法》《政府采购法实施条例》，以及财政部《关于印发政府和社会资本合作模式操作指南（试行）的通知》《政府和社会资本合作项目政府采购管理办法》《政府

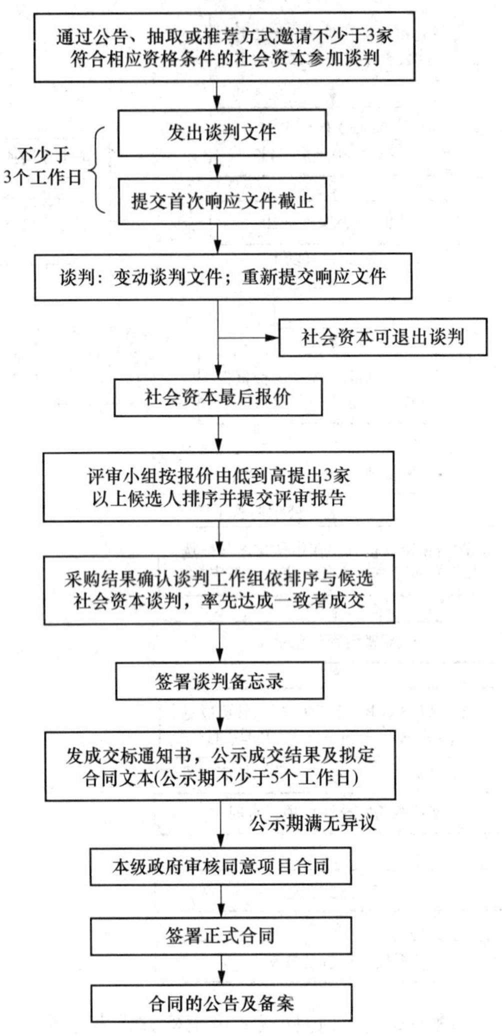

图 2-3　竞争性谈判方式采购流程图

采购非招标采购方式管理办法》等规定，通过单一来源采购方式采购 PPP 项目的流程如图 2-5 所示。

（八）竞争性谈判和竞争性磋商主要区别

竞争性磋商和竞争性谈判两种采购方式在流程设计和具体规则上既有相同点又有区别之处。两者关于采购程序、供应商来源方式、磋商或谈判公告要求、响应文件要求、磋商或谈判小组组成等方面的要求基本一致。两者的最大区别在“竞争报价”阶段，竞争性谈判主要在符合项目要求、质量和服务相等的基础上看价格，即从质量和服务均能满足谈判文件实质性要求的供应商中按照最后报价从高到低顺序提出成交候选人（最低价成交）；而竞争性磋商主要是根据综合评审情况看，即根据综合评分情况，按照评审得分从高到低顺序推荐成交供应商（类似公开招标的“综合评分法”）。两者的主要区别见表 2-1。

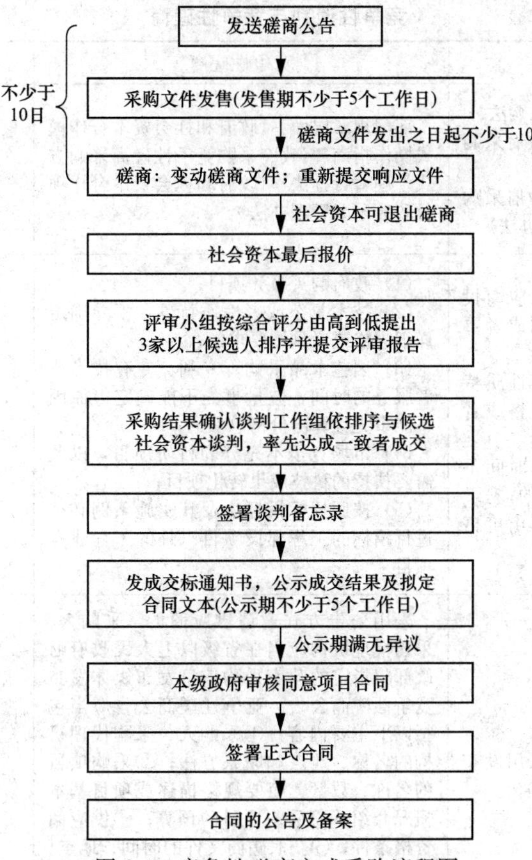

图 2-4 竞争性磋商方式采购流程图

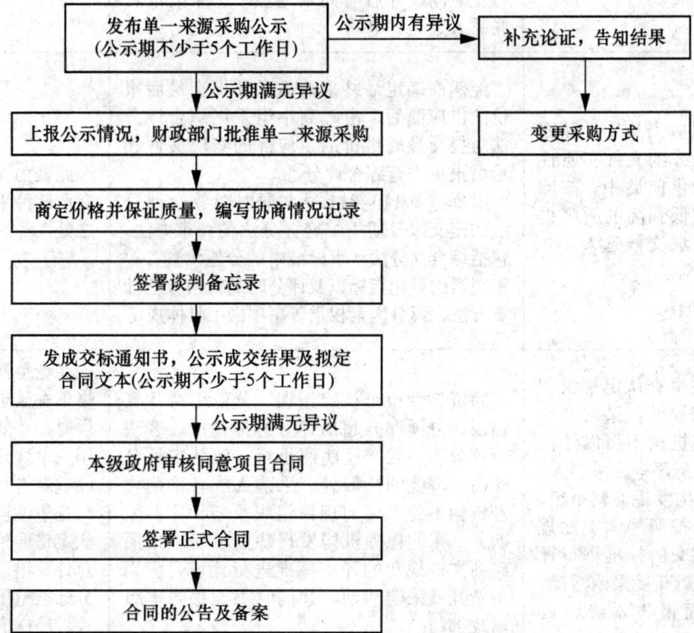

图 2-5 单一来源采购方式采购流程图

表 2-1　竞争性谈判与竞争性磋商

	竞争性谈判	竞争性磋商	备注
法规依据	法律层面：《政府采购法》； 行政法规层面：《政府采购法实施条例》； 部门规章层面：《政府采购非招标采购方式管理办法》	部门规章层面：《政府和社会资本合作模式操作指南》《政府采购竞争性磋商采购方式管理暂行办法》《政府和社会资本合作项目政府采购管理办法》	
适用范围	（1）招标后没有供应商投标或者没有合格标的或者重新招标未能成立的； （2）技术复杂或者性质特殊，不能确定详细规格或者具体要求的； （3）采用招标所需时间不能满足用户紧急需要的； （4）不能事先计算出价格总额的	（1）政府购买服务项目； （2）技术复杂或者性质特殊，不能确定详细规格或者具体要求的； （3）因艺术品采购、专利、专有技术或者服务的时间、数量事先不能确定等原因不能事先计算出价格总额的； （4）市场竞争不充分的科研项目，以及需要扶持的科技成果转化项目； （5）按照招标投标法及其实施条例必须进行招标的工程建设项目以外的工程建设项目	两种政府采购方式的适用范围存在重合部分
采购公告	竞争性谈判可以采用发布公告的方式邀请供应商	采用公告方式邀请供应商的，采购人、采购代理机构应当在省级以上人民政府财政部门指定的政府采购信息发布媒体发布竞争性磋商公告。竞争性磋商公告应当包括以下主要内容：①采购人、采购代理机构的名称、地点和联系方法；②采购项目的名称、数量、简要规格描述或项目基本概况介绍；③采购项目的预算；④供应商资格条件；⑤获取磋商文件的时间、地点、方式及磋商文件售价；⑥响应文件提交的截止时间、开启时间及地点；⑦采购项目联系人姓名和电话	对于竞争性谈判，仅规定可以采用发布公告的方式邀请供应商，未对竞争性谈判公告发布的媒体和公告的内容做出规定。竞争性磋商采购采用发布公告邀请供应商的，应发布竞争性磋商公告，并对竞争性磋商公告发布媒体和公告的内容做了规定
综合评分	谈判小组应当从质量和服务均能满足采购文件实质性响应要求的供应商中，按照最后报价由低到高的顺序提出3名以上成交候选人，并编写评审报告	经磋商确定最终采购需求和提交最后报价的供应商后，由磋商小组采用综合评分法对提交最后报价的供应商的响应文件和最后报价进行综合评分。 财库〔2014〕214号文同时对综合评分法的定义以及适用综合评分法的评审办法，包括综合评分法评审标准中的分值设置、评审因素的量化指标以及评分时的价格分值计算方法、评分因素权重等事项做了具体规定	此处为竞争性谈判和竞争性磋商两种采购方式的最大不同之处
重新评审	除资格性审查认定错误和价格计算错误外，采购人或者采购代理机构不得以任何理由组织重新评审。采购人、采购代理机构发现谈判小组、询价小组未按照采购文件规定的评定成交的标准进行评审，应当重新开展采购活动，并同时书面报告本级财政部门	除资格性检查认定错误、分值汇总计算错误、分项评分超出评分标准范围、客观分评分不一致、经磋商小组一致认定评分畸高、畸低的情形外，采购人或者采购代理机构不得以任何理由组织重新评审。采购人、采购代理机构发现磋商小组未按照磋商文件规定的评审标准进行评审，应当重新开展采购活动，并同时书面报告本级财政部门	在竞争性谈判时，只有在资格审查认定错误和价格计算错误时，才能重新进行评审。采用竞争性磋商方式采购时，可以重新进行评审的情形，除了与竞争性谈判方式相同的资格认定错误外，还包括了分值汇总计算错误、分项评分超出评分标准范围、客观分评分不一致、经磋商小组一致认定评分畸高、畸低等四种情形

二、PPP 项目依法招标特别规定

1. 招标人准备工作

（1）项目立项。

1）提交项目建议书主要内容包括投资项目提出的必要性，拟建规模和建设地点的初步设想，资源情况、建设条件、协作关系的初步分析，投资估算和资金筹措设想，项目大体进度安排经济效益和社会效益的初步评价等。

2）编制项目预可行性研究、可行性研究报告并提交主要内容有：国家、地方相应政策，单位的现有建设条件及建设需求；项目实施的可行性及必要性；市场发展前景；技术上的可行性；财务分析的可行性；效益分析（经济、社会、环境）等。

（2）建设工程项目报建。招标人持立项等批文向工程交易中心的建设行政主管部门登记报建。

（3）建设单位招标资格。

1）有从事招标代理业务的营业场所和相应资金。

2）有能够编制招标文件和组织评标的相应专业力量。

3）如果没有资格自行组织招标的，招标人有权自行选择招标代理机构，委托其办理招标事宜。任何单位和个人不得以任何方式为招标人指定招标代理机构。

（4）办理交易证。招标人持报建登记表在工程交易中心办理交易登记。

2. 编制资格预审、招标文件

（1）编制资格预审文件。资格预审文件内容包括资格预审申请函、法定代表人身份证明、授权委托书、申请人基本情况表、近年财务状况表、近年完成的类似项目情况表、正在施工的和新承接的项目情况表、近年发生的诉讼及仲裁情况、其他材料。

（2）编制招标文件。

1）招标文件内容。招标公告、投标邀请书、投标人须知、评标办法、合同条款及格式、工程量清单、图纸、技术标准及要求、投标文件格式。

2）编制招标文件注意事项。

a. 明确文件编号、项目名称及性质；

b. 投标人资格要求；

c. 发售文件时间；

d. 提交投标文件方式、地点和截止时间。招标文件应明确投标文件所提交方式，能否邮寄，能否电传。投标文件应交到什么地方，在什么时间。

（3）投标文件的编制要求。内容包括投标函及投标函附录、法定代表人身份证明或授权委托书、投标保证金、已标价工程量清、施工组织设计、项目管理机构、其他材料、资格审查资料。

1）投标的语言；

2）投标文件的构成；

3）投标文件的装订；

4）投标文件的式样和签署；

5）投标报价。

（4）投标有效期。招标文件应当根据项目的情况明确投标有效期，不宜过长或过短。如遇特殊情况，即开标后由于种种原因无法定标，执行机构和采购人必须在原投标有效期截止前要求投标人延长有效期。这种要求与答复必须以书面的形式提交。投标人可拒绝执行机构的这种要求，其保证金不会被没收。

（5）投标文件的密封递交。

1）投标人应按招标文件的要求进行密封和递交。比如有时执行机构要求投标人将所有的文件包括价格文件、技术和服务文件、商务和资质证明文件密封在一起，有时根据需要也会分别单独密封自行递交，这根据实际情况而定，但必须在招标文件中明确。

2）投标人应保证密封完好并加盖投标人单位印章及法人代表印章，以便开标前对文件密封情况进行检查。

（6）废标。属以下情形者做废标处理：

1）投标文件送达时间已超过规定投标截止时间（公平、公正）；

2）投标文件未按要求装订、密封；

3）未加盖投标人公章及法人代表、授权代表的印章，未提供法人代表授权书；

4）未提交投标保证金或金额不足，投标保证金形式不符合招标文件要求及保证金、汇出行与投标人开户行不一致；

5）投标有效期不足；

6）资格证明文件不全；

7）超出经营范围投标；

8）投标货物不是投标人自己生产的且未提供制造厂家的授权和证明文件；

9）采用联合投标时，未提供联合各方的责任的义务证明文件；

10）不满足技术规格中主要参数和超出偏差范围的发布招标公告等。

3. 发布资格预审公告

（1）编制资格预审公告内容。主要包括招标条件、项目概况与招标范围、资格预审、投标文件的递交、招标文件的获取、投标人资格要求等。

（2）发布媒介在工程交易中心的网站发布招标公告。发布的媒介有《中国日报》《中国经济导报》《中国建设报》《中国采购与招标网》，招标公告在媒体或网站发布的有效时间为 5 个工作日。

4. 资格预审

（1）出售资格预审文件。

（2）接受投标单位资格预审申请。

（3）对潜在投标人进行资格预审。

1）接受资格预审文件。

2）组建资格预审委员会由招标人组建评审小组，包括财务、技术方面的专门人员。

3）评审程序。

a. 初步审查。资格预审文件进行完整性、有效性及正确性的资格预审。

b. 详细审查。

资质方面：营业执照、企业资质等级等。

财务方面：是否有足够的资金承担本工程。投标人必须有一定数量的流动资金。

施工经验：是否承担过类似本工程的项目，特别是具有特别要求的施工项目；近年来施工的工程数量、规模。

人员方面：投标人所具有的工程技术和管理人员的数量、工作经验、能力是否满足本工程的要求。

c. 设备。投标人所拥有的施工设备是否能满足工程的要求。

4）澄清。审查委员会要求申请人，以书面形式对资格预审文件中的不明确的地方给予解释说明。范围：申请文件中不明确的内容进行书面澄清或说明；申请人的澄清或说明不得改变申请文件的实质性内容并作为其组成部分。

5）方法。一般在公告中会载明评审方法，评审方法一般由合格制和有限数量制。

6）审查报告。审查委员会完成审查后，确定通过资格预审的申请人名单，并向招标人提交书面审查报告。通过详细审查申请人的数量不足 3 个的，招标人重新组织资格预审或不再组织资格预审而采用资格后审方式直接招标。

7）通过评审的申请人名单确定。通过评审的申请人名称，一般由招标人根据审查报告和资格评审文件规定确定。

（4）投标采购需要邀请。

5. 发售招标文件及答疑、补遗

（1）出售招标文件。向资格审查合格的投标人出售招标文件、图纸、工程量清单等材料。自出售招标文件、图纸、工程量清单等资料之日起至停止出售之日止，为 5 个工作日。招标人应当给予投标人编制投标文件所需的合理时间，最短不得少于 20 日，一般为了保险，自招标文件发出之日起至提交投标文件截止之日止为 25 日。

（2）开标前工程项目现场勘察和标前会议。

1）踏勘组织各投标单位现场踏勘，不得单独或分别组织一个投标人进行现场踏勘。

2）标前会议所有投标人对招标文件中以及在现场踏勘的过程中存在的疑问在标前会议中进行答疑过程。

（3）招标文件澄清或修改。补遗招标人对以发出的招标文件进行必要的澄清或者修改的，应当在招标文件要求提交投标文件截止时间至少 15 日前，以书面形式通知投标人，解答的内容为招标文件组成部分。

6. 接收投标文件

接收投标人的投标文件及投标保证金，保证投标文件的密封性。

7. 抽取评标专家

在开标前两个小时内，在相应的专业专家库随机抽取评标专家，另招标人派出代表（具有中级以上相应的专业职称）参与评标。

8. 开标

（1）时间、地点。时间为招标文件中载明的时间，地点为工程交易中心。

（2）参会人员签到。招标人、投标人、公证处、监督单位、纪检部门等与会人员签到。

（3）投标文件密封性检查。开标时，由投标人或者其推选的代表检查投标文件的密封情况，也可以由招标人委托的公证机构检查并公证。

（4）主持唱标。

（5）开标过程记录，并存档备案。

9. 投标文件评审

（1）评标委员会组建。评标委员会由专家和招标人代表组成，一般由招标人代表担任委员会主任，专家在开标前由招标人在专家库抽取，且对专家信息需保密。对其专家有“回避原则”。

（2）评标准备。

1）工作人员及评委准备。工作人员向评委发放招标文件和评标有关表格，评委熟悉招标项目概况、招标文件主要内容和评标办法及标准等内容并明确招标目的、项目范围和性质以及招标文件中的主要技术要求、标准和商务条款等。

2）根据招标文件对投标文件做系统的评审和比较。

（3）初步评审。

1）投标文件的符合性鉴定。

a. 投标文件的有效性。

b. 投标文件的完整性。

c. 与招标文件的一致性。

2）对投标文件的质疑，以书面方式要求投标人给予解释、澄清。

3）废标的有关情况需与招标文件和国家有关规定相符合。

（4）详细评审。

1）工作人员工作。评标辅助工作人员做好评委对各投标书评标得分的计算、复核、汇总工作。

2）评审程序。

a. 技术评估。主要内容有施工方案的可行性、施工进度计划的可靠性、施工质量的保证、工程材料和机械设备供应的技能符合设计技术要求、对于投标文件中按照招标文件规定提交的建议方案做出技术评审。

b. 商务评估。主要内容有审查全部报价数据计算的正确性、分析报价数据的合理性、对建议方案的商务评估。

c. 投标文件的澄清。评标委员会可以约见投标人对其投标文件予以澄清，以口头或书面形式提出问题，要求投标人回答，随后在规定的时间内投标人以书面形式正式答复，澄清和确认的问题必须由授权代表正式签字，并作为投标文件的组成部分。

（5）评标报告。

1）报告内容主要有基本情况和数据表、评标委员会成员名单、开标记录、符合要求的投标一览表、废标情况说明、评标标准、评标方法或者评标因素一览表、评分比较一览表、经评审的投标人排序以及澄清说明补正事项纪要等。

2）评标报告由评标委员会成员签字。

3）提交书面评标报告且评标委员会解散。

（6）举荐中标候选人。评标委员会推荐的中标候选人应当限定在1～3人，并标明排序。

10. 定标

对评标结果在市工程交易中心网站进行公示，公示时间不得少于 3 个工作日。

（1）发出中标通知书。

（2）谈判准备。

1）谈判人员的组成。

2）注重相关项目的资料收集工作。

3）对谈判主体及其情况的具体分析。明确谈判的内容，对于合同中既定的，没有争议、歧义、漏洞和有关缺陷的条款任何一方没有讨价还价的余地。

4）拟订谈判方案。

11. 签约前合同谈判及签约

（1）签约前合同谈判。在约定地点进行谈判，在谈判过程中要把主动权争取过来，不要过于保守或激进，注意肢体语言和语音、语调，正确驾驭谈判议程，站在对方的角度讲问题，贯彻利他害他原则。

（2）签约。招标人与中标人在中标通知书发出 30 个工作日之内签订合同，并交履约担保。

（3）退还投标保证金。招标人与中标人签订合同后 5 个工作日内，应当向中标人和未中标人的投标人退还投标保证金。

三、PPP 项目前期工作

自 2017 年年底《关于规范政府和社会资本合作（PPP）综合信息平台项目库管理的通知》（财金办〔2017〕92 号）的发布，《关于加强中央企业 PPP 业务风险管控的通知》（国资发财管〔2017〕192 号）、《关于规范金融企业对地方政府和国有企业投融资行为有关问题的通知》（财金〔2018〕23 号）、《关于进一步加强政府和社会资本合作（PPP）示范项目规范管理的通知》（财金〔2018〕54 号）等重磅文件接踵而来，PPP 项目的规范运作已然众望所归，大势所趋。从政府角度看，规范的项目运作，能够有效化解地方政府债务；去伪存真，将资源集中在社会经济发展真正需要的项目上。从社会资本方角度看，规范的项目运作，可以降低项目投资风险，落地率高；在项目执行过程中确保营利。

2018 年 3 月 17 日，《国务院机构改革方案》出台，以加强党的全面领导为统领，以国家治理体系和治理能力现代化为导向，以推进党和国家机构职能优化协同高效为着力点，改革机构设置，优化职能配置，深化转职能、转方式、转作风，提高效率效能。

PPP 项目立项阶段，指项目发起人根据发展需要确定目标项目，并就采用 PPP 模式进行投资建设决策及相关手续办理所进行的政府内部审批程序，也是社会资本方经过分析比较作出是否投资、是否参与项目建设的论证过程。

政府和社会资本方在 PPP 项目立项阶段应重点关注三个核心问题：项目发起人资信调查、项目合法性审批手续审查、财政支付审批手续审查。

1. 项目发起人资信调查

由于政府信用是社会资本方参与 PPP 项目投资建设的基础，也是强化社会资本方投资信心的保障，政府信用的高低直接关系到项目能否落地、投资回报能否顺利实现。社会资本方更加关注项目发起人的资信情况：项目发起人主体资格审查和政府信用调查。

（1）项目发起人主体资格审查。根据《政府采购法》第十五条规定："采购人是指依法进行政府采购的国家机关、事业单位、团体组织。"在项目操作实践中，具体项目的行政主管部门作为项目发起人，由于 PPP 项目其特有的公益性，从法律主体角度分析，行政主管部门不具备政府采购当事人主体资格，所以行政主管部门应获得政府的书面授权——项目实施机构的授权文件——以确保上述主体有权代表政府实施项目的准备、采购、监管和移交等工作。

（2）政府信用调查。在 PPP 项目模式下，政府付费和可行性缺口补助模式，对政府财政资源的依赖度高。故如果政府信用状况欠佳，必然影响社会资本方的资金安全和投资回报实现。社会资本方应重点调查：政府财政收入水平、政府一定时期内投资规模与政府财税承受能力的匹配性、政府换届风险、政府法律法规和公共政策的波动性等。调查过程中社会资本方要历史地、连续地考察和分析政府的信用状况，并反复论证后得出是否投资的结论。

2. 项目合法性审批手续审查

在 PPP 项目实施前，应取得项目合法性审批的相关手续，审核项目相关审批文件是否全面、合法，是确认该项目招标程序是否合法的前提。政府和社会资本方应重点关注以下内容：

（1）主体权限。审查有关审批文件的办理主体有无超越其法定授权权限范围，其办理程序是否合法。

（2）审批文件的办理。在项目实施方案中明确政府审批文件的责任，在 PPP 合同中应就审批文件办理义务进行明确约定。通常情况下约定由项目实施机构各项行政许可的办理工作。

（3）重视核心审批文件的办理。

1）项目建议书。根据《关于简化基本建设项目审批手续的通知》（计资〔1984〕第 1684 号）规定：需要国家审批的基本建设大中型项目审批程序……现简化为项目建议书、设计任务书两道手续。凡列入长期计划或建设前期工作计划的项目，应该有批准的项目建议书……各部门、各地区、各企业根据国民经济和社会发展的长远规划、行业规划、地区规划等要求，经过调查、预测、分析，提出项目建议书。

项目建议书应包括以下主要内容：

a. 建设项目提出的必要性和依据。引进技术和进口设备的，还要说明国内外技术差距和概况以及进口的理由。

b. 产品方案，拟建规模和建设地点的初步设想。

c. 资源情况、建设条件、协作关系和引进国别、厂商的初步分析。

d. 投资估算和资金筹措设想。利用外资项目要说明利用外资的可能性，以及偿还贷款能力的大体测算。

e. 项目的进度安排。

f. 经济效果和社会效益的初步估计。

故项目建议书是建设项目前期工作的第一步，应由项目发起人向发改部门报送项目建议书，提出立项申请，发改部门审查通过后，下达项目建议书批复文件。经批准的项目建议书是编制可行性研究报告和作为拟建项目立项的依据。

项目建议书的批复单位为国家发改委或地方发改委。

2）建设项目选址意见书。根据《建设项目选址规划管理办法》（建规〔1991〕583 号）规定：城市规划行政主管部门应当参加建设项目设计任务书阶段的选址工作，对确定安排在城市规划区内的建设项目从城市规划方面提出选址意见书。建设项目选址意见书，按建设项目计划审批权限实行分级规划管理。

建设项目选址意见书应当包括下列内容：

a. 建设项目的基本情况。

b. 建设项目规划选址的主要依据（经批准的项目建议书；建设项目与城市规划布局的协调；建设项目与城市交通、通信、能源、市政、防灾规划的衔接与协调；建设项目配套的生活设施与城市生活居住及公共设施规划的衔接与协调；建设项目对于城市环境可能造成的污染影响，以及与城市环境保护规划和风景名胜、文物古迹保护规划的协调)。

c. 建设项目选址、用地范围和具体规划要求。

项目建设单位依据发改部门出具的项目建议书批复文件，向建设规划行政主管部门申请办理项目规划选址手续，建设规划行政主管部门审查通过后，下达建设项目选址意见书。建设项目选址意见书的作用是明确项目建设的地理位置。建设项目选址意见书颁布单位为地方规划行政主管部门。

3）建设项目用地预审文件。根据《国土资源部关于修改〈建设项目用地预审管理办法〉的决定》（国土资源部令 68 号）、《关于改进和优化建设项目用地预审和用地审查的通知》（国土资规〔2016〕16 号）规定，建设项目用地预审实行分级管理，县级以上土地行政主管部门受理同级机关批准建设项目用地预审申请，着重审查以下内容：

a. 建设项目用地选址是否符合土地利用总体规划；

b. 单独选址的建设项目是否符合法定条件；

c. 用地规模是否合理。

需审批的建设项目在可行性研究阶段，由建设用地单位提出预审申请。需核准的建设项目在项目申请报告核准前，由建设单位提出用地预审申请。需备案的建设项目在办理备案手续后，由建设单位提出用地预审申请。

预审意见是有关部门审批项目可行性研究报告、核准项目申请报告的必备文件。不涉及新增建设用地，在土地利用总体规划确定的城镇建设用地范围内使用已批准建设用地进行建设的项目，可不进行建设项目用地预审。

未经预审或者预审未通过的，不得批复可行性研究报告、核准项目申请报告；不得批准农用地转用、土地征收，不得办理供地手续。预审审查的相关内容在建设用地报批时，未发生重大变化的，不再重复审查。

4）项目环境影响报告书、环境影响报告表。根据《建设项目环境保护管理条例》规定，国家根据建设项目对环境的影响程度，按照下列规定对建设项目的环境保护实行分类管理：

a. 建设项目对环境可能造成重大影响的，应当编制环境影响报告书，对建设项目产生的污染和对环境的影响进行全面、详细的评价。

b. 建设项目对环境可能造成轻度影响的，应当编制环境影响报告表，对建设项目产生的污染和对环境的影响进行分析或者专项评价。

c. 建设项目对环境影响很小，不需要进行环境影响评价的，应当填报环境影响登记表。

建设项目环境影响评价分类管理名录，由国务院环境保护行政主管部门在组织专家进行论证和征求有关部门、行业协会、企事业单位、公众等意见的基础上制定并公布。

依法应当编制环境影响报告书、环境影响报告表的建设项目，建设单位应当在开工建设前将环境影响报告书、环境影响报告表报有审批权的环境保护行政主管部门审批；建设项目的环境影响评价文件未依法经审批部门审查或者审查后未予批准的，建设单位不得开工建设。

《环境影响评价法》第三十一条规定：

“建设单位未依法报批建设项目环境影响报告书、报告表，或者未依照本法第二十四条的规定重新报批或者报请重新审核环境影响报告书、报告表，擅自开工建设的，由县级以上环境保护行政主管部门责令停止建设，根据违法情节和危害后果，处建设项目总投资额百分之一以上百分之五以下的罚款，并可以责令恢复原状；对建设单位直接负责的主管人员和其他直接责任人员，依法给予行政处分。”

“建设项目环境影响报告书、报告表未经批准或者未经原审批部门重新审核同意，建设单位擅自开工建设的，依照前款的规定处罚、处分。”

故项目环境影响报告书、环境影响报告表的审批作用是项目建设和日常运行管理的环境保护依据，同时对项目建设的合法性具有充分肯定的作用。项目环境影响报告书的批复单位为环境保护行政主管部门。

5）项目节能审查意见。根据《固定资产投资项目节能审查办法》（中华人民共和国国家发展和改革委员会令第 44 号）规定：节能审查，是指根据节能法律法规、政策标准等，对项目节能情况进行审查并形成审查意见的行为。

建设单位应编制固定资产投资项目节能报告。节能审查机关受理节能报告后，应委托有关机构进行评审，形成评审意见，作为节能审查的重要依据。固定资产投资项目节能审查意见是项目开工建设、竣工验收和运营管理的重要依据。固定资产投资项目节能审查由地方节能审查机关负责。

国家发展改革委核报国务院审批以及国家发展改革委审批的政府投资项目，建设单位在报送项目可行性研究报告前，需取得省级节能审查机关出具的节能审查意见。国家发展改革委核报国务院核准以及国家发展改革委核准的企业投资项目，建设单位需在开工建设前取得省级节能审查机关出具的节能审查意见。

政府投资项目，建设单位在报送项目可行性研究报告前，需取得节能审查机关出具的节能审查意见。企业投资项目，建设单位需在开工建设前取得节能审查机关出具的节能审查意见。

未按规定进行节能审查，或节能审查未通过的项目，建设单位不得开工建设，已经建成的不得投入生产、使用。

6）地震安全性评价报告。根据《地震安全性评价管理条例》规定，国家重大建设工程……省、自治区、直辖市认为对本行政区域有重大价值或者有重大影响的其他建设工程必须进行地震安全性评价。

国家对从事地震安全性评价的单位实行资质管理制度。地震安全性评价单位对建设工程进行地震安全性评价后，应当编制该建设工程的地震安全性评价报告。

县级以上人民政府负责项目审批的部门，应当将抗震设防要求纳入建设工程可行性研究报告的审查内容。对可行性研究报告中未包含抗震设防要求的项目，不予批准。

7）其他文件。项目若涉及文物保护、矿产覆压、水土保持等内容，应依据法律法规报相关主管部门审批。

8）项目可行性研究报告。项目立项后，项目建设单位向发改部门报送可行性研究报告，根据项目性质、规模和具体情况附规划选址、用地预审、环境影响评价、节能审查审批文件，提出审查批准申请，发改部门审查通过后，下达项目可行性研究报告批复文件。项目可行性研究报告评价标准为建设项目的必要性、建设条件、建筑工程的方案和标准、投资估算、建设资金来源和项目实施计划等。项目可行性研究报告的批复单位为国家发改委或地方发改委。

9）项目实施方案、物有所值评价报告、财政承受能力论证报告。根据财政部《关于规范政府和社会资本合作（PPP）综合信息平台运行的通知》（财金〔2015〕166号）的规定：综合信息平台是全国PPP项目信息的管理和发布平台。综合信息平台按照项目库、机构库和资料库实行分类管理，项目库用于收集和管理全国各级PPP储备项目、执行项目和示范项目信息，包括项目全生命周期各环节的关键信息；机构库用于收集和管理咨询服务机构与专家、社会资本、金融机构等参与方信息；资料库用于收集和管理PPP相关政策法规、工作动态、指南手册、培训材料和经典案例等信息。

项目实施机构在经审批的可行性研究报告基础上，可委托咨询服务机构编制项目实施方案。项目实施方案就项目概况、运作模式、交易结构、风险分配基本框架、财务测算、合同体系、授权和监管体系、采购方式及流程、绩效考核等内容予以明确。

项目实施机构或财政部门可委托咨询服务机构编制物有所值评价报告和财政承受能力论证报告。财政部门（政府和社会资本合作中心）会同行业主管部门，从定性和定量两方面开展物有所值评价工作。为确保财政中长期可持续性，财政部门应根据项目全生命周期内的财政支出、政府债务等因素，对部分政府付费或政府补贴的项目，开展财政承受能力论证，每一年度全部PPP项目需要从预算中安排的支出责任，占一般公共预算支出比例应当不超过10%。省级财政部门可根据本地实际情况，因地制宜确定具体比例，并报财政部备案，同时对外公布。

通过物有所值评价和财政承受能力论证的项目，可进行项目准备。

10）建设用地规划许可证。根据《城乡规划法》《土地管理法》《建筑法》《关于进一步统一实行建设用地规划许可证和建设工程规划许可证的通知》的相关规定：项目建设单位依据发改部门出具的项目可行性研究报告批复文件，向规划主管部门申请办理建设用地规划许可证。

建设用地规划许可证的作用是核实项目是否满足用地上的规划要求（土地使用性质、土地开发强度及用地范围）。建设用地规划许可证的审批单位为地方规划主管部门。

11）建设工程规划许可证。根据《城乡规划法》《土地管理法》《建筑法》《关于进一步统一实行建设用地规划许可证和建设工程规划许可证的通知》的相关规定：项目建设单位依据发改部门出具的项目可行性研究报告批复文件，向规划主管部门申请办理建设工程规划许可证。

建设工程规划许可证的作用是核实项目是否满足技术上的规划要求。建设工程规划许可证的审批单位为地方规划主管部门。

12）建设工程施工许可证。根据《建筑法》规定，项目建设单位在取得发改部门的项目批复、规划行政主管部门的规划许可、环境保护行政主管部门的环评审批、国土行政主管部门的用地许可，并完成建设工程招投标手续后，即可到建设行政主管部门申请办理建设工程施工许可证，开工建设项目。

建设工程施工许可证的作用是加强对建筑活动的监督管理和维护建筑市场秩序。建设工程施工许可证的颁布单位为地方建设行政主管部门。

13）项目设计文件。根据《建筑工程设计文件编制深度规定（2016 版）》的规定，建筑工程一般应分为方案设计、初步设计和施工图设计三个阶段。

a. 方案设计文件应满足编制初步设计文件的需要，应满足方案审批或报批的需要。方案设计的政府文件依据：与工程设计有关的依据性文件的名称和文号，如选址及环境评价报告、用地红线图、项目的可行性研究报告、政府有关主管部门对立项报告的批文、设计任务书或协议书等。

b. 初步设计文件应满足编制施工图设计文件的需要，应满足初步设计审批的需要。初步设计的政府文件依据：政府有关主管部门的批文，如该项目的可行性研究报告、工程立项报告、方案设计文件等审批文件的文号和名称。

c. 施工图设计文件应满足设备材料采购、非标准设备制作和施工的需要。

项目可行性研究报告获批后，项目建设单位组织编制初步设计和概算书并报送到发改部门，提出审查批准申请。由于 PPP 项目交易结构不尽相同，因此设计工作的完成主体也不相同。例如，在 BOT 模式中，社会资本一般不承担设计工作；而在 DBFOT 模式中，社会资本根据项目实施方案的要求和 PPP 项目合同的约定，履行设计义务。

3. 财政支付审批手续审查

根据财政部《关于印发〈政府和社会资本合作项目财政承受能力论证指引〉的通知》（财金〔2015〕21 号）的要求：“每一年度全部 PPP 项目需要从预算中安排的支出责任，占一般公共预算支出比例应当不超过 10%。”各地方政府的年度财政收支计划需经法定程序批准后，才能被列入地方政府预算范围内。因此，PPP 项目资金预算需要负有编制预算职责的部门在编制下一财政年度预算时列出，并按预算管理权限和程序进行审批。

需要特别说明的是，财政部金融司于 2018 年 5 月 4 日发表《筑牢 PPP 项目财政承受能力 10%限额的“红线”——PPP 项目财政承受能力汇总分析报告》写道：“一是一些项目从一般公共预算以外渠道列支。292 个项目拟从政府性基金预算、车购税补助、国开行贷款、农发行贷款等非一般公共预算渠道安排支出，共计 1.1 万亿元。”同时，根据《立法法》第八十条第二款“部门规章规定的事项应当属于执行法律或者国务院的行政法规、决定、命令的事项。……”的规定，财金〔2015〕21 号文是对《预算法》《国务院关于深化预算管理制度改革的决定》（国发〔2014〕45号）等文件的执行，因此PPP项目应当在一般公共预算支出内列支，且比例不得超过10%。从非一般公共性预算列支的，均属违规。

为保证政府财政支付程序合法有据，须完善地方政府财政支付的以下审批手续：

（1）政府常务会议同意拟实施项目以PPP模式建设的政府批文或政府会议纪要确认。该文件是政府方同意拟实施项目，以PPP模式建设的依据，亦是PPP项目政府支出责任纳入政府支付程序的前提。

（2）同级人大或人大常委会审议并通过将政府支出责任纳入财政预算的决议。预算作为一种具有法律效力的文件，它的制定过程是一种立法过程，必须遵照特定的立法程序，用法律加以保障。在我国，未经人大审查批准的预算只是预算草案，不具备法律效力，亦不是严格意义上的政府收支计划。我国地方各级政府有预算提案权，地方预算的批准权力属于地方各级人大。

根据《预算法》的规定，人大对政府预算审查批准的法定程序主要为：各级政府在本级人大开会时，向大会做关于预算草案的报告，各级人代会对政府预算草案进行审议，各级人大财政经济委员会（根据2018年中共中央印发《深化党和国家机构改革方案》的要求，组建全国人大社会建设委员会，整合全国人大内务司法委员会、财政经济委员会、教育科学文化卫生委员会的相关职责，组建全国人大社会建设委员会，作为全国人大专门委员会。各地区各部门结合实际认真贯彻执行）或者有关专门委员会应当在本级人大召开期间向大会提交政府预算草案的审查报告，各级人代会可以批准政府预算草案，亦可以作出修改的决议。由于PPP项目合作期较长，一般是10～30年，而地方预算是经法定程序批准的地方各级政府的年度财政收支计划。因此，社会资本方需要注意，在项目运营期内，每年的政府支出责任均应纳入地方政府年度财政支付预算的计划编制内。

（3）财政部门落实预算拨付计划。并出具以预算内财政收入支付政府支出责任的承诺函。地方政府预算草案经同级人大批准后，即进入预算执行段，同级财政部门应及时办理批复预算手续。对于在运营期限内的PPP项目，社会资本方应关注财政部门依据同级人大审议并通过将政府支出责任纳入财政预算的决议，落实预算拨付计划。同时，向社会资本方出具以预算内财政收入支付政府支出的承诺函。

（4）政府财政投资评审中心对项目投资预算审查通过。财政投资评审是财政部门对财政性投资项目的工程概、预算和竣工决（结）算以及一些财政性专项资金进行评估与审核的活动。财政投资评审的法律依据主要为我国《预算法》和财政部印发的《财政投资评审管理规定》（财建〔2009〕648号），其中《预算法》第七十一条规定：“各级政府财政部门负责监督检查本级各部门及其所属各单位预算的执行；并向本级政府和上一级政府财政部门报告预算执行情况。”

财政投资评审业务由财政部门委托其所属财政投资评审机构，或经财政部门认可的有资质的社会中介机构（以下简称“财政投资评审机构”）进行。财政投资评审的程序主要为：

1）财政部门选择确定评审（或核查，下同）项目，对项目主管部门及财政投资评审机构下达委托评审文件；

2）项目主管部门通知项目建设（或代建，下同）单位配合评审工作；

3）财政投资评审机构按委托评审文件及有关规定实施评审，形成初步评审意见，在与项目建设单位进行充分沟通的基础上形成评审意见；

4）项目建设单位对评审意见签署书面反馈意见；

5）财政投资评审机构向委托评审任务的财政部门报送评审报告；

6）财政部门审核批复（批转）财政投资评审机构报送的评审报告，并会同有关部门对评审意见作出处理决定；

7）项目主管部门督促项目建设单位按照财政部门的批复（批转）文件及处理决定执行和整改。

根据《财政投资评审管理规定》要求，财政部门对评审意见的批复和处理决定，作为调整项目预算、掌握项目建设资金拨付进度、办理工程价款结算、竣工财务决算等事项的依据之一。因此，社会资本方在做 PPP 项目法律尽职调查时，应关注政府财政投资评审中心对项目投资预算的审查通过。

（5）若政府委托职能部门招标及签署 PPP 合同，须取得政府出具的授权委托书。由于 PPP 项目的公益性特点，PPP 项目的最终发起人就是政府。因此，很多情况下项目的招标和合同的签署主体即为政府；若政府委托其下属的职能部门招标及签署 PPP 合同，则应重点关注被委托主体须取得政府出具的授权委托书，从法律意义上明确被委托主体在 PPP 项目中的行为，即为政府的行为。

第二节　PPP 项目主要操作模式

一、地下综合管廊 PPP 项目

地下综合管廊 PPP 项目结构如图 2-6 所示。

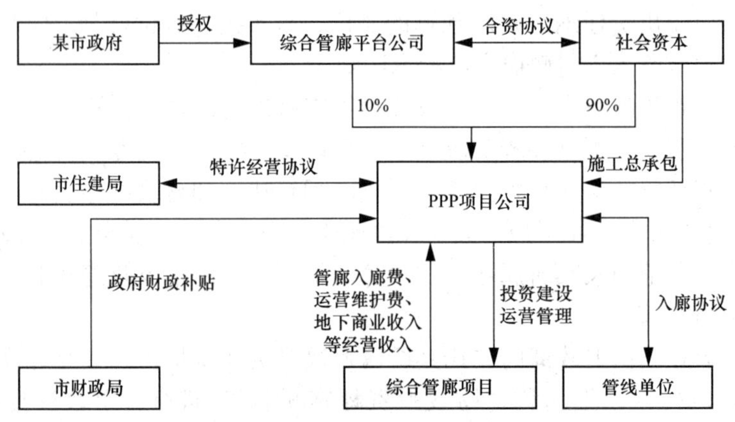

图 2-6　地下综合管廊 PPP 项目交易结构图

项目收费机制：本项目属于投资较大、公益属性较强、使用者付费相对不足的准经营性项目，项目采用“可行性缺口补助”回报机制。本项目的使用者付费为各入廊管线单位所支付的管廊租赁费（包括管廊入廊费和运营维护费），对于使用者付费不足以覆盖项目的建设、运营成本及社会资本合理收益的差额部分，由政府方按照 PPP 项目合同约定给予项目公司可行性缺口补贴。项目合作期限 23 年，其中建设期 3 年，运营期 20 年。

二、自来水与污水处理厂 PPP 项目

自来水与污水处理厂 PPP 项目交易结构如图 2-7 所示。

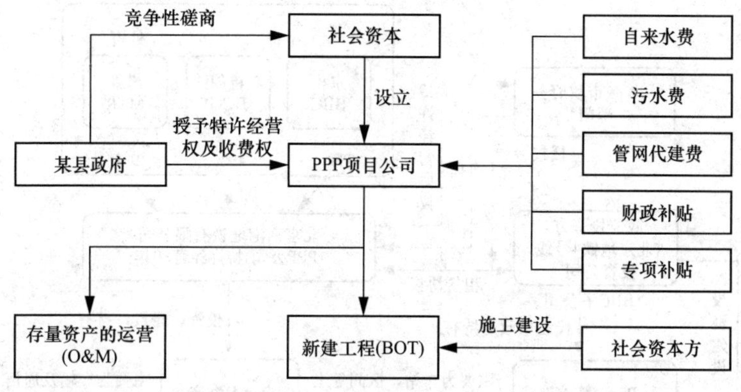

图 2-7　自来水与污水处理厂 PPP 项目交易结构图

项目收费机制：本项目供水和污水处理按使用量收费，自来水费由项目公司向使用者收取，污水处理费由政府统一收取后按项目公司处理量支付项目公司。特许经营前 10 年，政府通过争取政策性专项补贴资金和本级财政列支的方式，根据项目公司资金缺口每年补助项目公司固定金额。补贴年限为 10 年，财政补贴的支付方式为每半年支付一次。

三、市政道路政府购买服务 PPP 项目

市政道路政府购买服务 PPP 项目交易结构如图 2-8 所示。

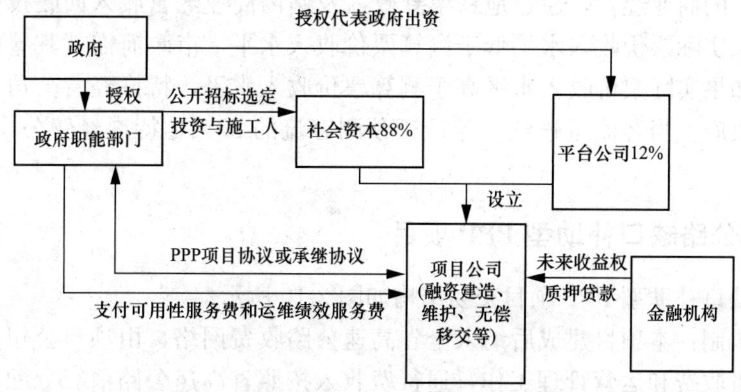

图 2-8　市政道路政府购买服务 PPP 项目交易结构图

项目收费机制：政府支付项目公司可用性服务费和运维绩效服务费。其中，可用性服务费主要包括项目建设总投资（含工程建设其他费用）、融资成本、税费及必要的合理回报，项目建设期 2 年，运营维护期 11 年。可用性服务费进入运营维护期后每 6 个月支付一次；运维绩效服务费主要包括本项目红线范围内的运营维护成本、税费及必要的合理回报，在考核合格的情况下，每 3 个月支付一次。本项目已纳入财政部第二批 PPP 示范项目。

四、北京地铁 4 号线 PPP 项目

北京地铁 4 号线 PPP 项目交易结构如图 2-9 所示。

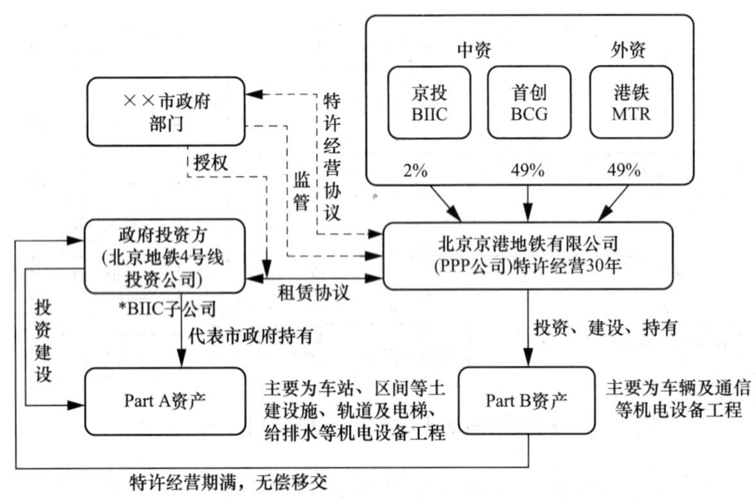

图 2-9　北京地铁 4 号线 PPP 项目交易结构图

项目收费机制：地铁 4 号线工程投资建设分为 A、B 两个相对独立的部分：A 部分为洞体、车站等土建工程，投资额约为 107 亿元，约占项目总投资的 70%，由北京市政府国有独资企业京投公司成立的全资子公司四号线公司负责。地铁 4 号线项目竣工验收后，北京京港地铁有限公司通过租赁取得四号线公司的 A 部分资产的使用权。北京京港地铁有限公司负责地铁 4 号线的运营管理、全部设施（包括 A、B 两部分）的维护和除洞体外的资产更新以及站内的商业经营，通过地铁票款收入及站内商业经营收入回收投资并获得合理投资收益。如果实际票价收入水平低于测算票价收入水平，市政府需就其差额给予特许经营公司补偿。如果实际票价收入水平高于测算票价收入水平，特许经营公司应将其差额的 70%返还给市政府。当客流量连续三年低于预测客流的 80%，特许经营公司可申请补偿，或者放弃项目。

五、高速公路缺口补助型 PPP 项目

高速公路缺口补助型 PPP 项目交易结构如图 2-10 所示。

项目收费机制：本项目建成后纳入全省高速公路收费网络，由项目公司委托省高速公路管理机构负责收费和运营管理工作，通行费收入按照省高速公路清算分配办法参与全省统一清算分配，项目收费年限为 25 年。在本项目达到通行能力之前，市政府保证严格控制

审批建造可能与本项目形成竞争关系的其他项目。若项目本身运营收入不能保证项目公司年资本金投资运营收益率达到 6%，则政府应采取多种补贴措施。

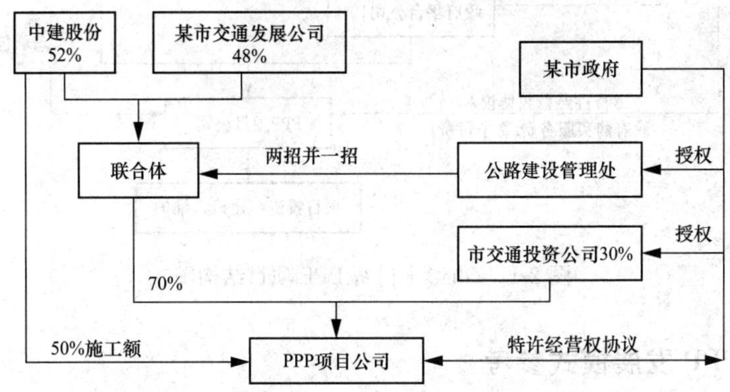

图 2-10　高速公路缺口补助型 PPP 项目结构图

六、高速公路使用者付费 PPP 项目

高速公路使用者付费 PPP 项目交易结构如图 2-11 所示。

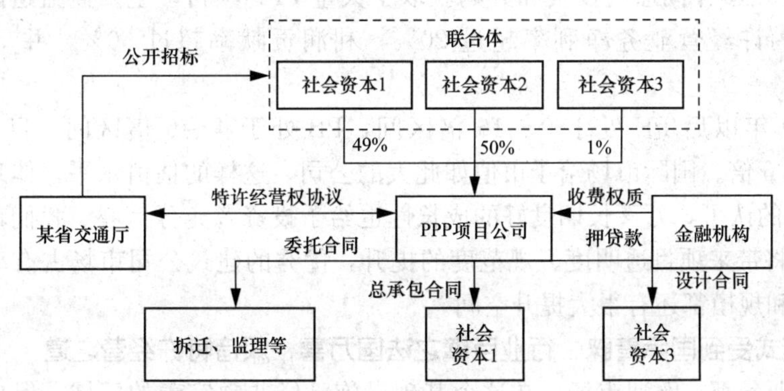

图 2-11　高速公路使用者付费 PPP 项目结构图

项目收费机制：项目建成后，由项目公司负责运营管理和通行费收取工作。项目特许经营期暂定 25 年（不包括建设期），以政府批准收费之日起算。同时，项目公司享有本项目沿线区域内政府批准的加油站、广告媒体、收费站、服务区等服务设施和管理设施的开发建设经营权，其经营期限与项目特许经营权同期。

七、市影子付费 PPP 项目

市影子付费 PPP 项目交易结构如图 2-12 所示。

项目收费机制：项目采用“影子票价”报价方式进行投标。政府付费来源于区财政预算；运营期内，政府方按年支付项目公司通行费，通行费＝中标影子票价×日均车流量×365 天；政府方对交通量、影子票价等设定调整机制，如兜底交通流量××%，影子票价随基准利率、结算总投资波动而调整。政府方负责投入 10%资本金，但不享受分红。

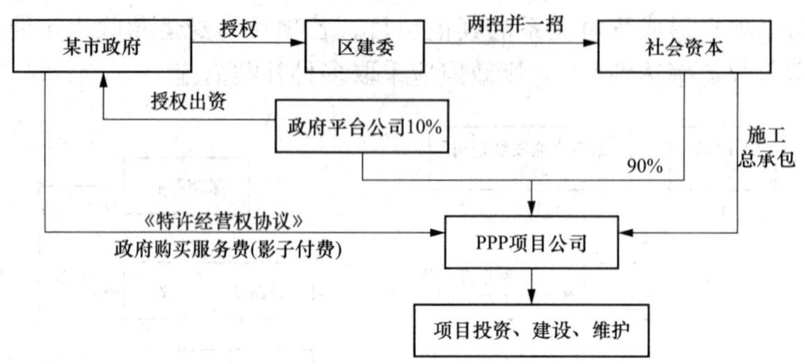

图 2-12　市影子付费 PPP 项目结构图

八、国外 PPP 发展模式参考

法国万喜集团公司 PPP 发展项目案例模式分析。

法国万喜集团公司（VINCI，以下简称“万喜”）作为 PPP 的国际对标企业，创办于 1899 年，是一家拥有 117 年历史的法国建筑服务企业。目前集中于承包和特许经营两大基本核心业务。市值约 400 亿欧元，15 年收入 394 亿欧元，净利润 20.46 亿欧元。以工程总承包为根基，100 多年间通过投资和并购获取了大量 PPP 项目，主要涵盖道路、机场、停车场等领域，特许经营业务净利率超过 20%，利润贡献率超过 60%，并呈逐年上升的趋势。

万喜 2000 年以后 PE 处于 9～16 倍区间，PB 处于 4～6 倍区间，目前公司的 PE（TTM）为 19.6 倍。国际市场给予市值如此大的公司，这样的估值水平，体现了投资者对于其 PPP 业务的认可，万喜长期良好的成长性也给予投资者充分信心。我们认为随着国内 PPP 的推进，将带来项目透明度、规范度的提升，优秀的建筑公司市场占有率有望稳步提升，企业估值和规模都还有很大提升空间。

1. PPP 模式受到国际青睐，行业巨擘之法国万喜，深谙特许经营之道

万喜主要业务都在欧洲市场，在这个基础设施已经非常完善的区域，保持了收入和利润的持续增长。令人惊奇的是，2000 年至 2015 年，万喜营业收入 CAGR 为 5.47%，净利润 CAGR 为 11.08%。我们认为原因来自几个方面，一是 PPP 业务的占比高，每年可以贡献稳定的利润，万喜也通过不断开展运营业务的高附加值活动，使特许经营的利润率不断提升。二是万喜是一个成功的 PPP 平台公司的典型范例。所谓 PPP 平台公司，可以简单理解为拥有强大的对接政府项目方、金融方、建设方、运营方的能力，是 PPP 资源整合的平台，可以轻资产地撬动大量 PPP 项目。万喜一方面有强大的金融运作能力，从公司历史项目来看，万喜通常以 10～15 倍杠杆撬动项目，另一方面公司拥有强大的工程管理和运营能力。万喜坚持长期发展低利润率的工程业务，从 PPP 项目的规划设计阶段就介入，充分考虑项目未来运营期可能出现的问题，做好项目优化，强大的工程管理能力确保项目成本和质量控制到位。同时万喜培养专业的运营团队，运营效率不断提升。

（1）PPP 模式受到国际青睐，中国单个承包商仍需修炼内功。

1）PPP 模式受到青睐，在国际承包市场全面开花。PPP、BOT、DB 等模式有助于风

险共担和项目融资，逐渐成为目前项目建设的重要模式。在英国，承包商希望通过 DB 项目、PPP 项目的建设提高盈利水平；在中东，因其灵活的融资方式，PPP 模式越来越受到关注，目前，许多交通运输项目都采用 PPP、BOT 等项目模式进行组织；在拉丁美洲的基础设施发展需要技术领先并能够采用新的项目组织模式的承包商；在美国，欧洲承包商们获得了大量的 PPP 项目，机场建设、城际交通等项目的建设普遍采用 PPP 模式。

2）虽然中国承包商整体而言实力强劲，但从单个承包商竞争力来看仍与发达国家存在较大差距，且 PPP 模式仍处于探索初期。在当前建筑行业获利渐微的趋势不可避免的情况下，政府对于 PPP 的推进将对建筑企业产生深远的影响，在带来机遇的同时也提出了更高的要求。鉴于此，研究在金融危机下屹立不倒且深谙特许经营之道的法国万喜，对了解中国 PPP 模式以及建筑企业未来发展具有重要现实意义。

（2）法国万喜——建筑行业巨擘，10 年年均投资回报率超过 9%。万喜目前集中于承包和特许经营两大基本核心业务，其中承包业务细分为建筑、能源和路桥三大业务板块。公司在全球 100 多个国家和地区有 2100 家分支机构，拥有员工 18.5 万人，是世界顶级建筑工程承包商之一。我国著名的金茂大厦就是由万喜负责建造的。多年来，万喜一直强调盈利性增长和利润回报而非追求规模。

万喜前身 SGE 公司于 2000 年正式更名为万喜，并收购成立于 1891 年的 GTM 公司。两家颇具实力的建筑企业的合并，使得万喜成为世界上最大的特许经营和建筑服务一体化的承包商。2000 年是万喜历史上至关重要的一年，在此之后，万喜紧紧围绕既定战略，进入飞速发展时期，盈利能力开始大幅度提升，2005—2015 年股价增长超过 66%，同期 CAC40 下跌 2%，10 年股票投资回报年均增长率超过 9%，自 2006 年万喜收购 ASF 以来，制定了向股东分配 50%综合净利润的分红政策，随着公司净利润不断增长，每股分红稳定增长，其中 2014 年由于处置停车场业务，导致每股分红额外增加 0.45 欧元，去掉该影响，则 2015 年分红同比增长 4%。

万喜的股权结构较为分散，其中机构投资者占比最高，达到 72.4%，员工持股计划占比 9.4%。

2. 特许经营是万喜实现长期盈利增长的法宝

（1）万喜长期经营稳健，收入和净利润不断增长。万喜虽然主要业务分布在发达国家，在市场需求低迷的环境下，收入仍然能持续增长，净利润稳中有升，即使在近年在全球经济环境恶化的情况下，仍保持稳健经营。2000—2015 年，万喜营业收入 CAGR 为 5.47%，净利润 CAGR 为 11.08%，实现了净利润增速远超过营业收入。2005 年，万喜收购法国国内著名的公路特许经营商 ASF，道路、停车场和机场等营运项目是资本密集型业务，拥有较高的利润水平，公司业绩进入快速增长阶段，此后随着法国国内及全球对基础设施及其相关服务的需求增长、PPP 模式的空间打开，万喜维持高速增长。2009 年在面临更为严峻的经济环境时，万喜特许经营与承包融为一体的模式很好地稳定了业绩情况，国际化的战略同样分散了经营风险。此后借助自身模式的优势，万喜紧握国家为刺激经济恢复而激发的基础设施需求机遇，业绩实现反弹甚至维持较快速度的增长。2014 年，承包工程环境恶化，但特许经营业务发展较好，除去当年因部分处置万喜停车场获得的资本收益，净利润整体略高于 2013 年。

万喜主营业务集中于承包和特许经营两大基本核心业务，其中承包业务细分为建筑、能源和公路三大业务板块，承包业务总收入贡献率达 85%。近年来，万喜特许服务收入贡献率相对稳定，维持在 15%左右。

万喜主要立足法国国内市场，深耕欧洲市场，逐步进军欧洲以外国际市场。长期以来，在法国国内收入占比达到 50%以上，欧洲地区收入达到 80%以上，主战场仍在欧洲，但是近年积极向外扩张，在欧洲以外业务占比逐年增加，2015 年欧洲以外实现收入 37.7 亿欧元，占比约 16%。同时，欧洲以外业务保持较快增长，2015 年同比增加 11.2%，而欧洲地区业务则同比减少 2.4%。

万喜占比仅有 15%的特许服务净利润贡献率达 63%，毛利率超过 40%，净利率超过 20%，总体呈逐年上升趋势。综合毛利率维持在 10%左右，净利率在 5%左右，早期由于精心选择项目，万喜承包业务利润得以提高，近年来，随着业内竞争日趋激烈，承包业务毛利率总体出现一定程度下滑，约为 3.5%，净利率也随之下降至 2%左右。特许运营项目方面，万喜紧紧围绕价值链，外包盈利低的环节，不断开展高附加值活动，毛利率呈现上升趋势，同时，受益于毛利率上升，特许服务净利率不断上升。2015 年特许业务营业额仅占 15%，但毛利率却是承包业务 15 倍左右，净利率是承保业务的 11 倍左右，贡献了 63%的净利润。

万喜 ROE 整体呈现下降趋势，近年保持在 15%左右，特许服务资产收益率则呈上升趋势。2006—2008 年 ROE 呈上升趋势，这与收入和净利润的快速增长相一致，2008 年以后，一方面市场环境恶化，另一方面竞争日趋激烈，ROE 总体呈现下降趋势，2014 年由于出售停车场资产 ROE 收益同比提升 2.6%个百分点，2015 年重回 13.9%。从特许服务角度看，资产收益率整体呈现上升趋势，其中，2014 年净利润统计中包含了处置停车场的资本收益，因此出现较高资产收益率。（注：ROE 是净资产收益率，特许服务资产收益率是总资产收益率的概念。）

（2）PPP 业务提高现金流质量。万喜资产负债率逐年降低。2007 年开始，PPP 业务逐渐成为其收入增长来源，2007—2010 年资产负债率大幅降低，此后稳步下降。整体负债规模相对稳定，略有下降，其中长期负债下降较多，源于部分长期债券的赎回，短期负债则趋于平稳，占比不断提升。在具体长期金融负债中，主要资金债务融资则用于特许经营业务，占比在 80%左右；短期负债中，应付账款 2011 年以来趋于稳定，占比呈现波动上升趋势。

万喜应收账款稳中有降，其中 1 年以下应收账款占比达到 97%，可以看出公司账龄结构比较稳定，且回款情况良好。

现金流方面，在项目业务不断增加的情况下，其经营性净现金流持续为正，且流入有所增加，显示盈利能力有所保障。同时，投资活动产生的现金流量净额流出减少。

（3）长期稳定经营获市场认可，估值水平不断抬升。万喜历史 PE 处于 9～16 倍区间，近年 PB 处于 4～6 倍区间。2007 年估值达到历史巅峰，随后由于金融危机冲击，跟随市场下行，但总体表现由于仍有市场，仍受到机构投资者追捧。2008—2014 年估值小范围波动，PE 处于 9～13 倍区间，PB 处于 4～5 倍区间。在市场环境持续恶化的情况下，经营表现稳健，净利润稳步增长，估值水平也相应提高，2015 年 PE、PB 均出现较大幅度上升。

3. 两大支柱成功托起万喜

（1）特许经营业务迅速成长是公司实现长期盈利性增长的根本动力。万喜核心业务为特许业务和承包业务，旗下拥有万喜特许业务公司（VINCI Concessions）、万喜能源公司（VINCI Energies）、万喜路桥公司（Eurovia）和万喜建筑工程公司（VINCI Constructions）四大子公司，分别经营特许、能源、公路、建筑四大主营业务。

万喜长期盈利性增长的动力，主要来自于特许经营业务的迅速成长。万喜特许业务公司下设道路与公路特许经营部、铁路运营部、机场运营部和体育场部，提供的服务主要包括在PPP模式下的建筑设计、成套工程、工程融资、项目管理等，在道路基础设施高速公路建设、智能停车场建设、体育馆、空港管理及服务领域有很强的业务能力，仅特许业务合计拥有员工约1.28万人。2014年万喜处置部分停车场资本，引入新合作伙伴Ardian和Crédit Agricole Assurances，VINCI Park变更为Lidigo，万喜持股24.6%，一方面该交易使得其负债大幅度降低，且在合作伙伴的支持下更有利于万喜停车场业务的国际扩张；另一方面考虑到收入整体扩张速度，相比较增速放缓的停车场业务，机场运营收入规模较大、增速较快，且能够提供更高的利润，因此进行业务替换。此后，在2014年处置停车场后，高速公路和机场运营成为收入中心，2015年合计占比达98%，且全年特许业务收入的增长主要归功于法国高速公路交通量的好转及葡萄牙、柬埔寨和法国机场客运量的增长。

高速公路方面，VINCI Autoroutes在法国合计运营里程达4386千米，是欧洲在运营的最大高速公路网，每天承载200万用户，主要由ASF、Cofiroute、Escota和Arcour四家公司共同运营。万喜在高速公路运营方面，除传统维护外，一直致力于不断改善，提升用户体验，满足更多需求，形成其独特的运营优势，这一策略有利于维持其高水平营运收入。自2006年以来，万喜已经投资95亿欧元建造、升级其运营网络。在2015年签订的高速公路刺激计划中，万喜将进一步投资20亿进行道路加宽，改善路网环境，接入移动业务。

机场方面，VINCI Airports在全球共计运营33个机场，其中11个在法国，10个在葡萄牙，3个在柬埔寨，1个在智利，2个在日本，6个在多米尼加共和国，合计每年接待乘客超过1亿人次。VINCI Airports利用其专业技术为当地政府提供全方位服务，优化现存机场的管理、执行机场扩建或新建项目。从客运量角度来看，VINCI Airports可跻身世界前五大机场运营商。

（2）承包业务是万喜不可或缺的经营平台。承包业务是万喜不可或缺的经营平台。承包业务细分为建筑、能源、路桥三大业务板块，分别由万喜建筑工程公司（VINCI Constructions）、万喜能源公司（VINCI Energies）和万喜路桥公司（Eurovia）经营。

建筑工程方面，万喜建筑工程公司作为法国建筑行业的市场领先者和世界范围内的主要参与者，在全球100多个国家或地区拥有777个子公司和68000名员工，提供建筑、设备、交通基础设施、液压基础设施、新能源及核能、环境工程、石油和天然气、矿业等领域相关服务。基于公司战略的一体化方针，万喜建筑工程公司可以针对具体项目需要量身提供基础设施全生命周期的一系列服务，包括融资、设计、建造和运营。万喜业务主要分为三个区域：法国本土、法国以外的地方市场、全世界范围的经营活动，通过万喜建筑工程公司和各个国家的地方子公司来提供全方位的建筑活动。

能源方面，万喜能源公司是法国能源以及信息技术市场上的领头雁，拥有互补的四条业务线，包括工程、信息一体化、执行以及维护。为当地及世界范围内的企业提供能源基础设施、施工、远程交流等服务。主要市场是法国本土、德国、英国等。经营领域涵盖能源基础设施、工业能源、综合服务和电信服务。目前，万喜能源公司拥有65000个员工，经营范围横跨21个欧洲国家和30个欧洲以外的国家。

路桥方面，万喜路桥公司是世界领先的公路基础设施和公共场所建造商，已开发出一套综合的公路和基础设施专业知识体系。公司主要从事四个方面的业务：针对公共和私人客户的公路、高速公路、铁路和机场基础设施的新建、改建和维护工作；建材生产；高品质城市发展项目（加强公共场所建设、轻轨系统建设等）和交通基础设施安全升级项目（公路、标志和特殊路面铺设等）；其他相关服务。一直以来，万喜都很注重巩固长期发展的国内市场，目前逐渐进军国外市场，主要业务地区为欧洲和美洲，当前收入占比已超过40％。

（3）承包-特许经营一体化的经营模式是万喜成功的关键所在，“三大”能力竞争优势突出。万喜的承包项目、特许项目集成的经营模式是其成功的关键所在，从成立之初，万喜就不懈地依托两大基本业务的协调互补效应，实现了盈利性增长。采用这样一种集成的方式是由特许项目和承包项目不同的特点决定的。保持巨大的建筑工程承包业务量，能够维持集团公司的稳定运行，虽然这一领域“不太赚钱”，但这是一个运营的平台。在此基础上，重点开发经营业务是推动集团发展的主要动力。

从运营周期来看，承包业务的运营周期相比特许业务的运营周期短，协同效应体现在万喜业务运营和收入的长期持续稳定性，受宏观环境影响较小。

从项目融资来看，特许经营的特点是前期投资大，但运营期现金流入比较稳定，而承包业务持续现金流流出需求较多，特许经营的稳定现金流既可以及时满足承包业务的现金流需求，也可提升万喜竞标大型项目的能力。

从专业协同性来看，特许经营的优势主要体现在项目前期规划、项目融资及后期项目管理与运营维护，而承包业务则在项目本身的设计与施工具有专业性。万喜利用特许经营与承包业务一体化发展的模式，在项目的开始就可以全程介入，围绕项目的整体价值链，以获取最大限度的利润。在整个项目的获取、完成和运作过程中，建筑子公司与特许子公司形成打包服务方案，实现价值链环节的无缝衔接，在万喜掌握项目周期、控制项目成本、把握项目质量方面均会产生巨大的协同效应。

两种项目在运作上相辅相成，使得现金流畅通，万喜以更快的速度不断发展壮大。在PPP项目应用于所有类型的交通基础设施（公路、铁路、机场等）和公共基础设施（能源、医疗、安全、教育、文化活动等）背景下，万喜的战略是将其建筑项目、特许项目集成的经营模式建立在更大规模地发展PPP项目基础上。

除集成模式带来的协同效应外，万喜在分散化经营、纵向一体化、横向多元化、业务组合的延伸和整合、并购策略等方面均实施了较为成功的战略。

万喜的发展是经过一系列的并购和战略重组而实现的。其在管理体制上的一个明显特色是尽量保持各业务部门的独立性。集团分散化策略的实施，有利于处理好与当地业主的关系，形成以客户为中心企业运作机制。这种建立在客户关系管理上基础上的运作机制与以产品为中心的运作体系的一个本质区别就是，对关键客户的管理带来的是连续的合同和随之而来的利润和现金流。

在纵向发展战略方面，万喜在每一主业板块内致力于纵向一体化。在特许经营业务领域，作为高速公路、机场、停车场等的运营商，将业务范围扩展到资本投入较少、高附加值的服务业务领域，即涵盖为其他公司提供多年的运营、维修和服务业务；在建筑承包和能源业务领域，策略是致力于形成和发展适合国际化的高技术含量的运营和服务一体化的专业特长；在路桥业务领域，不仅从上游产业链的设计、咨询到下游产业链的现场维护、冬季维护和紧急反应机制等各环节均具有很强的服务能力，而且依托污水处理、防水、民建、景观美化等技术优势，使得万喜路桥公司在承揽大额主合同之外，还连带产生了大量的小额合同，由此形成了路桥持续不断的业务基础。

在横向发展战略方面，万喜在企业市场规模的扩展、企业规模的扩大、多元化经营和技术创新四个方面都有不俗的表现。万喜的资本优势——大量的自有资本积累，为企业进入良性投资回报率的特许经营业务横向扩展奠定了基础。

业务组合的延伸和整合方面，万喜以企业核心竞争力为基础，延伸与整合公司的产业链，满足客户多样化的需求，注重挖掘老客户的业务潜力，根据需求变化推出新的产品或服务，提高所谓客户购买份额，而不是盲目开发新客户，该战略实现了规模和利润的双重回报，即所谓的盈利性增长。除却核心业务外，万喜主要通过扩展服务外延、提供全面的解决方案有效释放企业内部能量。例如，万喜最大的收费公路经营公司 Cofiroute，每年都会推出一些为客户服务的政策。2005 年，该公司先后推出了两项服务措施，一是为方便过往车辆，在公路沿线的出入口、休息区和服务网点加设 1000 个标记牌；二是为方便客户办理交通订单，推出网上服务，客户可以通过互联网在 48 小时内订购或取消其交通管理的订单。通过推出这两项服务，该公司的销售收入一下子增加了约 50%。

万喜并购策略目的明确，主要是整合产业链，并注重各环节优势互补。万喜路桥公司并购 TARMAC，让万喜在欧洲市场上建材生产能力大幅提升；万喜能源公司并购 CEGELEC 和 FACEO 并进行整合，主要看中这两个子公司在服务与运营方面具有独特优势等。在特许经营方面，意在承接多样化的项目，充分发挥工程承包业务的传统优势，并将特许经营业务逐步向法国境外发展。

上述战略的成功实施，使得万喜在长期发展过程中形成了“三大”突出能力：

良好的风险评估、风险管理能力。首先，选择风险小、利润高的项目或项目环节；其次，制定了一套特有的运营管理体系，规范整个集团的管理模式，将各种不确定因素降到最低，尽量减少项目在具体运营过程中的各种风险。

建筑工程承包业务的融资能力。经过多年发展，已形成了稳定的融资渠道，融资方式也不断创新。近年来，BOT 和 PPP 推动了万喜和代表资本能力的财团这两大力量基于共同利益的结合。

建筑工程承包业务和项目运营相结合的能力，万喜建造并经营的项目包括机场、收费公路、大桥、停车场、体育场等。对于特许运营项目，万喜从项目一开始便全面介入，紧紧围绕项目的整个价值链，将获利最大的部分由不同的子公司来完成，对于不太盈利的环节，如工程建造部分，则会将其外包，项目的最终运营由特许服务子公司负责。

4. 万喜PPP项目充分利用一体化优势带来的业务协同效应，对国内企业有较强借鉴意义

(1) 高速公路——Athens-Tsakona高速公路PPP项目。2007年，万喜赢得了Athens-Tsakona高速公路特许权，价值超过20亿欧元，该项目是当时公司在法国境外争取到的最大特许合同。整个高速公路项目经由科林斯湾和佩特雷，连接雅典和Tsakona，贯穿希腊东南角，全长365km，包括融资、建设和维护三大任务，需要保证30年以上的使用期。其中，完好路段有82km，120km则需要翻新和拓宽，另外163km新路段计划在未来6年内修建完成。此外还包括19km长的隧道建设，以及超过400多个工艺项目和20个交流道等。

2008年，万喜完成资金筹集，使得合同正式生效。特许子公司Olympia Odos与其他几家公司联合19家银行，先后完成了雅典-科林斯湾-佩特雷-Tsakona高速公路特许建设的资金筹备，融资16亿欧元。Olympia Odos公司和其他几家公司的出资比例分别为：Olympia Odos 36%，德国HOCHTIEF PPP Solutions公司25%，希腊的三家建设公司Aktor建筑公司18%、J&P-Avax公司18%、雅典娜公司3%。

项目的建设工程由万喜大型项目公司联合希腊和德国合作伙伴共同完成。

(2) 高速铁路——Tours-Bordeaux高速铁路PPP项目。2011年，万喜赢得法国图尔斯-波尔多高速铁路特许项目，价值超过78亿欧元，是当时欧洲同类型中最大的基础设施PPP项目。整个高速铁路项目连接Tours和Bordeaux，涵盖长302千米的高速铁路线以及38千米连接到现有主干线的线路修建，包括融资、设计、建造、运营、维护和未来线路更新，合作期限长50年。项目包含了公司所有板块业务内容，实现了最大程度的联动协同。

该项目由万喜牵头，法国公共投资部门旗下的CDC Infrastructure、投资集团SOJAS、安盛AXA共同参与。项目公司LISEA股权结构为：万喜特许业务公司和VINCI SA33.4%，CDC Infrastructure 25.4%，SOJA 22%，AXA PE 19.2%。强大的资本支持是项目推进的关键因素，其中资金巨大部分来源于政府资金、保险资金、养老基金等长期资金，规模和成本优势突出。

项目的建设工程委托给COSEA联合体。该联合体由万喜建筑工程公司牵头，包括万喜路桥公司和万喜能源公司，联合Arcadis、BEC、Egis Rail、Ineo、Inexia、NGE和TSO组成。

项目运营和维护由MESEA公司负责。该公司股东为万喜特许业务公司和Inexia，其中万喜特许业务公司持股70%。

(3) 效仿万喜成功之路，国内建筑企业还有巨大发展空间。据国家发改委有关团队英法实地调研结果，英法政府相关部门均明确表示，引入PPP模式的目的不是解决公共投资的建设资金不足问题，而是推动公共服务领域的体制机制改革。PPP强调的是公共部门和私人部门之间发挥各自所长，通过签署相关协议，明确项目参与各方的权利义务关系、风险和利益分担机制，构建可持续的合作伙伴关系的一种理念，而不仅仅是考虑项目能否建成（B）、能否进行平稳运营（O）以及能否实现顺利移交（T）等项目周期各阶段的具体活动。目前我国所推行的PPP模式，和英法相比较为重要的一点区别是关注的重点聚焦于项目的资金筹措问题，这是我国现有特点决定的，但融资实际上只是项目运作众多环节中的一个，未来 PPP 发展更需要的是构建一个具有可持续性的框架结构体系。

在此背景下，从法国万喜的成功经验可以看出，PPP 模式的推动对于建筑企业而言是重大机遇，正确理解 PPP 模式，并拥有开展 PPP 项目核心竞争力的企业或将实现长期盈利性增长。承包与特许经营一体化的经营模式能够最大化各项业务的协同效应，全过程式介入，有利于获取项目价值链中高附加值的环节，强大的融资能力及风险管理也是成功的关键因素。

第三节 发改委与财政部 PPP 政策的关联与不同

发改委与财政部 PPP 政策的关联与不同。

一、立法思想

法律法规是基础，无论是在 PPP 发展初期，还是 PPP 发展过程中，相关立法和规定都会对 PPP 的发展产生深刻影响。目前财政部与发改委已经发布的关于 PPP 文件可以大致分为如下两大类：

第一类是两部门各自发布的文件，如财政部独自发布的《关于推广运用政府和社会资本合作模式有关问题的通知》（财金〔2014〕76 号）、《关于印发〈政府和社会资本合作项目政府采购管理办法〉的通知》、（财库〔2014〕215 号）《关于在公共服务领域深入推进政府和社会资本合作工作的通知》（财金〔2016〕90 号）与《关于印发〈政府和社会资本合作项目财政管理暂行办法〉的通知》（财金〔2016〕92 号）等；如发改委独自发布的《关于开展政府和社会资本合作的指导意见》（发改投资〔2014〕2724 号）、《关于切实做好传统基础设施领域政府和社会资本合作有关工作的通知》（发改投资〔2016〕1744 号）与《传统基础设施领域实施政府和社会资本合作项目工作导则》（发改投资〔2016〕2231 号）等。

第二类是两部门联合发布的文件，如国务院办公厅转发财政部、发展改革委、人民银行《关于在公共服务领域推广政府和社会资本合作模式指导意见》的通知（国办发〔2015〕42 号）与发改委、财政部等六部委联合发布《基础设施和公用事业特许经营管理办法》等。其中，《基础设施和公用事业特许经营管理办法》在法律位阶上属于部门规章，法律效力稍高于部委发布的规范性文件。

综观发改委与财政部已经发布的 PPP 相关文件，两部门关于 PPP 的立法思想有如下差异：

一是两部门关注角度不同。财政部重化解地方政府债务，发改委重项目推介。如财政部要求项目实施机构的范围较窄，只能是政府、政府部门或事业单位，而发改委规定的实施机构还包括行业运营公司等主体；财政部严格要求项目进行财政承受能力论证，而发改委相应的要求则较宽松。

二是两部门对 PPP 概念理解不同。政府付费型项目、使用者付费型项目，财政部都统一称为 PPP 项目；而发改委则倾向于将使用者付费项目称为特许经营项目，将政府付费型项目称为政府购买服务项目。根据财政部的文件，PPP 的本质是政府购买服务，此时财政部文件中的政府购买服务是广义的“服务”概念。

二、监管范围

根据发改委发布的政策文件，2016 年 7 月，国务院常务会议对发改委与财政部在 PPP 领域的职责进行了分工：发改委负责传统基础设施领域的 PPP 工作，财政部负责公共服务领域的 PPP 相关工作。此后，发改委和财政部也分别于 2016 年 8 月 10 日和 10 月 11 日，分别下发了《关于切实做好传统基础设施领域政府和社会资本合作有关工作的通知》和《关于在公共服务领域深入推进政府和社会资本合作工作的通知》，对各自“负责”的领域 PPP 工作做出了安排。

根据发改委《关于切实做好传统基础设施领域政府和社会资本合作有关工作的通知》，传统基础设施领域主要包括：①能源领域，如电力及新能源类、石油和天然气类、煤炭类等；②交通运输领域，如铁路运输类、水上运输类等；③水利领域，如引调水工程、水生态治理工程、供水工程等；④环境保护领域，如水污染治理项目、大气污染治理项目、固体废物治理项目等；⑤农业领域，易地扶贫搬迁、规模化大型沼气等三农基础设施建设项目等；⑥林业领域，如京津风沙源治理工程、岩溶地区石漠化治理工程、重点防护林体系建设等；⑦重大市政工程领域，如采取特许经营方式建设的城市供水、供热、供气、污水垃圾处理、地下综合管廊、园区基础设施、道路桥梁以及公共停车场等项目。

根据财政部《关于在公共服务领域深入推进政府和社会资本合作工作的通知》，公共服务领域包括能源、交通运输、市政工程、农业、林业、水利、环境保护、保障性安居工程、医疗卫生、养老、教育、科技、文化、体育、旅游等。此外，财政部在 PPP 综合信息平台中按行业类别，将入库项目划分为 19 个一级行业及相应二级行业。

从上述两部门文件可以发现公共服务领域和传统基础设施领域的界限并不十分清晰，而且财政部与发改委各自规范的职责范围大部分相重合。在实践操作中，有时也很难区分具体 PPP 项目是属于基础设施还是公共服务领域。两部门的职责范围还需要进一步明确。

三、项目论证程序

财政部在《关于推广运用政府和社会资本合作模式有关问题的通知》中明确提出，在传统的项目评估论证外，要借鉴物有所值（Value for Money，VFM）的评价理念和方法；并在《关于印发政府和社会资本合作模式操作指南（试行）的通知》规定在项目识别的过程中，应该从定性和定量两个方面开展物有所值的评价工作。在《政府和社会资本合作项目财政承受能力论证指引》（以下简称《指引》）中，财政部要求对开展 PPP 项目进行财政承受能力论证，审慎控制新建 PPP 项目规模，以防控财政风险。按照《指引》要求，PPP 项目财政承受能力论证工作必要时可通过政府采购方式聘请专业中介机构协助。

而国家发改委采取的是“对实施性项目进行可行性评估”，“物有所值”只是项目确立的目的，甚至可在可行性研究报告中包括：PPP 项目实施专章，不再单独编写 PPP 项目实施方案。

四、合同参与主体

由于财政部将 PPP 项目的所有合同都视为一个合同体系，将其他参与方签订一系列与

PPP 项目有关联的合同也纳入 PPP 项目合同体系中，因此，参与 PPP 项目各个主体都视为 PPP 项目合同的参与方，通常包括政府、社会资本、融资方、承包商和分包商、原料供应商、专业运营商、保险公司以及专业机构等。而发改委只认为 PPP 项目合同仅为政府和社会资本签署的项目合作协议，不包括其他合同，因此，发改委认为 PPP 项目合同参与方仅为政府主体和社会资本主体。这个冲突将直接影响合同违约责任与风险的承担。

五、PPP 合作期限

根据财政部《关于印发政府和社会资本合作模式操作指南（试行）的通知》（财金〔2014〕113 号）的规定，BOT、TOT、ROT 合同期限一般为 20～30 年。根据国务院《收费公路管理条例》特许经营公路的经营期限，高速公路的经营期限不得超过 30 年，但是投资规模大、回报周期长的高速公路，经批准可以超过 30 年。一级公路和独立桥梁、隧道的经营期限最长不得超过 25 年，但是国家确定的中西部省、自治区、直辖市最长不得超过 30 年。根据发改委等六部委《基础设施和公用事业特许经营管理办法》（发改委等六部委第 25 号令）规定，特许经营期限原则不超过 30 年。

但根据《关于进一步做好政府和社会资本合作项目示范工作的通知》（财金〔2015〕57 号）文件规定，示范项目政府和社会资本合作期限原则上不低于 10 年。根据《政府和社会资本合作法》（征求意见稿），政府和社会资本合作期限应当根据行业特点、所提供公共产品、服务需求、项目生命周期、投资回收期等综合因素确定，一般不少于 25 年。

可以看出，财政部文件普遍规定了 PPP 最低合作期限，而发改委文件普遍仅规定最长合作期限，其中所隐含的政策目标跃然纸上。

另外，关于建设期是否属于合作期限，财政部和发改委文件均未明确，实践中基本使用者付费项目特许经营期限最好不包括建设期，而政府购买服务项目则可将建设期作为合作期限的一部分。

六、争议解决机制

财政部《关于规范政府和社会资本合作合同管理工作的通知》（财金〔2014〕156 号）的附件《PPP 项目合同指南（试行）》中明确规定："就 PPP 项目合同产生的合同争议，应属于平等的民事主体之间的争议，应适用民事诉讼程序，而非行政复议、行政诉讼程序。这一点不应因政府方是 PPP 项目合同的一方签约主体而有任何改变。"该规定将 PPP 项目合同认定为民事协议，应当采用民事纠纷的争议解决机制，即协商、专家裁决、仲裁、民事诉讼。

此外，发改委公布的《基础设施和公用事业特许经营管理办法》（征求意见稿）第 48 条规定："特许经营者与实施机关就特许经营协议发生争议并难以协商达成一致的，可以依法提起民事诉讼或仲裁。"该条将特许经营协议定性为民事协议。但以六部委名义出台的正式稿《基础设施和公用事业特许经营管理办法》中有意删除了此条，而六部委特许经营管理办法的法律层级属于部门规章，其法律效力高于财政部财金〔2014〕156 号文。

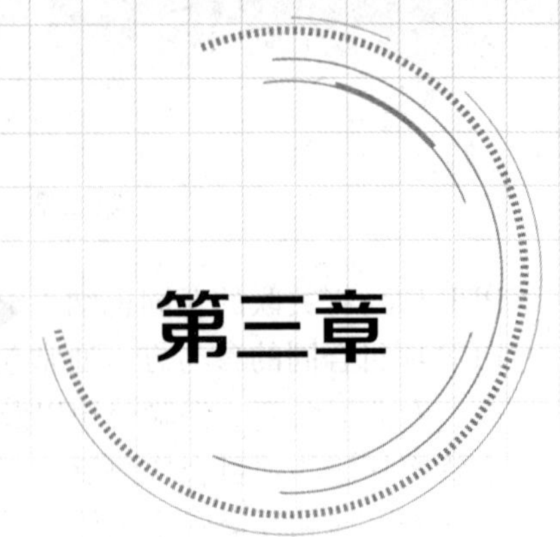

PPP项目公司的设立及土地取得

第一节　PPP 项目公司的设立

一、PPP 项目中的设立项目公司

现有的政策法规并未对此进行强制性约束，PPP 项目公司的设立完全遵循自愿的原则，参与 PPP 项目的政府和社会资本可自行协商是否成立项目公司。

财政部《政府和社会资本合作模式操作指南（试行）》第 23 条规定："社会资本可依法设立项目公司。政府可指定相关机构依法参股项目公司。项目实施机构和财政部门（政府和社会资本合作中心）应监督社会资本按照采购文件和项目合同约定，按时足额出资设立项目公司。"财政部《政府和社会资本合作项目政府采购管理办法》第 19 条规定："项目实施机构应当在中标、成交通知书发出后 30 日内，与中标、成交社会资本签订经本级人民政府审核同意的 PPP 项目合同。需要为。PPP 项目设立专门项目公司的，待项目公司成立后，由项目公司与项目实施机构重新签署 PPP 项目合同，或者签署关于继承 PPP 项目合同的补充合同。"上述文件表明财政部并未强行要求设立 PPP 项目公司，社会资本认为有需要可发起设立，但要依法合规。

根据 2015 年六部委联合发布的《基础设施和公用事业特许经营管理办法》第 16 条规定："实施机构应当在招标和谈判文件中载明是否要求成立特许经营项目公司。"表明开展特许经营类项目可根据项目实际自行选择是否成立 PPP 项目公司。

二、项目公司主体设立

在 PPP 项目实践中，PPP 项目公司的设立主体可分为两大类：一是由社会资本（可以是一家企业，也可以是多家企业组成的联合体）按照市场化运作原则出资设立，负责项目的融资、建设、运营等事项；二是由政府和社会资本共同出资成立，政府和社会资本共同承担 PPP 项目的全生命周期的各项事宜，确保 PPP 项目顺利运作实施。关于 PPP 项目公司设立主体有两个值得探讨的问题：

（1）社会资本中标后，可否引入第三方共同设立项目公司。这里的第三方可分为两大类，一类是金融机构等财务投资人，另一类是非金融机构的运营企业。PPP 项目投资额一般较大，相应的项目资本金数额也十分巨大，社会资本为减少自有资金出资或提高财务内部收益率，往往会进行项目资本金融资。由于项目资本金的非债务性，通常需以股权或股东借款的形式进入项目公司，因此在实践中，社会资本在设立项目公司的过程中会引入第三方金融机构共同设立项目公司，由第三方金融机构分担项目资本金出资责任。在第三方为财务投资人的情形下，第三方虽然持有项目公司股权（有时还可能持大股），但其一般不参与项目公司的具体经营管理，项目公司的经营管理实际仍由中标社会资本负责。一般认为，在第三方为财务投资人情形下，社会资本中标后可以引入第三方共同设立项目公司。当然，仍必须事先经过政府方同意。在第三方为运营企业时，项目公司的运营管理实际上由双方共同负责，在第三方持大股时，可能主要由第三方负责。另外，虽然引入第三方可以增强中标社会资本的履约能力，但有倒卖项目的嫌疑，因此，即使经过政府方同意，我们认为在社会资本中标后引入第三方运营企业共同设立项目公司仍可能存在合法合规风险。

（2）联合体一方是否可以不作为项目公司股东。目前，对于联合体的其中一方是否可以不作为项目公司股东有不同认识，有人认为所有的联合体成员均应作为项目公司股东，否则不符合《政府采购法》第 20 条所规定的要求联合体各方共同与采购人签订采购合同，并要求联合体全体成员对采购事项承担连带责任之规定。还有观点认为联合体成员之一不作为项目公司股东并不违反法律法规的规定，理由为：一是项目公司并非必须设立，因此社会资本可以自由选择设立及如何设立项目公司；二是联合体成员一般会进行职责分工，不作为项目公司股东并不必然会影响其履行约定职责；三是联合体成员之一不作为项目公司股东并不影响其对政府承担连带责任。

三、项目公司的组织形式

目前尚未有文件明确规定项目公司的类型和组织形式，但是已成立的 PPP 项目公司多为有限责任公司，股东以其出资额为限对公司承担责任，公司以其全部资产对公司的债务承担责任。这主要是由于三个方面的原因：一是有限责任公司设立程序相对较为简单，不必经过募集、创立大会等烦琐程序；二是有限责任公司治理结构与组织机构灵活，如股份有限公司必须设立董监事会，有限责任公司就可以不设；三是有限责任公司股权转让方式相对自由，股份有限公司股权转让有更多限制，如股份公司股东转让股权应当在依法设立的证券交易场所进行或者按照国务院规定的其他方式进行。

四、设立项目公司的优点

虽然政府法规对于 PPP 项目公司的设立未做强制性规定，但在实践操作中，PPP 项目基本都会设立项目公司，并由项目公司负责融资、建设、运营维护等工作。设立项目公司的优点主要有如下几个方面：

（1）设立项目公司有利于社会投资人进行风险隔离。项目公司的设立一定程度上能实现项目风险的隔离，根据公司法的规定，股东以出资额为限承担责任，一旦出现风险，债权人只能向 PPP 项目公司进行有限追索而不会影响到投资人的资产（投资人为项目公司对外融资提供担保的除外）。若社会资本不设立项目公司，那么社会资本将面临以其全部资产对具体 PPP 项目承担责任的法律风险。

（2）设立项目公司便于政府进行监管与税收落地、增加项目所在地政府财政收入。实践中，项目公司基本都在项目所在地设立，政府对项目公司监督与管理较为便利。另外，根据营改增政策，项目公司所在地的地方政府可以分享项目公司建设、运营过程中所产生的增值税税收。

（3）设立项目公司便于政府从项目公司微观层面对社会资本履行行为进行管理。PPP 项目中政府通常会通过授权出资人出资一部分资金，一方面体现政府对项目的资金支持；另一方面政府依据项目公司股东身份委派、推荐管理人进入项目公司任职，从而对项目公司的履约行为从项目公司治理微观管理上进行监督与管理。

五、项目公司在 PPP 项目合同中的法律地位

根据财政部《政府和社会资本合作模式操作指南（试行）》（财金〔2014〕113 号），在项目初期阶段，项目公司尚未成立时，政府方先与社会资本方签订意向书、备忘录或者框架协议，以明确双方的合作意向，详细约定双方有关项目开发的关键权利义务。待项目公司成立后，由项目公司与政府方重新签署正式 PPP 项目合同，或者签署关于承继上述协议的补充合同。在 PPP 项目合同中通常也会对 PPP 项目合同生效后政府方与项目公司及其母公司之前就本项目所达成的协议是否会继续存续进行约定。

根据项目公司与政府方签订合同的时间节点及方式可知，项目公司作为 PPP 实施主体的资格，是从社会资本承继而来。关于“承继”的责任界定，当前 PPP 相关政策文件并无界定。根据合同法理论，合同承继或承受，即合同权利义务的概括移转，指原合同当事人一方将其债权债务一并移转给第三人，由第三人概括地继受原债权债务。根据概括转移的范围，可以划分为全部债权债务转移和部分债权债务转移。前者，是合同权利义务全部由出让人移转至承受人，全部移转将使承受人取代出让人的法律地位，成为合同关系的新当事人。后者，可因对方当事人的同意而确定原当事人和承受人的份额；如无明确约定，在原当事人和承受人之间发生连带关系。

进一步分析连带法律关系，包括一般连带责任与补充连带责任。前者，各债务人之间不分主次，对整个债务无条件地承担连带责任。债权人可以不分顺序地要求任何一个债务人清偿全部债务。后者，以连带责任中的主债务人不履行或不能完全履行为前提，从债务人只在第二顺序上或者与责任总额不一定相等的情况下承担连带责任。补充连带责任产生依据来自法律规定或合同约定，前者包括我国《民法通则》规定的因授权不明引起代理人对第三人的责任、担保法规定的一般保证责任等，后者由当事人通过订立合同的方式予以约定。

但实践中，政府方往往要求社会资本方对项目公司的融资、建造等义务，甚至项目公司全部行为承担连带责任。例如，某 PPP 项目实施方案规定“项目公司可通过债券、信贷等资本运作方式募集建设资金，社会资本方应为项目公司提供资金和融资增信支持，必要时，社会资本方可垫付部分前期成本费用”；某 PPP 项目招标文件规定“项目公司的成立，不免除社会资本方根据协议约定应承担的任何义务或责任”。这导致社会资本方和项目公司作为同一 PPP 项目投资人的权利义务范围不清晰，社会资本方已穿透项目公司对项目风险承担法律责任，进而导致项目公司投资人法律地位被弱化或发生项目公司与社会资本方人格混同。

综上所述，在与政府方关系中，项目公司并不能隔离社会资本在 PPP 项目中的风险，项目公司仅是社会资本实施 PPP 项目的桥梁，在项目公司不能履行 PPP 项目合同义务时，社会资本仍必须承担连带责任。项目公司风险隔离功能的失效，使社会资本的投资风险敞口，削弱社会资本投资信心。有观点认为，社会资本应对政府承担有限追索责任，在社会资本完成项目资本出资、委派管理人员、构建项目公司治理结构和管理机制等工作后，项目的主要建设、运营维护等责任应主要由项目公司自身承担。建议在后续 PPP 立法中，对项目公司的上述风险隔离作用进一步明确和加强，增强社会资本投资信心。

六、项目公司在施工总承包合同、买卖合同等合同中的法律地位

项目公司为履行 PPP 项目融资、建设、运营维护等义务，除与政府方签订 PPP 项目合同之外，还需要与施工总承包商、原材料供应商、专业运营商等签订一系列合同。在项目建设、运营等过程中，项目公司作为独立主体行使其与总承包商、材料供应商、专业运营商等之间的权利与履行义务，在一般情况下不需要作为股东的社会资本介入与承担连带责任。项目公司股东以其出资额为限承担责任，项目公司以其全部资产为限承担责任。但是，鉴于项目公司资产的公益性与用途的特定性，在项目公司不能履行义务时，有时需要社会资本给予协助与资金支持，不过这并非是项目公司风险隔离作用之否定，而是基与社会资本与政府方之间的合同约定。因此，在项目公司与施工总承包、材料供应商等之间的关系中，项目公司能很好地发挥风险隔离作用，表现出完全的“独立性”。

第二节　PPP 项目土地取得

一、我国建设项目用地取得的方式

1. 出让

出让是有偿取得土地使用权的方式，目前我国通过出让方式取得土地使用权的有四种：招标、拍卖、挂牌和协议，以招拍挂出让为主，协议出让为辅。

（1）招拍挂方式。以招拍挂方式出让土地使用权的主要法律依据有《招标拍卖挂牌出让国有建设用地使用权规定》《招标拍卖挂牌出让国有土地使用权规范（试行）》《关于落实工业用地招标拍卖挂牌出让制度有关问题的通知》等。根据上述规定，应当采用招拍挂出让的土地类型包括工业（包括仓储用地，但不包括采矿用地）、商业、旅游、娱乐和商品住宅等经营性用地以及同一宗地有两个以上意向用地者的情况。

（2）协议出让。除根据相关规定应当采用招拍挂外的，方可采取协议方式。目前规范协议出让的主要规定有《协议出让国有土地使用权规定》和《协议出让国有土地使用权规范（试行）》（国土资发〔2006〕114 号）。根据国土资发〔2006〕114 号文第 4.3 条的列举，可采取协议方式的情形主要包括：①供应商业、旅游、娱乐和商品住宅等各类经营性用地以外用途的土地，其供地计划公布后同一宗地只有一个意向用地者的；②原划拨、承租土地使用权人申请办理协议出让，经依法批准的，但《国有土地划拨决定书》《国有土地租赁合同》、法律、法规、行政规定等明确应当收回土地使用权重新公开出让的除外；③划拨土

地使用权转让申请办理协议出让，经依法批准的，但《国有土地划拨决定书》、法律、法规、行政规定等明确应当收回土地使用权重新公开出让的除外；④出让土地使用权人申请续期，经审查准予续期的。

2. 划拨

划拨是无偿取得土地使用权的方式，根据《土地管理法》第 54 条的规定，下列建设用地，经县级以上人民政府批准，可以以划拨方式取得：①城市基础设施用地和公益事业用地；②国家重点扶持的能源、交通、水利等基础设施用地。根据《划拨用地目录》规定：符合本目录的建设用地项目，由建设单位提出申请，经有批准权的人民政府批准，方可以划拨方式提供土地使用权：……③城市基础设施用地；④非营利性邮政设施用地；⑤非营利性教育设施用地；⑥公益性科研机构用地；⑦非营利性体育设施用地；⑧非营利性公共文化设施用地；⑨非营利性医疗卫生设施用地；⑩非营利性社会福利设施用地。因此，只有符合划拨用地名录的项目才能以划拨方式供地。

3. 租赁

国有土地租赁是指国家将国有土地出租给使用者使用，双方签订土地租赁合同，并由承租人支付租金并取得承租土地使用权。现行规定对租赁的范围进行了严格限制，将租赁定位为出让的补充，国有土地租赁可采用招拍挂或协议方式进行。根据国土资源部《关于印发〈规范国有土地租赁若干意见〉的通知》第 1 条规定，……对因发生土地转让、场地出租、企业改制和改变土地用途后依法应当有偿使用的，可以实行租赁。对于新增建设用地，重点仍应是推行和完善国有土地出让，租赁只作为出让的补充。对于经营性房地产开发用地，无论是利用原有建设用地，还是利用新增建设用地，都必须实行出让，不实行租赁。

二、PPP 项目用地的取得

1. 各地、各行业 PPP 项目用地的政策

（1）各地 PPP 项目用地的政策。国家多部委的文件中先后多次提及实行多样化土地供应，保障项目建设用地。实践中，根据 PPP 项目的行业类型以及所在区域不同，用地政策也不相同。

1）北京市。北京市 2015 年 3 月发布了《北京市人民政府关于创新重点领域投融资机制鼓励社会投资的实施意见》，该意见明确规定了细化土地供应政策，具体为：第一，明确社会投资划拨用地范围。轨道交通综合利用项目中车站、轨道线路，非营利性的医疗设施、养老服务设施、教育设施、文化设施、体育设施，可按划拨方式供地。棚户区改造安置房中涉及的经济适用住房、廉租住房和符合条件的公共租赁住房，以及参照经济适用住房管理的安置房项目，可按划拨方式供地。第二，合理界定协议出让范围。属于可按划拨政策供地的项目，经社会投资人申请可按协议出让方式供地。轨道交通综合利用部分按市场地价水平供地。综合交通枢纽一体化项目，在招标确定项目主体并实现“净地”后，办理国有土地使用权出让手续。企业利用存量建设用地吸引社会资本兴办营利性的养老设施、医疗设施、教育设施、体育设施，以及以划拨方式取得土地的单位利用存量房产、原有土地兴办文化创意产业并连续经营一年以上的，可按协议出让方式供地。第三，完善经营性社

会事业用地和棚户区改造用地竞争出让程序。对新增的营利性医疗设施和养老设施，供地之前要先行公示，只有一个申办主体的，按市场地价水平供地；有多个申办主体的，由市国土部门商市相关行业主管部门，以招标、拍卖或者挂牌方式供地。对纳入政府统一组织实施棚户区改造的国有土地，规划含有回迁商品住房的，可将棚户区改造前期工作及拟改造土地的使用权一并在土地市场通过招标方式确定土地使用权人。第四，支持租赁方式供地。营利性养老设施和体育设施用地可采取租赁方式供应。社会资本举办的非营利性养老机构和政府举办的养老机构可依法使用农村集体建设用地。

2）福建省。福建省国土资源厅 2015 年 11 月 24 日颁发《关于保障 PPP 项目建设用地的意见》，该意见明确各地可采取划拨、出让、作价入股等多种方式供应土地，保障项目建设用地。对符合《划拨用地目录》的项目，可按划拨方式供地。建成的项目经依法批准可以抵押，土地使用权性质不变，待合同经营期满后，连同公共设施一并移交政府；实现抵押权后改变用地性质应该以有偿方式取得土地使用权的，应依法办理土地有偿使用手续。不符合《划拨用地目录》的项目，可以采取出让或租赁方式供地；同一宗 PPP 项目用地有两个或两个以上意向用地者的，采取招标、拍卖方式进行出让或租赁供地，可将土地使用权的招拍挂出让或租赁工作与 PPP 项目招投标同步进行。以租赁方式取得土地使用权的，租金收入参照土地出让收入纳入政府性基金预算管理。以作价出资或者入股方式取得土地使用权的，应当以市、县人民政府作为出资人，制定作价出资或者入股方案，经市、县人民政府批准后实施。

3）山东省。山东省人民政府 2015 年 5 月 27 日下发的《关于贯彻国发〔2014〕60 号文件创新重点领域投融资机制鼓励社会投资的实施意见》（鲁政发〔2015〕12 号）规定了落实土地平等使用政策。该实施意见规定，社会资本投资建设重点领域项目，与国有资本享受同等用地政策。对于符合《划拨用地目录》的建设项目，经批准后以划拨方式供地。对于涉及综合开发建设的项目，按规定采取协议出让、租赁、招标、拍卖、挂牌等方式供地。鼓励土地使用权人在符合规划的前提下，利用自有土地建设公共服务设施。鼓励开展铁路土地综合开发试点，加大城市轨道交通站点周边、车辆段上盖土地综合开发政策支持力度。

（2）各行业 PPP 项目用地政策。

1）公租房。财政部、国土资源部等六部委 2015 年 4 月 21 日下发的《关于运用政府和社会资本合作模式推进公共租赁住房投资建设和运营管理的通知》（财综〔2015〕15 号）规定："……一是新建公共租赁住房建设用地可以租赁方式取得，租金收入作为土地出让收入纳入政府性基金预算管理。二是对于新建公共租赁住房项目，以及使用划拨建设用地的存量公共租赁住房项目，经市县人民政府批准，政府可以土地作价入股方式注入项目公司，支持公共租赁住房政府和社会资本合作项目，不参与公共租赁住房经营期间收益分享，但拥有对资产的处置收益权。"

2）医疗卫生。国务院办公厅 2015 年 11 月 18 日下发的《关于推进医疗卫生与养老服务相结合指导意见的通知》（国办发〔2015〕84 号）规定："……对非营利性医养结合机构，可采取划拨方式，优先保障用地；对营利性医养结合机构，应当以租赁、出让等有偿方式保障用地，养老机构设置医疗机构，可将在项目中配套建设医疗服务设施相关要求作为土地出让条件，并明确不得分割转让。依法需招标拍卖挂牌出让土地的，应当采取招标拍卖挂牌出让方式。”

3）养老。2014 年 4 月，国土资源部办公厅关于印发《养老服务设施用地指导意见》规定：“依法确定养老服务设施土地用途和年期。养老服务设施用地在办理供地手续和土地登记时，土地用途应确定为医卫慈善用地。依据 GB/T 21010—2007《土地利用现状分类》，规划为公共管理用地、公共服务用地中的医卫慈善用地，可布局和安排养老服务设施用地，其他用地中只能配套建设养老服务设施用房并分摊相应的土地面积。养老服务设施用地以出让方式供应的，建设用地使用权出让年限按最高不超过 50 年确定。以租赁方式供应的，租赁年限在合同中约定，最长租赁期限不得超过同类用途土地出让最高年期。”

2. PPP 项目公司取得项目用地的利弊分析

（1）有利方面。第一，吸引社会资本、提高投资人的积极性。当前的实践中，很多社会资本没有获得项目用地的土地使用权，直接影响到对项目资产的所有权，在一定程度上挫伤了投资人的积极性。由社会资本取得项目土地使用权，可以最大限度地吸引和鼓励社会资本投资。第二，拓宽 PPP 项目公司的融资方式，增强融资能力。社会资本在获取土地使用权后，可以土地使用权抵押获取贷款，从而拓宽社会资本的融资方式，增强其融资的能力，降低融资成本。

（2）不利方面。第一，若通过出让方式取得 PPP 项目的土地使用权，将增加社会资本的投资成本，造成较大的资金压力。第二，PPP 项目公司成立前，项目的立项、可行性研究报告已由政府方办理，若由 PPP 项目公司取得土地使用权，则相关审批及产权变动手续复杂。第三，某些非经营性 PPP 项目的土地使用权同样无法用于融资，如市政道路等。第四，若由 PPP 项目公司取得土地使用权，则项目公司拥有大量资产，在项目运营期满移交时，可能产生较多的税费。

3. PPP 项目公司如何取得土地所有权

根据《关于在公共服务领域推广政府和社会资本合作模式指导意见的通知》（国办发〔2015〕42 号）的规定，PPP 项目应“实行多样化土地供应，保障项目建设用地。对符合划拨用地目录的项目，可按划拨方式供地，划拨土地不得改变土地用途。建成的项目经依法批准可以抵押，土地使用权性质不变，待合同经营期满后，连同公共设施一并移交政府；实现抵押权后改变项目性质应该以有偿方式取得土地使用权的，应依法办理土地有偿使用手续。不符合划拨用地目录的项目，以租赁方式取得土地使用权的，租金收入参照土地出让收入纳入政府性基金预算管理。以作价出资或者入股方式取得土地使用权的，应当以市、县人民政府作为出资人，制定作价出资或者入股方案，经市、县人民政府批准后实施”。

2016 年 10 月 11 日财政部等部门下发的《关于联合公布第三批政府和社会资本合作示范项目加快推动示范项目建设的通知》（财金〔2016〕91 号）对土地 PPP 项目用地也做出了指导性的规定。该通知第 5 条第 1 款规定：“PPP 项目用地应当符合土地利用总体规划和年度计划，依法办理建设用地审批手续。在实施建设用地供应时，不得直接以 PPP 项目为单位打包或成片供应土地，应当依据区域控制性详细规划确定的各宗地范围、用途和规划建设条件，分别确定各宗地的供应方式：（一）符合《划拨用地目录》的，可以划拨方式供应；（二）不符合《划拨用地目录》的，除公共租赁住房和政府投资建设不以营利为目的、具有公益性质的农产品批发市场用地可以作价出资方式供应外，其余土地均应以出让或租赁方式供应，及时足额收取土地有偿使用收入；（三）依法需要以招标拍卖挂牌方式供应土地使用权的宗地或地块，在市、县国土资源主管部门编制供地方案、签订宗地出让（出租）合同、开展用地供后监管的前提下，可将通过竞争方式确定项目投资方和用地者的环节合并实施。”

对于作价出资（入股），《关于运用政府和社会资本合作模式推进公共租赁住房投资建设和运营管理的通知》（财综〔2015〕15号）与国土资源部下发的国土资源部办公厅《关于印发〈产业用地政策实施工作指引〉》的通知（国土资厅发〔2016〕38号）做了进一步明确规定。如根据国土资厅发〔2016〕38号文规定，“现阶段仅政府投资建设不以营利为目的、具有公益性质的农产品批发市场和公共租赁住房两类项目用地可以作价出资（入股）方式使用新供建设用地。作价出资（入股）土地应当以市、县人民政府作为出资人，制订作价出资或者入股方案，经市、县人民政府批准后实施”。

4. PPP项目用地取得的相关法律障碍

（1）经营性PPP项目的中标并不代表土地使用权的取得。根据现行法律法规，经营性PPP项目一般需要进行招拍挂方式取得：如果采取协议出让的，则需要符合《协议出让国有土地使用权规定》。但是，政府一方面通过公开竞争的方式选择社会投资人，另一方面又不得不通过招拍挂方式出让PPP项目用地，从而可能造成中标的社会资本无法获得所需的土地使用权。同时，土地招拍挂制度会增加社会资本土地获取成本，相应抬高政府购买服务或第三方付费的成本。因此，目前较为常见的操作路径是按照协议出让的方式操作，但即使是协议出让，如果产生两个以上的意向用地人的话，则应该采用招拍挂方式出让，亦不能保证项目公司一定能获取项目用地。

财政部等部门下发的《关于联合公布第三批政府和社会资本合作范项目加快推动示范项目建设的通知》（财金〔2016〕91号）为部分PPP项目的招标与土地供应的合并提供了现实的可能性。该文件第5条第3款规定：“依法需要以招标拍卖挂牌方式供应土地使用权的宗地或地块，在市、县国土资源主管部门编制供地方案、签订宗地出让（出租）合同、开展用地供后监管的前提下，可将通过竞争方式确定项目投资方和用地者的环节合并实施。”国土资源部下发的《国土资源部办公厅关于印发〈产业用地政策实施工作指引〉》的通知（国土资厅发〔2016〕38号）第9条第3款进一步明确规定了可将通过竞争方式确定项目投资主体和用地者的环节合并实施的情形：①采用政府和社会资本合作方式实施项目建设时，相关用地需要有偿使用的；②通过招标方式确定新建铁路项目投资主体和土地综合开发权中标人的；③政府将收回和征收的历史遗留损毁土地复垦并用于旅游项目建设的。但是，该文件中的“竞争方式”是仅限于出让经营性土地的招投标模式，还是PPP项目的采购方式均可，国土部还须进一步澄清。

此外，国家发展改革委《关于印发〈传统基础设施领域实施政府和社会资本合作项目工作导则〉的通知》（发改投资〔2016〕2231号）等几则文件中对于项目建设用地的出让与社会资本方的选定合并实施均持肯定态度。需要指出的是，近期各部委陆续出台的相关文件规定可以合并实施的土地仅指PPP项目建设用地。

（2）对是否属于划拨用地范围认识不统一。第一，《土地管理法》第54条规定，城市基础设施用地和公益事业用地，经县级以上人民政府依法批准，可以以划拨方式取得。

2001 年 10 月 22 日国土资源部发布的《划拨用地目录》规定，对国家重点扶持的能源、交通、水利等基础设施用地项目，可以以划拨方式提供土地使用权。对以营利为目的，非国家重点扶持的能源、交通、水利等基础设施用地项目，应以有偿方式提供土地使用权。而在具体操作实践中，各 PPP 项目究竟是不是以营利为目的、土地是否可以划拨存在不同的认识。第二，基于土地市场的规范性要求，划拨的土地政策趋紧，国土资源部于 2014 年出台的《节约集约利用土地规定》进一步明确了划拨土地有限的使用范围，并进一步扩大了国有土地有偿使用的范围，如第 21 条规定：“国家扩大国有土地有偿使用范围，减少非公益性用地划拨。除军事、保障性住房和涉及国家安全和公共秩序的特殊用地可以以划拨方式供应外，国家机关办公和交通、能源、水利等基础设施（产业）、城市基础设施以及各类社会事业用地中的经营性用地，实行有偿使用。具体办法由国土资源部另行规定。”由于部分基础设施和公益事业建设项目具备一定的经营性，上述规定出台后，通过划拨形式取得基础设施和公益事业建设项目的土地使用权将更加困难。第三，由于以划拨形式取得土地使用权还需要获得有权政府部门的审批，而相关审批部门则有时会出于项目主体的非国有企业性质的考虑而拒绝审批同意以划拨形式取得。

三、PPP 项目配置土地的相关问题

PPP 项目具有投资金额大、回收周期长等特点，仅靠项目本身难以收回投资成本，尤其是那些准经营性及非经营性 PPP 项目。PPP 项目能否顺利实施，关键在于有无社会资本参与，如果项目没有收益现金流，投资回报率过低，将影响社会资本的积极性。为了增加社会资本信心，降低 PPP 项目投资风险，国务院、国家发改委、财政部等多部委出台的文件均明确提出，要为准经营性和非经营性 PPP 项目配置土地资源。

1. 目前相关政策

（1）政策支持。

1）国务院《关于创新重点领域投融资机制鼓励社会投资的指导意见》（国发〔2014〕60 号）。国发〔2014〕60 号文第（十五）项规定：“加快推进铁路投融资体制改革。……鼓励按照‘多式衔接、立体开发、功能融合、节约集约’的原则，对城市轨道交通站点周边、车辆段上盖进行土地综合开发，吸引社会资本参与城市轨道交通建设。”

2）国务院办公厅《关于支持铁路建设实施土地综合开发的意见》（国办发〔2014〕37 号）。国办发〔2014〕37 号文第（十一）项规定：“……新建铁路项目未确定投资主体的，可在项目招标时，将土地综合开发权一并招标，新建铁路项目中标人同时取得土地综合开发权，相应用地可按开发分期约定一次或分期提供，供地价格按出让时的市场价确定。新建铁路项目已确定投资主体但未确定土地综合开发权的，综合开发用地采用招标拍卖挂牌方式供应，并将统一联建的铁路站场、线路工程及相关规划条件、铁路建设要求作为取得土地的前提条件。……”

3）国家发展和改革委《关于开展政府和社会资本合作的指导意见》（发改投资〔2014〕2724 号）。发改投资〔2014〕2724 号文第 6 条规定：“强化政府和社会资本合作的政策保障，（一）完善投资回报机制：……依法依规为准经营性、非经营性项目配置土地、物业、广告等经营资源，为稳定投资回报、吸引社会投资创造条件。”

（2）不足之处。2015年6月1日，发改委、财政部等六部委共同颁布实行《基础设施和公用事业特许经营管理办法》（下称《办法》）同样规定了为特许经营项目配置资源的条款，其中第19条第2款规定，向用户收费不足以覆盖特许经营建设、运营成本及合理收益的，可由政府提供可行性缺口补助，包括政府授予特许经营项目相关的其他开发经营权益。但发布该办法的六部委中不包括国土资源部，国土资源部的缺位无助于“PPP＋土地”做法的推广。

2. PPP项目配置土地的方式及相关风险提示

（1）捆绑招标。如国办发〔2014〕37号文的规定，新建铁路项目未确定投资主体的，可在项目招标时，将土地综合开发权一并招标，新建铁路项目中标人同时取得土地综合开发权。

但是，囿于我国现行的土地制度，PPP项目土地捆绑开发在绝大多数领域尚缺乏上位法的支持，适用的范围仍十分有限。根据国土资厅发〔2016〕38号文，目前仅在铁路项目投资建设领域的捆绑土地招标有明确的政策支持，而轨道交通、收费高速公路、地下综合管廊等领域捆绑土地综合开发权的支持性文件效力层级较低，实务操作中仍存在障碍。

（2）附条件招拍挂。目前，国家鼓励社会资本参与PPP类项目，社会资本可在合规的前提下设置条件摘取目标地块的可行性空间依然存在。如国办发〔2014〕37号文规定，新建铁路项目已确定投资主体但未确定土地综合开发权的，综合开发用地采用招标拍卖挂牌方式供应，并将统一联建的铁路站场、线路工程及相关规划条件、铁路建设要求作为取得土地的前提条件。

但是，社会资本利用自身优势影响招拍挂设置的条件时，要灵活、适度、合规，否则可能构成串通招投标而面临土地中标无效的风险。

（3）土地出让金返还补偿。此种方式操作简单，主要指社会资本方通过招拍挂等公开方式获取目标地块后，由政府在收到土地出让金后以补贴、返还的形式返还。该种操作方式存在一定的合法性风险：第一，违反国家有关土地收支的规定。我国实行严格的“收支两条线”，收入要全部缴入地方国库，支出要通过地方政府基金预算进行。此外，收支管理制度对土地出让金的使用进行了严格的管控。《国有土地使用权出让收支管理办法》（财综〔2006〕68号）和国务院办公厅《关于规范国有土地使用权出让收支管理的通知》（国办发〔2006〕100号）均规定，“任何地区、部门和单位都不得以‘招商引资’‘旧城改造’‘国有企业改制’等各种名义减免土地出让收入，实行‘零地价’，甚至‘负地价’，或者以土地换项目、先征后返、补贴等形式变相减免土地出让收入。”同时，财金〔2016〕91号文明确规定，“PPP项目的资金来源与未来收益及清偿责任，不得与土地出让收入挂钩”。第二，如果合同中已经约定了政府收到出让金后要返还给社会资本，可能会构成在土地招拍挂前确定中标人，因违反招标投标法的相关规定而导致中标无效。

但是，财金〔2016〕91号文的上述规定并不代表PPP项目的服务费不得以土地出让收入作为资金来源。财政部财金〔2016〕90号文中指出，“对于政府性基金预算，可在符合政策方向和相关规定的前提下，统筹用于支持PPP项目”。而根据《预算法》相关规定，土地出让金收支也应当属于政府性基金预算管理范畴，因此，土地出让收入并非绝对不能作为PPP项目的资金来源。如果土地出让金收入纳入了财政预算收支的范围，则以土地出让收入作为PPP项目的收入来源并不违法。

3. 以土地作价出资或入股

虽然，《关于在公共服务领域推广政府和社会资本合作模式的指导意见》（国办发〔2015〕42号）、《关于运用政府和社会资本合作模式推进公共租赁住房投资建设和运营管理的通知》（财综〔2015〕15号）与国土资源部办公厅《关于印发〈产业用地政策实施工作指引〉的通知》（国土资厅发〔2016〕38号）均明确，在不以营利为目的、具有公益性质的农产品批发市场和公共租赁住房两类项目用地可以作价出资（入股）方式使用新供建设用地。

但是，土地作价出资在操作中仍存在一定的问题：第一，土地使用权作价出资的标准如何确定。因未经过招拍挂流程，土地作价出资可能会造成国有资产的流失；第二，一般土地使用权价值过大，政府将土地作价出资后，其在项目公司的出资金额可能远大于协议约定的出资金额，进而影响到PPP项目公司的股权结构。

作为PPP项目推广和实施过程中最为复杂的问题之一，目前各省市、各行业关于PPP项目用地政策的规定存在差异，社会资本在参与PPP项目投标前，务必充分研究和了解当地土地政策，尤其是PPP项目用地政策，提前做好与政府方的沟通，为投资测算、融资安排及运营移交等做好准备。对于为非经营性和准经营性PPP项目配置土地的方式，囿于目前的土地管理制度，适用的范围仍十分有限，个别甚至存在合法性的风险，一方面PPP项目各方在确定PPP项目模式时需要慎重考虑，另一方面国家需要抓紧推进PPP立法，为PPP模式在中国的发展扫清障碍。

第四章

PPP项目融资控制

第一节 PPP项目融资简介

一、PPP项目融资模型内测

1. 从国内解读

我国实行以公有制为主体的国家基本经济制度，现行投融资体制并没有将国家经济部门划分为公共部门和私人部门，而是分为政府和企业两个部分，并将投资项目划分为政府投资项目和企业投资项目。政府投资项目执行审批制管理模式，企业投资项目实行核准制和备案制管理模式。

我国对PPP模式的理解是在借鉴国际基础设施和公共服务领域投资建设模式的基础上，结合我国国情提出的政府和社会资本合作模式。

财政部在《关于推广运用政府和社会资本合作模式有关问题的通知》财金〔2014〕76号中将“政府和社会资本合作模式”（PPP）界定为：“政府部门和社会资本在基础设施及公共服务领域建立的一种长期合作关系，通常模式是由社会资本承担设计、建设、运营、维护基础设施的大部分工作，并通过‘使用者付费’及必要的‘政府付费’获得合理投资回报；政府部门负责基础设施及公共服务价格和质量监管，以保证公共利益最大化。”这一描述将私人资本扩展至社会资本范畴，界定了中国PPP模式下政府和社会资本在合作中的职责分工及盈利回报模式。而国家发改委在《关于开展政府和社会资本合作的指导意见》发改投资〔2014〕2724号中则将PPP界定为“政府为增强公共产品和服务供给能力、提高供给效率，通过特许经营、购买服务、股权合作等方式，与社会资本建立的利益共享、风险分担及长期合作关系。”总体上，两部委给出的PPP基本框架大方向一致，只是细节上有所差异，国家发改委表述的PPP是属于特许经营的PPP，范围相对于财政部的更小一些。

财政部在《关于印发政府和社会资本合作模式操作指南（试行）的通知》财金〔2014〕113号中明确，社会资本是指已建立现代企业制度的境内外企业法人，但不包括本级政府所属融资平台公司及其他控股国有企业，也就是说，我国PPP的社会资本包括国有企业、民营企业、私人企业、外资企业、合资企业、混合所有制企业等。我国PPP中的社会资本不同于西方社会的私人部门。

2. 从国际视角分析

PPP 融资模式最早由英国政府于 1982 年提出，泛指政府与私营商签订长期协议，授权私营商代替政府建设、运营或管理公共基础设施并向公众提供公共服务，是公共部门（政府）与私人部门（企业或其他组织）合作推动基础设施和公共事业项目建设的项目运作模式。

西方市场经济国家将其经济活动划分为公共部门和私人部门的活动，两者划分界限清晰，各自开展项目投融资及建设并遵循不同的原则、模式及评价机制。

20 世纪 90 年代初在英国公共服务领域开始应用的一种政府与社会资本之间的合作方式，是西方国家政府创新治理提出的一个概念。

目前在 PPP 项目推广领域，西方发达国家已经建成了较为成熟的制度体系，其发展历程是实践与理论结合的结果，对 PPP 融资模式概念的描述，可以从以下理论视角展开，主要内容见表 4-1。

表 4-1　不同理论视角对 PPP 融资模式概念理解

理论名称	主　要　内　容
关系性合约理论	PPP 是新型的合作伙伴关系及联盟，与交易契约关系是有区别的，具有关系契约的特点，相应的治理方式也应吸收关系契约的治理原则
交易成本经济学	基于成本经济学视角，提出交易成本的作用和关系合约中信任的重要性
产权经济学	私人部门参与政府提供公共产品的产权是怎样起作用的，即何种产权安排导致联合剩余最大
博弈论	把 PPP 看作一个社会博弈，把 PPP 的现象、经验和讨论放到更广的博弈视角的环境中，有利于更好地理解

截至目前，PPP 模式在世界范围内还没有形成一个统一的、明确的定义，其有广义和狭义之分。广义的。PPP 模式本身是一个意义非常宽泛的概念，泛指公共部门与私人部门为提供公共产品或服务而建立的各种合作关系。

对 PPP 的通用模式进行阐述时则主要针对狭义。PPP 即"通常模式是由社会资本承担设计、建设、运营、维护基础设施的大部分工作，并通过'使用者付费'及必要的'政府付费'获得合理投资回报；政府部门负责基础设施及公共服务价格和质量监管，以保证公共利益最大化"。

狭义的 PPP 模式是指政府和社会资本作为平等主体参与的项目融资模式的总称，可分为外包、特许经营和私有化三大类（外包类一般是由政府投资私人部门承包整个项目中的一项或几项职能；特许经营类是指需要私人参与部分或全部投资，并通过一定的合作机制与公共部门分担项目风险、共享项目收益；私有化类是指需要私人部门负责项目的全部投资，在政府监管下通过向用户收费收回投资实现利润）。

狭义 PPP 具体模式主要有：建设—运营—移交（BOT），移交—运营—移交（TOT），PPP 与 BOT、TOT 是一种包含关系，不是并列关系。狭义 PPP 是从公共基础设施建设中发展起来的一种优化的项目融资模式，是一种以各个参与方的"共赢"为合作理念的现代融资模式。

联合国发展计划署、亚洲开发银行、联合国培训研究院、标准普尔、欧盟委员会、香港效率促进组、加拿大 PPP 国家委员会和英国合作伙伴关系组织，这些国家（地区）或机构对 PPP 概念做出的相关界定见表 4-2。

表 4-2　PPP 概念解析

组织机构	解　析
联合国发展计划署	PPP 是指政府、营利性企业和非营利性组织基于某个项目而形成的相互合作关系的形式，合作方可以达到比预期单独行动更有利的结果。合作各方参与某个项目时，政府不是把项目的责任全部转移给私营部门，而是由参与合作的各方共同承担责任和融资风险
亚洲开发银行	PPP 是指公共部门和私营部门在基础设施和其他服务方面的一系列合作关系，其特征有：政府授权、规制和监管，私营部门出资、运营并提供服务，公私长期合作、共担风险、提高效率和服务水平
联合国培训研究院	PPP 涵盖了不同社会系统倡导之间的所有制度化合作方式，目的是解决当地区域内的某些复杂问题
标准普尔	PPP 是公共部门与私人部门之间长期合约关系的媒介，包括风险分担和多部门之间的专有技术人才和融资共享，从而达到理想的政策结果
欧盟委员会	PPP 是公共部门和私营部门之间的一种合作关系，双方根据各自的优势共同承担风险和责任，以提供传统上由公共部门负责的公共项目和服务，可分为传统承包项目、开发经营项目和合作开发项目
香港效率促进组	PPP 是一种由双方共同提供公共服务或实施项目的安排。双方通过不同程度的参与和承担，各自发挥专长，包括：特许经营、私营部门投资、合伙投资、合伙经营、组成公司等几种形式
加拿大 PPP 国家委员会	PPP 是公共部门和私营部门基于各自的经验建立的一种合作经营关系，通过适当的资源分配、风险分担和利益分享，以满足公共需求
英国合作伙伴关系组织	PPP 是指两个或更多主体之间的协议，确保他们目标一致，合作完成公共服务项目，他们之间在一定程度上共享权利和责任、联合投资、共担风险和利益

二、PPP 项目融资模式的类别

PPP 模式是以特许权协议为基础，政府部门与私人企业合作双方通过签署合同确定双方的权利和义务，参与合作的各方共同承担责任和风险，目标是通过该模式的运作，取得比预期单独行动更为有利的结果。主要的 PPP 融资模式有以下类型：

1. PFI 模式

PFI 模式（private-finance-initiative，民间主动融资）是对 BOT 模式的优化，政府提出建设基础设施的需求并进行公开招投标，由获得特许权的私人企业进行该项目的建设和运营，用以收回成本并取得利润，在规定的时间后将该项目无偿归还政府，但可以继续通过租用的方式获得运营权而取得利润。PFI 模式特点及适用范围见表 4-3。

表 4-3　PFI 模式特点及适用范围

特点	适用范围
（1）风险低，广泛应用于各类基础设施。 （2）私人资本的注入，缓解政府资金投入不足的问题，减轻政府财政负担，同时适当地转移了财政风险，有利于推动基础设施建设。 （3）在基础设施领域引入竞争机制，更有助于学习和采用私人企业在管理、经验和技术上的优势，提高效率	（1）准经营性项目，非经营性项目。 （2）广泛适用于可经营性基础设施、准经营性基础设施和非经营性基础设施。 （3）相对于投资大的项目，PFI 模式更适合于相对小额的基础设施建设，例如公路照明、民用建筑、警察局等

2. ABS 模式

ABS 模式是（asset-backed-securitization，资产支持证券化）以项目拥有的资产或该项目的未来预期收益为基础，在资本市场上发行债券用以筹集资金的模式。ABS 模式特点及适用范围见表 4-4。

表 4-4　ABS 模式特点及适用范围

特点	适用范围
（1）增强资产流动性，要求稳定收益。 （2）依赖于资产信用，投资者在购买资产担保证券时，以资产质量和未来现金流的稳定性和可靠性作为主要依据。 （3）风险低。投资者在证券到期的时候，可以获得证券本金和证券化基础资产创造的现金量的利息补偿。即使出现资产违约拒付情况，其资产债券的清偿也仅仅限于被证券化的数额，而投资者没有超过该资产限额的清偿义务	（1）准经营性项目。 （2）基础设施资产有预期的稳定的现金流。 （3）资产抵押变现率高，同时变现价值高。资产具有良好的历史记录，损失率和违约率比较低。资产具有相对公开透明的数据

3. TOT 模式

TOT 模式是（transfer-operate-transfer，移交—经营—移交）政府将已经建设好项目的产权或者经营权有偿转让给私人企业，由私人企业自主盈亏；私人企业在约定的时期内通过管理经营收回投资成本并取得利润，之后将项目再移交给政府。TOT 模式特点及适用范围见表 4-5。

表 4-5　TOT 模式特点及适用范围

特点	适用范围
（1）投资成本的收回依靠运营收入，风险较大。 （2）特许经营公司在特许经营期内具有该基础设施的所有权和经营权。 （3）特许经营公司承担了主要的风险，具有较高的融资成本。 （4）要求高收益，BOT 方式在项目建设和运营上都具有较高的效率，提供的产品和服务更容易满足客户的需求	（1）规模较大的经营性项目。 （2）适用于投资高、建设周期长，同时具有高收益的基础设施建设。 （3）目前较多的用于机场、收费公路、港口、隧道、电信、供水、发电厂、污水处理等大型的，并在预期内具有现金流的城市基础设施项目

4. BOT 模式

BOT 模式是（build-operate-transfer，建设—经营—移交）政府和私人企业达成协议，由私人企业在特定的时间内筹集资金建设某项基础设施，并在一定时间内负责管理和经营该设施的产品或服务用以收回成本并取得利润，最后移交给政府。BOT 模式特点及适用范围见表 4-6。

表 4-6　BOT 模式特点及适用范围

特点	适用范围
（1）要求高收益。 （2）风险适中。政府将建设中面临的风险转移给了项目的投资者，以减少政府的财政压力。 （3）通过直接吸引投资者购买已建成基础设施的经营权，不仅使政府可以立即得到资金用于投入其他的基础设施建设，同时减少了对于基础设施每年大量的维护保养费用。 （4）有利于提高运营效率。外资或私人企业获得基础设施经营权后，他们将带来国际上先进的管理体制和管理经验，从而提高了基础设施的运营效率	（1）准经营性项目。 （2）一种引进外资的融资模式，主要面对外商，同时也可以针对我国有实力的私营企业和金融机构等。 （3）主要运用于供电、供水、供气、通信等基础设施项目中

三、PPP 项目融资模式的主要特征

1. 一种特许权项目

建设项目 PPP 融资模式是一种特许权项目。该模式最适合于在国家具有所有权的基础设施建设、自然资源开采等项目中实施。实施过程中，政府会保留对该项目的所有权，并通过特许经营权的方式将该建设项目交与私营企业进行开发建设。

2. 一种长期合作关系

建设项目 PPP 融资模式是政府和企业之间的一种长期合作关系。一般情况下，建设项目的合作周期都会长达数年，同时，还会有全项目周期合作方式，即长期合作模式，这种长期合作模式，可以方便建设项目的各个参与方从长远的角度去规划建设项目中可以获得的整体利益，从而有效降低建设项目全生命周期成本，而不会因为短期利益给建设项目的长期性带来损害，达到双赢的结果。

3. 一种具有追索权的融资模式

建设项目 PPP 融资模式其实质上具有狭义上的项目融资特征。狭义的项目融资主要是指通过项目的资产或者预期收益等作为抵押取得无追索权或部分追索权贷款的一种融资模式。PPP 融资是指通过建设项目建成后的预期运营收益和建设项目自有资产进行融资的一种模式。

四、PPP 项目融资的优势及不足

1. 弥补财政资金不足

建设项目 PPP 融资模式的实施，调动了私人部门的积极性，大大提高了对民间资本的利用效率，进而有效弥补了政府财政上的资金不足。目前政府部门不能够满足日益增长的基础设施建设的发展需求，采用 PPP 模式可以缓解政府部门的资金压力，对一些经济效益较低、融资困难的建设项目，融资可以给予经济支持，同时充分调动民间资本使用效率，进而满足建设项目的资金需求。

2. 参与各方优势互补

PPP 融资模式让政府和私营企业都进入建设项目的运作中来，参与各方可以获得优势互补。私营企业在工艺技术、市场运营和生产等诸多方面存在优势条件，私营企业可以充分发挥这些优势，进而提高产品或服务的质量及生产效率。政府部门的优势主要是政策层面上，例如，可以出台 PPP 融资模式的扶持政策、各类优惠贷款、投融资条件等。二者可以彼此优势互补，促进政府与私营企业之间的双赢合作关系。

3. 提高了项目综合管理水平

PPP 融资模式在实际的运作中，可以提升基础设施类项目产品质量和服务水平。在 PPP 模式下，政府的职能由过去的“提供方与主导方”转变为现在的“参与方与监督方”，目前政府在这类模式里的主要职能是监管、督导项目在合理的市场机制中运行。同时在市场经济秩序下自主经营的私营企业，经济效益最大化是其在经营运作中的主要目的，由此私营企业必将努力提高生产能力，努力去提高产品的质量和生产率。所以，在政府和私营企业共同作用下，PPP 融资模式下建设项目综合管理水平得到了提升。

4. 共同承担项目风险

在PPP融资模式中，政府部门和私营企业共同参与建设项目的管理流程，形成了对于风险双方的共同承担机制，从而可以降低各参与方的风险，例如，政府部门在传统项目风险管理中所承担风险被大大降低。同时建设项目的运作过程中，有政府政策的扶植、对建设项目的支持，会降低私营企业的投资风险，可以对建设项目的顺利完成提供保证。

5. 融资渠道及资金控制能力

投资规模大、投资周期长、需要大量的资金，这些特性是在进行建设项目PPP融资模式运转中必然会面对的难点。不同的融资方案有着各自的融资成本及其对应的风险，但PPP融资模式筹集大量的资金必然要通过多元化的筹资路径来解决。在降低融资成本及风险的背景下，确定合理的融资方案，寻求对融资渠道的扩宽，可为建设项目PPP融资模式提供低成本的资金保障。

6. 建设项目各合作方关系复杂

因为在PPP融资模式下，建设项目的各合作方关系复杂，各个合作方关注的利益点不同，政府部门和社会资本都对自身所承担的成本给予了过度关注，导致竞标人在竞标时不落实资金承诺，这就会造成建设项目资金不足的风险。为了保障项目的正常进行，在建设项目整个运营阶段都需要实施高效的管理水平，在此背景下，合同化管理需要严格执行，需要充分发挥各个参与方的特色优势，在管理行为中重视协调管理。

7. 抗风险能力

对建设项目。PPP融资模式下的项目公司而言，抗风险能力是必须面对的问题，同时也是一个难点。PPP项目运营周期一般长达几十年的时间，如此长的运营周期，同时投资量巨大，伴随着基础设施的陈旧，私营部门自身的运营管理难度加大，政府部门在长期的监管中面临诸多风险，这些都对政府部门在履行监管职能时提出了较高的要求。建设项目PPP融资模式的不同运作阶段，必须认真进行风险识别、风险估计、风险评价，加强建设项目的风险管理，针对实践中的问题，制定有效的风险规避机制及规避措施，从而有效减少不确定事件及风险给建设项目带来的经济损失。

第二节　PPP项目融资模式的风险及控制

一、PPP项目融资模式风险的本质及特征

1. PPP项目融资模式的本质

建设项目PPP模式特殊的组织结构和项目本身的特殊性，导致该类项目中有很多风险因素，同时这些因素又具有复杂的多变性，由于建设项目PPP模式所处的自身及其外部环境的动态多变性，从而决定了风险的不可避免性，使风险控制存在于建设项目的全部生命周期。所以，要想实现项目的建设目标和项目绩效，必须加大对项目风险评价的识别与控制，如何针对建设项目整个生命周期进行风险识别和风险监控，如何进一步分担建设项目PPP模式中各利益参与方、政府部门、私人部门、运营方等各主体之间的风险是个难题，这是目前政府、金融机构等关注的焦点问题。风险评价和风险分担的前提是对建设项目

PPP 融资模式进行风险的全面识别，站在不同的角度对 PPP 项目中存在的风险因素的识别和分类也不同。

PPP 模式风险指存在的不确定性，即在 PPP 项目的运行过程（包括项目的整个环节，即项目设计、项目建设、项目运营）中出现诸多因素对 PPP 项目的各个阶段造成不确定性影响。由于存在这种不确定性，会使 PPP 项目受到损失，进而有可能导致建设项目的失败。例如，由于技术把控能力或项目管理能力的缺乏导致对建设项目中风险管理决策不当，进而影响到整个投资决策的失误；同时，由于建设方案或计划的不周全、工期的拖延、财产发生损失、人员出现伤亡等因素均会导致建设项目投资决策的失误，最后造成整个项目的失败。

所以，要充分重视建设项目 PPP 模式风险的危害性。建设项目管理人员一定要把风险准备工作在项目前期阶段做好，这样就可以准确识别项目建设和运营过程中存在的各种风险，并及时采取相应的风险应对策略，这对于项目建设的顺利实施有着非常重要的作用。

2. PPP 项目融资模式风险特征

由于风险自身具有客观存在性，所以任何项目都是有风险的，建设项目也不例外，即建设项目 PPP 模式中必然存在风险。本书不去讨论一般项目均具有的共性风险特征，因为建设项目在 PPP 这种特定的模式下具有特有的风险特征。由于 PPP 项目的资金投入量大、资金投资周期较长、合同结构的复杂性、项目内容繁多，这些诸多因素导致建设项目 PPP 模式同时具有复杂性、偶然性、阶段性和渐进性等特征。

（1）复杂性。复杂性体现在两个方面：利益关系的复杂性和风险类型的复杂性。利益关系的复杂性是由于参与 PPP 项目的各方对项目的预期不同，各自对项目的衡量方式存在差异，同时存在的诸多不确定性因素，对项目参与者各方的影响深度也是有差别的。由此，引发了项目的风险类型也有诸多存在形式。同时同一类型的风险在建设项目的不同发展阶段其表现形式也是存在差异的，而项目的诸多参与者诉求的复杂性表现得更为明显。

（2）偶然性。偶然性体现在诸多不可预期、不可预知的状态下，因为很多 PPP 模式的建设项目在项目建设整个阶段会存在一定的创新性，所以没有前期的经验可以借鉴，每个项目都存在个体性差异，在建设的过程中处于摸索阶段，所以会面临诸多以前没有遇到过的情况。对于新问题的解决方式要用新的思维去处理，因此会面临很多新问题、新情况。同时由于项目的参与者过多，又会放大了这种偶然性的存在。由此，对于建设项目高风险的不确定性的解释可归结为 PPP 项目的复杂性、偶然性及项目本身的多样性综合作用的结果。

（3）阶段性。阶段性体现在建设项目的风险可以出现在项目的诸多阶段，有的可能只是存在于一个或几个阶段，有的可能会存在于项目的整个运行周期。例如，法律风险是贯穿于整个项目过程始终，而市场风险的出现仅仅在建设项目的运营阶段。同时风险的大小也会伴随建设项目的不同阶段反映出不同强度的风险。

（4）渐进性。渐进性体现了风险在建设项目中是一种慢慢堆积后的凸显，大多数风险都不是没有前兆就异常爆发了，伴随着建设项目内外部环境和条件的发生变化，风险的大小及其性质也会伴随着发生变化。

除了上述四种特性外，在分析建设项目 PPP 风险特性的时候，一定要关注政府的影响力。在我国，建设项目受政府影响比较大，目前在我国建设项目 PPP 模式大多是由政府发起设立，建设项目的批准立项是由政府确定。同时在项目的运行中，由于某些情况的发生，政府为了公众利益会介入到建设项目进程中，对项目的建设、管理提出必要建议并强制执行或做出惩罚，这些都会对项目产生一定的影响。

二、PPP项目融资风险的识别

1. 微观层面风险识别

微观层面风险属于建设项目的内部风险，与中观层面风险的不同主要体现在：该层面的风险是基于人的有限性和合约的不完备性，针对政府部门和私人机构，参与方各自存在不同利益追求时发生的风险。各个利益主体在建设项目运作过程中，彼此协调其各自由于角度的不同而产生的风险。该风险不是由于建设项目自身造成的，而是建设项目的参与者各方形成的合作关系风险及第三方风险。主要是指建设项目建成后能否在市场需求和价格变化的情况下按时保质保量提供公共物品，能否按照预定计划运营预期年限，能否有足够现金流偿还债务和支付费用的风险，具体内容如下：

（1）类似项目竞争风险。由于规划不合理或其他原因，可能出现政府或其他投资者新建类似项目的情况，这会对该已建成项目形成实质性的竞争，分流该项目的需求，导致项目资金无法顺利回收。

（2）市场需求风险。需求风险是指项目在建设时可能面临着很大的需求，但是随着项目的建成，或者运营到一定期限后，对项目提供的产品或服务的需求可能会发生变化。例如，收费高速公路，如果车流量急剧减少，很可能无法维持其运营成本。影响市场需求的因素有很多，包括类似项目的竞争，人们生活习惯的改变，宏观经济环境的变化和人口变化等。

（3）供给能力不足风险。供给能力不足的风险可能是因为建成的项目没有达到预期的目标，又或者是市场需求急剧增加。后者从项目本身来看是没有问题的，但是我们应该明确建设该项目是为了满足现实的市场需求，所以无论是项目有没有达到预期目标，还是市场需求发生了急剧变化，最终的结果都是该项目提供的公共物品或服务无法满足现实市场需求。

（4）运营期长期停工风险。由于原材料、能源无法按时到位及运营资金不足等因素造成的项目长时间无法正常运营的风险，项目的长时间停工必然会带来损失。项目提供的公共物品的价格定位不合理所导致的项目运营收益低于预期。价格定位不合理，包括价格过高、过低、缺乏弹性。过高价格之所以可能导致项目收益低于预期，是因为过高的价格很可能会减少产品或服务的需求总量，进而减少项目的总体运营收益。因此，设置合理的供给价格非常重要。由于PPP项目期限一般较长，所以应设置合理灵活的调价规则。

（5）费用支付风险。费用支付风险是指由于一系列因素的影响所导致的项目应收费用无法按时按量回收的风险。

（6）产品损失风险。产品损失风险是指PPP项目产品从生产到最终消费的过程中发生的损失或损耗，例如，运输过程的损耗、产品丢失等情况。

（7）运营成本增加风险。在项目运营过程中，项目很可能面临资金成本上升、人力成本增加、公众要求提高其产品和服务质量等情况，进而使得项目的运营成本大大提高。但这只是显性运营成本的增加，在显性成本之外，因为PPP项目中存在委托代理关系，所以还有各种各样的道德风险导致的隐性成本的上升。因为政府部门和私人部门开展项目都是有目的的，所以他们有隐藏对自己不利信息的动机，使得公众很难对其行为进行有效监督，进而加大了项目风险。所以隐性的风险也是需要关注的，并且有必要设计出一套公开、透明、高效的风险管理机制。

(8) 残值风险。残值风险是指项目在移交时其价值远低于预期，可能因为建设项目本身质量未达到预期标准，或者项目设施在运营期间没有被合理地使用，还可能因为市场需求变化导致项目内在价值降低。

2. 中观层面风险识别

中观层面风险是指一些内生变量引起的风险事件，风险发生和结果作用于项目的系统边界内，中观层面与宏观层面是相对应的，主要包括建设项目从融资、设计、建设到运营的整个生命周期中的内生风险。具体风险有，项目的可行性风险、选址风险，以及设计项目、施工及技术等方面的风险。

主要有以下几方面：

(1) 土地获得风险。土地获得风险不仅指能否获得土地所有权的风险，还包括是否能按照预期成本及时获得土地的风险。这直接关系到项目的启动、成本和进度。

(2) 工程建设变更。工程建设变更是指由于前期设计失误导致的项目可实施性差，或是对项目的建设标准有了新的要求，需要各合作方重新签订项目协议的风险。

(3) 融资风险。融资风险包括不能及时融到资金的风险和所得资金成本超过预期的风险。如果不能及时获得建设资金，项目就无法正常启动和继续进行；如果获得的资金成本过高，则会导致项目的收益降低。

(4) 地质与文物保护。项目用地发现历史文物，或发现工程建设会影响到该地地质，会导致项目工期延长、成本增加。

(5) 环保风险。环保风险是指政府部门或社会团体集体要求提高该项目的环保标准所导致的项目实施成本上升的风险。环保风险所带来的成本不仅是建设阶段的风险，当项目已经完成时，如果项目达不到环保标准，仍然会有追加成本的风险。项目改建后仍不能达到环保要求，就会面临被遗弃或拆除的风险，不仅会影响各合作方的利益，还会造成社会资源的极大浪费。

(6) 供应风险。供应风险是指项目因各种原材料、机械设备等不能及时供应或人员不能按时到位而遭受的损失。

(7) 技术风险。技术风险是指技术不足以完成既定标准的项目或者虽能完成项目但成本较高的风险。需要寻找更加合适的公司来承接该项目的建设工作，或者等待该公司追加投资来进行相应的技术改造。从深层次讲，技术风险是人的风险，人员素质的高低往往直接关系着项目收益大小。技术因素影响的不仅是项目能否完工，是否会增加成本，有时候甚至关系着项目是否能够启动的问题。

(8) 完工风险。完工风险是指项目无法按时、按质完成的风险，由整个项目过程中的某种风险或某几种风险的组合引起。具体表现为工期拖延、项目投产后的效果达不到预期目标，项目甚至不能启动或中途夭折。完工风险是损害比较大的风险，其影响不仅是项目本身，因为如果项目不能按照原定计划建成投产，整个项目的生存基础就遭到了破坏，项目的预期现金流就会大大减少甚至中断，最终导致项目投入资金无法偿还、人员报酬无法发放。

（9）不可抗力风险。不可抗力风险是指项目参与方不能预见且无法克服和避免的事件给项目带来的损害或毁灭性风险等。一般情况下，不可抗力风险造成的危害很大，很可能导致 PPP 项目工程延期甚至失败，即便建成也可能不能正常运行。

3. 宏观层面风险识别

宏观层面风险主要包括一些外生变量引起的风险事件，既项目的外在风险。这个层面的风险集中于国家和行业状况，通常与政治环境、经济环境、法律环境、地质气候环境等关联，往往会影响到项目的进展和绩效。

（1）政治风险。政治风险包括政府信用风险、决策和审批延误、政府不适当干预、公众反对或者不可抗力事件，这些因素因为会影响项目的进程，改变项目的信用结构，影响项目的偿债能力，成为项目的政治风险，具体内容如下：

1）政府信用风险。政府信用风险是指政府部门不履行事先约定的或签订协议中的责任和义务，使得合作方利益受损，给 PPP 项目造成直接或间接的损失。政府信用的缺失导致的后果比私人部门信用缺失更为严重。例如，在项目进行到半途时，政府突然终止了私人部门的特许经营权，这不仅会让 PPP 项目夭折，也会让承建该 PPP 项目的企业利益受到严重损害。同时政府信用的缺失也会让其他承担 PPP 项目的私人部门犹疑不定，甚至影响推广 PPP 模式的战略。

2）政府决策与审批延误。由于政府缺乏对 PPP 项目的实际管理经验及能力、前期的准备不足、信息不对称及操作审批过程复杂等，会造成项目工期延长与成本的直接或间接提高。PPP 项目一般都是公共基础设施，其投资收益不会太高。而私人部门承担 PPP 项目是为了获得正常收益，政府部门则是为了实现其公共管理职能。当政府部门在 PPP 项目中获益较少时，或者根本不获益时，项目参与方中的政府部门人员就很可能激励不足，消极对待决策与审批工作，或者没有动力去改进原本不合理的决策与审批流程。PPP 项目涉及包括各种原材料的采购、人力成本的谈判等方方面面的问题，面对瞬息万变的市场环境，最佳决策时机稍纵即逝，政府决策与审批延误是一种不合理的存在。

3）政府不适当干预。政府过多干预是指政府直接干涉 PPP 项目的设计、建设或运营过程，影响私人部门的自主决策权，甚至当项目并没有出现严重异常时，强行取消、扣押、没收项目。一些不适当的政府干预给项目和承担项目的私人部门带来了重大风险。政府干预实质上是 PPP 项目中合作方权责利不清的体现。在项目中，双方各自获取哪些利益，承担哪些责任应该明晰。从某种层面上来说，政府干预的适当性，对降低 PPP 项目风险也是有益的。

4）公众反对。项目实施的某些措施威胁或损害到公众利益，从而引起政治甚至公众反对项目的建设或是成本的增加等风险。例如，出于公众压力及环境保护的需要而制定的环保政策，造成设计变更、投资额增加，或是由于公众反对，而需要对公众进行补偿，甚至因为影响过大，公众不愿妥协，导致项目无法完成。但也需要考虑很可能因为项目决策者和公众考虑问题的角度不同，各自的利益也有所不同。

5）不可抗力事件。这里是政治不可抗力事件，指政府换届，或官员的变更，甚至是政治局面动荡等，这些事件很可能造成项目严重受损。比较容易理解的是，很多官员为了政绩，没有进行详细规划，便大上项目，在自己调任或离职后，后来的官员可能就不再为该项目提供应有的保证或完成应有的承诺。为避免该种风险，私人部门在与政府部门签订协议时，应该将政府部门应有的义务详细写入，避免发生纠纷致使自己利益受损。

（2）法律及合同风险。PPP 项目的法律及合同风险包括法律及监管体系不完善、法律变更、违约风险、税收调整、合同风险等，具体内容如下：

1）法律及监管体系不完善。由于 PPP 模式进入我国不久，国家层面对这种投资模式的配套法律体系还不健全，虽然近些年来，我国也制定了一些相关法律规章制度，但 PPP 模式并没有形成系统的立法，使得 PPP 项目在运行过程中的很多纠纷没有明确法规可依，不利于解决 PPP 项目中发生的诸多问题，最终影响 PPP 项目的顺利实施运营。其更加凸显出在 PPP 合作协议中详细列明相关责任人的相关责任的重要性。法律风险的另外一层含义是指，即便存在相关的 PPP 项目法律法规，也可能存在监管执行不到位的情况，从而对 PPP 项目造成一定的风险。

2）法律变更。相关法律的变更一般会对 PPP 项目产生影响，例如，环境方面、税收方面、补贴方面相关法律法规变更，会直接影响到 PPP 项目的成本和收益，最终导致 PPP 项目成本增加、收益下降，甚至导致 PPP 项目无法继续运营。同时法律的变更也可能给 PPP 项目带来好的影响，如会有一些直接的项目补贴，或者给予其政策上的支持等，但这不属于通常意义上的风险。

3）违约风险。违约风险是指项目参与方拒绝履行或不完全履行相关合同约定的各自义务、拒绝承担相应责任而给项目造成损害的危险。违约风险存在的前提是要有一份项目参与方的合作协议，所以协议内容的确定一定要审慎。

4）税收调整。中央或地方税收政策变更给 PPP 项目带来的风险。税收政策关系到项目的直接收益，其调整必然带来项目收益的变化。

5）合同风险。项目合同各参与方的权责利分担不合理或者不明晰，导致 PPP 项目在实施时没有具体的协议可遵循，或者发生纠纷不能及时有效处理，最终造成项目受损。

（3）金融风险。PPP 融资模式的金融风险主要包括利率风险、汇率风险和通货膨胀风险等，具体内容如下：

1）利率风险。利率风险是指在项目的建设和运营过程中，由于利率变动直接或间接地带来项目投资成本的增加和项目收益受到损失的风险。因为 PPP 项目一般投资金额巨大，投资周期长，所以利率风险的影响非常大，应该给予重视。

2）汇率风险。汇率风险又称外汇风险，既包括项目因汇率变动而蒙受损失的可能性，也包括外汇不能兑换所带来的风险。PPP 项目如果在国外发展会有此风险。汇率风险突出表现在汇率管制措施较为严格的国家。

3）通货膨胀风险。因物价总水平的上升所带来的货币购买力下降、投资成本上升的风险。通货膨胀风险会使得原材料价格和员工工资上涨，这就会导致项目建设成本和运营成本的上涨。通货膨胀风险一般都会通过在协议中设置调价条款来进行防范，但如果调价比例跟不上成本上涨的比例，项目的利益仍会受损。而调价比例的合理设置则需要精确预估未来的通货膨胀，而这会比较困难。

三、PPP 项目融资模式风险影响因素

1. 不同项目控制权的风险因素

在 PPP 项目中，对于项目控制权的配置情况需根据具体的情况进行合理的风险分担，风险分担要基于不同的阶段，例如，可以针对项目勘察、项目设计、项目招标及项目施工进行阶段划分。如果 PPP 项目的承办方拥有的控制权涵盖上述诸多建设阶段，则承办方将会承担较大的风险；如果项目主办方对于项目具有一定的否决权和管理权，即主办方介入了项目建设的管理，那么在这种情况下项目承办方也同时承担了一定的项目施工风险；如果在 PPP 项目实施中，能够明确划分项目的控制权（除施工图设计权为双方共有之外），这种控制权的划分将会明确双方各自所应该承担的风险。

对于不同项目控制权配置和风险分担结果主要是基于以下两个原因：一是对于特点和需求的差异性。有的 PPP 项目，为了方便项目承办方在后续的特许经营期内获得运营权，项目主办方就将预定部分的项目设计、项目施工等这类控制权都划分给项目承办方；二是建设项目的主办方和承办方在项目管理能力方面强弱不同。如果在 PPP 项目建设过程中，项目主办方自身具备丰富的建设管理能力和建设经验，为了发挥主办方的自身优势，主办方会更多地参与到项目的设计和建设过程中，所以依据项目主办方对项目拥有控制权及相对应的风险匹配程度的不同，可以归纳出 PPP 项目的不同模式，即强势 PPP 模式、弱势 PPP 模式、标准 PPP 模式。

（1）强势 PPP 融资模式风险因素。强势 PPP 融资模式是指项目主办方拥有较弱的项目控制权，项目承办方获得较强的项目控制权，由此，基于对控制权的差异，项目主办方承担与之相对应的较小风险，项目承办方承担与项目控制权相匹配的较大风险。该模式的适用范围是项目承办方拥有较强财政实力，拥有项目建设的设计和施工管理专业能力；项目主办方能否选择符合条件的承办方将直接影响该模式的运行，具体见表 4-7。

表 4-7　强势 PPP 融资模式所有权配置及风险因素

项目主办方	项目承办方
投融资监督权、建设管理监督权	融资、投资权
竣工验收及项目回收权	组建项目公司进行建设期业主方项目管理
承担与之对应的项目可研、立项申请、招标、验收、回购、付款等职责	建设阶段的大部分项目控制权
承担法律、不可抗力、地质条件、项目可行性、吸引投资者、环保等方面的风险，及较少的建设阶段风险	承担项目建设阶段的大部分风险

（2）弱势 PPP 融资模式风险因素。在弱势 PPP 融资模式下，项目主办方拥有绝对的控制权，并承担与它自身相对应的较大的风险。项目主办方的权力及其控制范围是相当大的，这种权力主要涉及整个项目前期、管理和控制整个工程设计过程，同时参与建设项目的施工管理，与此相反，项目承办方拥有的权力是较小的。该模式的适用范围是：项目主办方具有较强专业技术水平及项目管理能力的 PPP 项目；PPP 主办方需要对项目施工进行全过程监督；对 PPP 项目的关键节点进行管理和控制，以保障项目目标的实现，具体见表 4-8。

表 4-8　弱势 PPP 融资模式所有权配置及风险因素

项目主办方	项目承办方
履行项目所有权人的职责	对项目进行投资
监督项目实施过程	与主办方共同监督
审批项目变更	与主办方管理施工承包商
控制设计质量	与主办方进行工程施工

（3）标准 PPP 融资模式风险因素。标准 PPP 融资模式是介于强势 PPP 模式和弱势 PPP 模式之间存在的一种模式。该模式在控制权配置上对于主办方和承办方是相对均衡的。同时二者各自承担的风险也是明确的。该模式的适用范围是：在控制权配置上对于主办方和承办方是相对均衡的。同时二者各自承担的风险也是明确的，具体见表 4-9。

表 4-9　标准 PPP 融资模式所有权配置及风险因素

项目主办方	项目承办方
履行项目所有权人的职责	对项目进行投资
选择项目投资人	独立进行施工承包商
审批工程变更	材料供应商的选择
制定设计标准	对建设过程进行全面管理并承担相应风险

2. 关键风险因素

建设项目 PPP 模式实施的过程中，在整个项目的融资、工程建设和营运期间，会受到各种各样不确定因素的干扰和影响，这些因素具有不确定性的特征，同时可能贯穿整个项目的寿命周期，所以研究这些不确定因素是非常必要的。这些不确定性对于整个建设项目可以称为风险影响因素。为了达到对项目的高效性风险管控，可以在对项目影响的诸多因素中，选取对项目起关键作用的因素进行重点监控，通过采取相关的控制措施，以期减少对建设领域项目管理的盲目性，降低在风险管控方面的成本支出，实现风险管理的效益最大化。在分析的过程中，可以确定关键风险因素，在 PPP 项目实施过程中，可以通过关键风险因素达到对整个项目的控制，这样对建设项目的风险管理更具有目的性和针对性，可有效提高建设项目风险管理的效率，PPP 融资模式关键风险因素见表 4-10。

表 4-10　PPP 融资模式关键风险因素

类　别	内　容
环境风险	主要指公共项目建设过程中的环保风险，在项目建设过程中，要考虑公共项目与环境的和谐发展，确保可持续发展的前景，关注公众利益
合同冲突风险	主要指合同之间或合同中的主要条款矛盾，这样的矛盾会导致履行困难，影响项目的顺利进行，因此合同拟定过程中要充分考虑各个条款间的相容性
不可抗力风险	合同双方难以控制的风险，不可抗力风险一般在合同签订前无法防范，同时风险发生后就难以回避，一般指自然灾害、战争等风险
设计变更风险	指项目建设过程中设计发生变化而导致返工或建设成本增加的风险。对于公共项目，设计一定要详细完整，尽量避免后期的设计变更

续表

类　别	内　容
工程成本超支风险	项目建设成本超过预算成本的风险，项目建设成本在整个项目成本中占有很大比重，所以，建设成本超支将会加大项目成本增长的风险
工程质量风险	指工程质量不能达到既定要求的风险，这将影响公共项目的后期运营
利率风险	公共项目建设运营期很长，这一时期内市场的利率变动是不确定的，而利率的变动会增加融资成本，加大项目的风险
项目决策风险	主要指私营部门对项目决策失误导致的风险；私营部门对项目的决策也会直接影响项目的成败，如果项目决策失误，则会直接影响项目后续的建设运营，使整个公共项目的风险加大
所有权风险	所有权风险主要指公共项目的所有权发生变更而带来的一系列风险，这需要完善的国家体制来保障
立法变更风险	指法律法规及政府的宏观政策变化，这种变化可能会导致项目的成本增加
通货膨胀风险	由于项目整个建设运营期长，这期间会出现社会物价水平上升，货币购买能力降低的现象，这同样会加大项目成本及收益风险
特许经营能力不足风险	特许经营人的融资、建设及运营能力不足，导致项目运行效率低下甚至运行不下去的风险
项目审批风险	由于项目审批程序复杂、时间冗长甚至不能通过审批等导致项目错过了最佳建设时期，进而影响项目成功的风险
运行效率低下风险	主要指公共项目建设投入运营后运营效率低下，不能达到预期效率的风险
官僚及腐败风险	政府官僚主义，利用公共权力谋取个人私利，违反公共准则。这可加大政府违约的可能性
项目自偿性风险	指项目的运营收益是否能覆盖项目的建设和运营成本并带来合理收益的风险。这对项目的成败起到关键作用，要想合理避免这项风险就要做好前期的可行性研究工作，只有具有较好自偿性的项目才值得投资

四、PPP 项目融资模式风险控制技巧及应对方式

1. PPP 项目融资模式风险控制技巧

（1）健全完善相关法律法规。我国在推广 PPP 工作中存在的主要问题之一是法律制度不健全，对法律法规体系的完善是一个渐进的过程。PPP 项目的法律法规体系应该体现出具体的层次，PPP 总则性法律法规应由中央层面制定并把控；区域性 PPP 法律法规体系应由地方政府层面实施，该法律法规提供各种辅助运作方式，同时支持 PPP 项目可以顺利实施。目前需要破解 PPP 项目实施进程中，相关技术障碍和与现有法律、部门规章和规范性文件衔接不畅通的问题，对已有的不适应 PPP 项目发展的政策法规进行及时清理和修订。对于法律法规内容，应该包含 PPP 项目及其应用范围的界定，PPP 项目中政府审批权限、审批流程和管理程序的规范，同时要明确合同框架及具体的风险分担原则，明确退出机制及 PPP 项目纠纷的处理机制。为了推进 PPP 模式更加规范，同时应针对 PPP 项目对会计准则、信息披露、政府监管和公众参与制度进行重新构建及完善。这样，可以通过明确法

律依据及保障，有效消除多头监管的现象。

(2) 创新融资机制。建设项目PPP融资时，目前可实施的融资方式有资本市场发行债券（例如企业债券和政府债券）和追求长期稳定回报的基金（如社保、保险和养老基金）等。但是，目前在PPP项目的运作中，从银行进行贷款融资是最为常用的融资工具，基于此，PPP项目债务率较高，一般在70%～90%，所以需要对PPP融资机制方面进行创新突破。可设立“PPP项目融资操作说明”，该说明需由中央银行、银监会和财政部联合出台。通过该说明，可进一步规范金融机构的融资行为，引导金融机构认可收费权的质押，充分挖掘PPP项目独有的融资方式。例如，加大对基金投资和金融工具的灵活运用，对PPP项目的资金来源做到期限匹配、成本适当和多元可持续。政府需设置专门的PPP项目融资管理机构，进一步优化管理体系。建设项目PPP融资模式，对政府资金的需求不能过高，因为要进行社会资本融资。同时注意，在融资过程中，定价需要遵从市场标准。政府对风险问题的关注使PPP项目的绩效问题被列在风险之后，企业内部对建设项目PPP风险的管理需要对目标进行设定，对管理机构设置，管理人员配备进行权责划分。针对目前我国PPP融资项目主要集中在商业银行贷款的现状，可以直接向银团贷款，开展整体性贷款，同时主动去争取获得政府给予的政策性低息贷款，可采取金融工具套期保值方式进行灵活操作。

(3) 健全收益分配和风险分担机制。健全收益分配和风险分担机制，需针对建设项目收益制定合理的分配规划，需充分发挥市场配置在资源配置中的作用，需要将建设项目的公益性与盈利性相区分，并且对二者加以量化。在风险分担中，要注意防止责任的无限性，需要立足各个方面的优势，充分考虑最适宜且控制力最强的一方承担风险，所以需要合理分配项目风险。强化PPP项目的筛选，同时运用物有所值评价理念和方法，打造完备和科学的PPP操作流程。由于政府部门的控制力明显强于民营机构，政府部门可为PPP项目提供担保，从而控制政治风险以及PPP项目配套设施服务方面的潜在风险。相比较而言，在融资风险和市场风险的控制上，PPP项目公司更具有执行力，其与各自的收益密切相关，所以此类风险应由PPP项目公司承担。当面对不可抗力风险时，各利益相关方可以通过协商机制（如缓冲基金）共同承担。从政府与民营机构的视角分析，公共政策风险和法律变更风险需要由政府承担；融资风险、建设风险、经营风险和技术风险需要由民营机构承担。在健全收益分配和风险分担机制方面，需注意以下两个方面的问题：如果政府过多地将风险转嫁到社会资本等民营机构中，致使风险超出社会资本民营机构的能力范围，这将不利于双方合作关系的维系与可持续发展；相反，如果政府为了吸引社会资本，而承担过多的风险，致使民营机构取得的回报是没有风险的，从而会增加政府支出压力，同时也不能有效激励民营机构，不能实现建设项目中应用PPP融资的初衷。

(4) 规范社会资本竞争。在建设项目PPP融资模式中，为了保证政府在PPP项目的运作中政府采购的公开与公平，需要规范社会资本竞争及其选择程序。通常情况下，省级财政部门均需按照政府采购法律制度及其相关规定按程序确定PPP项目的承担单位，这样可以提高政府部门采购效率及工作透明度。为了确保PPP项目的成功，政府部门需合理安排各个流程，主要包括公开招标、邀请招标、竞争性谈判等竞争性采购方式，通过规范上述各个流程，可对候选投标者进行综合评估，评估的标准主要涉及专业资质、技术能力、管理经验和财务实力等方面。为了实现政府与社会资本间的公平交易，需要树立 PPP 项目的契约精神。契约精神是符合市场化运作的标志之一，但是在我国 PPP 项目的具体实践中，存在地方政府商业意识淡薄，契约精神缺乏等问题，不利于 PPP 项目的顺利开展。因为政府部门掌握着公权力，在项目的合作各方中，私人部门企业处于博弈过程中弱势的一方，政府部门很容易将自身的意志强加于私人部门。

在规范社会资本的进程中，PPP 项目的推广要求政府部门转变职能，即将传统的管理者转变为监督者、合作者，政府部门需转变观念，在 PPP 项目的实施中，政府应以交易者的身份参与其中，不应是行政管理者。

（5）完善定价与调价机制。在建设项目 PPP 融资模式中，为了确保私人部门“盈利但不暴利”，必须完善定价与调价机制。在 PPP 项目中，不同的参与各方，各自的诉求是不同的。政府部门的目标具有公益性，在保证公益性的基础之后才是提高公共产品供给效率和质量，所以，政府部门不允许民营部门制定的公共产品价格过高或获取暴利，政府部门也不允许使用者有不满情绪和国有资产流失情况的发生；与此相反，民营部门如果在 PPP 项目中无利可图是不可能参与到 PPP 项目中与政府合作的，因为民营部门经营运作的目的是利润最大化。所以，PPP 项目成功的关键，就是要民营部门有利可赚，但这个“利”不是“暴利”。同时，由于 PPP 项目具有长期性特征，完善的定价与调价机制必须建立起来，根据特许经营期内建设项目具体的运营情况、社会公众的满意度，及时对 PPP 项目中的价格、补贴等进行适时的调整，从而有效保证私人部门在 PPP 项目全过程中获得合理的回报，规避公私合作中可能会出现的利益冲突。

（6）加强全过程监管。随着 PPP 模式深入推广使用，私人部门与 PPP 项目进入深度合作，这就使得 PPP 建设项目和“政府投资项目”在投资主体上已发生差异，由于 PPP 模式的运作，国有资产在建设项目中所占投资比重逐步降低，这些变化对政府投资项目在建设管理和审计监管方面产生重要影响并带来巨大挑战。政府部门最终是公共产品和公共服务提供者的角色没有改变，最终出资人的实质也未改变。建设项目的基本属性是公共项目，这也是 PPP 项目产生的根源。建设项目 PPP 模式中，公共利益的载体是建设项目所提供的产品和服务，这些产品和服务必须是要由政府部门进行提供的。建设项目 PPP 融资模式的规范运作必须有国家审计监督，加强全过程监督在 PPP 项目中具有不可替代的重要作用。为了保证社会公众利益不受到损害，不允许国家审计监督等有效监督机制出现缺位，如果缺位将会造成综合效益下降和投资成本增加。在建设项目 PPP 融资模式中，国家审计部门要从 PPP 项目全过程视角进行审计和评价，主要涉及 PPP 项目具体政策落实、PPP 项目立项可行性、PPP 项目实施过程合法合规性、PPP 项目投资绩效分析等方面。

2. PPP 项目融资模式风险应对方式

（1）风险预防。风险预防是指为了减小风险发生的概率或风险发生后的损失、损害及损害程度，需要在风险发生之前，根据具体情况判断可能产生的风险，并采取的一定预防措施。因此，建设项目 PPP 融资模式在项目开始运行之前或初期阶段，需要明确项目参与各方的权利和义务，发挥参与各方的自身优势，特别是对于政府部门，需要从传统的建设项目的运营者转向建设项目的监管者，在这个转变的过程中，政府部门需要对 PPP

项目的整个实施过程进行顶层设计，这是风险预防环节的主要内容。

（2）风险分担。风险分担是建设项目各方参与者通过合同或协议的方式，将建设项目中可能出现的各种风险因素进行合理的分配。风险分担有利于在建设项目各方参与者之间合理分配项目的权利和义务。通过合理分配，有利于建设项目各方参与者聚焦本方所应该承担的各类风险，可以节约整体项目的风险管理成本，同时可以最大限度地减小风险发生的概率。通过风险分担，达到建设项目的各方参与者实现互利共赢的目标。

对于不同的建设项目，应根据具体特征及具体情况，选取合适的PPP模式，然后，对项目中可能存在的各种风险通过制定一套适合该项目的风险分配流程，在相关法律法规的基础之上进行分配，通过这样的分配流程，可以在新风险出现或原有风险发生一定变化时应对具体出现的问题。风险分担需要在合同中通过合同条款来界定，合同双方在风险发生时，可以按照合同中具体的约定，履行其各自的义务，对已经发生的风险进行合理分担。风险分担的关键点是如何在建设项目的各方参与者间进行风险分配，不仅要符合项目的整体要求，同时要兼顾到建设项目的各个参与方的具体利益。

风险分担的合理性体现在以下两个方面：一是尽可能降低风险分配的结果，减少风险发生的概率，降低与风险相关的损失；二是建设项目的各个参与方有能力控制分配给自己的风险。

（3）风险自留。风险自留是建设项目自身主动承担风险及其带来的诸多损失，特点是风险损失由项目自身弥补。

风险自留方式可分为有计划和无计划两种方式。

无计划的风险自留基于以下原因：在风险识别中没有确认；保险公司的投保额不能偿付所发生的损失；投保的保险公司因某些特殊情况不能对风险进行赔偿；出现的风险因素在合同条款之外等。

有计划的风险自留主要基于以下原因：对于没有办法转移出去的风险，只能由建设项目自身来处理；建设项目管理者对于出现的具体风险，通过分析，认为自身承担其成本最小，则采取风险自留的方式。

风险自留的主要途径有：在建设项目日常的经营成本中摊入风险损失；设立针对该建设项目的意外损失基金，通过基金解决风险损失问题；可通过从银行贷款或母公司借款等途径承担风险损失。

同时，政府部门需要设置专门的风险管理部门，这将需要做大量的基础性调查工作，通过这些工作，对建设项目进行全程动态监控。

（4）风险转移。风险转移是风险管理中最有效的一种手段，主要通过将建设项目中可能出现的风险和风险引发的损失转移出去。目前，常见的风险转移途径就是通过购买保险公司的保险。项目公司通过和保险公司签订合同，向保险公司支付一定的保险费用，将建设项目中可能会出现的某一类风险及其造成的损失完全或部分地转移给保险公司，这样达到风险转移的目的。应该注意，并不是所有风险都可以通过购买保险得到转移，这种风险转移的方式，具有一定局限性。另外一种风险转移方式是非保险方式，主要是通过和项目合作方或第三方签订经济合同，将相应的风险转移出去。

第三节 PPP项目融资典型案例

一、某地铁线项目

1. 项目基本情况

某地铁线项目全长约28.2km，共24个车站，包括城市交通枢纽、商店密集区、大学校区以及旅游风景区。从该项目的线路规划设计来讲，该地铁线占据了“地利”的先机，因而能保证其在运营期有充足的客流量，为采用PPP融资模式创造了非常好的预期收益条件。

从2005年开始，作为某市政府代表的某市基础设施投资有限公司编制地铁线招商文件。2007年4月，乙地铁有限公司与某市政府签订《某地铁线项目特许协议》。甲公司根据该地铁线的初步设计，按照投资建设责任主体，将项目的建设内容划分为A、B两部分，总投资概算为153亿元人民币。A部分主要为土建工程（洞体）、车站结构等的投资和建设，投资概算为107亿元，约占总投资的70%。该部分的投资和建设由政府出资的京投公司来负责实施；B部分主要为车辆、信号、自动售检票机等设备的采购和施工，投资额约合46亿元，约占总投资的30%。该部分的投资和建设由乙地铁公司来负责实施。乙地铁公司注册资本13.8亿元人民币，由甲公司出资2%，丙创业集团有限公司和丁铁路有限公司各出资49%组建而成。乙地铁公司约2/3的资金通过无追索权的银行贷款方式融资。根据所签署的特许协议，乙地铁公司的特许经营期限为30年。该地铁线项目竣工验收完毕后的特许经营期内，政府将A部分的使用权租赁给乙地铁公司使用。乙地铁公司将负责该地铁线的运营管理、全部设施的维护和除去土建工程外的资产的更新及站内的商业经营。其间，政府负责制定票价，并行使监督权力。

2. 项目运作要点

该PPP项目的合同关系如图4-1所示。

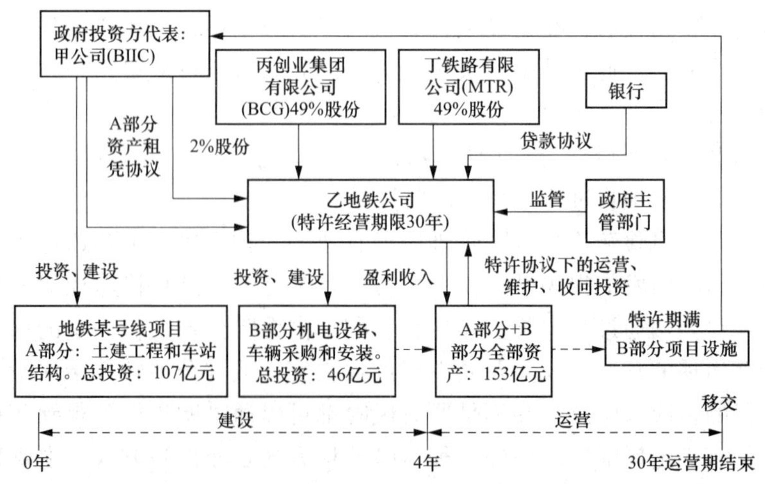

图4-1 某地铁线项目投资结构

(1) 前期准备阶段(2004 年 7～12 月)。

2004 年底，该市政府转发该市发展改革委《关于本市深化城市基础设施投融资体制改革的实施意见》，明确了轨道交通可以按照政府与社会投资 7∶3 的基础比例，吸收社会投资者参与建设。

2004 年 11 月，该市基础设施投资有限公司作为该市基础设施投融资平台正式成立。成立之后便着手制订了某号线市场化运作的初步方案，并开始与多家战略投资者进行接触，项目前期工作全面展开。

在此阶段，形成了项目运作的初步框架，以后各阶段的工作均在此框架基础上拓展。

(2) 方案研究和审批阶段(2005 年 1～9 月)。

2005 年 2～4 月，国际客流预测机构公司对该地铁线的客流与收入进行预测，提出专业意见和报告；聘请技术顾问评估该地铁线的建设和技术方案。

2005 年 4 月，市政府相关部门对于项目采用单线招商方案地铁线捆绑招商方案尚存在不同意见，对采取招标形式还是竞争性谈判的方式确定投资人亦无定论。

2005 年 4 月和 6 月，该市发展改革委分别组织召开了经济市场推介会、地铁线国际融资研讨会等一系列大型招商推介会，面向国内外投资者对以该地铁线为重点的地铁项目进行了广泛深入的招商活动。

2005 年 9 月形成《某地铁线特许经营实施方案》，该市发改委组织相关行业专家对方案进行了评审并上报市政府。11 月，该市政府批准了特许经营实施方案，该地铁线特许经营项目取得实质性进展。

通过研究和沟通，各方就项目主要原则和框架形成了初步的一致意见，形成了特许经营方案，并完成了《某地铁某号线特许经营协议》等法律文件的编制和初步沟通工作。

(3) 竞争性谈判阶段(2005 年 10 月～2006 年 2 月)。

2005 年 11 月底，该市交通委牵头成立某号线特许经营项目政府谈判工作组，与社会投资者的竞争性谈判正式开始。

2006 年 2 月初，政府谈判工作组与优先谈判对象“丁铁路有限公司—丙创业集团联合体”就《某地铁某号线特许经营协议》等项目条件达成了一致意见。

(4) 协议签署阶段(2006 年 2 月～2007 年 4 月)。

2006 年 2 月 7 日，该市交通委代表市政府与联合体草签了《某地铁某号线特许经营协议》。

2006 年 9 月，国家发改委核准批复了该地铁线 PPP 融资项目。

2007 年 1 月，乙地铁有限公司注册成立，注册资本 13.8 亿元人民币，由该市基础设施投资有限公司出资 2%，丙创业集团有限公司和丁铁路有限公司各出资 49%组建。

2007 年 4 月，该市交通委与乙地铁有限公司正式签署了《某地铁某号线特许经营协议》。

3. 案例启示

从评估结果来看，地铁某号线的 PPP 模式在成本、效率、服务等方面取得的效果是非常显著的。从项目运作和实施结果来看，有以下几点启示：

(1) 做好前期研究。建设项目投融资是一项综合的系统性工程，需要多方面的知识储备，例如，金融、财务和法律等。该项目在没有成熟经验可以借鉴的背景下，组建于项目所需的顾问团队，如法律顾问、技术顾问、财务顾问、融资顾问、客流调查顾问等专家团队。在前期准备阶段，该顾问团队广泛分析国内外融资案例，前期研究一年有余，然后才形成了建设项目实施方案，并在各方共同努力和协作之下，进行规范运作与实施，保证了项目的整体运作取得成功。

（2）缓解资金压力。筹集建设资金是制约建设项目发展的首要障碍，特别是对于地铁这类基础建设，这种项目的营利性较低，通过 PPP 融资模式可以减少政府投入，缓解资金压力。根据测算，乙地铁公司负责地铁某号线约 30%的投资，引进了建设资金近 50 亿元，这就意味着政府的投入大大节省。同时，在运营期内，乙地铁公司还要负责线路、设备设施的所有维修维护和更新改造工作，预计需投入的资金接近 100 亿元。某地铁某号线 PPP 融资项目成为 PPP 融资模式的一个样本，体现在项目研究内容、项目结构和核心问题、股权结构、客流风险分担、结算票价体系、建设和运营服务标准等具体操作层面创新的设计。

（3）转化政府职能。为了提高地铁行业的建设效率和运营服务水平，地铁某号线通过引入有实力和经验的国际投资人，引进了国际先进的地铁建设、管理理念和现代化经营理念。这种 PPP 融资模式，给某市地铁行业带来了鲶鱼效应，激活了地铁原有的体制，达到了改革的目的。该项目签署了相关法律文件，这样可以明确政府、投资者和特许公司各个参与方在某地铁某号线建设项目中投资、建设、运营中的诸多权利和义务。这种明确的划分，有效实现了政企分开，优化了政府职能。

二、污水处理厂 BOT 项目融资

1. 基本情况

该项目位于 A 市开发区，工程预计总投资达 8 亿元，计划于 2014 年 1 月动工，2015 年 2 月投入运营。工程的主要建设内容为污水厂处理设施、中水回用设施以及配套污水收集管网 133 余 km。工程规模为一期规模每天 8 万 m^3，其中中水回用规模每天 5 万 m^3；远期 2019 年扩建至每天 10 万 m^3。根据污水量的预测分析，该市污水工程设计年限近期为 2014 年，远期为 2019 年，排水管网按远期年限 2019 年布置，分期实施。根据该市总体规划及城市污水工程规划，该市污水处理厂系统近期服务人口 81 万人，远期 121 万人。污水厂进、出水水质见表 4-11。

表 4-11　　污水厂进、出水水质表

项目	进水（mg/L）	出水（mg/L）
BOD_5	250	≤10
SS	270	≤10
COD	400	≤50
TN	60	≤15
氨氮	40	≤5（8）
TP	5	≤0.5

注　括号外数值为水温大于 12℃时的控制指标，括号内数值为水温小于等于 12℃时的控制指标。

2. 合作模式

鉴于本项目投资规模大，达到8亿元，且涉及污水处理及中水回用等多项技术，市政府决定采用当下国家重点推广的PPP模式与社会资本合作。经过充分竞争，该市政府选择与社会资本某水务集团以BOT模式合作，社会资本该水务集团以“污水处理费收取+政府补贴”的模式实现投资回报。具体由代表该市政府的市水业集团有限公司与社会资本某水务集团签订特许经营协议。该市水业集团有限公司为国有独资公司，主要负责市区特许经营涉水事宜的统一管理，协助市水资源管理部门对市区公共供水管网内自备井的关闭和监管工作，负责市区污水处理费的征收、管理和使用，负责市区公共供水管网覆盖范围内的水资源费的代征代缴，负责履行该市供水监理职能等。

3. 案例解读

在介入本项目后，某水务集团重点对项目的投资规模、地理环境、市经济情况及政府信用进行了调研，更重要的是组织专业人员对项目财务进行了测算，最终决定参与本项目的投标。

(1) 财务估计。

1) 基础数据。

a. 经营期。经营期26年，自本项目竣工验收之日起开始计算。

b. 财务基准收益率。财务基准收益率是项目财务内部收益率指标的基准和依据，是项目在财务上是否可行的基本要求，也用作计算财务净现值的折现率。根据本项目的特点，并考虑一定的风险溢价，本项目的财务基准收益率取10%。

c.（费）率。

a）增值税方面：《财政部、国家税务总局关于资源综合利用及其他产品增值税政策的通知》(财税〔2008〕156号）规定，再生水符合《再生水水质标准》有关规定、污水处理劳务符合有关规定的水质标准免征增值税。经当地环保部门审批建立的污水处理单位，通过一定的设备或工艺流程，将污水净化，达到排放或另行使用的标准，其向污水排放单位或个人等服务对象收取污水处理费，或者政府委托某企业或某企业与政府签订协议专门从事生产和生活污水的处理，政府从财政上拨付污水处理费给企业，且政府拨付给企业的污水处理费构成企业的主要收入来源，所收取污水处理费免征收增值税。

b）所得税方面：企业从事符合条件的环境保护、节能节水项目，包括公共污水处理、公共垃圾处理、沼气综合开发利用、节能减排技术改造和海水淡化等，自项目取得第一笔生产经营收入所属纳税年度起，第1～3年免征企业所得税，第4～6年减半征收企业所得税。

c）其他税收优惠政策：①减计收入总额。税法规定，企业以《资源综合利用企业所得税优惠目录》规定的资源作为主要原材料，生产国家非限制和禁止并符合国家和行业相关标准的产品取得的收入，减按90%计入收入总额。②设备投资抵免。《企业所得税法》第34条及《企业所得税法实施条例》第100条规定，企业购置并实际使用规定范围内的环境保护专用设备，该专用设备投资额的10%可以从企业当年的应纳税额中抵免，当年不足抵免的可以在今后5年内结转抵免。由于这些优惠政策在实际操作中存在不确定性，在财务估算时未予考虑。

2）项目收入估算。与某市政府商议的污水处理运营费为每吨 0.75 元，该项目污水处理费合计为每吨 1.49 元。政府承诺的保底水量为每天 4 万吨。假设每年水量增长稳定，则换算的年均水量增长率为 15.09%，5 年后即 2021 年达到饱和水量每天 8 万吨。

3）项目成本费用估算。变动成本：①电费按照每吨水 0.25 元估计；②药剂投入主要为聚合氯化铝（每吨水 0.025 元）以及聚丙烯铣胺（每吨水 0.06 元），二者合计每吨水 0.085 元；③污泥处理费：污泥产出率为每万吨水 2 吨，单位污泥处理费每吨 0.011 万元，换算得出污泥处理费为每吨水 0.022 元。各年变动成本水量的变化情况与收入变动相同。

职工薪酬：职工人数为 32 人，薪酬为每人每年 5 万元，职工薪酬总额按照每年 3%的增长率增长。

修理费：年维修率按总投资额的 1%计算，即每年 125.6 万。

折旧费：折旧年限与运营期相同为 26 年，取 5%残值率。

管理费：污水处理厂运营所需办公费、交通费等管理费用按照上述 4 项费用总和乘以综合费率 5%预计年均 65 万左右。

财务费用：贷款比例按 100%估计，贷款利率为基准利率上浮 10%，即 6.22%，贷款年限为 15 年，还款方式为等额本金法。

（2）财务评价。

1）净现值分析。净现值是指特定项目未来现金流入的现值与未来现金流出的现值之间的差额，它是评价项目是否可行的最重要指标。按照这种方法，所有未来现金流入和流出都要用资本成本折算现值，如果净现值为正数，表明投资报酬率大于资本成本，该项目可以增加股东财富，应予采纳。

在资本成本为 10%，项目资金全部为自有资金的前提下，项目财务净现值为 3849.43 万元，静态投资回收期为 9.68 年，项目具有较强的盈利能力；在资本成本为 10%，项目资金全部为贷款的前提下，项目财务净现值为 1500.68 万元，静态投资回收期为 10.96 年，项目具有较强的盈利能力。

2）内含报酬率分析。内含报酬率是指能够使未来现金流入量现值等于未来现金流出量现值的折现率，或者说是使投资项目净现值为零的折现率。它是根据项目的现金流量计算的，是项目本身的投资报酬率。取项目净现值为零的情况下，计算得出若全部为自有资金该项目的内含报酬率为 13.69%，若项目资金全部为贷款则内含报酬率为 10.56%。

3）会计报酬率分析。会计报酬率＝年平均净收益/原始投资额×100%。如果无贷款，可以得出项目年均净收益为 1566.89 万元，项目会计报酬率为 13.78%。如果 100%贷款，可以得出项目年均净收益为 1358.25 万元，项目会计报酬率为 12.30%。

4）敏感性分析。敏感性分析是投资项目评价中常用的一种研究不确定性的方法。它在确定性分析的基础上，进一步分析不确定性因素对投资项目的最终经济效果指标影响及影响程度。项目敏感性分析，通常是在假定其他变量不变的情况下，测定某一个变量发生特定的变化时对净现值（或内含报酬率）的影响。

5）最大最小法。该项目的主要不确定性来自政府所给的单位污水处理运营价格。分析由运营价格产生的营业收入变动影响：令净现值等于零，其他因素不变，求解此时的单位污水处理运营价格，其结果为每吨 0.4647 元。该数据表示，如果政府给出的运营价格为每吨 0.4647 元，即在总投资额及回报率不变的情况下，污水处理总价格低于每吨 1.2 元，净现值变为零，该项目不再具有投资价值。

6）敏感程度法。敏感程度法分析需求得敏感系数，它表示选定变量变化 1%时导致目标值变动的百分数，可以反映目标值对于选定变量变化的敏感程度。先计算单位污水处理价格增减 5%、10%和 20%（其他因素不变）的净现值，以及单位污水处理价格变动净现值的敏感系数。然后按照同样方法，计算初始投资额变动对净现值的影响。

a. 当污水处理价格降低 20%就会使该项目失去投资价值，若这种可能性较大就应考虑放弃项目。该变量是引发净现值变化的敏感因素，污水处理价格每减少 1%，项目净现值就损失 5.22%，或者说污水处理价格每增加 1%，净现值就提高 5.22%。

b. 次要敏感因素是初始投资额，初始投资每增加 1%，净现值就减少 2.86%。

c. 相对不很敏感的因素是贷款比例，但也具有一定影响，贷款比例每增加 1%，项目净现值减少 0.66%，即使贷款比例达到 100%，该项目内涵报酬率为 12.30%。

三、某文化公益 PPP 项目融资

1. 基本情况

本项目总建筑面积约 16 万 m^2。项目总投资约 36 亿元。根据招标公告，拟规划建设内容包括歌剧院（规模最大）、音乐厅、戏剧厅、艺术博物馆、影视中心和中央文化大厅和其他配套服务区。建设工期为 3 年。

2. 合作模式

（1）该项目采取 PPP 合作模式。本项目投资规模大、子项目多、涉及合作主体多，主要合作模式如下：

1）经过竞争性谈判，社会资本某建设发展公司中标，由政府授权的招标人与某建设发展公司签订本项目 PPP 投资合作协议。

2）根据 PPP 投资合作协议，政府招标人与某建设发展公司在项目所在地合资成立 PPP 项目公司。PPP 项目公司负责本项目投资、融资、建设、运营（包括对本项目进行商业化运营）和维护。

3）某市人民政府授权该市文化广电新闻出版局与 PPP 项目公司签订本项目特许经营协议，特许经营期限 10 年，其中前 3 年是建设期，后 7 年为运营期。

4）PPP 项目公司和社会资本某建设发展公司签订该项目的施工总承包合同，由某建设发展公司负责本项目的工程施工总承包。

（2）该项目属于社会公益性项目，商业化运营收入远不能实现投资回报，因此需要政府提供可行性缺口补贴。具体操作上：项目总投资约 36 亿元，其中建设成本约 27 亿元，融资补贴约 5.7 亿元，运营补贴约 2.7 亿元。

3. 案例融资分析

近年来，我国 PPP 领域内文化 PPP 项目有日渐增多的趋势。与供水、供电、供暖、污水处理、垃圾处理等市场化或准市场化的项目不同，文化公益类项目由于收营收入难以覆盖投资成本导致社会资本积极性不够，从财政部公布的第一批、第二批 PPP 示范项目可以看出，文化类的 PPP 项目所占的比例并不高。而本项目之所以成功探索出文化公益类 PPP

项目的成功经验，有以下几方面的原因和示范意义。

（1）研究发现，本项目虽然成功落地，并在业内产生了良好的示范效应，受到各级领导和社会的高度认可。但回顾本项目落地过程发现，其中也经历了一些波折：

1）本项目最开始筹划时，政府部门的想法是将本项目与片区开发进行打捆运作。不过，相比本项目而言，片区开发涉及的资金量过大，因此在实际运作中出现困难，本项目的推进遇到很大的挑战。2014年，国家开始大力推广PPP模式，逢此良机，政府部门重新考虑将本项目以PPP模式运作，引入优质社会资本，发挥社会资本在资金、技术、管理方面的优势，尽早将本项目落地。

2）针对本项目，该市政府按照国务院、国家部委的相关文件精神进行公开招标。不过，由于公开投标人数不够. 本项目出现了两次流标。随后，该市政府授予的本项目实施机构灵活地运用国家政策，将本项目转入竞争性谈判。最后成功与社会资本该建设发展公司达成合作意向。关于PPP项目政府采购、政府选择合作伙伴等问题，国家政策主要体现在以下三个文件上。

2014年11月，财政部印发《政府和社会资本合作模式操作指南（试行）的通知》（财金〔2014〕113号），文件指出，项目采购应根据《政府采购法》及相关规章制度执行，采购方式包括公开招标、竞争性谈判、邀请招标、竞争性磋商和单一来源采购。项目实施机构应根据项目采购需求特点，依法选择适当采购方式。2014年12月，《关于开展政府和社会资本合作的指导意见》（发改投资〔2014〕2724号）文件规定，在合作伙伴选择上，实施方案审查通过后，配合行业管理部门、项目实施机构，按照《招标投标法》《政府采购法》等法律法规，通过公开招标、邀请招标、竞争性谈判等多种方式，公平择优选择具有相应管理经验、专业能力、融资实力以及信用状况良好的社会资本作为合作伙伴。2015年5月，国务院下发的《关于做好政府向社会力量购买公共文化服务工作意见的通知》（国办发〔2015〕37号）规定，要完善购买机制，各地要建立健全方式灵活、程序规范、标准明确、结果评价、动态调整的购买机制。结合公共文化服务的具体内容、特点和地方实际，按照政府采购的有关规定，采用公开招标、邀请招标、竞争性谈判、竞争性磋商、单一来源等方式确定承接主体，采取购买、委托、租赁、特许经营、战略合作等各种方式实现合作。

（2）由于是文化公益类的项目，因此投资成本、融资成本、建设成本、运营成本和社会资本的投资回报、政府部门的运营补贴成为本项目能否合作成功的重点，也是各方主体讨论的焦点。因此，在“算账”的问题上，本项目在充分考虑本项目的性质、投资者的回报、政府的承受能力、社会公众利益的基础上，积极进行创新。

1）严格控制建设成本。经测算，本项目如果采取政府直接投资，政府每年支付的资金要大大高于以PPP模式操作需支付的资金。本项目采取PPP模式后，能够发挥社会资本在建设、技术、管理方面的经验优势，降低建设成本，也缓解了政府的财政压力。

2）融资成本不能高于基准利率，利率原则上不能上浮。如果确需上浮，上限不能超过10%，且须报批招标人；上浮超过10%的，由社会资本方承担。

3）本项目属于社会公益性项目，需要政府提供可行性缺口补贴。具体操作上，融资补贴5.7亿元，运营补贴2.7亿元，其中运营补贴是运营成本与收入的差额。此外，运营收入不得低于0.7亿元，低于0.7亿元由社会资本弥补不足。这样可以充分发挥社会资本的积极性，提高本项目的运营效率。

四、澳大利亚 B 剧院 PPP 项目案例

澳大利亚 A 政府通过与 B 剧院的 PPP 模式合作，以政府付费的方式委托剧院生产面向特定使用者的公共文化产品服务，通过 PPP 模式行使了选拔优秀艺术后备人才的社会责任，充分发挥了市场与社会机制的作用，建立了政府与社会、政府与市场的良性合作关系，为艺术后备人才的选拔与培养引入了优质专业的社会力量，提高了公共文化产品服务的供给绩效，为具有优质专业资源与技能的社会机构创造了发展空间，通过政策配套合作与资金支持，实现了 PPP 模式下公共文化产品服务的供给机制创新。

1. 文化产品服务由政府部门和私人机构同时供给

澳大利亚 A 政府与 B 剧院合作采取 PPP 模式，其目的是为社会选拔出优秀的艺术后备人才，培训后送入高校进一步深造。B 剧院作为世界顶级的专业艺术机构，掌握着先进的生产要素，澳大利亚 A 政府作为行政管理机构，并不具备专业艺术教育项目的开发能力，也不具备识别、选拔、培养艺术人才的专业技能。澳大利亚 A 政府通过项目的设置与招标选拔，与 B 剧院签订协议合作，由后者负责项目的开发与运营，利用政府所不具备的优秀艺术资源与专业艺术项目的生产与管理能力，通过公共文化产品服务为社会选拔出优秀的艺术后备人才。而澳大利亚 A 政府根据对剧院的项目运营和管理质量进行评估，提供生产资金作为回报。虽然澳大利亚 A 政府没有直接参与公共文化产品服务的供给，但产品服务的目的、项目要求、评估等环节由政府掌握，并根据产品服务的质量付费给剧院，形成合作共赢的局面。剧院生产的公共文化产品服务实质上是由政企两部门（公私双方）共同供给。

2. 政府部门和私人机构双赢互利

澳大利亚 A 政府以社会公益为出发点，为社会选拔优秀艺术人才是其作为公共部门的责任与义务。其在与 B 剧院的合作中承担了项目发起与标准控制的角色，而具备先进生产要素的剧院（私人机构）在政府提供的合作平台上也实现了自身利益的最大化，不仅以政府付费的形式获得了产品服务的成本回收与盈利，而且在项目开发与推广中，其观众拓展也将带来其他的收益，而澳大利亚 A 政府作为公共部门则实现了为社会选拔优秀艺术后备人才的公众共同利益。

3. 项目运转兼顾高效与公平

B 剧院拥有专业化艺术资源与专业艺术教育项目的开发能力，具备先进的生产要素，在与 A 政府的协议中，通过 PPP 模式合作，实现了公共文化产品服务高效高质量的供给，为社会选拔与培训了优秀的艺术后备人才。而与 A 政府的合作协议，则保证了双方合作的平等地位，政府以付费方式保证了剧院的生产成本与盈利，在合作中实现了公平、互利的原则。

4. 澳大利亚 PPP 融资模式的总结与启示

（1）强化科学的绩效评价。在 PPP 项目的实施中，项目成功的关键在于政府部门和私人部门能够在合理分担项目风险的条件下实现彼此的双赢。政府部门和私人部门在利益方面是一种博弈，政府部门希望通过较低的成本付出吸引私人部门的积极参与，而私人部门

则希望取得更高的投资回报。由于上述因素的存在，使得如何进行科学的绩效评价就尤为必要了。在绩效评价设计中形成激励—约束机制成为 PPP 项目成功实施不可忽视的重要条件。

（2）保证政府部门的主导地位。实施 PPP 项目的前提条件是政府部门的大力支持和主导。但同时必须明确，PPP 模式仅仅是提供公共设施或服务的一种比较有效的方式，该模式不可以替代政府部门进行决策和开展有效治理。从保护和促进公共利益的立场出发，在 PPP 项目整个实施过程中，政府部门需要总体负责 PPP 项目的总体策划和组织项目的全程招标，同时注意厘清各个参与方的权限及其关系，最大限度地降低整体项目的风险。

（3）健全相关法律法规制度。顺利推进 PPP 项目的保证是健全的法律法规制度。为了保证 PPP 项目的成功运作，必须从法律法规制度层面上对政府和私人部门在项目中的责任、义务及风险加以明确。健全 PPP 项目的法律法规制度，可以对政府部门和私营部门给以有效约束，最大限度发挥各自优势并有效弥补不足。

五、英法海底隧道 PPP 项目案例

1. 项目基本情况

英法海底隧道是横贯英法之间多佛海峡的海底铁路隧道，西起英国的福克斯通，东到法国的加来，全长 50km，水下长度 38km，为世界最长的海底隧道，也是世界上规模最大的利用私人资本建造的工程项目。隧道于 1994 年 5 月 7 日正式通车，历时 8 年多，耗资约 100 亿英镑（约 150 亿美元），英法海底隧道 PPP 项目运行要点详见表 4-12。

表 4-12　英法海底隧道 PPP 项目运行要点

时间	建设内容
1981 年 9 月 11 日	英法两国举行首脑会晤，宣布该项目由私营部门出资建设经营
1985 年 3 月 2 日	两国政府发出海峡通道工程融资、建设和运营的招标邀请
1985 年 10 月 31 日	收到四种不同的投标方案
1986 年 1 月 20 日	两国政府宣布选中 CTG-FM（Channel Tunnel Group-France-Manche S. A.）提出的双洞铁路隧道方案；CTG-FM 是一个由两国建筑公司、金融机构、运输企业、工程公司和其他专业机构联合的商业集团。它在 1985 年已分为两个组成部分，一个是 TML（Trans Manche Link）联营体，负责施工、安装、测试和移交运行，作为总承包商；另一个是欧洲隧道公司（Eurotunnel），负责运行和经营，作为业主
1986 年 2 月 12 日	两国政府正式签订海峡隧道条约，又称肯特布协议
1986 年 3 月 14 日	两国政府和 CTG-FM 签订特许权协议，授权建设和经营海峡隧道 55 年（包括计划为 7 年的建设期），后来延长到 65 年，并承诺于 2020 年前不会修建具有竞争性的第二条英法海峡通道；到期后，该隧道归还两国政府的联合业主。协议还规定两国政府将为欧洲隧道公司提供必要的基础设施，并且该公司有权执行自己的商业政策，包括收费定价，但两国政府不提供担保
1986 年 8 月 13 日	正式成立欧洲隧道公司，并与 TML 签订施工合同，合同类型为固定总价和目标造价合同
1987 年 12 月 15 日	海峡隧道英国段正式开挖
1993 年 12 月 10 日	工程建设完成，TML 将项目转交给欧洲隧道公司
1994 年 5 月 7 日	英法海峡隧道正式开通
1997 年 7 月 10 日	欧洲隧道公司财务重组计划审核通过
1997 年 12 月 19 日	两国政府同意将特许经营期延长至 2086 年

续表

时间	建设内容
1998年4月7日	财务重组完成
2006年8月2日	巴黎商业法庭批准欧洲隧道公司的破产保护申请
2007年1月15日	巴黎商业法庭表示批准欧洲隧道公司破产保护计划
2007年6月28日	欧洲隧道公司宣布通过公开换股，债务重组成功，重新组建欧洲隧道集团
2007年7月02日	欧洲隧道集团首次在巴黎和伦敦证券交易所上市交易，替代欧洲隧道公司负责英法海峡隧道的经营

2. 项目融资

项目初始投资预算为60.23亿英镑（最终耗资100亿英镑），其中10.23亿英镑为股权资金，由英国的海峡隧道集团和法国的法兰西曼彻公司各出资79%和21%。中标之后，CTG-FM分别在英国和法国注册了Eurotunnel PLG公司和Eurotunnel S.A.公司，两家公司联合成立了合伙制公司即欧洲隧道公司。其余的50亿英镑来自世界上最大的辛迪加贷款。在签订贷款协议之前，银行要求项目公司完成1.5亿英镑的二期股权融资，英、法两国议会必须通过有关协议来保证项目合同的合法性，并给予欧洲隧道公司自主营运权。TML联营体作为项目的总承包商，负责施工、安装、测试和移交运行。英法海底隧道项目投资结构如图4-2所示。

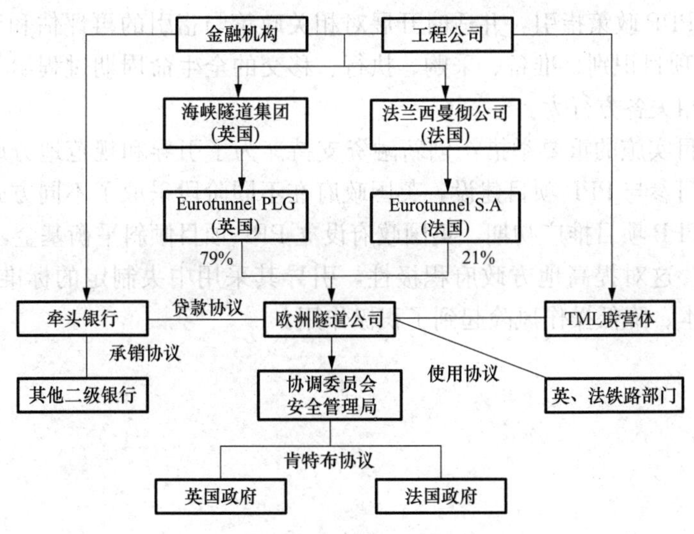

图4-2　英法海底隧道项目投资结构

3. 英国PPP融资模式的启示

（1）PPP项目推进的前提：良好的市场环境。英国构建PPP良好的市场环境主要从以下方面开展：

1）法律体系较为完善。英国虽然没有PPP专项立法，但PPP各环节都能够在现有法律中找到相应依据，相关法律体系还是较为完善的，为PPP模式的有效运作提供了良好保障。同时，私营部门普遍认可英国司法的公正性和独立性，当PPP项目出现纠纷时，私营部门和公共部门的胜诉率基本持平。

2）政府诚信和契约精神。政府基本没有违约情况，英国诚信体系高度发达，重诺履约成为公共部门和私营部门的自觉行动。私营部门将政府视为可信任的合作方，愿意在长达二三十年甚至五十年的 PPP 项目期内与政府开展合作。

（2）PPP 项目有力的支撑：有效的管理体系。英国构建 PPP 管理体系有三条重要经验：

1）确立财政部推广 PPP 模式的核心地位，给予财政部充分授权，统揽 PPP 政策制定和项目管理工作。

2）在财政部设立专业的 PPP 管理机构。因为 PPP 项目涉及的物有所值评价、财政承受能力论证、预算管理、政府债务管理、政府采购管理等都与财政职能密切相关。同时，财政部掌握预算资金分配，对相关部门具有一定激励约束作用，在推广运用 PPP 模式时更容易协调相关部门利益、达成共识。

3）建立跨部门协调机制，成立由财政大臣牵头的经济事务基础设施部长委员会，协调有关部门共同参与 PPP 项目建设。

（3）PPP 项目有效运作的技术保证：丰富的政策指引。PPP 模式的推广，会涉及诸多环节，例如宏观规划、项目设计、工程建设、运营管理、合同订立等方面，这些环节主要涵盖了基础设施领域，如能源、交通运输、水利、环境保护等经济类基础设施以及医疗、养老、教育、文化等社会类基础设施。为促进 PPP 模式规范有序发展，英国政府出台了一系列全面细致的 PPP 政策指引，并适时开展对相关政策与指引的再评估和调整完善，确保始终能够对 PPP 项目识别、准备、采购、执行、移交的全生命周期过程给予有效的技术指导，约束和规范相关各方行为。

（4）PPP 项目实施的重要举措：创新融资支持。为了引导和规范地方政府行为，同时有效吸引私营部门参与 PPP 项目建设，英国政府在不同阶段采取了不同方式的融资支持政策。例如，在。PPP 项目推广初期，英国政府设立 PPP 项目倾斜平衡基金，向地方 PPP 项目提供资金支持。这对提高地方政府积极性，引导其采用中央制定的标准化流程和合同，从而减少管理成本、降低操作风险起到了积极作用。

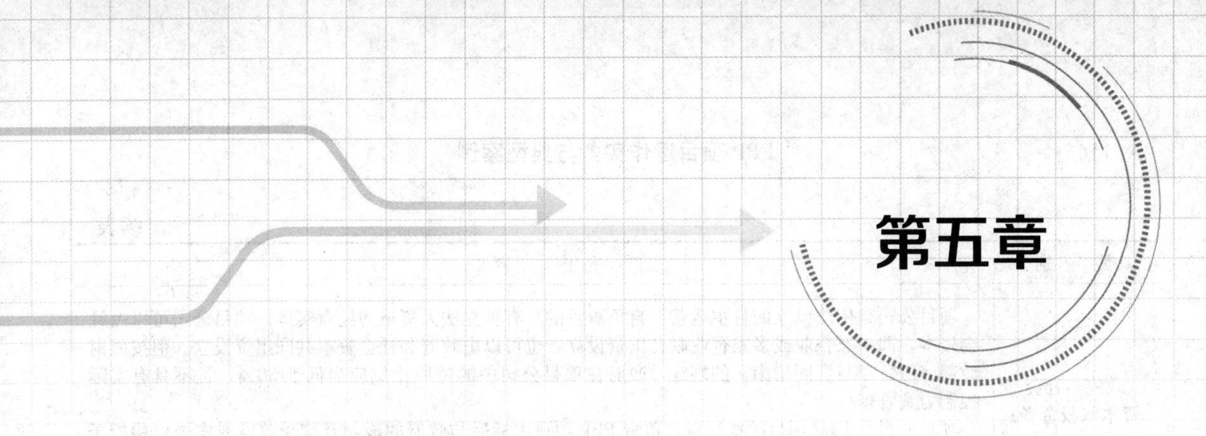

PPP项目的合同主要条款及管理

第一节 PPP 项目合同的参与主体

PPP 项目合同的参与主体见表 5-1。

表 5-1 PPP 项目合同的参与主体

类 别	内 容
政府与社会资本（投资者）	1. 政府 在 PPP 项目合同中，政府参与主体一般包括各级地方人民政府及其授权机构：《基础设施和公用事业特许经营管理办法》第十四条规定，市（县）级以上人民政府应当授权有关部门或单位作为实施机构负责特许经营项目有关实施工作，并明确具体授权范围。财政部《政府和社会资本合作模式操作指南》规定，行业主管部门可从国民经济和社会发展规划及行业专项规划中的新建、改建项目或存量公共资产中遴选潜在项目。根据 PPP 项目的不同类型，项目合同的参与主体包括政府的财政、国土、交通运输、水利、价格、住建、环保、能源、教育、医疗、体育健身和文化设施等行业主管部门或其授权的机构或企业。例如，在公共交通 PPP 项目中，地方政府可以授权其下属的交通管理部门或其下属的国有企业代表政府签订项目合同。在实践中，地方政府一般不直接与社会资本（投资人）或项目公司签约，而是授权其下属行政主管部门或其下属的国有企业代为签订 PPP 项目合同。 2. 社会资本 社会资本参与项目合同的主体范围比较广泛，包括境内外法人或组织。但按照国家的有关规定，并非所有的企业法人或组织都能成为 PPP 项目合同的参与主体。 （1）自然人合伙组织不能作为社会资本。《基础设施和公用事业特许经营管理办法》第三条规定，基础设施和公用事业特许经营的合同主体包括中华人民共和国境内外的法人或者其他组织，但该条并没有明确规定其他组织的范围。财政部《PPP 项目合同指南》规定，社会资本是指依法成立且有效存续的具有法人资格的企业，但该项规定与实践相矛盾，如社会资本以联营体的身份参与项目投标并与政府签约是比较普遍的现象，在项目公司成立之前，联营体成员之间一般为合伙关系。因此，社会资本主体应当包括法人之间形成的合伙组织，而自然人之间形成的合伙组织不能作为社会资本与政府签订 PPP 项目合同。 （2）本级政府的融资平台和控股国有企业不能作为社会资本参与本地区的 PPP 项目。财政部《PPP 项目合同指南》规定，社会资本是指依法设立且有效存续的具有法人资格的企业，包括民营企业、国有企业、外国企业和外商投资企业。但本级人民政府下属的政府融资平台公司及其控股的其他国有企业（上市公司除外）不得作为社会资本参与本级政府辖区内的 PPP 项目。 （3）招投标文件的限制。除了政策法规对社会资本或投资人的条件限制外，政府 PPP 项目实施机构或招标人也可以在招标文件中对投标人提出具体的要求和限制。但对投标人的限制不得违反公平原则，也不得设置歧视性条件。 3. 项目公司 社会资本是 PPP 项目的实际投资人，但在 PPP 项目实践中，社会资本通常不直接作为 PPP 项目的合同主体，而是以投资人身份成立项目公司，由项目公司作为 PPP 项目合同的签约主体，并负责 PPP 项目的实际实施。

续表

类　别	内　容
政府与社会资本（投资者）	项目公司是依法设立的自主运营、自负盈亏的具有独立法人资格的经营实体。项目公司可以由社会资本，即一家企业或多家企业联合出资设立，也可以由政府和社会资本共同出资设立。但按照财政部《PPP项目合同指南》的规定，政府在项目公司中的持股比例应当低于50%，且不具有实际控制力及管理权。 项目公司是PPP项目的执行者，负责PPP项目中标后与政府的谈判及接受政府或实施机构授予的项目经营权，并负责PPP项目从融资、设计、建设和运营直至项目最后的移交等全过程的合同履行。项目经营期结束后，项目的经营权或项目资产的所有权转移时，PPP项目公司将被清算和解散
金融机构	参与PPP项目合同的金融机构通常有商业银行、出口信贷机构、多边金融机构，如世界商业银行、亚洲开发商业银行等，以及非商业银行金融机构，如信托公司、保险公司和基金公司。金融机构参与PPP项目的方式可能因PPP项目的规模和融资需求不同而有所不同，如高速公路、机场等大型PPP项目的投资总额较大，一两家金融机构是无法承担的，可能由几家商业银行或机构共同组成银团为PPP项目提供贷款。 金融机构的参与对PPP项目合同的成功履行至关重要，因此国家积极鼓励金融机构为PPP项目融资，并拓宽融资渠道。《基础设施和公用事业特许经营管理办法》第二十三条、第二十四条和第二十五条规定，国家鼓励金融机构为特许经营项目提供财务顾问、融资顾问、银团贷款等金融服务。政策性、开发性金融机构可以给予特许经营项目差异化信贷支持。除了金融机构为项目提供债权融资等金融服务外，国家鼓励企业以产业基金的方式，为特许经营项目提供资本金；鼓励特许经营项目公司进行结构化融资，发行项目收益票据和资产支持票据等；国家还鼓励特许经营项目以私募基金的方式，引入战略投资者。社会资本也可以发行企业债券、项目收益债券、公司债券、非金融企业债务融资工具等方式拓宽投融资渠道。市（县）级以上人民政府有关部门也可以探索与金融机构设立基础设施和公用事业的特许经营引导基金。 在传统的BOT、BT项目合同中，商业银行仅是项目融资合同中的贷款人，但是随着经济发展的需要，商业银行逐步利用其专业优势为PPP项目提供金融、会计、项目风险、现金流评估等咨询服务。商业银行在PPP项目中承担着提供资金的重要作用，但其是否可以作为独立的社会资本直接与政府签约，争议很大。在实践中，有些地方政府接受商业银行作为社会资本投标，但笔者认为，商业银行作为社会资本独立地参与PPP项目合同，与现行的法律规定不符。理由如下：首先，商业银行作为社会资本直接投资PPP项目，违反了现行的商业银行法。《商业银行法》第二条规定，商业银行是依照该法和《公司法》设立的吸收公众存款、发放贷款、办理结算等业务的企业法人。该法第四十三条明确规定，商业银行在中华人民共和国境内不得从事信托投资和证券经营业务，不得向非自用不动产投资或者向非银行金融机构和企业投资，但国家另有规定的除外。从第二条和第四十三条的规定可以看出，除非国家另有规定，商业银行不能直接进行投资经营活动。截至目前，国家并没有出台商业银行可以直接投资PPP项目的规定。 其次，商业银行作为社会资本直接参与PPP项目，与现行规章、规范性文件的规定不符。财政部《政府和社会资本合作项目政府采购管理办法》第五条规定，项目实施机构应当根据项目需要准备资格预审文件，发布资格预审公告，邀请社会资本和与其合作的金融机构参与资格预审，验证项目能否获得社会资本响应和实现充分竞争。财政部《政府和社会资本合作模式操作指南》第十三条也对此作出了相同的规定。上述文件表明，商业银行可以作为社会资本的融资支持方参与项目的资格预审，但商业银行并不能作为社会资本直接投资PPP项目。 除了商业银行在PPP项目合同履行中起到重要作用外，保险公司作为金融机构在PPP项目合同履行中，可以起到分散项目建设和运营风险的作用。由于PPP项目的投资规模大、生命周期长，在项目建设和运营期间将面临许多难以预料的各类风险，因此项目公司以及项目的承包商、分包商、供应商、运营商等，都应合理预计未来的各类风险，并向保险公司投保，以保证项目的顺利履行
工程承包企业	目前新建、改建或扩建的PPP项目较多，因此政府在招标活动中一般要求投标人具有工程建设的资质证书及从事同等或类似工程项目的经验。工程承包企业（engineering contractor）作为基础设施和公用事业建设的承包商，在PPP项目中主要负责项目的建设，如项目的设计、采购、施工等；在项目建设中，还承担工期延误、工程质量不合格和成本超支等风险。对于规模较大的项目，工程承包企业可能会与分包商签订分包合同，以分散项目的风险。根据具体项目的不同情况，分包商可能承担其分包范围内的设计、部分非主体工程的施工，提供技术服务以及供应工程所需的货物、

续表

类　别	内　容
工程承包企业	材料、设备等责任。承包商负责管理和协调分包商的工作，但承包商不能因为分包而免除其对项目工程质量的连带责任。对于新建、扩建和改建的 PPP 项目来说，承包商在整个 PPP 合同中的地位尤为重要，它决定项目能否按期、保证质量地完成，并影响 PPP 项目顺利运营。 在实践中，如果工程承包企业具有财务能力和融资能力，在大型的基础设施项目中，政府一般会选择其作为社会资本。这是因为，在高速铁路、高速公路、机场、码头等以工程建设为主的项目中，施工企业具有明显的优势。在采用 BOT＋EPC 模式的 PPP 项目中，施工企业或其母公司以社会资本的身份获得政府的项目授权，根据《招标投标法实施条例》第九条的规定，可以直接承担项目工程建设，然后转入项目运营，从而实现项目自始至终的全产业链式的资源整合。这本身也是世界工程项目管理的趋势，并早已获得我国政府的鼓励
运营商	PPP 项目的运营关系到社会资本的投资和回报能否实现，是否能向社会提供合格的公共产品和高质量的公共服务。项目公司如果没有某些项目的运营经验，很有可能聘请专业的运营商（operator）负责项目的运营。 在 PPP 项目的运营中，根据项目的性质、风险分配以及运营商资质能力的不同，专业运营商在不同项目中所负责的工作范围和所承担的风险也会不同。例如，在一些政府付费的项目中，项目公司不承担需求风险或仅承担有限需求风险的，可能独立运营；而在一些以使用者付费为主的项目中，由于需求风险较大，项目公司很可能委托专业的运营商负责项目的运营，以降低项目的运营风险
供应商与 服务购买方	在一些 PPP 项目中，原料的及时、充足、稳定供应对于项目的平稳运营至关重要，因此原料供应商（supplier）也是 PPP 项目合同体系的重要参与方之一。例如，在燃煤电厂项目中，为了保证煤炭的稳定供应，项目公司通常会与煤炭供应商签订长期供应协议。 在包含运营内容的 PPP 项目中，项目公司一般会以项目运营的收入来回收成本并获取利润。为了降低市场风险，在项目谈判阶段，项目公司以及融资方通常会要求确定项目产品或服务的购买方（部分项目适用），并由购买方（service buyer）与项目公司签订长期购销合同，以保证项目未来的稳定收益
律师与其他 中介组织	PPP 项目整个交易结构的长期性、专业性、复杂性以及合规性的要求，决定了专业的投资、法律、技术、财务、保险代理等咨询服务机构在项目合同履行中的重要作用。 咨询服务机构凭借其在 PPP 项目方面的丰富经验，为政府和社会资本提供专业的指导和咨询服务。这些服务通常包括提供 PPP 项目的尽职调查报告，项目的设计、交易结构、财务模型的选择方案，项目的可行性分析报告，项目物有所值评价报告、财政承受能力报告，编制项目实施方案，草拟社会资本选择的招标或竞争性谈判等文件，并组织公开招标或谈判程序，参与商务谈判并协助政府与社会资本签订项目合同。 值得注意的是，律师在 PPP 项目合同中发挥着日益重要的作用。律师在 PPP 项目合同履行中承担的工作通常有：为项目的可行性及风险提供法律意见；对项目及相对方的资金、信誉和其他资产状况做尽职调查；参与起草、修改招投标文件，并对其合规性提供法律意见；参与 PPP 项目合同的起草、修改和谈判；组建项目公司的，可以帮助起草、修改项目公司的章程、文件等；为项目融资、建设、运营等提供法律意见，并参与项目执行过程中的纠纷处理等

第二节　PPP 项目合同主要条款及管理

一、PPP 项目合同的总则

PPP 项目合同总则是对项目合同一般性问题的说明和解释，其具体内容如图 5-1 所示。

（一）项目合同术语的定义和解释

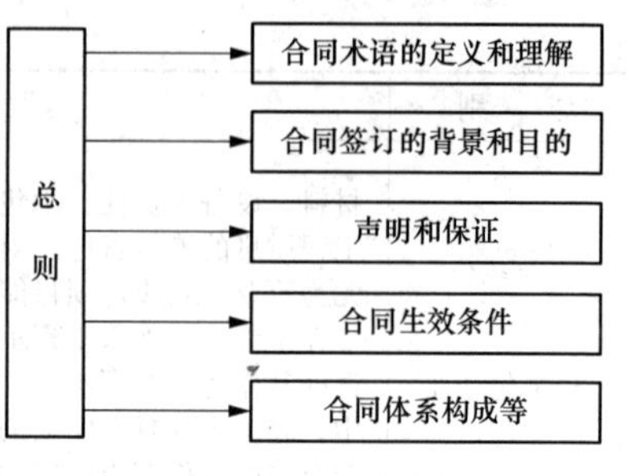

图 5-1　项目合同总则构成

定义和解释是对 PPP 项目合同中专门用语的解释和说明，其目的是防止项目履行中双方对同一术语在理解上的分歧和由此产生的纠纷。

（1）定义：

本协议，指由甲方与乙方签署的项目合同，中标文件、附件，项目的补充修改协议及其附件等。

本项目，指________市（县）________公共交通/设施/服务 PPP 项目。

甲方，指________市（县）政府授权实施公共交通/设施/服务 PPP 项目的实施机构。

乙方，指甲方通过 PPP 项目竞争方式选定的本项目的社会资本方。

项目公司，指乙方为履行本项目的设计、融资、建设、运营、管理及移交的目的，依照公司法的规定设立的企业法人。

1）PPP 公共设施项目。指由政府或社会资本为社会公众提供的公共建筑、设备及其服务，包括供热、供水、供电、燃气、电信、垃圾和污水处理等设施。

2）中国，指中华人民共和国，不包括香港特别行政区、澳门特别行政区和台湾地区。

3）法律，指所有现行有效的中国法律、行政法规、地方性法规、自治条例和单行条例、规章、司法解释及其他有法律约束力的规范性文件。

4）特许经营权。指本协议中甲方授予乙方的、在特许经营期限和经营区域范围内设计、融资、建设、运营、维护公共设施项目，向用户提供服务并收取费用的权利。

5）生效日，指本协议条款中双方约定的本协议生效日期。

6）特许经营期，指从本协议生效日开始的____年期间，可根据本协议予以延长。

7）特许经营区域范围，指履行本协议时，附件《项目和特许经营区域范围》规定的经营和服务区域范围。

8）不可抗力，指在签订本协议时不能合理预见的、不能克服和不能避免的事件或情形。以满足上述条件为前提，不可抗力包括但不限于：①雷电、地震、火山爆发、滑坡、水灾、暴雨、海啸、台风、龙卷风或旱灾；②流行病、瘟疫；③战争行为，入侵、武装冲突或外敌行为，封锁或军事力量的使用，暴乱或恐怖行为；④全国性、地区性、城市性或行业性罢工；⑤由于不能归因于乙方的原因引起的公共设施项目供电中断；⑥由于不能归因于乙方的原因造成的公共设施恶化或供应不足。

9）日、月、季度、年。均指公历的日、月份、季度和年。

10）建设期，指从本协议生效日至最终完工日的期间。

11）运营期。指从最终完工日（适用于新建项目）或开始运营日（适用于已经投产项目）起至移交日的期间。

12）移交。指乙方根据本协议的规定向甲方或其指定机构移交公共设施项目。

13）移交日。指特许经营期届满之日（适用于本协议期满终止）或根据本协议规定确定的移交日期（适用于本协议提前终止）。

14）营业日，指中国除法定节、假日之外的日期，若支付到期日为非营业日，则应视支付日为下一个营业日。

15）批准。指乙方为履行本协议需从政府部门获得的许可、执照、同意、批准、核准或备案。

16）法律变更，指中国立法机关或政府部门颁布、修订、修改、废除、变更和解释的任何法律；或者甲方的任何上级政府部门在本协议签署日之后修改任何批准的重要条件或增加任何重要的额外条件，并且上述任何一种情况导致：①适用于乙方或由乙方承担的税收、税收优惠或关税发生任何变化；②对公共设施项目的融资（包括有关外汇兑换和汇出）、设计、建设、运营、维护和移交的要求发生任何变化。

17）建设，指按本协议建设公共设施项目（适用于包含或将来可能发生的新建项目或项目）。

18）环境污染，指公共设施项目、公共设施项目用地或其任何部分之上、之下或周围的空气、土地、水或其他方面的污染，且这些污染违背或不符合有关环境的现行法律或国际惯例的规定。

19）最终完工证书，指根据第________条颁发或视为颁发的证书。

20）最终完工日，指最终完工证书颁发或视为颁发之日。

21）计划最终完工日，详见附件《项目进度》。

22）最终性能测试，指本协议第________条所述的确认公共设施项目具有安全、可靠、稳定性能的测试。

23）融资交割，当下述条件具备时，为完成融资交割：乙方与融资人已签署并递交所有融资文件，融资文件要求的获得首笔资金的每一前提条件已得到满足或被融资人放弃；并且乙方收到融资文件要求的投资人的认股书或股权出资或其他的文件。

24）融资文件，指经有关政府部门依据现行法律批准的并报甲方备案的、与项目的融资或再融资相关的贷款协议、票据、契约保函、外汇套期保值协议、债券、基金和其他文件，以及担保协议，但不包括：（如乙方的公共服务的价格或提前终止补偿条款与贷款文件有密切联系，则应规定“贷款文件应取得甲方同意”）与股权投资者的认股书或股权出资相关的任何文件；或与提供履约保函和维护保函相关的文件；或其他文件。

25）融资人，指融资文件中的融资人。

26）维护保函，指乙方根据第________条向甲方提供的维护保函。

27）进度日期，指附件《项目进度》中所述的日期。

28）终止通知，指根据第________条发出的通知。

29）计划开始运营日，指双方确定的、预计公共设施项目可以开始运营的日期，即________年________月________日（适用于已经投产的项目，对于新建项目，该日期应与计划最终完工日为同一日期）。

30）开始运营日，指乙方根据第________条向甲方发出公共设施项目已准备就绪，可以开始运营的书面通知中所确定之日（适用于已经投产的项目，对于新建项目，该日期应与最终完工日为同一日期）。

31）履约保函，指乙方按照第________条向甲方提供的履约保函。

32）前期工作，指第________条所述的工作。

33）初步完工通知，指根据第________条发出的通知。

34）初步完工证书，指根据第________条颁发或视为颁发的证书。

35）初步性能测试，指第________条所述的确保项目设施达到技术标准、规范和要求及设计标准的测试。

36）谨慎运营惯例，指熟练和有经验的中国公共服务企业在运营类似于本公共设施项目中，所采用或接受的惯例、方法和做法以及国际惯例和方法。

37）担保协议，指由乙方与融资人签订的、有关政府部门依现行法律批准并经甲方同意和向融资人提供的，在乙方股东持有乙方公司股权或乙方拥有任何财产、权利或权益之上设置抵押、质押、债权负担或其他担保权益的任何协议。

38）项目合同，指本协议、融资文件，与本公共设施项目的设计、重要设备的原材料采购、施工建设、监理、运营维护及其他相关的合同。

39）公共设施项目，指乙方根据本协议设计、融资、建设、运营、维护公共设施项目，向用户提供服务并收取费用。

（2）解释。本合同中的标题仅为阅读方便所设，不影响合同条文的解释。以下的规定同样适用于对本合同进行解释，除非其上下文明确显示其不适用。

在本合同中：

1）协议或文件包括经修订、更新、补充或替代后的该协议或文件；

2）“元”，指人民币元；

3）条款或附件，指本合同的条款或附件；

4）一方、各方，指本合同的一方或双方或各方，并且包括经允许的替代该方的人或该方的受让人；

5）除非本合同另有明确约定，“包括”指包括但不限于；除本合同另有明确约定，“以上”“以下”“以内”或“内”均含本数，“超过”和“以外”不含本数；

6）要求在某一非工作日付款，指该付款应在该日后的第一个工作日支付；

7）本合同中的标题不应视为对本合同的当然解释，本合同的各个组成部分都具有同样的法律效力及同等的重要性。

（二）引言

引言是 PPP 项目合同的一部分内容，一般出现在合同的首部。它用来说明合同签署的时间、签署主体、签署背景等。

1. 示范条款

根据《中华人民共和国招标投标法》《中华人民共和国合同法》《中华人民共和国公司法》《中华人民共和国招标投标法实施条例》、财政部《政府和社会资本合作项目政府采购管理办法》《政府和社会资本合作模式操作指南（试行）》等法律、法规、文件及国家发展改革委、财政部的通用合同指南等关于“政企合作、互惠互利、合作共赢”的原则，甲方（政府）经过 PPP 的招投标/邀请招标/竞争性磋商等方式，选择乙方（社会资本）作为本项目的投资者。双方经过协商，达成如下协议：

鉴于：

（1）经________市（县、区）人民政府批准，________项目采用 PPP 模式（政府与社会资本合作模式）选择有竞争力的社会资本进行本项目的投资、建设和运营。

（2）甲方于________年________月________日至________年________月________日遵循公开、公平、公正和利益共享、风险共担的原则，对项目进行了公开招标/邀请招标/谈判，并履行了相关法定程序，最终确定乙方为本项目的中标社会资本。

（3）甲方与乙方签署《________PPP项目合同》（以下简称本合同），由甲方授权乙方进行本项目的投资、建设和运营。甲乙双方保证/承诺履行签订的《________PPP项目合同》。或根据本合同约定，由甲方与乙方在项目所在地合资成立项目公司。项目公司成立后，________市（县、区）人民政府授权________（实施机构）与项目公司签署《________项目合同》（以下简称《合同》），由项目公司负责对本项目进行投资、融资、建设、运营维护、移交并承担风险。

（4）本合同是甲、乙双方合作实施本项目投资、建设、运营的依据，双方应共同维护和遵守。

甲方（政府主体）　　　　　　　　　　乙方/乙方的联合体（社会资本）

（单位全称盖章）：　　　　　　　　　（单位全称盖章）：

甲方法定代表人：________　　　　　　乙方法定代表人：________

委托代理人：________　　　　　　　　委托代理人：________

________年______月______日　　　　　________年______月______日

2. 引言条款解析

（1）项目合同签约主体及签约时间。PPP项目合同的首页一般应写明签署主体的名称、住所、法定代表人及其注册信息。如果由委托代理人代为签署，应注明委托代理人的姓名、身份和身份证信息。公民的身份证件、法定代表人的身份证明书和授权委托书等文件都是合同的组成部分。在合同签约主体之后，需要写明合同签署的具体日期。

（2）签约背景及签约目的。为了合同双方有效地控制履约风险，顺利实现合同的签约目的，在合同的引言部分需要对合同签署的相关背景、目的等予以说明。

1）项目合同背景的介绍。背景的介绍一般应说明某一具体PPP项目已经被纳入当地政府的发展规划，经过当地人民政府或行业主管部门的批准，项目实施机构作为项目合同的签约主体已经得到当地政府的授权等情况。此外，还应说明该项目已依照《招标投标法》或《政府采购法》或其他相关法律法规的规定，履行了公开竞争程序并确定了社会资本（投资人）。政府和社会资本已经就项目合同的条款进行了谈判，协商一致决定签订此合同。

项目的背景介绍，可对项目签约前的程序、本协议的主要内容及签约后的实施步骤等进行比较具体的描述。这将加深双方对合同的理解，并有助于合同的履行。例如，某路桥PPP项目合同的背景介绍如下：根据财政部、住房城乡建设部《关于市政公用领域开展政府和社会资本合作项目推介工作的通知》（2015年2月13日财建〔2015〕29号）的要求，某市人民政府决定采用PPP模式建设该路桥项目（以下简称本项目），作为本项目实施机构，甲方通过公开招标的方式选择乙方作为本项目社会资本方。待乙方按照合资协议（详见附件）的约定在某市出资设立项目公司。项目公司设立后，由项目公司与甲方重新签署PPP合同（合同内容不变），项目公司全面承继乙方在本合同项下的权利和义务。本项目实行投资、建设、管理养护一体化的运作方式。项目公司是乙方为实施投资、融资、建设、管理养护、移交项目而依法设立的企业法人。

项目的背景介绍也可能比较简短。例如，某高速公路项目合同的背景介绍写道：某市人民政府批准了某高速公路工程采用 PPP 模式建设，并授权甲方代表政府开展 PPP 项目采购，购买社会资本基于项目建设提供的服务，经公开招标，甲方依法向乙方出具了《某市高速公路建设工程 PPP 项目中标通知书》。乙方按相应文件的规定组建并依法注册项目公司，并由项目公司负责本项目的投融资、建设、运营与移交等工作。

项目的合同签约背景可能根据项目的实际做不同的介绍，但一般应说明：经过政府的审批作为 PPP 项目实施者、以公开竞争方式选择了社会资本、双方对项目合同进行了协商并达成一致以及签约双方经过合法授权等关键环节。这些内容关系到项目的签约是否合法及合同是否具有法律效力等。

2）签约目的。项目合同的签约目的，一般应写得比较简短和概括。例如，某垃圾处理 PPP 项目合同约定，为了规范城市生活垃圾处理市场，加强城市生活垃圾处理企业管理，保证按照有关法律、法规及标准和规范的要求实施城市垃圾处理，维护垃圾处理企业的合法权益，根据某市人民政府的授权和履行了有关程序后，双方签署本协议。

（三）声明和保证

声明和保证是指项目合同双方互相承诺其具备签订合同的能力和条件并保证合同履行的条款。《发改委 PPP 项目通用合同指南》包括了声明和保证条款，而《财政部 PPP 项目合同指南》并没有提及此项条款。在实践中，大部分项目合同包括此项条款。

1. 示范条款

（1）甲方的声明。在合同签订时，甲方在此向乙方声明：

1）甲方已获得某市人民政府的授权，有权代表政府签署本协议，并将履行本协议项下的各项义务；

2）甲方已经获得本协议附件________列出的应在生效日期前获得的所有批准；

3）如果甲方在此所作的声明与实际不符，并严重影响本协议的履行，乙方有权终止本协议。

（2）乙方的声明。在合同签订时，乙方在此向甲方声明：

1）乙方是依据中华人民共和国法律成立的合法机构，具有签署和履行本协议、其他项目合同和融资文件的权利；

2）乙方已经获得本协议附件________列出的应在生效日期前获得的所有批准；

3）乙方确保在特许经营期内，其项目的投资股本金额高于或等于项目投资额的________%；

4）如果乙方在此所作的声明与实际不符，并严重影响本协议的履行，甲方有权终止本协议。

2. 条款解析

（1）声明和保证的法律后果。《民法总则》第一百四十七条规定，基于重大误解实施的民事法律行为，行为人有权请求人民法院或者仲裁机构予以撤销。《合同法》第五十四条也作了类似的规定。根据上述规定，合同一方对项目的背景或签约目的有重大误解的，可以向人民法院或仲裁机构提出撤销合同的请求。签署声明的法律后果是：①可能丧失合同重大误解的合同撤销权；②如果一方违反其作出的声明和保证，将承担违约责任，相对方享有合同的提前解除权。

在起草和审核合同签署主体具有相应法律资格及履约能力的声明条款时，应注意以下方面：

1）签约主体身份。我国《合同法》第九条明确规定，当事人订立合同，应当具有相应的民事权利能力和民事行为能力。而民事权利能力和行为能力的取得，应当符合法律要求的条件和程序。《民法总则》第五十八条规定，法人应当依法成立。法人应当有自己的名称、组织机构、住所、财产或者经费。法人成立的具体条件和程序，依照法律、行政法规的规定。设立法人，法律、行政法规规定须经有关机关批准的，依照其规定。因此，双方在合同签订时应具备以下条件：

a. 出示表明其合法地位的文件。政府主管部门或组织作为合同签约主体的，应当出示政府批准的文件：如果签约主体是企业，应当出示其法人营业执照。如在高速路项目中，地方政府的交通主管部门（机关法人）或其下属的国有企业经过政府授权（企业法人），可以代表政府签约。

b. 外商投资企业签约的，应当声明其符合国家外商投资准入的规定并提供企业法人营业执照。

c. 境外企业签约的，应声明其已在境外合法注册并提供经我国驻当地使领馆认证的文书等。

2）履约能力。普通的民事合同，对合同当事人的履约能力没有具体要求，但由于PPP项目提供的是基础设施和公共服务领域的公共产品和服务，依照《基础设施和公用事业特许经营管理办法》第十五条和第十七条的规定，社会资本方应具有相应的管理经验、专业能力、融资实力以及良好的信用状况等。关于管理经验，社会资本应声明其承接过相同或类似的项目；关于专业能力，应声明其具备足够的专业技术人员等；关于融资和信用状况，则应声明其资金实力和银行信用。PPP项目投标人的履约能力，一般在招标文件中有具体的要求。

除了履约能力的声明，社会资本还应就政府招标文件中的具体要求，提供投标PPP项目需要的相关资质、行业许可及行业准入等条件的相关证明文件。如工程建设的招标文件可能要求投标企业具有住建部颁发的施工资质，投标企业或其联合体成员应提供资质证书；投标燃气项目的，应出示燃气经营许可证等。

（2）合同签署资格授权的声明。政府实施机构代表政府签约的，应当声明其已获得政府的批准和授权。社会资本签约一方，应声明其已获得董事会或股东会的批准。

合同的签订一般由实施机构的负责人或企业的法定代表人或经授权的代理人签订。《民法总则》规定，企业法定代表人可以对外签约；企业法定代表人不能亲自签约的，可以授权其代理人签订。在实践中，无论是法定代表人本人亲自签约还是由代理人签约，都应出具合法手续。法定代表人应出具法定代表人证明书；代理人应出示授权委托的手续和身份证明等文件。

（3）对所声明内容真实性、准确性、完整性的保证或承诺。

1）声明内容真实性保证或承诺，要求声明不得虚假，否则构成民事合同欺诈，应承担赔偿责任，合同相对方有权要求撤销合同。因弄虚作假等欺骗行为中标项目的，按照《招标投标法》和《招标投标法实施条例》的规定，项目合同应予撤销，责任人将被处以罚款、市场禁入等行政处罚，构成犯罪的将被追究刑事责任。

2）准确性、完整性的声明和保证，要求 PPP 合同当事人声明的内容没有错误、遗漏或纰漏。合同是双方意思表示一致的结果，如果一方声明的内容不准确、不完整就可能误导对方。如果误导造成对方重大误解的，按照《民法通则》和《合同法》的规定，当事人一方有权请求人民法院或仲裁机构撤销或变更合同。但新公布的《民法总则》仅保留了当事人予以撤销的权利。按照特别法优于普通法的原则，当事人可以按照《合同法》的规定行使其撤销或变更合同的权利。重大误解造成对方损失的，也应承担赔偿责任。因此 PPP 项目合同的双方当事人，无论是政府还是社会资本都应对其声明内容的准确性和完整性负责，以保证 PPP 项目合同的顺利履行。

（4）关于诚信履约、提供持续服务和维护公共利益的保证。诚实信用是合同法的基本原则，合同一经订立，双方就必须严格遵守已订立的条款，而不能随意变更、终止或解除。如果一方违背了其承诺和保证，则应承担违约责任。

提供持续服务和维护公共利益是 PPP 项目合同当事人的法定义务。《基础设施和公用事业特许经营管理办法》第三十条规定，特许经营者应当根据有关法律、行政法规、标准规范和特许经营协议，提供优质、持续、高效、安全的公共产品或者公共服务。

由于 PPP 项目合同提供的公共产品和服务涉及公众利益，因此合同双方不能随意中止合同的履行。即使在发生不可抗力事件期间，合同双方也应尽量减少和降低损失；如果双方发生纠纷，在纠纷期间，双方也不能停止合同的履行。在争议期间政府应继续支付合同约定的费用和补贴；社会资本应当继续提供服务，不得为了自身利益而随意提高公共产品或服务的价格或降低服务质量。任何一方违反提供持续服务和维护公共利益的保证的，都应当承担违约、赔偿和继续履行的责任。

（5）其他声明或保证。根据国家法律、法规和规范性文件的规定，以及 PPP 项目招标文件的具体要求，其他的声明或保证一般包括：

1）噪声、水、空气质量等环境法要求的义务。如项目合同双方应遵守国家环境保护的法律规定，在项目建设和运营期间应保护周边的环境或尽量降低对环境的损害。

2）应遵守国家劳动、保险等方面法律、法规的规定。项目公司也不得克扣、拖欠工人的工资等。

3）遵守廉洁从业的规定。合同双方的工作人员不得索贿和受贿。

4）遵守消防和安全管理的规定等。

（四）合同生效条件、合同的构成及优先次序

1. 合同的生效条件

合同的生效条件是指合同已经成立，但是否生效取决于合同是否满足双方约定的条件。一般的民事合同自订立之日起生效，但 PPP 项目合同一般应在满足双方约定的条件后生效。

（1）示范条款。当以下先决条件满足或被另一方书面放弃时，双方开始履行本合同项下义务：

1）甲方承担的义务：

a. 甲方就本项目已经获得了政府的审批手续；

b. 甲方办理了项目的用地手续；

c. 甲方协助乙方办理本项目的许可手续。

2）乙方承担的义务：

a. 乙方已向甲方提交了符合本协议要求的履约保函；

b. 乙方融资交割完成；

c. 根据有关法律，乙方已获得了项目的批准手续；

d. 乙方已经按甲方的要求购买了项目需要的保险；

e. 乙方为取得本项目的特许经营权，已支付了特许经营费或提交了保证金、担保、质押或其他文件；

f. 乙方已经取得项目依法所需要的所有批准文件。

如果因乙方原因未能在生效日后________日内满足前述先决条件，则甲方有权提取履约保函项下的所有款项，并有权终止本协议；如果因甲方的原因未满足上述先决条件，乙方可以解除合同，并要求甲方承担违约责任和赔偿损失。

（2）条款解析。一般民事合同只要双方协商一致，合同即宣告成立并可以履行。如《合同法》第四十四条第一款规定，依法成立的合同，自成立时生效。但有些合同需要满足法律和约定的条件才能生效。《合同法》第四十四条第二款规定，法律、行政法规定应当办理批准、登记等手续生效的，依照其规定。除了法律规定的合同生效条件外，合同的双方当事人也可以约定合同的生效条件。《合同法》第四十五条规定，当事人对合同的效力可以约定附条件。附生效条件的合同，自条件成就时生效。

在实践中，PPP 项目合同一般会约定合同的生效条件。项目合同的生效条件一般包括：项目公司已提交履约保证金，购买了项目的保险，完成融资文件的交割；政府方应完成土地的拆迁和准备工作，办理或协助办理项目的有关审批手续、行政许可等。只有满足了上述双方约定的合同生效条件，项目合同才能生效。

2. 合同的构成及各部分的优先次序

合同的构成是指项目合同包括的文件。合同文件的优先次序是指当不同合同文件就同一事项规定的内容出现矛盾时，排序在先的文件优先适用。

（1）示范条款。

合同文件优先次序。合同的组成文件是相互说明的。出于解释的需要，文件的优先次序应按下列顺序排列：

a. PPP 项目合同；

b. 中标函；

c. 投标函；

d. 附件；

e. 补充协议或变更协议；

f. 政府的要求；

g. 其他文件。

如果发现文件之间有表述模糊或产生歧义之处，应当按照上一顺序的文件作出解释。

（2）条款解析。

1）合同的构成。PPP 项目合同的文件一般包括合同正文、中标函、投标函、合同附件、补充协议、变更协议及政府的要求等。

a. 合同的正文主要阐述PPP项目合同的主要内容和核心条款，如风险分配原则、合同的基本内容和双方的权利义务等。

b. 中标函或中标通知书，是指政府或其招标代理人在确定社会资本中标后，通知其中标的书面凭证。

c. 投标函是指社会资本按照招标文件的条件和要求，向政府或其招标代理人提交的有关报价、质量目标等承诺和说明的函件。

d. 合同附件一般在合同的结尾部分。附件是合同的组成部分，它与合同的其他条款一样具有法律效力。

e. 项目合同签订之后，如果有些内容没有约定而需要补充或虽有约定，但需要变更或修订的，双方可以签订项目合同的补充或变更协议。合同的补充或变更协议一般包括以下内容：①甲、乙双方签约主体的基本信息；②说明拟定补充或变更协议的理由：③协议补充或变更的条款。

f. 政府的要求是指政府对PPP项目所应完成的工期、质量或其他事宜的解释和说明。

2）合同各部分效力的优先次序。PPP项目合同应对合同的正文、中标函、投标函、补充协议、附件和政府的要求这些之间的关系加以说明。双方在PPP项目合同中可以约定，本协议生效后，中标函、投标函、附件、补充协议、政府的要求将成为项目合同不可分割的组成部分，与合同正文具有同等的法律效力。关于补充或变更协议的效力，在合同中可以约定，对于双方未尽事宜，可以签订补充或变更协议，补充或变更协议与原合同有相互冲突时，以该补充或变更协议为准。

由于PPP项目兼具长期性、复杂性，且因项目所处地域、行业、市场环境等情况不同，各参与方合作意愿、风险偏好、谈判能力等方面有差异，造成项目合同条款欠缺或各条款之间出现矛盾或在项目履行中合同条件发生变化等情况时，合同双方应协商签订项目合同的补充或变更协议。因此在双方订立合同时应注意：对合同的构成及各部分的优先次序加以说明，以免双方在项目合同履行中发生争议。

二、PPP项目合同的内容、合同期限及担保事宜

（一）合作内容

1. 合同条款

（1）项目范围：

本项目位于________市（县）________，包括________道路、桥梁和其他事项，共包括________项目，具体见表5-2。

表5-2　PPP项目合作范围

项目名称	建设内容及规模	估算投资（万元）	备注
城北工程	市政道路，长________m，宽________m，其中包括道路、交通及综合管线工程等		

续表

项目名称	建设内容及规模	估算投资（万元）	备注
市政景观工程	市政景观工程全长________m，宽________m，市政管网长________m。其中，市政桥梁长________m，宽________m，建设内容包括道路、桥梁、给排水、燃气、电力、通信、交通标志、绿化景观工程等		
城南工程	建设总面积________m^2，其中绿化面积________m^2，铺装面积________m^2，水体面积________m^2、停车位________个		
项目运营	城北工程、市政景观和城南工程完工后的日常维护和保养、项目周边的停车场、经营性物业、广告的经营和管理		

（2）甲方应提供的条件。

1）依照本协议及相关规定，甲方依法授予项目公司投资、建设、运营本项目的特许经营权，将项目范围内的停车场、经营性物业、广告位等经营性资产同时授予项目公司，并按约定向项目公司支付一定金额的运营补贴。未经甲方书面同意，项目公司不得将上述资产和权利转让、出租、质押或者与第三方合作、联营等。

2）甲方应对项目公司为本项目顺利实施而进行的融资行为，提供相应的协助和支持。

3）甲方应协助项目公司取得相关法律、法规和规章规定的，可适用于本项目的各项优惠政策，并协助项目公司取得有关政府部门承诺的与履行本协议相关的行政审批等。

（3）项目公司应承担的任务。在合作期限内，项目公司负责本项目投资、建设、运营维护工作，依照约定收取运营补贴和经营性资产的经营收入。在合作期限届满后，根据本协议的规定将本项目全部资产完好无偿地移交给甲方或其指定机构。

（4）回报方式。根据本项目的特点，采用“使用者付费＋可行性缺口补助”的回报机制。项目收入包括乙方经营项目周边资产而收取的停车费、物业费和广告费等，以及甲方支付的运营补贴。运营补贴的数额根据乙方建设成本、运营成本、使用者付费数额、合理利润率等因素综合计算。具体的计算和支付方式详见合同附件。

（5）项目资产权属。在项目合作期限内，项目公司投资建设本项目所形成资产的所有权归________方所有，其资产折旧、摊销不计入项目公司成本，由项目公司负责运营，政府不再向项目公司额外支付运营费用，也不向项目公司收取资产使用费用。

（6）建设场所取得和使用的权利。本项目所需建设场所或土地由甲方负责提供，所有权属于甲方，项目公司仅在合作期限内享有使用权。

2. 条款解读

PPP 项目合同中政府和社会资本合作的主要事项一般包括项目范围、政府提供的条件、社会资本承担的任务、回报方式、项目资产权属、土地获取和使用权利等条款。

（1）项目范围。由于项目合作模式的不同，PPP 项目的合作范围差别较大。常见的项目模式有 BOT、TOT、ROT、BOOT 等。BOT 项目的合同范围包括项目的投资、设计、采购、建设、运营和移交。TOT 项目的合作范围包括移交、运营和移交。ROT 项目的合作范围包括扩建/改建、运营和移交等。BOOT 的合作范围包括建设、运营、拥有和移交等。

除了项目模式对合作范围的影响，项目的类型和领域不同，项目合作范围也有所不同。例如，公共交通领域和公共设施领域的合作范围主要包括项目设施的投资、建设和运营；项目建成后以项目设施收取服务费，如收费公路的通行费，供电项目、燃气项目政府支付的费用等。而公共服务项目主要依赖专业技术人员提供的咨询和服务作为收费的来源，如学校教师的授课服务、医院医生提供的诊疗服务、养老机构医护人员对老人的照料等。相对于公共交通和公共设施项目，公共服务项目主要以专业人员提供的服务为主，以设施为辅。

对于公共交通新建项目而言，收费公路项目的合作范围一般包括：

1）项目的投资、设计、施工建设、运营维护、管理；

2）车辆通行费的收取；

3）项目沿线规定区域内服务设施和广告的经营等。

以燃气公共设施项目为例，双方的合作范围一般包括：

1）燃气设施的建设，社会资本应根据城市规划和燃气专业规划的要求，承担市政燃气管道和设施的投资建设。

2）燃气设施的运营、维修及更新，社会资本需要按照国家标准和地方标准以及相关规定，负责燃气设施运营、维修及更新。

3）燃气的供应服务，社会资本需要提供燃气设施和供气的服务。

4）保障供气安全，即双方须严格遵守国家和地方有关安全的法律、法规、规章及政策性文件，社会资本承担的燃气供应、运营、质量、安全、服务应符合国家、行业和地方相关标准，依法对特许经营区域内的管道燃气供气安全、公共安全和安全使用宣传负责等。

公共服务项目，以养老、医院、学校项目为例。养老项目的合作范围包括：养老设施的建设和融资；提供老年人住宿、饮食、起居的料理，购物，休闲等服务。医院项目的合作范围主要包括医生对病人提供的医疗服务，以及医疗仪器和其他的设施等提供的服务。学校项目的合作范围主要包括教师对学生知识的传授，以及为学生的实践而设置的实验室及校办工厂等。

由于具体 PPP 项目本身的不同，双方当事人可以根据项目的实际情况，协商确定合作的具体范围。

（2）政府提供的条件。在项目合同中，应明确政府为合作项目提供的主要条件或支持措施。以高速公路项目为例，政府提供的条件包括：

1）协助社会资本做好项目前期工作，协助社会资本办理项目核准手续和土地报批手续，以使其获得履行本协议所需的各种批文。

2）政府应在其权限和管理范围内协助社会资本获得进行项目设计、建设、运营、养护及管理所必需的批文。

3）政府负责运营和养护连接项目的道路和其他基础设施，以保证通往项目的交通高效和安全。

4）如果法律、法规、政策的变化导致本项目无法继续履行的，政府应按照协议的约定，对社会资本进行合理的补偿等。

政府提供的条件一般包括授予社会资本特许经营权。如果需要政府向社会资本授予其他相关特定权利的，应明确社会资本获得该项权利的方式和条件，是否需要缴纳费用，以及费用的计算方法、支付时间、支付方式及程序等事项，并明确社会资本对政府授予权利的使用方式及限制性条款。

此外，双方还可以约定，在特许经营期内，非经政府的同意，社会资本不得擅自就本特许经营权及相关权益向任何第三方进行转让、出租、质押或进行与项目用途无关的其他任何处置等。

政府在提供条件的同时，也可能要求社会资本支付一定的费用，如项目前期开发费(如征地拆迁、勘察、设计等)、各种保函及费用等。

(3) 社会资本承担的任务。社会资本应承担的具体工作，包括：

1) 关于项目的投资。社会资本除应对项目投入一定比例的自有资金外，其余部分可以通过债权和股权方式融资。融资方式包括银行贷款、票据、基金、资产证券化等。社会资本应与融资方签订融资协议，完成融资交割等。

2) 关于项目的建设。社会资本应按照政府在招标文件中的要求，完成对项目的设计，组织施工，采购项目所需的原材料和设备，并按期交付工程。

3) 关于运营和维护。社会资本应按照项目的运营维护手册定期对设备进行维护保养。在高速公路项目运营时，项目公司应对高速公路进行定期的维护，对破损的路面进行修理。在污水项目运营中，项目公司应对设备进行定期的维修。在养老项目和医疗项目的运营中，项目公司应对养老和医疗服务中老人、病人及家属和社会公众提出的意见作出及时的反馈，并不断地提高服务质量。

(4) 项目的收入与回报方式。合同双方可以协商投资回报的方式。根据项目的性质和特点的不同，项目的收入和回报一般有以下三种方式：

1) 经营性项目一般采取使用者付费的方式。经营性项目主要是指项目在市场中的竞争比较充分，有足够的使用者付费可以满足社会资本的投资回收。进出城区的高速公路和桥梁项目一般采取使用者付费的模式。我国 20 世纪八九十年代社会资本投资的高速公路项目，普遍采取使用者付费的 BOT 模式。

2) 准经营性项目一般采取使用者付费与政府补贴相结合的方式。准经营性项目的回报主要是指在使用者付费不能满足项目回收投资的情况下，政府给予一定的补贴。2014 年年底以来开展的新一轮 PPP 模式，收费公路项目由过去的单纯使用者付费，转变为以使用者付费为主、政府提供补贴为辅的方式。这可能是因为我国的基础设施比较发达，已经修建的公路、铁路、机场等多种交通设施为使用者出行提供了充分的选择机会。如果项目公司继续将通行费作为项目的唯一收入来源，社会资本可能无法收回成本。例如，北京兴延高速公路 PPP 项目，通过论证政府认为单纯的使用者付费方式，社会资本将无法收回投资，因此在项目合同中规定了 0.88 元/(标准车 · km) 的通行费补贴和政府保底车流量补贴的条款，即在车流量不足保底车流量 75%的情况下，政府将提供一定的补贴。城市轨道交通项目中的地铁、市政公用事业项目中的燃气、供热、供气和供水等也是比较典型的使用者付费和政府补贴相结合的准经营性项目。

3) 非经营性项目一般采取政府付费或购买服务的方式。由于非经营项目没有使用者付费或使用者付费较少，社会资本无法收回投资，因而采用政府付费或政府购买为主的项目投资回报方式。公共服务领域的教育、医疗和养老项目是比较典型的非经营性项目。在这些项目中尽管学生、病人和老人支付一定的费用，但都不足以使社会资本收回项目的投资。

（4）项目的资产权属。项目的资产包括项目的固定资产、流动资产和项目的知识产权。固定资产包括土地、房屋、项目设施等；流动资产包括项目的机器设备、交通工具等；知识产权包括项目的技术、资料和技术信息；项目的文件，如项目合同等。

1）项目土地的权属。无论是划拨还是出让，土地的所有权属于政府。如果土地是政府划拨的，社会资本可以享有使用权，但不能将其用于抵押、转让、租赁等：如果土地是通过出让方式取得的，为了融资的需要，社会资本可以将其抵押或转让、租赁等，但应事先得到政府的书面同意。

2）项目设施和流动资产的权属关系。项目设施的权属按照物权法“谁投资，谁所有”的原则，一般应属于投资项目的社会资本所有。在实践中，许多项目合同都规定项目的资产归甲方即政府所有，但有的合同规定双方可以协商确定项目资产的权属关系。财政部印发的《政府和社会资本合作项目财政管理暂行办法》第三十二条规定，项目实施机构与社会资本方应当根据法律法规和PPP项目合同约定确定项目公司资产权属。

3）项目建设、维护期间知识产权的归属。项目使用的技术，如果是在项目建设前形成的，其权属关系不变：如果是项目公司与第三人签订了使用合同，项目公司享有使用权，项目移交时项目公司应当将使用合同转让给政府；如果项目使用的技术是在建设和运营阶段发明的，项目合同的双方需要对其权属予以协商。

4）项目中的文件资料。项目文件资料原则上属于政府，项目公司在建设和运营阶段可以使用，但当项目运营结束时应移交给政府。

5）项目中的其他资产归属。项目中的其他资产可以根据项目的情况，由政府与社会资本协商确定产权关系。

（5）土地获取和使用权利。PPP项目合同应明确合作项目土地的获得方式，并约定社会资本对项目土地的使用权限。PPP项目中社会资本获得土地的方式有划拨、出让、租赁、政府作价出资或入股等方式。

土地划拨的方式主要集中在城市基础设施和公益事业领域。《土地管理法》第五十四条规定，城市基础设施用地和公益事业用地经市（县）级以上人民政府依法批准，可以通过划拨方式取得。但国土资源部的政策则倾向于减少划拨用地的范围，扩大土地出让为主的取得方式。《节约集约利用土地规定》（国土资源部令第61号）第二十一条规定，国家扩大国有土地有偿使用范围，减少非公益性用地划拨。除军事、保障性住房和涉及国家安全和公共秩序的特殊用地可以通过划拨方式供应外，国家机关办公和交通、能源、水利等基础设施（产业）、城市基础设施以及各类社会事业用地中的经营性用地，实行有偿使用。

出让的方式是目前PPP项目土地获取的主要途径，常用于经营性的PPP项目。划拨仅限于非经营性和准经营性的PPP项目。租赁和作价入股则作为以上两种方式的补充。

在目前PPP项目的实践中，项目土地获取的方式并不相同，以公益事业土地获取方式为例，有的养老院以划拨方式取得土地；有的以出让方式取得，还有以租赁方式使用工业用地的情况。

(二) 合作期限

1. 示范条款

(1) 项目合作期限。

1) 本项目合作期限________年，其中建设期________年，运营期________年。即自本合同生效之日起至正式运营日前________日（暂定________年________月________日）为建设期，自开始正式运营日至移交日（暂定________年________月________日）为运营期。

2) 期限的延长。

a. 合作期自本合同生效日起至本合同终止日为止，除非出现本合同约定的延长或提前终止等事由外，本项目合作期不予延长。

b. 如遇一方违约及不可抗力事件导致不能按期运营的，应承担不能按期运营的风险和合同违约责任。

3) 期限的结束。导致项目合作期限结束的情形：

a. 项目合作期限届满；

b. 项目提前终止。

关于期限结束后的处理，按本合同有关条款履行。

2. 条款解读

PPP项目合作的期限，一般可根据项目的行业特点、所提供公共产品/服务需求、项目生命周期、投资回收期等因素综合确定。合作期限一般最长不超过30年，但对于投资规模大、回报周期长的基础设施和公用事业特许经营项目（以下简称特许经营项目），可以由政府或者其授权部门与特许经营者根据项目实际情况，协商约定具体的特许经营期限。以养老项目为例，由于项目的收入与回报较低，PPP项目合同的期限可以延长到50年。在实践中，有的BOO养老项目合同约定，项目的合作没有期限，项目的所有权归投资的社会资本。但一般而言，项目合作期限的长短，与项目类型、项目的模式、投资回报方式、项目投入的成本有关。

总之，PPP项目合作双方应当根据项目的具体情况，协商确定项目的期限，以保护双方在项目合同中的利益。

(1) 项目合作期限的约定。

1) 项目的合作期限一般在项目前期论证阶段作出评估。评估合作期限时，应综合考虑以下因素：

a. 政府所需要的公共产品/服务的供给期间。

b. 项目资产的经济生命周期。不同项目资产的经济生命周期不同，如公路、桥梁和轨道等项目的经济生命周期较长，项目相对收费时间长。因此，在确定项目合作期限时应考虑项目的经济生命周期。

c. 项目资产的技术生命周期。例如，信息和通信技术发展速度较快，项目的合作期限一般较短；通信光缆等项目的技术更新较快，项目合作的期限较短。

d. 项目的投资回收期。投资回收期一般与项目的收益率紧密相关，经营性项目的收益率比非经营项目的收益率高，所以其投资回收期相对较短；而非经营性项目的收益主要来源于政府的补贴，其收益率较低，因此投资回收期较长。

e. 财政承受能力。财政部印发的《政府和社会资本合作项目财政承受能力论证指引》（财金〔2015〕21号）要求："每一年度全部PPP项目需要从预算中安排的支出责任，占一般公共预算支出比例应当不超过10%。"如果政府仅能支付每年10%的财政预算，PPP项目的合作期限会相应延长。

f. 现行法律、法规、规章、规范性文件关于项目合作期限的规定。《基础设施和公用事业特许经营管理办法》规定，合同期限最长不超过30年。《财政部PPP模式操作指南》建议，转让—运营—移交（TOT）、建设—运营—移交（BOT）、改建—运营—移交（ROT）运作方式合同期限一般为20～30年；委托运营（O&M）运作方式合同期限一般不超过8年；管理合同（MC）运作方式合同期限一般不超过3年。建设—拥有—运营（BOO）运作方式由于不涉及合同期限，在该方式下，社会资本或项目公司拥有项目的所有权，一般不涉及项目期满移交问题，但必须在合同中注明保证公益性的约束条款。

PPP项目是政府与社会资本之间的长期合作关系，因此合作期限较长。财政部等二十部委发布的《关于组织开展第三批政府和社会资本合作示范项目申报筛选工作的通知》（财金函〔2016〕47号）规定，第三批PPP示范项目的合作期限，原则上不低于10年。

2）项目合作期限的不同规定。在PPP项目合同中，项目合作期限的规定一般有以下两种：

a. 自合同生效之日起的一个固定期限，如30年，建设期和运营的时间不加区分。如果建设期延长，运营期限将缩短。

b. 建设期间和运营期间分别计算。如果建设期限延长，不影响运营的期限。运营期间为自项目开始运营之日起的一个固定期限。

需要特别注意的是，项目的实际期限还会受到不可抗力、合同双方违约及提前终止的影响。

（2）期限的延长。由于PPP项目兼具长期性和复杂性，在项目的建设和运营期间会有各种意外情况发生，因此双方在协商项目合作期限的条款时，需要考虑期限延长的事由。其基本的原则是：在法律允许的范围内，对于项目合作期限内发生的非因项目公司的过错而延误了工期的情况，项目公司可以请求延长。常见的延期事由包括：①因政府方过错的延期；②不可抗力的项目延期；③双方规定的其他事由。

（3）期限的结束。项目合作期限结束的情况有两种：项目合作按照约定期限届满或者由于各种原因导致项目合同提前终止。

三、合作履约担保

（一）合同条款

1. 建设履约保证金

根据项目"开工、竣工、验收"的原则收取和退还保证金。保证金按项目合同总额的________%计收，由项目公司在相应项目开工前________日内向甲方缴纳，在项目竣工验收合格后________日后扣除运营维护保证金后无息退还。

2. 运营维护保函或保证金

由甲方在该项目进入运营期时，按该项目对应________个月运营补贴的金额计收运营维护保函或保证金，在合作期限届满后________个月内无息退还给项目公司。

3. 移交维修保函

在合作期限届满前________年，项目公司提供金额为________万元的移交维修保函，保函担保期限为________年，自提交之日起计算。若移交设施不能正常运转，甲方有权兑付移交维修保函。

（二）条款解读

为了保证项目合同的顺利履行，双方可以协商履约担保的条款。在项目合同中应对履约担保的定义、担保的类型、担保的提供时间、担保额度、兑取条件和退还等进行详细约定。

1. 履约担保的定义和担保类型

履约担保是指为了防范项目公司的违约，保证项目的顺利实施，政府要求项目公司提供的保证。项目公司的担保有以下三种类型：

（1）银行履约保函是由商业银行开具的担保证明。银行履约保函一般由政府同意的具有一定信誉的银行开具。

（2）履约担保书是指担保公司或者保险公司以其公司的名义担保项目公司履约或者当项目公司违约时，政府可以要求担保公司或保险公司支付担保金的书面保证。

（3）履约担保金可采用保兑支票、银行汇票或现金支票等形式。

2. 担保提供的时间、担保额度

（1）担保提供的时间。项目合同一般要求社会资本在项目合同履约前的一定期限内提交履约保证金。

（2）担保额度。在实践中，PPP 项目合同的投标担保金一般为项目投标预算金额的 2%；履约担保的金额一般是项目投资总额的 5%～10%；运营维护的担保金额一般在项目总投资额的 5%左右；项目的移交维修保函一般在项目总投资的 2%左右。财政部印发的《政府和社会资本合作项目政府采购管理办法》规定，参加采购活动的保证金数额不得超过项目预算金额的 2%；履约保证金的数额不得超过 PPP 项目初始投资总额或者资产评估值的 10%，无固定资产投资或者投资额不大的服务型 PPP 项目，履约保证金的数额不得超过平均 6 个月服务收入额。

3. 保函兑取的条件和退还

（1）履约保函的兑取。在实践中，政府一般要求项目公司出具银行保函并承诺政府可以无条件地提取保函规定数额内的款项而不必出具任何文件，也不必提供项目公司违约的证据，即见索即付。见索即付保函对项目公司而言风险较大。在 EPC 合同实践中。FIDIC 关于保函的推荐条款规定，业主在兑取保函时，应向银行声明承包商违约，并提供相应的证据。根据 FIDIC 的推荐条款，在谈判时项目公司应注意：

1）尽量说服政府按照 FIDIC 的格式条款设计保函的条款和内容，以限制政府提取保函的随意性。

2）合同可以约定，只有在项目公司违约，政府提供相应证据的前提下或构成保函兑取的其他条件时，银行方能向政府支付保函的款项。

（2）保函的退还。双方可以协商保函退还的条件和方式，但政府一般会在保函到期时退还或由项目公司以一项保函换取另一项保函。在实践中，项目公司可以用履约保函换取预付款保函，用维修保函换取履约保函。

四、PPP 项目合同用地条款

1. 土地取得的方式、责任主体及相关费用

（1）条款内容。

土地使用权

在本协议生效后，以________（视项目具体情况而定）形式由甲方向乙方提供（或由乙方自行取得项目用地的使用权），并确保乙方在特许经营期内独占性地使用土地。

（2）条款释义。条款释义见表 5-3。

表 5-3　条　款　释　义

类　别		内　容
项目土地取得的方式	无偿取得土地的方式	PPP 项目土地的取得一般分为无偿和有偿两种方式。无偿取得主要是以划拨的方式取得土地；有偿取得是指以出让、租赁和作价入股等方式取得土地。 根据《土地管理法》第五十四条的规定，无偿取得土地的项目包括： （1）城市基础设施用地和公益事业用地。城市基础设施用地是指城市给水、排水、污水处理用地、供电、通信、煤气、热力、道路、桥涵用地等。 （2）国家重点扶持的能源、交通、水利等基础设施用地。 （3）法律、行政法规规定的其他用地。 但国土资源部发布的《划拨用地目录》（国土资源部令第 9 号）对划拨土地的范围作出限制，对以营利为目的，非国家重点扶持的能源、交通、水利等基础设施用地项目，应以有偿的方式提供土地使用权。 在实践中需要注意的是，以划拨方式取得土地使用权的，需要由市（县）级以上人民政府依法批准。《城市房地产管理法》第二十四条对于划拨的方式也作了类似的规定，但强调在确属必需的情况下，政府才能给予批准
	有偿取得土地的方式	《土地管理法》第五十四条规定，建设单位使用国有土地，应当以出让等有偿使用方式取得。根据该规定，项目建设用地以出让方式为主，以租赁和作价为辅。 （1）出让取得包括招拍挂和协议出让。以招拍挂方式取得项目用地，主要是针对经营性用地或同一块宗地有两个以上使用者的情况。国土资源部在《招拍挂出让国有土地使用权规定》中提出，经营性用地应当通过招拍挂的方式取得。经营性用地主要指工业用地、仓储用地、商业、旅游、娱乐和商品住宅等各类经营性用地。 （2）协议方式取得用地。国土资源部在《协议出让国有土地使用权规范（试行）》（国土资发〔2006〕114 号）中提出，协议取得包括以下四种情况： 1）供应商业、旅游、娱乐和商品住宅等各类经营性用地以外用途的土地，其供地计划公布后同一宗地只有一个意向用地者的； 2）原划拨、承租土地使用权人申请办理协议出让，经依法批准的，但《国有土地划拨决定书》《国有土地租赁合同》、法律、法规、行政规定等明确应当收回土地使用权重新公开出让的除外； 3）划拨土地使用权转让申请办理协议出让，经依法批准的，但《国有土地划拨决定书》、法律、法规、行政规定等明确应当收回土地使用权重新公开出让的除外； 4）出让土地使用权人申请续期，经审查准予续期的。 （3）租赁方式取得土地。土地租赁主要是指地方政府将国有土地出租给 PPP 项目公司或社会资本，双方订立土地租赁合同，项目公司支付租金并取得土地承租权的行为。如果同一宗地有两个以上的使用者，则需要通过招拍挂的方式取得

续表

类　别		内　容
项目土地取得的方式	有偿取得土地的方式	从现行国土资源部《规范国有土地租赁若干意见》（国土资发〔1992〕222 号）上看，土地租赁的范围包括： 1）土地转让、场地出租、企业改制和改变土地用途后依法应当有偿使用的； 2）新增建设用地，租赁作为出让方式的补充。但房地产开发经营用地，则不实行租赁。 (4) 作价出资或入股。土地出资或作价入股是指项目合同中的政府方以土地出资或作价的形式参与 PPP 项目公司。 在实践中，起草和审核项目合同时应注意以下问题： 一是作价出资或入股的应由政府审批。国务院办公厅转发的《关于在公共服务领域推广政府和社会资本合作模式的指导意见》（国办发〔2015〕42 号）提出，以作价出资或者入股方式取得土地使用权的，应当以市、县人民政府作为出资人，制定作价出资或者入股方案，经市、县人民政府批准后实施。 二是作价或入股的项目范围限制。按照财政部等二十部委发布的《关于联合公布第三批政府和社会资本合作示范项目加快推进示范项目建设的通知》规定，目前我国土地出资和入股范围还仅限于公共租赁住房和政府投资建设不以营利为目的、具有公益性质的农产品批发市场用地，其余用途的土地均应以出让或租赁方式供应。 三是作价或入股方式的范围正逐步扩大。随着 PPP 事业在我国的进一步发展，PPP 项目土地作价或入股的范围也进一步扩大。国务院办公厅发布的《关于全面放开养老服务市场提升养老服务质量的若干意见》（国办发〔2016〕91 号）提出，在养老服务领域采取 PPP 模式的项目，可以国有建设用地使用权作价出资或者入股建设。 在实践中，公共交通和公共设施的 PPP 项目的土地一般通过划拨方式取得。公共服务项目如养老服务、医疗等公益性 PPP 项目土地一般采取出让或租赁的方式取得。但因医疗、养老等公益项目的收益不高，如果采取出让或租赁的方式使用土地，则增加了社会资本的投资成本。在上述意见发布之前，有些地方政府已经采用政府以土地作价出资或入股项目公司等方式支持 PPP 模式的养老服务项目
项目土地取得的责任主体	政府负责项目土地使用权的取得	在实践中，新建、扩建和改建的项目，尤其是公共交通和公共设施的 PPP 项目应解决项目建设的用地问题。因而在 PPP 项目合同中，政府和项目公司应协商土地取得的责任主体。 责任主体确定的一般原则为：比较在项目中政府和项目公司哪一方更有能力、更有优势和便利获取土地的使用权。该原则有利于双方公平、合理地分担项目合同履行中的风险。 在实践中，一般采取以下两种方式： (1) 主要考虑政府在项目中的优势地位。目前我国土地的所有权为全民和集体所有，土地的使用、规划、征收等都实行政府审批制。除乡（镇）村公共设施和公益事业建设经依法批准可使用农民集体所有的土地外，其他的建设用地均需先由国家征收原属于农民集体所有的土地，将其变为国有土地之后才能出让或划拨。此外，根据《土地管理法》《划拨用地目录》（国土资源部令第 9 号）及其他有关法律的规定和实践，对于城市基础设施用地、公益事业用地以及国家重点扶持的能源、交通、水利等基础设施用地，主要采用划拨的方式，项目公司无法自行取得该土地的使用权。因此对于项目土地使用权的取得，政府有更多的控制力。如果 PPP 项目合同中的政府方即市（县）级以上政府或政府部门对 PPP 项目的土地直接具有审批权的，项目合同中应当规定该政府主体承担项目土地使用权取得的义务；如果项目合同中的政府方的上级对项目的土地具有审批权的，则该政府也应承担项目土地使用权取得的义务。总之，在 PPP 项目合同履行中，政府方负责项目土地使用权的取得，对于项目的实施更为经济和更有效率

续表

类　别		内　容
项目土地取得的责任主体	政府负责项目土地使用权的取得	关于政府方在项目合同中承担获取PPP项目土地的责任，也被财政部、国土资源部、中国人民银行等最新发布的《关于规范土地储备和资金管理等相关问题的通知》（财综〔2016〕4号）所确认。该通知明确规定，土地储备机构承担依法取得土地、进行前期开发、储存以备供应土地等工作。财政部等二十部委发布的《关于联合公布第三批政府和社会资本合作示范项目加快推进示范项目建设的通知》则明令禁止PPP项目公司参与土地的储备工作。由此可见，项目土地的取得是政府的责任。 （2）实践中的具体应用。在实践中，如果政府以土地划拨或出让等方式提供项目用地，相关进入场地的道路使用权以及建设需要临时用地的，作为项目合同一方的政府应当办理项目用地的预审手续和土地使用权证，而项目公司负责协助和配合工作。以上项目土地用地，如果需要用地的征收、拆迁和安置的，也应当由政府负责土地的征用补偿、拆迁、场地平整、人员安置等工作，并保证所提供的土地之上没有设定他项权利，并满足项目的开工条件。项目合同也应当规定，因政府负责的土地拆迁等延误，包括因拆迁受阻造成的项目停工、窝工进而造成项目建设延误的，政府应承担违约责任或对项目公司的工期给予延长。 在财政部、国土资源部、中国人民银行、银监会等发布的《关于规范土地储备和资金管理等相关问题的通知》和《关于联合公布第三批政府和社会资本合作示范项目加快推进项目建设的通知》发布前，一般由政府负责取得项目土地的使用权，但在一些情况下也可能由项目公司负责。 如果由项目公司负责更为便利，在项目合同中可以约定由项目公司负责项目土地使用权的取得和办理相关的手续，政府承担必要的协助义务。如企业投资的项目，由于企业在项目立项中已经获得了项目选址、规划等政府的审批，那么企业对于项目用地的取得就比较便利
土地使用权及相关权利的费用	土地使用权及其他权利的费用	项目土地使用权及其他权利的费用包括土地出让金、征地补偿费用、土地恢复平整费用以及临时使用土地补偿费等。征地补偿费一般包括土地补偿费、安置补助费、地上附着物和青苗补偿费、拆迁补偿费等
	项目土地费用的承担	按照《关于规范土地储备和资金管理等相关问题的通知》的要求，地方国土资源主管部门应积极探索政府购买、土地征收、收购、收回涉及的拆迁安置补偿服务。政府以使用土地储备金的方式支付土地使用权及其他权利的费用。根据该通知的要求，PPP项目土地取得的相关费用应由政府承担。 在《关于规范土地储备和资金管理等相关问题的通知》发布之前，实践中一般由政府负责土地使用权取得、征地拆迁等工作或提供以上工作的协助，但项目土地的上述费用由项目公司承担。如果政府已经支付了以上的费用，则在项目公司成立后，由项目公司支付给政府；如果政府尚未支付的，则由项目公司支付给政府有关部门或政府委托的征地、拆迁机构

2. PPP项目土地使用权及其限制条款

（1）条款内容。

1）项目公司的土地使用权。

甲方应在本协议生效后，以__________形式向乙方提供__________PPP项目用地的土地使用权，并确保乙方在特许经营期内独占性地使用土地。

2）土地使用权的限制。未经甲方事先书面同意，乙方不得将项目土地用于出租、抵押和转让或项目之外的其他任何目的；如因乙方违反现行法律和/或本合同和/或其他有关法律文件的要求使用土地给国家、公共利益或第三人造成损害，乙方应当赔偿因此造成的损失，甲方也有权收回土地，提前终止项目合同。

3）甲方的场地出入权。甲方以及有关政府部门经合理通知项目公司后，有权出入项目场地；有权为了建设进度或检查乙方履行本合同项下的其他义务的目的行使此项出入权；以及本合同规定的其他出入的权利。

（2）条款释义见表5-4。

表5-4　条款释义

类别		内容
土地使用权及其限制	项目公司土地的使用权	土地使用权的条款是PPP新建、改建、扩建项目合同的必备条款。项目合同应规定，项目公司在项目合同的期限内为了实施项目，可以享有项目土地的使用权。 关于项目公司土地使用权的范围，根据我国《土地管理法》的规定，项目公司为了实施项目，可以依法转让、出租、抵押项目土地；如果项目的土地是通过划拨的方式取得的，可以在办理了出让手续并补缴了项目土地使用权出让金后，获得项目土地的转让、出租和抵押的权利
	项目公司土地使用权的限制	项目公司土地的使用权受到一些条件的限制，如划拨的土地不能用于抵押、继承、租赁和转让：以出让、作价、租赁等方式取得土地的抵押、继承、租赁和转让的权利，也仅限于本项目的实施，而不能用于其他的目的。 在实践中，项目合同一般要求，如果项目公司需要对项目用地行使以上权利的，还需要得到政府的同意或批准。如果未经政府同意或批准，项目公司不得将该项目土地使用权以任何方式转让给第三方或用于该项目以外的其他用途。此外，项目土地使用的权利，还应受到项目公司与政府签订的土地使用权出让合同或者土地使用权划拨批准文件的约束，同时也要遵守《土地管理法》等相关法律、法规的规定
政府在项目中的场地出入权	政府有权出入项目设施场地	作为项目合同主体，政府项目实施机构有权进入场地，了解项目工程的进展，监督项目公司履行PPP项目合同的情况。行使法定监督权的政府有关部门如物价、审计、环保部门，基于法律、法规的规定，有权对项目进行监督和检查。项目公司在施工中造成空气、噪声污染的，环保部门有权进入项目场地，对项目公司的环保违法行为予以监督和检查。 为了保证政府对项目的监督权，在PPP项目合同中，双方应约定政府方为了实施项目的需要，有出入项目设施场地的权利，但政府在行使该项权利时，应遵守一定的条件
	条件和限制	政府在行使上述出入权时，也应遵守一定的条件： （1）作为项目合同主体的政府，在行使该项权利时应当按照双方在项目合同中的约定，尽合理通知义务后才可入场。享有国家法律、法规赋予的监督权的政府部门在紧急的情况下，则可以直接进入项目现场，项目公司不得无理阻拦，也不得干扰政府部门的正常执法行为。 （2）履行必要的通知义务后，政府进入项目场地时应遵守项目场地的有关规定，不得影响项目的正常建设和运营。 虽然以上规定多为对项目合同中代表政府方的项目实施机构权利的限制，但行使国家行政执法权的政府部门也应按照法律、法规的要求执法，不能滥用手中的权力

3. 项目的征地、拆迁、安置及用地风险条款

（1）条款。

征地、拆迁和安置

甲方负责项目的征地、拆迁和安置，并协调有关的部门和单位，乙方对甲方的以上工作予以协助。征地拆迁的有关费用包括________等由甲方承担。征地标准按照批复的初

步设计概算的标准执行。

（2）条款释义。条款释义见表 5-5。

表 5-5　条　款　释　义

类　别		内　容
项目征地、拆迁、安置的合同安排		在项目合同起草和谈判时，双方应对征地、拆迁、安置的范围、进度、实施责任主体及费用负担等条款予以协商。关于项目的拆迁工作，应当由政府负责，项目公司可以提供协助，并承担项目前期的开发工作，如道路、供水、供电、供气、排水、通信、照明、绿化、土地平整等基础设施建设工作。在项目合同中可以约定，如果因政府的过错拖延了征地、拆迁和安置而使开工延期，社会资本或项目公司可以要求适当延长工期，或要求政府承担违约责任、赔偿损失
项目用地过程中法律风险的防范	经营项目用地的招拍挂制度，可能使项目投资人中标后面临无法取得项目用地的风险	我国目前土地资源管理有关法律规定，经营性的用地需要通过招标、拍卖、挂牌等方式取得。《招拍挂出让国有土地使用权规定》第二条规定，招标出让国有建设用地使用权，是指市、市（县）人民政府国土资源行政主管部门（以下简称出让人）发布招标公告，邀请特定或者不特定的自然人、法人和其他组织参加国有建设用地使用权投标，根据投标结果确定国有建设用地使用权人的行为；拍卖出让国有建设用地使用权，是指出让人发布拍卖公告，由竞买人在指定时间、地点进行公开竞价，根据出价结果确定国有建设用地使用权人的行为；挂牌出让国有建设用地使用权，是指出让人发布挂牌公告，按公告规定的期限将拟出让宗地的交易条件在指定的土地交易场所挂牌公布，接受竞买人的报价申请并更新挂牌价格，根据挂牌期限截止时的出价结果或者现场竞价结果确定国有建设用地使用权人的行为。 因有许多竞争者，招拍挂的程序和规定使项目公司在取得该土地时，面临无法获得项目用地的风险。如果盲目高价获得项目土地，投入的成本将大幅增加，将加大投资风险
	准经营或非经营性项目无法与经营用地打包的风险	有些社会公共服务的项目收益率低，无法满足项目的投资回报，因此，社会资本在取得项目用地的同时，希望政府给予有商业开发价值的地产或其他资源作为该项目投资收入的来源。政府在这种情况下可以承诺社会资本在实施 PPP 项目的同时，可以一并开发周边有经济价值的项目，以弥补 PPP 项目投入的损失。但该有经济价值的土地或资源不能以国有土地的出让、协议或划拨的方式取得，造成了实践中的矛盾。我国现行的《招拍挂出让国有土地使用权规定》《招拍挂出让国有土地使用权规范》明确规定，商业、旅游、娱乐和商品住宅等各类经营性用地，必须以招标、拍卖或者挂牌方式出让。上述规定以外用途的土地的供地计划公布后，同一宗地有两个以上意向用地者的，也应当采用招标、拍卖或者挂牌方式出让。因此在实践中，非营利的社会公共服务项目与商业用地打包的模式，将面临无法实现的风险。 项目公司如果希望获得项目用地以外的其他经营性用地的使用权，应当尽量避免通过招拍挂的方式取得。如果项目的用地为非商业、旅游、娱乐和商品住宅用地的，可以考虑以协商的方式获得土地或由政府以土地作价入股的方式将其交给项目公司使用。这样可以有效地降低项目公司的投资风险。 为了降低 PPP 项目社会资本中标人不能获取项目土地的风险，财政部等部委发布的《关于联合公布第三批政府和社会资本合作示范项目加快推进项目建设的通知》规定，依法需要以招标、拍卖、挂牌方式供应土地使用权的宗地或地块，在市、县国土资源主管部门编制供地方案、签订宗地出让（出租）合同、开展用地供后监管的前提下，可将通过竞争方式确定项目投资方和用地者的环节合并实施。国土资源部办公厅发布的《产业用地政策实施工作指引》（国土资厅发〔2016〕38 号）也允许采用 PPP 方式实施项目建设的，和以招标方式确定新建铁路项目投资主体和土地综合开发权中标人的，通过竞争方式将确定项目中标人与土地招标环节合并。但在实践中，还缺少具体操作的细则。

续表

类　别		内　容
项目用地过程中法律风险的防范	准经营或非经营性项目无法与经营用地打包的风险	在园区、智慧城市、城镇化、环境综合治理、保障性安居工程等成片综合开发项目中。项目投资人参与土地一级开发的权利和以土地收入作为项目回报的方式将受到进一步的限制。《关于联合公布第三批政府和社会资本合作示范项目加快推进项目建设》规定，PPP项目主体或其他社会资本，除通过规范的土地市场取得合法土地权益外，不得违规取得未供应的土地使用权或变相取得土地收益；不得作为项目主体参与土地收储和前期开发等工作；不得借未供应的土地进行融资；PPP项目的资金来源与未来收益及清偿责任，不得与土地出让收入挂钩。因此园区、智慧城市、城镇化等成片开发项目，应当寻找一些新的经营模式，以避免与国家政策的矛盾，降低项目实施的风险

五、PPP项目的建设条款

1. 合同条款

(1) 项目建设中乙方的主要义务。乙方应根据现行法律、法规、规章、规范性文件和本合同的约定，承担本项目的工程建设、费用和风险，包括：

1) 根据合同规定的开工日期开始工程建设，并按约定的日期竣工。

2) 做好施工前的准备，及时提供所有必要的施工设施。

3) 根据现行法律法规和基本建设程序、批准的初步设计和施工图设计、所有适用的施工标准和规范及本合同的其他要求，自行承担或依法选择有相应资质的承包商承担项目施工建设。安装的施工设备必须是全新的，使用的所有材料必须是合格产品。

4) 依法选择有相应资质的监理公司监理项目施工的全过程，并承担监理费用。

5) 项目建设过程中，乙方在签署、取得或完成各种合同、审批等文件后，应于________个工作日内，将有关项目建设文件的复印件报甲方备案。

6) 在项目建设完成后，按照本合同的有关条款交付竣工图纸和技术资料。

(2) 项目建设中甲方的主要义务。

1) 在建设期间，协助乙方办理有关政府的审批文件；

2) 在甲方权限内，批准有关文件。

(3) 质量保证和质量控制。开工建设前，乙方应建立健全质量保证体系、安全保证体系，制订和执行工程质量保证和质量控制计划，并在工程建设进度月报表中反映工程质量监控情况。甲方有权对乙方的质量保证和质量监控进行监督。

(4) 项目进度计划。

1) 项目计划。双方应根据附件规定的进度计划履行其在本协议项下的建设义务。

如果出现下列情况，可以对项目的工期予以延长或修改：

a. 不可抗力事件；

b. 文物发现引起的工期延误；

c. 甲方违约造成的工期延误；

d. 乙方违约造成甲方的工作延误。

2) 进度日期的延长。不可抗力事件发生后，一方应在________个工作日之内，向另一方提出书面的延期请求，并说明其理由。

收到延期请求的一方，应立即与对方协商，并达成书面意见。如延期请求在________个工作日之内没有得到回复，则视为同意延期。

3）甲方原因导致开始商业运营日的延误。因甲方的违约引起开始商业运营日的任何延误，乙方可以：

a. 按进度计划日期作适当延长。

b. 获得延误的经济补偿，使乙方基本上恢复到延误发生前的经济状况。延误补偿的金额为每日________元。

c. 延长特许经营期，其期限不少于被延误的商业运营期。

4）乙方导致的竣工延误。乙方原因导致的开始商业运营日延误，则乙方应向甲方支付违约金。每延误一日，乙方应向甲方支付违约金额________元。甲方可以从履约保函中兑取，直至履约保函全部兑取完。如果履约保函被兑取完毕或者违约金金额累计达到履约保函金额，甲方可以发出合同终止的通知书。

（5）进度报告。乙方每月应向甲方提交工程建设进度月报，月报应反映已完成和在建工程进度和质量、预计完成工程的时间；如果进度和质量发生问题，乙方应提出挽救措施和计划。

（6）甲方的监督和检查。

1）对建设工程的检查。甲方有权在不影响施工的前提下，检查乙方施工进度和项目的质量，以确认工程建设符合本合同规定的进度和质量要求。乙方应派代表陪同检查，提供检查工作的必要条件，若检查工作中涉及专有资料的保密问题，应按有关保密条款执行。

2）不符合质量和安全要求。如果工程建设不符合本合同的质量或安全要求，甲方可以向乙方提出警告。如果乙方在甲方通知后的合理时间内无法或拒绝修正缺陷，甲方有权通知乙方停止施工，责成其进行整改，直到安全得到保证、缺陷得到修补、质量得到控制后恢复施工。由此产生的停工损失由乙方承担。

（7）不可免除。不论甲方是否监督、检查建设工程的任何部分，都不应视为其放弃在本合同项下的任何权利，也不能免除乙方在本合同项下的任何义务。

（8）交付图纸和技术资料。在竣工日之后________个月内，乙方应向甲方提交下列资料：

1）________份项目设施的全套施工和竣工图纸、竣工验收记录；

2）________份所有设备技术资料和图纸的复印件（包括设备平面图、说明书、使用和维护手册、质量保证书、安装记录、测试记录、质量监督和验收记录）；

3）________份甲方合理要求的与项目有关的其他技术文件或资料。

（9）对考古、地质及历史物品的保护。如果乙方在项目建设、运营和维护过程中，发现文物、化石、古墓遗址及具有考古学、地质学和历史意义的任何物品，乙方应及时通知甲方，并采取适当的保护措施；如果上述发现导致建设工程延误，应按本合同有关条款执行，或双方协商延长特许经营期或予以经济补偿。

2. 条款释义

PPP项目的建设条款释义见表5-6。

表 5-6 PPP 项目的建设条款释义

类别	内容
政府在项目建设中应承担的义务	政府在 PPP 项目前期承担的义务一般包括为项目提供建设用地、交通条件、市政配套设施等，如项目开工前的“八通一平”，即通水、通电、通路和场地平整等。市政配套包括但不限于水通和电通等条件。 在 PPP 项目合同中双方可以约定：①政府为项目建设提供开工条件所需的场地；②政府为项目的建设、运营提供相关手续或必要的协助；③政府为项目建设与运营提供所需的用电、用水、通信等手续或提供必要的协助，但费用由项目公司承担
项目建设的标准和要求	1. 双方在签订合同时，应明确项目建设的具体标准和要求。这些标准和要求包括： (1) 设计标准是指设计生产能力、服务能力、使用年限、工艺路线、设备选型的具体条件； (2) 施工标准是指施工用料、设备、工序的条件等； (3) 验收标准是指验收程序、验收方法、验收标准等； (4) 安全生产的要求； (5) 环境保护的要求等。 以上项目建设标准和要求，应遵守国家建筑法、环境保护法、产品质量法等有关法律、法规，也应遵守项目所在地方的标准和项目所涉及的行业强制性标准和要求。 2. 项目工程涉及的国家及行业标准规范也是双方合同的建设标准和要求的重要组成部分，但是这些标准应当与项目有一定的联系。国家和行业的标准与项目工程应当具有相关性。与工程无关的、过期的标准规范应当予以清理，以免延误合同的履行。 3. 起草项目合同时，应注意合同语言的表达方式。在合同中双方可以约定：项目合同的标准包括但不限于________，或在合同的尾部增加其他与项目相关的标准和要求等，其目的是使合同语言更加严谨，防止不必要的纰漏。 4. 项目建设依据的设计文件和技术标准可以作为合同的附件。附件可以是文件或表格
项目的工期、进度、质量、安全及管理要求	1. 合同双方应约定项目建设工期、进度、质量、安全及管理的要求等。 (1) 项目的建设工期。工期一般包括项目的开工时间、建设工期的长短、建设的竣工时间等。例如，北京兴延高速公路项目的建设期为 39 个月，自 2015 年 10 月起，至 2018 年 12 月止。 (2) 项目的进度是指项目建设期内各阶段的建设任务、工期等。项目合同应明确项目的开工日期、重大里程碑期间、项目的竣工日期、项目的延期、工期延误的补救和惩罚措施等。 关于项目工期进度，双方应注意以下问题： 1) 项目公司应在本合同生效后若干天内向政府申报项目的施工计划。该计划包括详细的项目建设实施方案与计划、施工计划安排和预计的工期。同时应当提出项目阶段性目标的控制点和相应的保证措施。 2) 因不可抗力或其他不可归责于项目公司原因产生的工期延误，需要修订或更改项目施工计划时，项目公司应向政府提出申请，并申明理由。对确因不可抗力事件或有正当理由的，政府应当准许项目公司修订或更改施工计划。未经政府的事先书面同意，项目公司不能修改已经批准的施工计划。 (3) 项目达标投产的标准是指项目的生产能力、技术性能和产品标准等。 (4) 项目建设标准是指项目的技术标准、工艺路线和质量要求等。项目合同中可以规定项目的质量标准、项目的质量管控体系和项目质量的责任人。 (5) 项目安全要求是指项目的安全管理目标、安全管理体系和安全事故责任等。项目合同中可以规定项目工程建设的安全、文明施工管理制度和项目安全责任人。 (6) 工程建设管理要求是指项目的招投标、施工监理和分包等。 2. 为了保证项目建设的进度、质量、安全及管理等合同条款的履行，项目合同应规定项目公司的申报义务和政府的拒绝权。 (1) 在项目建设交工日前，项目公司应按月向政府方提交一份项目的设计进度、施工进度、资金使用报告。该报告应对项目计划、在建的工程、资金使用情况给予详细说明。 (2) 项目公司在申报的报告中，可能还需要说明：项目竣工后，社会资本或项目公司应提交的竣工图纸、设计、技术资料、施工记录和其他资料的副本。 (3) 政府对项目公司申报的拒绝权。为了保障项目的质量，双方可以约定项目交工日之前政府有权拒绝不符合项目要求的任何工程、材料或设备，但政府应以书面形式通知项目公司。政府的通知可以要求项目公司在规定的时间内修改工程的缺陷或更换工程的材料或设备，以符合项目的标准。收到通知后，项目公司应当履行并将履行的情况报政府审查

续表

类　别	内　容
项目建设期的审批事项和变更工程的管理	1. 项目建设期的政府审批事项。项目合同中的土地、规划、环保等相关事项，一般需要政府的审批。对于以上审批事项，需要确定申报的责任主体，如果合同规定由项目公司负责，政府应提供必要的协助；如果由政府负责，项目公司也应给予密切的配合。 2. 变更工程的管理。项目合同应约定项目建设方案的变更，如工程范围、工艺技术方案、设计标准或建设标准变更，工程进度计划的变更，工程变更的条件、变更程序、方法、处置方案及不符合标准的变更的救济方法
项目工程建设的保险和保修	1. 项目工程保险。项目合同双方可以协商项目建设期需要办理的保险。项目的保险包括建筑工程一切险、安装工程一切险、建筑施工人员团体意外伤害保险和其他险种。 PPP 项目合同中的保险一般由项目公司办理。项目公司在办理保险时应协调保险期限与项目运营期限并尽量投保与项目有关的所有险种。 2. 项目工程的保修。项目合同应当约定竣工后项目的质量保修。保修的内容包括： （1）保修的期限和范围； （2）保修期内项目公司的保修责任和义务； （3）工程质保金的设置、使用和退还； （4）保修期保函的设置和使用等
项目建设期的监管	项目合同双方可以协商对项目招标采购、工程投资、工程质量、工程进度和工程建设的档案资料等事项的监管。为此应明确监管主体、内容、方法、程序和费用的承担。合同可以约定： 1. 政府对项目建设招标采购、工程投资、工程质量、工程进度和工程建设档案资料等事项，依法履行行政监督。政府有权随时监测工程建设的实施，在不干扰工程进展的情况下，进行必要的检验和检测。检验和检测费用由项目公司承担。政府需要进场检验的，应提前通知项目公司，项目公司应予配合。 2. 政府可以委托监理公司对项目的质量、进度、安全及合同管理，行使监督管理权。 3. 政府对项目建设的监督和介入。 为了及时了解项目建设进展，确保项目按时运营和满足合同的要求，政府应当对项目建设实施必要的监督或介入，并将政府的监督和介入权写在项目合同中。但政府的监督和介入权应受到一定条件和程序的限制，以防止政府监督和介入权的滥用。 政府对项目建设的监督和介入权，一般包括： （1）定期获取有关项目计划、进度报告和其他相关资料； （2）在不影响项目正常施工的前提下，进场检查和测试； （3）对建设承包商可以实行有限的监控，如设定资质要求等； （4）在特定情形下，介入项目的建设工作等

六、PPP 项目的验收条款及释义

1. PPP 项目的验收条款

（1）项目竣工验收。

项目竣工完成后，乙方应按合同约定提前________个工作日向甲方发出竣工验收书面通知，申请项目的竣工验收。

甲方接到通知后于________日内派代表参加由乙方组织各方参加的竣工验收。如果甲方在收到通知后未参加竣工验收，则竣工验收可在甲方缺席的情况下按预定的时间进行，乙方应将验收结果及时通报甲方。

如果竣工验收部分或全部不合格，乙方应采取必要的措施予以纠正并承担因不合格而导致的费用增加和工期延误的全部责任；乙方可再次组织竣工验收，并提前________个工作日向甲方发出书面通知。如果再次竣工验收不合格或部分不合格，乙方应承担项目建设不合格的责任。

如果在再次竣工验收结束后________个工作日内，有关部门未发出项目不合格的书面通知，则视为项目建设竣工。

（2）环保验收。乙方应在开始商业运营日之前，在合理日期内申请环保部门进行环保验收，并及时通知甲方。

（3）申请运营。

1）乙方通过试运营或完成运营的准备工作后，应立即书面通知甲方，申请正式开始运营。

2）甲方应自接到开始运营申请之日起________个工作日内，通知乙方是否同意开始运营。如不同意需陈述理由。

如果因甲方过错不能及时运营，甲方应在________日内予以纠正。如________日内仍未纠正，甲方应及时通知乙方，乙方收到通知后的第________日视为开始运营日。

2. PPP 项目验收条款释义

PPP 项目验收应当按照国家和项目所在地的验收标准执行。项目验收包括专项验收和竣工验收。项目合同应规定项目验收的计划、标准、费用和工作机制等。PPP 项目竣工验收的标准如下：

（1）竣工验收应根据项目合同、工程施工合同约定的规范、标准、程序和有关行政主管部门的规定执行，并严格遵守相应的法律、法规。

（2）项目建设应当符合项目合同、有关法律法规以及国家和项目所在地的规范和标准。

（3）项目竣工资料齐全、文件齐备。

如有必要，应针对特定环节作出具体安排，如约定项目竣工验收细节的条款：

1）单位工程验收、单项工程验收应当参照工程的进度并按照国家、地方和合同的规定执行。项目竣工后，由项目公司依照设计、施工标准和技术规范的要求初验，初验后由项目公司报政府进行竣工验收。

2）政府收到竣工验收的申请后，应于 15 日内完成竣工验收。如政府认为项目不具备竣工验收的条件，应当给予合理的解释和具体的整改意见。待整改结束后，完成竣工验收。

3）竣工验收后，项目公司应及时向政府提供完整的竣工备案资料。如果竣工验收合格，政府应在验收完成后的 10 日内，向项目公司签发竣工证明。该证明之日即为项目的竣工验收日。

（4）为了项目符合国家环保的标准和要求，项目合同可以约定：

1）按照国家、项目所在地环保法律、法规和项目合同的约定，项目公司应在项目竣工后，向当地环保部门提交项目环境影响报告书、环境影响报告表或者环境影响登记表等文件，申请环境保护设施的竣工验收。

2）项目公司还应根据国家的法律、法规和项目所在地的法规和有关规定以及项目的需要，办理水保、档案等专项验收。

七、政府移交资产、移交范围和标准、移交程序条款及释义

1. 合同条款

（1）移交委员会。PPP 项目运营或经营开始________个月前，由甲、乙双方共同组成

移交委员会，负责和办理移交工作。移交委员会中双方选派的人数相同，移交委员会主任由政府指派。移交委员会负责双方的会议、会谈并协商资产移交的内容和交接方式等具体程序，并将移交的情况在省级媒体上公布。

（2）移交范围。在PPP项目运营或经营开始之前的________日即移交日，甲方应向乙方移交：

甲方对污水处理项目资产的经营权利和利益包括：①污水处理项目的土地使用权、建筑物、构筑物以及与污水处理项目有关的其他权利；②污水处理项目有关的所有机械和设备；③项目合同履行所必需的零备件、配件、化学药品以及其他动产；④运营和维护项目所必需的技术和技术诀窍、知识产权等无形资产，包括：各类管理章程和运营手册包括专有技术、生产档案、技术档案、文秘档案、图书资料、设计图纸、文件和其他资料，以保证污水处理项目的正常运营。

以上资产的移交，甲方应保证资产不存在任何留置权、抵押权等担保物权，债权及其他请求权。如果有以上他方权利，则应按照双方协商的债权、债务处理方法执行。污水处理项目在移交日，不应遗留任何环境问题。

甲、乙双方在移交工作日之前，应按照双方商定的员工接收办法，妥善处理员工安置问题。

（3）恢复性大修。

1）在移交日之前________个月，甲方应根据移交委员会的恢复性大修计划，对污水处理项目设施进行大修，大修工作应当于移交日________个月之前完成。

2）通过恢复性大修。甲方应确保污水处理厂关键设备的整体完好率达到________%，其他设备的整体完好率达到________%，污水处理厂的构筑物不存在重大破损。

3）如果甲方无法完成恢复性大修或无法达到大修标准，甲方可以委托第三方或乙方大修，并支付大修费用。

（4）性能测试。在移交日之前，移交委员会应进行污水处理项目的性能测试。甲方应保证测试各项性能和参数符合技术规范的要求。如果测试参数不符合规范，乙方可以自行或委托第三方维修，费用由甲方支付。

（5）备品备件。

1）在移交日，甲方应向乙方移交污水处理项目设施正常运行所需之消耗性备件和事故抢修零备件及备件清单。

2）乙方应向甲方提交生产、销售污水处理项目设施所需之全部备品备件厂商名单。

（6）保证期。甲方应在移交日后________个月的保证期内，承担污水设施质量缺陷的保修责任（因乙方使用不当造成的损坏除外）；收到乙方通知后，甲方应尽快维修。

在紧急或甲方无法及时保修的情况下，乙方可以自行维修或委托第三方维修，由甲方支付维修费。

（7）承包商保证的转让。移交时，甲方有义务将所有承包商、制造商和供应商所提供的尚未期满的担保及保证在可转让的范围内分别无偿转让给乙方，并使供应商以相同条件供应设备。移交时，乙方可以选择是否延续合同和承担由此产生的一切责任。

（8）移交效力。除移交协议另有规定外，移交日后，乙方享有污水处理项目相关的所有权利。

（9）风险转移。除非因甲方过错和协议的规定，移交日后，乙方应承担污水处理项目的所有责任和风险。

2. 合同条款释义

合同条款释义见表5-7。

表5-7　合同条款释义

类别	内容
移交准备工作	双方应协商安排以下合同条款： 1. 准备工作内容和进度安排。应设立移交机构，如由双方项目负责人和有关人员组成移交委员会或移交工作组。 移交的工作包括： （1）移交资产的清点； （2）移交资产价值评估，必要时可以邀请第三方评估机构参加； （3）拟定移交财产的清单； （4）确定移交的时间和地点； （5）需要移交员工的清单。 以上准备工作一般由政府负责，项目公司予以配合。政府负责项目移交前的准备工作，项目公司负责资产的接收工作。 2. 明确双方的责任。移交前项目资产的风险由政府承担，移交后由项目公司承担。政府应作出移交资产权利清晰，资产质量符合约定，没有任何隐瞒、虚假的保证或声明。如有违反，应承担相应责任。 3. 移交工作的衔接。双方的移交工作人员应当定期召开会议或采用其他沟通方式确定移交的事项，及时讨论和解决移交过程中的问题
项目资产移交合同的内容	资产移交合同应约定如下条款： 1. 移交范围。移交范围包括资产的种类和明细、资产的证书、技术信息和资料、产权或经营权、项目资产相关的合同文件和移交的员工等。 2. 进度安排。进度安排主要是移交的时间、一次性移交还是多次移交等。 3. 移交验收程序。移交时间和地点、资产和人员清单、核查交接单和接收人员的签字确认等。 4. 移交标准。移交标准是指资产的技术状况和资产权利的性质等。移交的资产是新建、改建、扩建，还是折旧资产；资产是否有瑕疵；资产产权为政府所有还是第三人所有；转移资产的性质为所有权、经营权还是租赁经营权的转移等。 5. 移交的责任和费用。移交的责任应规定，政府必须按照约定的时间和地点将资产交付项目公司。项目公司应按照合同约定的时间和地点接收。关于移交费用，原则上移交前的费用由政府承担，移交后的费用由项目公司承担，移交当日的费用由双方各自承担或分担。当然双方也可根据项目的实际情况，约定由项目公司承担并将此费用计入项目公司的经营成本。 6. 移交批准和完成确认。移交的资产和人员清单，经双方移交人员清查和确认后，由双方移交人员当场签字和确认，并将确认单提交双方的移交负责人进行最后的签字确认。经双方负责人确认后，移交工作结束。 7. 其他事项。其他事项包括项目人员安置方案、项目保险的转让、承包合同和供货合同的转让、技术转让及培训要求等。关于人员安置和接收，项目公司应当与员工签订劳动合同，并为其办理有关的保险
政府移交资产中的一些问题	1. 项目资产移交中的风险预防工作。关于资产移交，双方应讨论并制订详细、具体的交接方案，防止一些资产和文件在交接中的遗漏。对于移交资产的状况，最好在移交前进行一次全面的评估，包括财产的价值、财产的新旧状况、是否存在质量的缺欠等，以免双方发生纠纷。 2. 关于TOT项目特许经营费的合理计算。对于存量项目，由于政府承担了项目建设和试运营期的风险，因而在移交项目公司经营时，可以考虑政府先期投入的成本，但同时也应考虑项目公司的承受能力和项目未来的收入状况，以确定公平合理的费用数额。 3. 分清财产的性质，防止权属关系争议。双方在移交前，应核查移交资产的性质、权利归属及其权利证书和权利状态等。核查的内容包括： （1）项目资产是属于政府所有还是第三方的资产

续表

类　别	内　容
政府移交资产中的一些问题	（2）转移的项目资产是否设定了抵押、质押等他项权益； （3）技术信息和资料是否涉及知识产权及产权的归属； （4）此项财产的转移是否侵犯了第三方的权益等。 移交双方应将上述内容作为项目合同移交的必要条款。 4. 项目人员安置的风险。政府移交项目资产时，也可能移交项目的工作人员。在移交前应做好移交人员的安置工作。双方应认真协商，拟订具体安置方案，以免发生劳资纠纷，影响项目合同的履行

八、PPP项目的运营与维护

1. 合同条款

（1）甲方提供的外部条件。在本项目竣工验收后，甲方为乙方协调解决运营本项目所需的用电、用水及数据通信，电费、水费、数据通信费用由项目公司承担。

（2）正式运营。项目经竣工验收并具备运营条件后，乙方应书面报告甲方，经甲方同意后项目开始正式运营。乙方在正式运营前应编制运营手册，其中包括管理架构、运营标准、运营管理制度等，运营手册在经甲方审定后执行。

（3）运营维护服务标准。运营维护服务范围包括项目所有建筑物、构筑物、设施、设备和系统，运营维护服务标准由甲、乙双方在每个项目计划完工日前30日内共同商定。

乙方应如实记录项目运营维护情况，向甲方报送运营维护报表。如运营维护过程中发生异常现象，乙方应立即通知甲方并及时采取应对措施。

甲方应建立健全项目运营维护监测制度，定期对本项目运营情况进行监测。

（4）运营维护服务要求变更。

1）运营维护服务内容调整。在合作期限内，甲方有权根据实际需要，以书面通知的形式要求乙方调整运营维护服务内容。甲、乙双方根据调整后服务内容计算运营补贴；因服务内容调整而增加的投资和运营维护成本，应由甲方承担。

2）紧急暂停服务。因灾害、紧急事故等原因而使项目暂停运营，乙方应立即抢修，向甲方报告突发情况，尽快恢复项目运营。暂停运营不超过24小时的，运营补贴照常支付；紧急暂停服务时间超过24小时，暂停期间的运营补贴由双方协商确定。

3）甲方要求的停止服务。甲方因紧急或突发情况要求乙方停止项目运营的，乙方应接受并停止服务。

暂停期间，运营补贴照常支付。

（5）改扩建和追加投资。项目运营期间，如因改扩建而发生追加投资的，双方另行协商。

（6）运营期保险。项目运营期间，乙方应按国家、地方和项目的有关规定，购买与项目有关的保险。

（7）运营期政府监管及考核。除本协议另有规定外，甲方应监督、检查乙方合同履行状况，但甲方并不因此承担任何责任，也不免除和减轻乙方的责任和义务。

合同履行期间如因乙方原因，导致项目无法正常运营，甲方可以要求乙方整改，乙方应予执行。

项目正式运营前，双方应制订项目运营维护绩效考核方案，每季度考核结果经乙方确认后，作为运营补贴支付的依据。

（8）项目运营维护。项目运营期间，乙方应建立健全运营维护管理制度，包括：

1）项目日常运营维护的范围和技术标准；

2）项目日常运营维护记录和报告制度。

（9）运营维护支出。乙方承担项目运营维护的相关费用，包含但不限于人工费、修理费、财务费用、保险费、管理费、相关税费等。

2. PPP 项目运营与维护条款释义

PPP 项目运营维护条款释义见表 5-8。

表 5-8　　　　PPP 项目运营维护条款释义

类别		内容
PPP 项目运营	项目运营期间	PPP 项目合同运营条款涉及运营的期间和条件、运营内容、双方的权利与义务、政府方和公众对项目运营的监督等。 对于新建、扩建和改建项目而言，开始运营与项目建设竣工可以为同一时间，竣工日也可以是运营开始日。但也可以约定项目运营日为项目竣工、试运营和测试后的某一时间。以上两种情况考虑的因素包括： （1）项目竣工后，因技术要求需要试运营和测试期才能保证项目设施稳定性的，如火力发电站发电机组需要试运营，以确保各个发电机及设施的互相配合。 （2）有些项目在技术上需要大量熟练技术人员，方能符合项目运营和服务的要求，如养老院需要一定经验的医护人员；学校需要一定数量的教师和教学辅助人员。 此外，项目合同也可以约定试运营的具体事项： （1）试运营的前提条件和技术标准； （2）试运营的期限； （3）试运营期间的责任安排； （4）试运营的费用和收入处理； （5）正式运营的前提条件； （6）正式运营开始时间和确认方式等。 项目合同还可以约定项目竣工验收合格后，项目运营的程序为：项目公司编制包括管理架构、运营标准、运营管理制度等的运营手册并书面向政府申请运营，经政府批准后，项目开始正式运营
	项目运营条件	1. 项目运营的具体条件 合同应约定项目的运营开始时间和项目公司收入与回报的取得方式。一般的运营条件如下： （1）新建、扩建和改建的 PPP 项目，运营时间一般在项目竣工之后的某一时间。对于存量项目，如委托经营、租赁经营、项目的股权转让或采取其他运营模式的项目，运营开始于政府将项目的资产移交项目公司之日或双方约定的日期。 （2）新建、扩建和改建项目，应安排试运营和测试，例如，大型的火力发电站，需要试运营以确保项目发电机组的顺利运行。 （3）新建、扩建和改建项目，其竣工验收应符合项目验收标准，运营备案已报送，审批手续已办理。 委托经营、租赁经营、项目公司股权转让或采取其他模式的 PPP 项目，项目移交资产和其他手续应完备和合法，政府和项目公司已完成交接。例如，政府将建成的养老院委托项目公司经营的，政府应将养老院的土地、房屋、设施、养老院服务经营权利及证书等移交项目公司；高速公路项目的委托运营，项目公司应接收项目设施、高速公司的收费设施和办理收费权利的转让手续等。 （4）其他运营条件已具备。 2. 项目运营的外部条件 合同应约定项目运营的外部条件，这些外部条件一般包括： （1）项目运营所需的外部设施、服务及其具体内容；由甲方提供还是乙方提供；无偿还是有偿提供；租赁设施及服务的费用的支付标准等

续表

类别		内容
PPP项目运营	项目运营条件	（2）项目生产运营所需的原料来源、数量、质量、提供方式和费用标准等。例如，污水处理项目，原材料包括一定数量、质量的污水；火电项目，则包括用于发电的煤炭等原材料。 （3）项目处理的产品或副产品的处理方式及配套条件，如污水处理厂出水、污泥的处理：垃圾焚烧厂飞灰、灰渣的处置等。 （4）道路、供水、供电、排水等其他保障条件等。 在PPP项目实践中，对于新建、扩建和改建项目而言，合同双方可以协商在项目竣工验收合格后，政府应为项目公司提供项目运营或经营所需的用电、用水、排水、项目配套道路和数据通信等配套设施。至于配套设施应支付的电费、水费、排污费、数据通信费用等由项目公司承担。当然，不同的项目需要不同运营或经营的条件
	项目无法按期运营的后果	项目如因政府、项目公司过错或其他情况而无法按期运营的，可能出现一些不利后果： 1. 项目公司过错使项目无法正常运营的 （1）项目公司无法得到投资回报，运营期会缩短。一般而言，无论是使用者付费的项目还是政府付费的项目，如果不能按期运营，将直接影响项目公司收回投资。例如，收费公路项目不能按期开通，项目公司就无法收取车辆通行费；燃气公司未按期提供燃气，将无法向用户收费。此外，如果项目建设期和运营期不分，建设期迟延会使运营期缩短，项目公司的收入也将减少。 （2）支付逾期违约金。在PPP项目实践中，项目合同中一般应规定违约条款。如果项目公司延迟运营，应支付违约金。在审核合同时。应注意违约金条款是否公平合理，是否约定了违约金的计算方法和违约责任的上限。 （3）项目终止。项目合同中也可以约定项目公司延迟运营超过一定期限（如180天）的，政府有权解除合同，提前收回项目。 （4）履约担保。如果项目公司违约，延迟了运营期限，政府可以提取项目公司递交的保函，以获得赔偿。 2. 政府违约造成的运营延迟 政府违约一般包括政府审批、土地、拆迁和配套设施提供的迟延，以及政府的政治风险、法律变更风险等造成项目运营的延迟。 （1）延长运营时间和赔偿费用。政府过错和其承担的风险引起运营延迟的，项目公司可以主张延长运营时间和赔偿损失。对此双方应订立损失赔偿计算方法的条款，以免在损失计算上发生争议。 （2）视为已开始运营。有些PPP项目，双方可以约定政府违约的情况下，项目可以视为开始运营的条款。例如，在电厂PPP项目合同履行中，如果发生政府违约、政治不可抗力和政府应承担的风险导致项目运营延迟，双方可以约定“视为已开始运营”。在此种情况下，政府应按原定运营日期支付项目公司费用。 3. 其他原因的延迟运营 不可抗力和约定的第三方原因而引起的运营迟延，项目合同双方的任何一方都不被视为违约。此种情况下，受影响的一方可以申请开始运营时间的延迟
	项目运营的具体内容	1. 项目运营的内容 根据不同PPP项目的特点，其运营内容也有所差异。 公共交通项目的运营内容是高速公路、桥梁、城市轨道交通等设施所提供的通行服务；公共设施项目的运营内容是供水、供热、供气、污水处理、垃圾处理等设施提供的公共服务；公共服务项目的运营内容与以上两类项目不同，它是以医疗、卫生、教育及其他机构的专业人员提供的服务为主，以设施服务为辅的经营方式。 一般而言，收费公路项目的运营和维护合同条款应包括： （1）项目公司对道路的运营、维护、管理； （2）项目公司收费公路周围的广告经营、服务区的停车、住宿及其他商业服务； （3）项目公司对通行车辆的收费等。 2. PPP项目运营服务的区域范围 项目合同双方可以约定PPP项目服务的区域范围。一般情况下，项目公司仅以公共设施向服务区域内的用户提供服务，不得超出此服务范围，也不得经营其他类型的服务。但在紧急情况下，为了满足公众利益之需要，也可以向服务区以外的社会公众提供服务

续表

类　别		内　容
PPP 项目运营	项目运营的具体内容	3. 项目运营的标准和要求 在 PPP 项目的运营期内，项目公司应根据国家法律、法规，项目所在地的地方法规和项目合同约定的标准运营。这些运营的标准和要求可以作为合同的附件，附件一般包括： （1）服务范围和服务内容； （2）生产规模或服务能力； （3）运营技术标准或规范：运营项目设施的技术标准、环境标准、安全标准和产品标准等； （4）产品或服务质量要求； （5）安全生产要求； （6）环境保护要求； （7）项目的产品或服务的计量方法、标准、计量程序等。 4. 运营责任划分 项目的运营责任一般由项目公司承担，但政府也应协助和配合，提供辅助设施、配套设施或服务等。例如，市政污水处理项目中，污水处理由项目公司承担，但政府应提供项目的污水供应；供热项目中，政府可能承担管道的对接等工作。 至于项目具体运营责任的划分，合同双方可以根据项目特点予以协商确定。其风险原则上由对运营和风险最有控制力的一方承担。 5. 项目运营中政府的权利和义务 政府在项目运营中的权利和义务如下： （1）作为项目合同一方的政府或其授权机构，可以监督项目合同的履行。 （2）作为履行法定行政职责的政府部门，应按照法定的职责范围，对项目合同的履行予以监督。 （3）因法律、法规、政策的变更，损害项目公司利益的，政府应予补偿。《基础设施和公用事业特许经营管理办法》第三十六条规定，因法律、行政法规修改，或者政策调整损害特许经营者预期利益，或者根据公共利益需要，要求特许经营者提供协议约定以外的产品或服务的，应当给予特许经营者相应补偿。 （4）任何单位或者个人不得违反法律、法规及合同的规定提前收回或者限制项目公司对项目的经营权。 （5）因公共利益需要，政府提前收回项目、终止项目合同、征用项目的城市基础设施、指令项目公司提供公共产品或者服务的，政府应当给予项目公司补偿。 （6）双方协商的其他权利和义务。 6. 项目运营中项目公司的权利和义务 项目合同可以约定项目公司具有如下权利和义务： （1）项目公司有权按照法律、法规的规定申请税收优惠，政府有协助的义务。 （2）项目公司提供公共服务，有权要求政府给予合同约定的补贴。 （3）项目公司按照政府的要求，提供项目合同范围外服务的，政府应当给予补偿。 （4）项目公司可以要求政府提供项目合同规定的，项目建设和维护、运营所需的配套设施。 （5）在 PPP 项目合同期内，有权要求政府在项目服务的同一地区内，不再批准新建同类竞争项目。 （6）按照项目合同提供安全、合格的产品和优质、持续、高效的服务。《基础设施和公用事业特许经营管理办法》第三十条规定，特许经营者应当根据有关法律、行政法规、标准规范和特许经营协议，提供优质、持续、高效、安全的公共产品或者公共服务。 （7）以基本相同的条件为所有用户提供服务的义务，即对服务区域内的用户提供普遍的、无歧视的公共产品或者服务。 （8）项目服务的收费由政府定价或者执行政府指导价，项目服务收费的调整应履行听证和政府审批的程序，不得擅自变更。 （9）有些项目合同应向政府缴纳项目经营使用费，如燃气特许经营合同，项目公司应向政府缴纳燃气特许经营费。 （10）未经政府同意，项目公司不得擅自转让、出租、质押、抵押或者以其他方式处分项目资产。在项目经营期限内，项目公司不得将项目的设施、土地用于项目之外的目的。 （11）其他双方约定的内容

续表

<table>
<tr><th colspan="2">类　别</th><th>内　容</th></tr>
<tr><td rowspan="2">PPP 项目运营</td><td>项目运营的具体内容</td><td>7. 暂停服务
在项目运营过程中，可能因可预见或不可预见的突发事件而暂停服务。暂停服务包括以下两种情况：
（1）计划内的暂停服务。项目运营设施的定期维护或者修复，可能引起项目的暂停运营。对于以上合理的、可预见的计划内暂停服务，项目公司应当提前向政府报送运营维护计划。政府接到后给予书面答复或批准，项目公司应尽力降低暂停服务的影响。计划内的暂停服务，项目公司不承担项目合同的违约责任。
（2）计划外的暂停服务。计划外不可预见事件的暂停服务，项目公司应及时通知政府，解释其原因，尽力降低暂停服务的影响并尽快恢复正常服务。对于计划外的暂停服务，风险分担的原则是：
1）如因项目公司过错造成的，由项目公司承担责任并赔偿相关损失；
2）如因政府过错造成的，由政府承担责任，项目公司可以向政府索赔由此产生的损失，并申请延长项目运营的期限；
3）如系不可抗力造成的，双方均不构成违约，共同分担该风险。
项目合同可以订立如下条款：因发生灾害、紧急事故等原因引起项目暂停运营时，项目公司应当立即组织抢修，尽快恢复项目运营，同时履行向政府报告的义务。紧急暂停服务时间不超过 24 小时的，运营补贴照常支付；紧急暂停服务时间超过 24 小时，暂停期间的运营补贴由双方根据实际情况另行商定。政府因紧急或突发情况要求项目公司停止运营项目的，项目公司应接受政府的指令。政府要求停止服务的期间，运营补贴应照常支付。
8. 运营服务的变更
（1）项目合同可以约定运营期间服务标准和要求的变更，包括：
1）变更的条件，如因国家法律、法规、政策或外部环境发生重大变化，需要变更运营服务标准等。
2）变更程序，包括变更提出、评估、批准、认定等。
3）新增投资和运营费用的承担。对于运营期间需要更新改造和追加投资的合作项目，项目合同应对更新改造和追加投资的范围、变更条件、实施方式、投资控制、补偿方案等作出约定。
4）各方利益调整方法或处理措施。
（2）运营服务内容的调整。在 PPP 项目合同履行中，政府可以根据实际需要，以书面通知的形式要求项目公司调整运营维护服务的内容，双方可以根据调整后的服务内容计算运营补贴，对于因内容调整而增加的投资和运营维护成本，应由政府承担</td></tr>
<tr><td>政府对项目运营的监督和介入</td><td>《基础设施和公用事业特许经营管理办法》第八条规定，县级以上地方人民政府应当建立各有关部门参加的基础设施和公用事业特许经营部门协调机制，负责统筹有关政策措施，并组织协调特许经营项目实施和监督管理工作。
政府对于项目的运营有一定的监督和介入权，但其不得妨碍 PPP 项目的正常经营活动。监督、介入权包括：
1. 在不影响项目正常运营情况下的入场检查权；
2. 定期获得有关项目运营情况的报告和项目的资料权，如项目运营计划、财务报告、事故报告等；
3. 审阅项目公司拟订的运营方案并提出意见；
4. 委托第三方机构对项目进行中期评估和项目后评价；
5. 在特定情形下，介入项目的运营工作。
政府行使对 PPP 项目的监管权力，其目的是防止项目公司的运营失败。例如，墨西哥国家电信公司案：1990 年卡洛斯·埃鲁收购了墨西哥国家电信公司（Telmex）。因 Telmex 控制墨西哥全国 90％以上的电话业务，埃鲁可以制定高于发达国家的收费标准，而墨西哥的电信用户的利益则受到了垄断价格的侵害。墨西哥政府对埃鲁的垄断收费标准的不加干预，客观上导致了消费者利益的被侵害。可见，政府对 PPP 项目的监管和介入十分必要</td></tr>
</table>

续表

类别		内容
PPP 项目运营	公众监督	为了保障公众的知情权，根据有关法律的规定，PPP 项目合同应规定项目公司对项目信息的公开披露义务。 项目公司信息披露的范围一般包括：除了法律明文规定不可以公开的信息，如国家秘密和商业秘密，项目公司和政府对于其他项目信息应当公开披露。在项目合同中，双方可以约定公开披露的具体事项，即项目公司在运营期间公开披露的信息包括项目产出标准、运营绩效等，如医疗收费价格、水质报告等
PPP 项目运营	PPP 项目运营期间的风险	1. 项目相关配套设施不完善和土地权属不清的风险 项目的配套设施和土地权属直接关系到项目的运营，如果解决不好就会直接影响项目的运营。例如，国内某著名污水处理 PPP 项目，虽然项目已经建成并开始运营，但由于项目相关的通信、供电、供水等配套设施没有解决，项目的外部管线也没有建成，导致该项目无法正常运营；该项目土地使用权因权属不清也发生了纠纷，以上情况为该项目运营带来诸多不确定性风险。 2. 因 PPP 项目经营期较长而引起的市场需求变化风险和收益风险等 市场需求变化风险和收益风险直接影响到项目公司的投资回报。例如，在轨道交通、收费公路 PPP 项目运营中，由于项目收费价格的相对固定和票价较低，当物价上涨、员工薪水增加、周边其他交通设施开通或发生其他市场变化时，项目的收益会明显减少。 3. 项目公司管理人员运营经验缺乏的风险 部分项目公司缺少专业运营管理人员和维护人员，也是其面临的主要风险。目前承担 PPP 项目的社会资本大多为工程公司和财务公司，这些公司的管理层具有工程建设和财务管理的经验，但缺乏项目运营管理经验和投融资的经验。 4. 国家政策法规变化的风险 国家的相关政策法规的变化过快和互相矛盾，也会使项目的运营面临困境。例如，轰动一时的“长春汇津项目”即是一个典型。20 世纪 90 年代初，因当地财政无力支付巨额基础建设资金而引入境外投资者并承诺固定回报。但在项目合同履行期间，国家有关部门发布了一系列文件。这些文件认为，固定承诺违反了中外合资经营企业法规定的风险共担原则并要求地方政府予以清理。长春市政府根据文件的规定，废止了其与外商合作的项目文件《长春汇津污水处理专营管理办法》（长府发〔2000〕42 号），引起双方的法律纠纷，导致项目合同无法继续履行
PPP 项目维护	项目维护的事项	PPP 项目合同中关于项目维护与设施修理的事项，一般可以作为合同附件： （1）项目日常维护的范围和技术标准； （2）项目日常维护记录和报告制度； （3）大、中修资金的筹措和使用管理等。 在 PPP 项目合同中，有关项目维护的权利义务往往与项目运营的有关规定相近，因此，一般将约定项目运营与项目维护的条款合并，但也有单列条款的情况。单列条款的项目合同一般规定项目公司的维护义务和政府的监督权利
PPP 项目维护	项目维护的义务和责任	1. 项目维护的责任 在 PPP 项目合同中，项目公司的维护责任一般在维护方案和手册中规定。项目公司将维护责任分包的，不能因此免除其对项目的维护和修理责任。 2. 维护方案和手册 （1）维护方案。为了保障项目的维护质量，在 PPP 项目运营开始后，项目公司应编制项目维护方案并提交政府方审核，政府方有权对该方案提出意见。在双方共同商定维护方案后，项目公司作出重大变更的，应重新提交政府审核。维护方案一般包括项目运营期间计划内的维护、修理、更换的时间、费用以及上述维护、修理和更换可能对项目运营产生的影响等内容。项目维护期间，项目公司应健全的维护管理制度包括： 1）项目日常维护的范围和技术标准； 2）项目日常维护的记录和报告制度。 （2）维护手册。对于有技术难度的 PPP 项目，既应编制维护方案也应编制详细的维护手册，以明确日常维护和设备检修的具体内容、程序和频率等

续表

类别		内容
PPP项目维护	项目维护的义务和责任	3. 计划外维护 如果发生意外事故或紧急情况，应实施维护方案之外的维护或修复工作，项目公司应及时通知政府，说明理由，并尽最大努力在最短的时间内完成修复工作。对于计划外的维护事项，其责任划分与项目运营暂停服务基本一致： （1）如因项目公司原因造成的，由项目公司承担责任并赔偿相关损失； （2）如因政府原因造成，由政府承担责任，项目公司有权向政府索赔损失和申请项目的延期； （3）如因不可抗力和双方约定情况造成的，双方共同承担风险，双方都不承担违约责任。 4. 政府对项目维护的监督和介入 政府对项目维护的监督和介入权，与对项目运营的监督和介入权相近，主要包括： （1）在不影响项目正常运营和维护的情形下，入场检查； （2）定期获得有关项目维护情况的报告和资料； （3）审阅项目公司拟订的维护方案并提供意见； （4）在特定情形下，介入项目的维护工作； （5）除项目合同规定的以上义务外，在遵守现行法律的前提下，政府履行监督、检查项目公司履行项目合同的义务，但不解除或减轻项目公司应承担的任何义务或责任
	PPP项目运营维护的风险防范	在PPP项目运营维护阶段，双方应重视项目管理机构的建设，必要的情况下可以设立专门的沟通协调机构，如协调委员会。在项目管理上充分发挥经营管理层和协调委员会的作用，并在合同中约定相关的制度以便及时发现和化解相应风险。 1. 项目公司应当精心管理，合理运用各种方法防范运营维护的风险 （1）严格控制运营期限、提高服务质量； （2）建立项目收费价格的动态调整机制； （3）建立最低需求、最低价格风险的承担机制； （4）制订计划，防范运营中无法预料的技术发展风险。 2. 政府应严格履行合同的各项约定并为项目提供支持 为项目提供的支持包括： （1）限制同行业的竞争； （2）履行项目税收优惠承诺； （3）落实财政补助和土地出让等优惠政策； （4）负责或协助项目公司获取项目相关土地权利； （5）为项目提供必要的相关链接和配套设施。 此外，政府应根据项目合同的约定，对项目外部环境变化所带来的风险，及时调整PPP项目付费机制，以保证项目公司的合理盈利预期，确保项目的持续稳定运营。对项目公司的履约状况，及时作出绩效考核，评估项目公司风险管控能力。对因项目公司未能有效管控风险而导致的成本增加或利润减少，应由项目公司自行承担损失，以避免VFM值的不合理提高

九、违约条款及释义

（一）条款

1. 合同违约

除法律、法规或合同另有规定外，项目合同一方不履行合同约定义务或履行合同义务不符合约定的，应承担违约责任；或除法律、法规或合同另有规定外，项目合同一方不履行合同约定的义务或履行合同义务不符合约定的，由过错方承担违约责任。

2. 一般违约

（1）甲方一般违约。在项目合同履行期间发生下列情况的，属甲方一般违约：

1）甲方未遵守本合同的约定为乙方办理或协助乙方办理项目的相关手续的；

2）甲方没有按照本合同约定的期限和方式支付项目的补贴和服务费的；

3）甲方在项目建设、运营中对项目的建设标准、运营质量等作出调整与变更，致使乙方对项目进行设计变更、重新采购主体设备，导致工程中途停建、缓建，使项目建设不能按期完工，使运营不能在预定日期正常进行的；

4）甲方未按本合同约定，提供项目的配套设施的；

5）甲方违反本合同其他义务的。

（2）乙方一般违约。在项目合同履行期间发生下列情况的，属乙方一般违约：

1）乙方未按本合同约定支付甲方预付的可行性研究、工程可行性研究、各项评估（评价）及甲方为本项目开展的其他相关前期工作费用的；

2）乙方的项目资本金未在规定的期限内到位，影响项目开工的；

3）由于乙方的过失，不能在预计的交工日期内完成项目施工的；

4）乙方未按本合同的约定进行交工验收或竣工验收的；

5）本项目交工验收或竣工验收确定的工程质量低于本合同约定的质量目标的；

6）乙方未按照国家规定的技术规范和操作规程进行项目运营维护的，或者虽已按规定进行运营维护但未能达到本合同约定的运营维护目标或服务质量目标的，或者乙方违反了本合同其他规定的；

7）乙方未能按本合同约定向甲方交纳或者未足额交纳运营期履约保证金的；

8）乙方违反本合同其他义务的。

3. 重大违约

（1）甲方重大违约。在项目合同履行期间发生下列情况的，属甲方重大违约行为：

1）未按合同约定向项目公司支付费用或未提供补助达到一定的期限或金额，经过催告仍然不履行的；

2）甲方没有合法或合同约定的事由，对项目设施或项目公司股份进行征收或提前收回本项目的；

3）由于政府可控的法律变更导致 PPP 项目合同无法继续履行的；

4）甲方在项目设计完成后的重大调整，造成乙方重大损失或额外支出达到一定的限额的；

5）甲方在项目运营期间对运营标准作出重大调整，使项目无法正常履行的；

6）甲方违反合同约定的其他主要义务，经催告后仍然不履行，导致合同无法继续履行的。

（2）乙方重大违约。在项目合同履行期间发生下列情况的，属乙方重大违约行为：

1）在项目前期乙方作为投资人，融资不能按期交割，项目资本金及其他建设资金不能按计划分期足额到位，造成项目无法按期开工；在项目建设期间资金链中断；在项目建设和运营中抽回、侵占和挪用项目资本金及其他建设资金。

2）在项目建设期，乙方对项目工程的放弃行为：

a. 书面通知甲方已经终止项目的设计或施工，并且不再重新开始设计或施工；

b. 在开工日后 90 日内不能在场地内开始工程施工；

c. 在不可抗力结束后 90 日内不能重新开始施工；

d. 在交工日前，乙方擅自停止工程施工，或指示承包人从场地上撤走全部或关键的人员和设备。但如果上述延误或停工是由于不可抗力的发生或甲方违反本合同所致，则不能视为乙方放弃施工。

3）乙方违反本合同约定，转让本合同或本合同项下任何权利或义务，或其任何资产，或者改变乙方内部的股权比例未经甲方同意或批准的。

4）乙方利用本项目进行欺诈等违法活动的。

5）乙方不愿或无力继续经营，或发生清算、不能支付到期债务、破产的。

6）乙方违反本合同约定的其他主要义务。

4. 一般违约向重大违约的转化

视为重大违约条款：项目合同的一方未履行本合同项下的义务，在收到对方书面通知要求其履行该项义务后，在________日内仍未采取补救措施，又未能提出合理的解释或虽采取了补救措施，但仍达不到合同约定要求的，则该违约行为可以被视为重大违约。

5. 项目合同违约责任及承担方式

项目合同一方违约，另一方有权要求违约方继续履行、采取补救措施、承担实际损失的赔偿和支付违约金等责任。

（1）甲方的违约责任。

1）甲方违反本合同的约定，对乙方的特许经营权构成妨碍的，应当及时改正，并应赔偿乙方因此而遭受的经济损失；

2）甲方违反本合同的有关约定，不将其投资建设的供热设施交付乙方使用或擅自处置其投资建设的供热设施的，应当及时改正，并应赔偿乙方因此而遭受的经济损失；

3）甲方违反本合同有关约定，在征用过程中或本合同终止后，拒不按照合同的约定进行补偿的，应当及时按照合同的约定进行补偿，并应按照中国人民银行公布的活期存款利率向乙方支付逾期支付补偿的利息；

4）甲方违反有关价格法规及本合同约定的定价、调价程序，给乙方造成经济损失的，应当及时按照有关规定补偿乙方因此受到的经济损失。

（2）乙方的违约责任。

1）乙方违反本合同约定，擅自处置供热设施的，应当恢复原状，如无法恢复原状的，应当重新投资建设相应的供热设施，并应向甲方或供热管理部门支付________万元人民币的违约金；

2）乙方违反本合同的约定，擅自解散或歇业的，应当及时恢复营业，并应向甲方支付________万元人民币的违约金；

3）乙方违反本合同的约定，对擅自停热负有责任的，应当及时采取措施恢复供热，甲方可根据事态的严重程度要求乙方支付________万元至________万元人民币的违约金；

4）乙方违反本合同的约定，未经甲方批准，擅自转让、出租、抵押或变更特许经营权，擅自改变主业的，应当及时纠正并恢复主业，应向甲方支付________万元人民币的违约金；

5）乙方违反本合同其他约定的，应当及时改正，甲方可酌情要求乙方支付________万元至________万元人民币的违约金；

6）乙方违反或降低本合同及附件规定的技术、质量、安全、服务等标准向用户供热、提供维修服务和供热设施运行管理的，应当及时改正，甲方可根据事态的严重程度要求乙方支付________万元至________万元人民币的违约金；

7）甲方可根据供热用户的投诉对乙方的经营活动进行监管，用户投诉的情况属实，并且确属乙方的责任的，甲方可根据事态的严重程度要求乙方支付________万元至________万元人民币的违约金；

8）乙方未履行本合同的及时报告义务的，应当及时改正。甲方可酌情要求乙方支付________万元至________万元人民币的违约金。

6. 项目合同与一般民事合同在违约补救上的区别

违约补救措施。项目合同履行中，如果项目公司不能如期偿还债务，金融机构在与政府协商达成一致的条件下，根据项目合同的约定可以直接或委托第三方对项目进行接管。

（二）条款释义

违约条款释义见表 5-9。

表 5-9　违约条款释义

类　别	内　容
合同违约条款释义	违约责任是合同不履行和不适当履行的法律后果或法律责任。为了避免或减少违约纠纷，项目合同当事人应当遵循诚实信用和全面履行的原则，认真履行合同义务。《基础设施和公用事业特许经营管理办法》第二十六条规定，特许经营协议各方当事人应当遵循诚实信用原则，按照约定全面履行义务。诚实信用和全面履行原则要求项目合同双方，既要严格按照合同约定全面履行，也不得擅自变更或解除合同。 在 PPP 项目合同中，政府承担项目的审批、协助办理项目手续、支付服务费及其他义务。如果政府没有按照约定办理审批或协助项目公司办理项目的必要手续，项目就无法开工或运营；如果政府不能按期支付项目公司费用或补贴，也将严重影响项目合同的履行，特别是准经营性或非经营性项目，政府付费是项目公司收入的主要来源或唯一来源。在污水处理项目中，项目公司一般不能向使用者收费，政府付费往往是项目公司收入的唯一来源，政府应当按期支付约定的污水处理费给项目公司，以保证项目公司维持正常的运营。在提供公共服务的养老项目中，虽然项目公司可以向使用者收费，但较低的收费很难维持养老项目的正常运营，因此作为公共服务产品的管理和监督者，政府的诚信是 PPP 项目合同顺利履行的关键。作为公共产品和公共服务的提供者，项目公司提供公共产品和服务的质量和效率也是 PPP 项目合同能否顺利履行的重要因素。 从以往项目合同纠纷的情况来看，政府和项目公司都存在一定程度的诚信问题。政府有悖诚信原则的主要情形有：不按照合同约定的期限和数额支付项目的服务费；政府在换届时，单方提前解除合同。而项目公司违约的主要情形有：随意提高项目产品的价格，如供水项目公司擅自提高供水的价格；污水处理公司排放的水质违反国家环保法律法规，造成环境污染等问题。 为了减少和避免当事人的违约问题，在项目招投标或签约谈判前，双方可以对彼此的诚信进行评估。政府可以要求社会资本提供信誉、财务状况，管理能力等方面的资料，也可以委托律师、会计师出具相关的尽职调查报告；项目公司可以要求政府出具证明财政支付能力的文件和资料，也可以对政府在以往项目合同履行中的诚信状况作出评估等。如果一方发现对方在信誉方面存在重大问题，就应果断地结束谈判，以避免项目投资的重大损失。 经过诚信评估之后，在项目合同起草和谈判阶段，双方应对违约条款进行认真的协商和讨论。从现行的法律规定上看，项目合同的违约责任分为严格责任和过错责任两种情况。严格责任是指只要合同一方具有不履行或不适当履行的行为，就构成违约并应承担责任。过错责任是指除了具有不履行合同的违约行为之外，违约方主观上的故意或过失也是其承担违约责任的要件。我国《合同法》第一百零七条规定，当事人一方不履行合同义务或者履行合同义务不符合约定的，应当承担继续履行、采取补救措施或者赔偿损失等违约责任。《基础设施和公用事业特许经营管理办法》第二十六条规定，除法律、行政法规另有规定外，实施机构和特许经营者任何一方不履行特许经营协议约定义务或者履行义务不符合约定要求的，应当根据协议继续履行、采取补救措施或者赔偿损失。由此可见，《合同法》与《基础设施和公用事业特许经营管理办法》都规定了只要一方不履行或履行与合同不符即构成违约，而不考虑违约方主观上是否有过错。而《市政公用事业特许经营管理办法》与以上的规定不同。该办法第二十九条规定："主管部门或者获得特许经营权的企业违反协议的，由过错方承担违约责任，给对方造成损失的，应当承担赔偿责任。"该条规定的违约构成需要两个条件：项目合同一方的不履行和主观上的过错。 双方在起草合同时，对违约的责任条件既可以选择严格的违约责任，也可以选择过错责任。但两者相比，严格责任违约比较容易判断，当事人主观上是否有过错在双方发生纠纷时较难以举证

续表

类　别	内　容
合同违约条款释义	在实践中，项目合同采用严格责任的较多。例如，某燃气特许经营合同约定，协议任何一方违反本协议的任一约定的行为，均为违约。某公路 PPP 项目合同也明确规定，甲乙双方应严格遵守本协议的有关规定，任何一方违约都必须承担违约赔偿责任。 除了违约的构成要件外，双方在起草违约责任条款时，还应考虑违约的免责事由。这包括两方面的规定：①法律、法规的例外规定。《基础设施和公用事业特许经营管理办法》第二十六条规定，在法律、行政法规另有规定的情况下，违约方将不承担违约责任。如我国《合同法》将不可抗力作为合同违约的免责事由。②合同双方当事人也可以根据项目的具体特点，在不违背国家法律、法规的情况下，协商违约免责的例外情况或事由
一般违约条款释义	一般违约可以通过继续履行、采取补救措施或赔偿损失等方式补救，得到补救后，合同订立目的仍然可以实现。 一般违约的上述特点得到了我国相关法律的确认。我国《合同法》第一百零七条规定："当事人一方不履行合同义务或者履行合同义务不符合约定的，应当承担继续履行、采取补救措施或者赔偿损失等违约责任。"《基础设施和公用事业特许经营管理办法》第二十六条第二款也作了类似的规定。 在 PPP 项目合同履行中，由于政府一般负责或协助办理项目的审批，为项目公司提供资金支持或支付使用费，负责提供项目的配套设施等，因此政府的一般违约主要表现为：①未能按期支付项目公司补贴或费用；②未提供必要的协助；③未提供必要的配套设施及履行其他义务等。 在 PPP 项目合同中，项目公司一般负责项目的投资、建设、运营等事项，所以项目公司的责任主要集中在项目投资是否到位，融资交割是否按期完成，建设和运营是否按期进行，建设和运营服务质量是否达到合同约定的标准等。因此项目公司的一般违约行为表现为：项目资金不能按期到位，项目的建设和运营没有按期完成，项目的建设和运营服务不符合约定或遭到投诉等。如某公共交通项目合同约定了项目建设期间，项目公司的一般违约行为包括：①项目公司未能在项目竣工前交工的，政府可以要求项目公司给予解释和说明，并要求项目公司保证在一个新的工期内完成项目的建设，并经政府审批后实施；②项目公司未能在项目规定的竣工日后的六个月内完成项目建设的
重大违约条款释义	重大违约行为的标准是导致项目合同签约目的无法实现。 我国《合同法》虽然没有使用重大违约的概念，但第九十四条合同解除的事由包括了重大违约行为：①在履行期限届满之前，当事人一方明确表示或者以自己的行为表明不履行主要债务；②当事人一方迟延履行主要债务，经催告后在合理期限内仍未履行；③当事人一方迟延履行债务或者有其他违约行为致使不能实现合同目的；④法律规定的其他情形。《基础设施和公用事业特许经营管理办法》明确地规定了严重违约。该办法第三十八条规定，在特许经营期限内，因特许经营合同一方严重违约或不可抗力等原因，导致特许经营者无法继续履行合同约定义务，或者出现特许经营协议约定的提前终止情形的，在与债权人协商一致后，可以提前终止协议。从以上的规定可以看出，我国《合同法》规定了重大违约的四种事由，《基础设施和公用事业特许经营管理办法》虽然明确提出了重大违约，但没有具体列举重大违约的具体事由。 在起草项目合同时，除了考虑合同法规定的重大违约事由外，双方还应从项目的实际出发，协商确定具体的重大违约事由。例如，某新建 BOT 公路项目合同，对于项目建设期的重大违约行为作出了如下约定，在起草类似项目合同时可以作为参考。 项目公司重大违约行为有：①项目公司书面通知政府已经终止项目的设计和施工，并不再恢复设计和施工的；②在开工日期后的 120 日内没有实际开工的；③在施工期间，项目公司擅自停止施工并转移施工设备和撤走施工人员的。 政府的重大违约行为主要有：①擅自对工程设计进行重大变更，使项目公司的施工发生重大困难或产生重大损失的；②不按照合同约定的期限和数额支付补贴和费用，使项目的资金链断裂的；③擅自要求项目建设停工或者干扰项目建设，对项目合同的履行造成重大不利影响的。 在起草合同时，还应注意一般违约行为和重大违约行为的界限：①两者的违约程度不同。一般违约是指一般的和轻微的违约行为；重大违约是指对合同重要或主要义务的违反。②宽限期不同。一般的违约行为，守约方需要给违约方一定的期限，以挽回违约行为的不利影响；而重大违约行为，守约方一般不需要给予违约方宽限期。③违约行为对合同订立目的的影响不同。一般违约行为通过违约救济手段，仍然可以达到合同的目的；而重大违约行为导致合同目的无法实现，即使采取了补救措施，也无法挽回其影响。④法律后果不同。一般违约经过采取补救措施，可以继续履行；而重大违约行为由于无法实现合同目的，守约方有权解除合同。除了以上的区别外，两者也有相似之处，即违约行为发生后，守约方有义务向违约方发出通知，指明违约方的违约行为和告知其违约的后果。 为了避免纠纷，双方在合同签约时，可以根据项目的特点，具体协商重大违约的事由、一般违约与重大违约的划分标准。此外，项目合同双方也应注意在一定的情况下，一般违约可能转化为重大违约

续表

类　别	内　容
一般违约向重大违约转化条款释义	当项目合同一方违约时，守约方应当向违约方发出通知，要求违约方对其违约行为予以纠正或采取补救措施。接到通知后，违约方如果没有纠正违约行为的不利后果或虽然采取了纠正措施，但仍与合同约定不符的，这就构成了重大违约。对于以上情形，我国《合同法》第九十四条规定，当事人一方迟延履行主要债务，经催告后在合理期限内仍未履行的，守约方有权解除合同。 项目合同双方在谈判时，可以订立一般的违约行为转化为重大违约的条款。例如，污水处理项目，双方可以约定：①如果政府没有在合同约定的期限内支付项目公司污水处理服务费，项目公司可以向政府发出通知。如果政府在收到通知的一定期限内，仍然没有支付，也没有给予合理解释的，项目公司有权提出终止项目合同。②项目公司处理后的出水质量不符合合同约定的标准，在接到政府的通知后，项目公司没有采取补救措施或虽然采取了措施但仍然不符合项目合同约定标准的，政府有权提前终止项目合同。 在签订项目合同时，应注意掌握以下两种标准：①合同一方延期履行义务达到一定期限，接到对方的通知后仍然没有履行的；②项目的工程质量或运营服务质量不符合标准，违约方不予补救或补救后仍然不符合合同要求的。在实践中，也可以根据项目本身的特点，对相应的条款予以相应的调整。 区分一般违约与重大违约的转化，其意义在于明确合同双方在违约时享有的权利和应承担的义务，避免混淆两种违约的界限和处理方法而发生不必要的纠纷
违约责任及承担方式	违约责任主要包括对违约行为的纠正、赔偿经济损失、支付逾期利息、恢复原状。如无法恢复原状的，应当重新投资建设相应的供热设施或支付一定数额的违约金等。 双方在起草项目合同时，可以考虑以下几种责任方式：①对于一般违约行为，可以采取恢复原状，停止违约行为，赔偿实际损失等补救措施；②在采取了补救措施后，违约方应继续履行合同；③为了防止和减少项目合同中的违约行为，双方也可以约定惩罚性的违约金和定金条款。以上几种违约责任方式既可以单独使用，也可以根据具体情况综合使用。 在实践中，对于违约责任及承担方式，有以下几种条款写法：①在项目合同中专门设立违约责任一章，约定违约的定义、责任形式和违约的具体事由等。财政部《PPP 项目合同指南》采用了该种方法。②在违约一章中概括约定违约的定义、承担方式和违约的处理方法，但在不同的章节中分别约定不同的违约责任。发改委《政府和社会资本合作项目通用合同指南》建议在项目融资、项目前期、项目建设期、项目的移交、项目运营期、项目终止移交等不同阶段，规定不同的违约责任。③在项目合同中不对违约行为的定义和责任方式作出概括式的规定，而是在项目的不同阶段分别列举违约责任的具体事由并规定承担方式。在实践中，第二种写法比较常见。该写法既明确地列举了违约行为在合同不同阶段的具体表现，也对违约责任作出了概括性的规定。这样可以有效防止不必要的分歧，也可以避免遗漏
PPP 项目合同在违约补救上与一般民事合同有以下区别释义	一般合同违约可以采取继续履行、支付违约金或赔偿损失等方式补救，但 PPP 项目合同除了上述的补救措施外，还可以由第三方补救，如项目合同中的金融机构介入权条款。政府、金融机构和项目公司三方可以签署协议，规定金融机构的介入权。该介入权条款允许金融机构或其指定的第三方在项目公司违约的情况下采取补救措施。就我国目前的 PPP 模式而言，金融机构的介入权在立法和有关规范性文件中都没有规定，在实践中也没有具体的案例，因此本书在此不做详细讨论

十、合同提前终止

1. 条款

（1）合同提前终止。合同提前终止：因合同一方严重违约或不可抗力等原因，导致项目合同无法继续履行或项目合同约定提前终止事由出现时，项目合同可以提前终止。

（2）违约导致的合同提前终止。

1）甲方违约的合同终止。项目合同因甲方的原因，无法达到项目合同履行的目的或无法继续履行的，项目合同的乙方可以向甲方发出通知，提前解除项目合同。因甲方违约终止合同的情形如下：

a. 甲方在合同中的任何声明被证明在作出时即有严重错误，使甲方履行本合同的能力受到严重不利影响的；

b. 甲方未能按照本合同约定履行向乙方支付项目服务费的义务，在经过项目公司催告后仍然不履行的；

c. 甲方未履行其在本合同项下的任何其他义务构成对本合同的重大违约，并且在收到乙方说明其违约并要求补救的书面通知后的________个工作日内仍未能采取补救措施的。

2）乙方违约的合同终止。项目合同因乙方的原因，无法达到项目合同履行的目的或无法继续履行的，项目合同的甲方可以向乙方发出通知，提前解除项目合同。

（3）单方终止项目合同。

1）甲方单方终止合同。在项目合同履行中，因法律、法规或客观情况的变化或为了公共利益的需要，甲方可以单方提出终止项目合同，但应对合同终止后乙方因此所受的损失作出合理的补偿。

2）乙方单方终止合同。在项目合同履行期间，由于某种原因需要提前解除项目合同的，乙方可以在一定的期间内提前向甲方提出申请。在项目合同未解除前，不得擅自终止项目的正常经营和服务。

（4）不可抗力事件结束后的合同终止。如果在不可抗力终止后的________日内，项目合同仍然不能继续履行的，则甲方或乙方可以根据双方在合同中的约定，书面通知另一方提前终止本合同。

（5）协商提前终止合同。在项目合同履行期间，双方在协商一致的情况下，可以提前终止项目合同。

2. 条款释义

PPP 项目合同提前终止条款释义见表 5-10。

表 5-10　PPP 项目合同提前终止条款释义

类　别	内　容
一般合同提前终止条款释义	一般条款涉及项目合同一方严重违约、不可抗力和项目合同约定等三种合同提前终止的情形。《基础设施和公用事业特许经营管理办法》第三十八条对合同的提前终止作出了相应的规定，也提出了项目合同终止之前应征求债权人意见的前提条件。 项目合同中的债权人一般是指为项目融资的金融机构。如果项目提前终止，可能会损害债权人的利益，因此《基础设施和公用事业特许经营管理办法》要求双方在合同终止之前与债权人达成一致意见，否则不能提前终止项目合同。在实践中，PPP 项目合同的终止，往往也需要报有关政府部门批准或办理合同终止的登记手续。 项目合同一方在解除合同时，还应履行一定程序： （1）守约方应尽催告义务。在一方违约的情况下，另一方应向违约方发出催告履行的通知；违约方在接到催告后在规定的期限内仍然不履行的，守约方可以根据双方项目合同的约定或合同法的规定解除合同。 （2）发出合同解除通知。守约方应向违约方发出终止合同的通知，通知到达违约方后，合同解除生效。 关于约定解除的其他条件和程序，双方可以具体协商决定。 《基础设施和公用事业特许经营管理办法》第三十八条规定，项目合同的提前终止包括政府或项目公司违约、不可抗力以及合同约定三种终止情形，但在实践中，也会出现政府或项目公司单方终止合同以及双方协商终止合同等情况

续表

类　别	内　容
政府重大违约导致合同提前终止的情形	在项目合同履行中政府有重大违约行为的，项目公司可以根据法律规定或合同的约定提前终止合同。 在实践中政府未履行合同其他义务，项目公司有权终止合同的情形有： （1）政府未办理或协助办理项目的审批手续。即政府未审批或协助办理项目的审批手续，导致项目因没有合法手续而无法建设或运营。 （2）政府未提供或协助获得项目用地。如果政府未能协助项目公司获得项目用地或负责申请的政府部门没有批准该项目的用地，则项目合同也无法履行。 （3）政府未解决项目的配套措施，使合同无法履行。例如，在电厂 PPP 项目中，政府如果不提供电厂项目的并网设施和输变电设施，电厂发出的电就无法进入电网。政府的以上违约行为均构成重大违约，项目公司有权提前解除合同。但在合同解除前，项目公司应向政府发出书面通知并要求政府限期纠正。例如，某供水项目合同约定：在项目合同履行期间，如甲方严重违反本合同约定，且未在收到乙方通知后 30 日内纠正的，则乙方有权通知甲方提前终止本合同
项目公司重大违约导致合同提前终止的情形	项目公司在项目合同履行期间如有重大违约行为，政府有权提前终止项目合同。《基础设施和公用事业特许经营管理办法》第三十八条规定，项目合同一方违约的，在与项目合同债权人协商后，合同可以提前终止。《市政公用事业特许经营管理办法》第十八条也明确规定，项目公司在项目合同履行期间如有重大违约行为，政府可以提前终止合同，并可以实施临时接管。但《市政公用事业特许经营管理办法》并没有规定在合同解除前是否需要听取债权人的意见。由于两个办法的规定不同，笔者建议应按照《基础设施和公用事业特许经营管理办法》的规定执行。因为该办法以国务院六部委的名义发布，又于《市政公用事业特许经营管理办法》之后发布施行，按照新法优于旧法的原则，在两者的规定不一致的情况下应当适用后发布者的规定。 在实践中，由于项目公司违约而导致项目合同提前终止的，一般有以下七种情况： （1）擅自转让、抵押、出租特许经营权的； （2）擅自将所经营的项目财产进行处置或者抵押的； （3）因管理不善，发生重大质量、生产安全事故的； （4）未根据本合同约定提供、更新、恢复履约保函或维护保函的； （5）擅自停业、歇业，严重影响到社会公共利益和安全的； （6）乙方出现放弃建设或视为放弃建设的情形； （7）乙方严重违反本合同或法律禁止的其他行为。 在实践中还应注意，当乙方发生重大违约行为，一般情况下甲方在行使解除权时应给予乙方纠正的机会；如果乙方在限期内没有纠正，甲方应当向乙方发出合同解除的通知。在起草 PPP 项目合同时，可以写入如下条款：在项目合同履行期间，乙方在收到甲方通知后 30 日内未纠正其违约行为的，甲方有权通知乙方提前终止本合同。 在实践中，如果项目公司、融资方或融资方指定的第三方未在约定的期限内投入项目资本金或资本金到位不足的，在政府通知期限内又没有补救的，政府也有权提前终止合同
政府单方终止合同的情形	在项目合同履行期间，政府单方提出解除项目合同主要有以下三种情况： （1）国家法律、法规和上级政府规范性文件的颁布对合同履行产生重大影响的。如国家关于清理外商投资领域“固定回报”等问题的文件，使有些项目因其贯彻、施行而提前终止。 （2）客观情况的变化。合同履行期间发生了当事人在订立时无法预见的、非不可抗力造成的，也不属于商业风险的重大变化，如果继续履行合同，对于一方当事人明显不公平或者不能实现合同目的，在这种情况下，政府可以单方提出解除合同。 （3）为了公共利益的需要。由于情况的变化，PPP 项目提供的公共产品或服务已经不合适或者不再需要，或者继续实施项目会影响公共安全和公共利益，政府也可以单方提出解除合同。在某些核能源项目中，如核泄漏危及社会公众安全的，政府可以提前终止合同。 在起草和审核项目合同时应注意： （1）在项目合同中政府享有单方解除权的，合同应明确公共利益的定义和合同解除的具体条件，以限制政府随意解除合同； （2）政府行使合同解除权的同时应补偿项目公司损失； （3）对于项目公司补偿的范围和标准，双方应在合同中订立具体的补偿标准和计算公式

续表

类　别	内　容
项目公司单方终止合同的限制	《市政公用事业特许经营管理办法》第十七条规定，获得特许经营权的企业在合同有效期内单方提出解除合同的，应当提前提出申请，主管部门应当自收到获得特许经营权的企业申请的3个月内做出答复。在主管部门同意解除协议前，获得特许经营权的企业必须保证正常的经营与服务。《成都市人民政府特许经营权管理办法》（成都市人民政府令第164号）第二十四条第二款也作出了类似的规定。以上规定确认了项目公司的单方解除权，但该解除权以项目公司履行提前通知义务和政府同意为前提条件。 根据有关法律、行政法规、标准规范和项目合同的规定，项目公司负有向社会公众提供持续、稳定、安全的公共产品和公共服务的义务，为了保护公共利益，政府方有必要在项目合同中订立项目公司行使合同单方解除权的限制条款
不可抗力事件合同终止条款释义	如果不可抗力事件持续或累计达至双方约定的一定期限，还不能继续履行合同的，则任何一方可以主张终止PPP项目合同并对终止后的问题予以协商。 以下是某供水项目合同的不可抗力终止后的合同终止条款，可以作为起草类似合同条款时的参考。该合同约定： 如果不可抗力事件是不可抗力定义中的原水恶化或供应不足，且该不可抗力事件全部或部分阻止乙方按本合同履行义务的时间。 从第一个原水恶化或供应不足之日起计算的连续________个月期间内连续或累计超过________日，并且如在紧接着的________个月期间该情形再次阻止乙方按本合同履行其义务超过连续或累计________日，则甲方和乙方应通过协商决定继续履行本合同的条件或双方同意终止本合同。 如果甲方和乙方不能按上款所述就合同终止条件达成一致，甲方或乙方可在上款2所述的情况之后不少于________日后的任何时间给予另一方书面通知后终止本合同
协商提前终止合同释义	项目合同经过协商提前终止的，双方应在终止协议中对合同终止后的善后事宜作出约定，并应与债权人协商，对项目的债务作出妥善安排。此外，双方还应对项目终止后的通知方式作出具体约定。通知的方式一般包括电报、电传、邮件或者电子邮件等

十一、合同终止处理条款及释义

1. 条款

（1）合同终止后的处理。项目合同提前终止的，甲方应当收回项目，并根据实际情况和合同约定给予项目公司相应的补偿。

（2）回购义务。由于甲方的原因导致项目合同提前终止的，甲方有回购的义务。

（3）回购的补偿。因一方的原因或不可抗力等原因导致项目合同提前终止的，双方应当协商终止后的补偿范围和方法。在PPP项目的实践中，由于提前终止的原因不同，项目终止后的回购补偿范围和标准也有所差异。

（4）回购补偿。

1）甲方导致合同提前终止的补偿。在项目合同履行期间，如果因甲方的过错终止本合同的，则乙方有权要求甲方回购本项目。甲方对乙方给予补偿后，乙方应将项目资产和相关权益移交甲方。

甲方对乙方的补偿金额可以根据项目合同履行的年限、乙方已运营的年限、乙方在项目中的总投资、乙方已获取的收益、该项目的预期收益等方面进行综合考虑。

2）乙方导致项目提前终止的补偿。在项目合同履行期间，如果因乙方原因导致项目合同提前终止的，甲方可以不予补偿或根据情况给予适当的补偿。在合同终止后政府不予补偿的，乙方应无偿地将项目资产和权益移交给甲方。

3）自然不可抗力或法律变更导致项目提前终止的补偿。如果因自然的不可抗力或法律变更终止项目合同，甲方应向乙方支付一定数额的补偿。甲方支付该项目的补偿金后，乙方将该项目资产和相关权益转让给甲方。

补偿金额应由甲、乙双方根据不可抗力对项目的实际影响，由甲方分摊一部分损失。

（5）回购补偿的支付。

1）回购补偿的支付方式。甲方可以一次性或分期向乙方支付回购价款。如果分期支付的，可以按一定的比例支付，但应支付相应的利息。

双方达成回购款的支付条件后，甲方可以一次性将全部款项支付至乙方提供的银行账户，乙方在收到款项后向甲方提供相应的票据。

根据双方达成的回购款支付合同，甲方可以分期向乙方支付回购款。甲方可以在________年内，按一定的比例分________次支付回购款及相应利息。在项目回购款合同达成一致后的________日内，甲方向乙方支付回购款的____（比例），然后在第________月后的________日内支付回购款____（比例），其余的款项将在________月或季度的________日内全部付清。对于分期支付的，可以酌定支付利息。

2）回购补偿的支付程序。本合同约定的付款条件达成后，乙方应向甲方发出付款通知，甲方在收到付款通知后的________个工作日内通知乙方出具相应发票，并在收到乙方相应发票后的________个工作日内，将相应款项支付至乙方指定账户。

2. 条款释义

合同终止条款释义见表5-11。

表5-11 合同终止条款释义

类　别	内　容
合同终止处理条款释义	在项目合同终止后的处理问题上，合同双方应注意以下几点： （1）如果本协议提前终止，则自一方发出终止通知起至双方商定的提前终止日止，双方应继续履行本协议项下的权利和义务。 （2）本协议终止后，双方在本协议项下不再有进一步的义务，但根据项目合同可能到期应付的任何款项，以及本协议到期或终止之前发生的而在本协议到期或终止之日尚未支付的付款义务，应当继续支付。 （3）本协议的终止不影响本协议中争议解决条款和任何在本协议终止后仍然有效的其他条款。 《基础设施和公用事业特许经营管理办法》第三十八条规定，特许经营权合同提前终止的，政府应当收回特许经营项目，并根据实际情况和合同约定给予原特许经营者相应补偿。该办法虽然规定了项目提前终止后的补偿，但对补偿的原则和方法并没有规定。而《市政公用事业特许经营管理办法》第二十九条则明确规定，主管部门或者获得特许经营权的企业违反合同的，由过错方承担违约责任，给对方造成损失的，应当承担赔偿责任。此条规定明确了项目合同提前终止的过错责任和实际损失的赔偿原则。 在实践中，项目合同终止后的处理一般包括政府回购和回购补偿等
回购义务条款释义	因政府过错导致项目合同提前终止的，政府应当对项目进行回购。在实践中，一般只有在项目公司违约而使项目终止的，政府才可以免除其回购的义务。但对于一些涉及公共安全和公众利益、需要保障持续供给的PPP项目，也可能在合同中约定即使在项目公司违约导致项目终止的情形下，政府仍有回购的义务

续表

类　别	内　容
政府原因导致项目合同提前终止的补偿	因政府原因导致项目合同提前终止的，其补偿原则为项目公司的实际损失。实际损失为项目公司已经发生的损失和项目如果继续履行应得的利益。其补偿的范围和方法一般包括： （1）项目公司尚未偿还的所有贷款，其中可能包括剩余贷款本金和利息、逾期偿还的利息及罚息、提前还贷的违约金等。 （2）项目公司股东在项目终止之前投资项目的资金总和。为了公平起见，在必要时，项目合同双方可以委托第三方进行审计，以保证赔偿数额的公正和合理。例如，某项目合同约定，甲方、乙方共同委托某资产评估机构对乙方移交的全部固定资产、权利进行评估。政府方应将评估值和乙方从移交日起两年的预期利润补偿给乙方。 为了符合补偿的合理性，第三方在评估时，也应考虑乙方已经提取的固定资产折旧等因素。 （3）因项目提前终止所产生的第三方费用或其他费用，如支付承包商的违约金、雇员的补偿金等。 （4）项目公司的利润损失。双方可以在PPP项目合同中约定利润损失的范围和计算方法。 关于项目移交的费用，可以由双方约定承担的方式。由于政府过错提前终止合同的，一般应由政府承担移交费用。在实践中，有的项目合同约定，因甲方违约，乙方行使合同解除权而终止本合同的，办理移交事务需要支付的各项费用由甲方承担
项目公司违约导致项目合同提前终止的补偿	在实践中，由于项目公司违约而发生的项目合同终止，政府有权不予回购和补偿。政府可以要求项目公司将项目的所有资产全部无偿地移交给政府。但如果政府同意回购的，其补偿标准也会比较低。在这种情况下，回购补偿的计算方法有两种，政府可以根据项目的实际情况进行选择。 （1）项目市场价值的补偿。它是指按照项目终止时合同的市场价值，即按项目重新采购的市场价值计算补偿金额。该方法相对比较公平，因为在项目回购后政府必须要在市场中重新进行项目采购。 （2）账面价值方法的补偿。它是指按照项目资产的账面价值计算补偿的金额。与市场价值的补偿方法不同，该方法主要考虑项目资产本身的价值而不是项目合同的价值。该方法比较简单明确，可以减少纠纷，但有时可能导致项目公司获得的补偿与其实际投资和支付的费用不一致。 在PPP项目实践中，项目合同可以约定，因乙方违约造成的项目提前终止，政府补偿的标准为：移交资产的账面净值减去项目终止违约金。当然，项目合同双方也可以根据项目终止的具体情况协商解决。为了公平起见，双方也可以邀请独立的第三方对项目的损失进行评估。 关于项目移交的费用，在实践中项目合同可以约定：因乙方违约，甲方行使合同解除权解除本合同的，办理移交事务需要支付的各项费用由乙方承担
自然的不可抗力或法律变更导致的项目合同终止	不可抗力导致项目合同提前终止的，一般由双方协商共同分摊风险。补偿的范围一般包括： （1）没有偿还的融资贷款、项目公司股东在项目终止前投入项目的资金以及尚未支付给承包商的款项等； （2）不可抗力对项目资产造成损害的，补偿一般会扣除保险理赔金额，而且不赔偿项目公司的可得利益损失； （3）关于移交的费用，可以由双方共同协商各自承担的比例。 在实践中，因不可抗力造成项目的损害，还应考虑项目能否修复：如项目不可修复，双方同意终止本合同时，遵循风险各自承担原则，互不补偿；如项目可以全面修复，但双方同意终止本合同时，乙方将全部资产移交政府（合同终止后甲方另行安排修复）
回购补偿的支付方式	在PPP项目合同谈判时，双方可以协商项目提前终止时，政府回购补偿的支付方式。一般的支付方式有以下两种： 1. 一次性全额支付 一次性补偿，是指政府将对项目公司的全部补偿一次性地支付给项目公司。在实践中，项目公司也希望获得一次性的全额补偿，但由于地方财力的限制，政府可能会发生支付困难。因此采取一次性支付的，政府需要在财政预算上作出合理的安排，以免发生不必要的纠纷。 2. 分期支付 分期付款，是指政府在一定的期限内，按月、季、年或其他约定的期限，分次将回购款支付给项目公司。在实践中，政府希望选择此方式，因为它可以在一定程度上缓解政府的资金压力，但是这需要与项目公司及金融机构协商。如果选择分期付款，政府还需要考虑支付延期的利息。关于利息的标准可以考虑中国人民银行的同期利息，也可以参照项目公司从金融机构取得项目融资的利息。 关于支付的时间，双方可以协商在合同终止后的1年内支付或其他约定的期限内支付。支付的方法，可以使用银行账户直接支付或约定其他的方式

续表

类　别	内　容
回购补偿的支付程序	在实践中，项目合同双方需要对付款的程序达成一致。付款前，可以由乙方向甲方发出付款的通知，甲方在接到通知后的一定期限内将款项支付至乙方指定的银行账户，也可以由甲方按照双方商定的时间向乙方银行账户付款。至于收款的票据，可以由乙方在甲方支付前出具，也可以由乙方在收到款项后向甲方出具

十二、股权变更条款及释义

1. 条款

（1）股权变更的含义与范围。项目公司的股权变更是指项目公司股权直接或间接转让或通过增发、并购等行为或其股东的股权结构变化等，足以影响项目公司股权构成的。

（2）股权变更的限制。

1）股权变更的限制。项目公司及其母公司的股权或股权结构未经过甲方的批准，或不符合本合同规定情形和例外情形，不得擅自变更。

2）锁定期。在本合同生效之日起至运营期_______年之内（含第_______年），乙方不得转让其在项目公司中的全部或部分股权；运营期_______年之后，经甲方事先书面同意，乙方可以转让其在项目公司中的全部或部分股权，但受让方应满足本合同约定的技术能力、财务信用、管理养护经验等基本条件，并以书面形式明确承继乙方在本项目项下的权利及义务。

（3）违反股权变更限制的风险。除本合同规定的情形和例外之外，如乙方违反股权变更限制的约定，则构成违约，乙方应在接到甲方通知后的一定期限内予以纠正；如果乙方没有采取纠正或补救措施的，甲方有权提前终止本合同。

2. 条款释义

PPP 项目股权变更条款释义见表 5-12。

表 5-12　　PPP 项目股权变更条款释义

类　别	内　容
股权变更的含义和范围	经过项目合同股权变更限制条款的谈判后，政府和投资者应就该条款的具体含义和范围达成一致，并在项目合同中作出相应的约定。 1. 以直接或间接方式转让股权 直接股权转让是指项目公司股东的股权在股东内部之间或向股东之外的投资主体转让，从而使项目公司的股权结构发生直接变化或发生控制权的转移。对于项目公司股权的直接转让，政府会对其加以限制或禁止，如建设部制定的《城市管道燃气特许经营协议（示范文本）》第 3.6 条规定，在特许经营期间除非甲、乙双方另有约定，乙方不得将本特许经营权及相关权益转让、出租和质押给任何第三方。建设部制定的《城镇供热特许经营协议（示范文本）》第 403 条也作了类似规定，即在特许经营期间，乙方不得将特许经营权及相关权益进行出租、抵押或质押给任何第三方。如果违反股权转让限制的条款，将承担违约责任。《城镇供热特许经营协议（示范文本）》第 1802 条规定，乙方违反本协议的规定，未经甲方批准，擅自转让、出租、抵押或变更特许经营权，擅自改变主业的，应当及时纠正并恢复主业，并应向甲方或供热管理部门支付_______万元人民币的违约金。 如项目公司投资人的母公司或母公司的股份转让则为间接转让。对于这种项目公司股权的间接转让，政府是否对其采取限制，可能视项目的具体情况而定

续表

类　别	内　容
股权变更的含义和范围	在国际 PPP 项目的实践中，投资人为了规避政府对项目公司股份转让的限制，往往在设置项目公司与其母公司的关联关系时，采取比较复杂的交易框架。如某些投资人可能设置一个离岸公司作为项目公司的母公司，投资人作为该离岸公司的母公司或控股公司；抑或投资人设置比上述交易结构更加复杂的公司关联关系，其目的是防止投资人本身的股权变更而导致项目公司股权结构的变化。 为了防止项目公司股权的间接变化，政府可能要求订立诸如项目公司及其各层级母公司的股权变更都在股权变更的限制范围内的条款。因此投资人在谈判中应尽量争取减少政府对间接股权转让的限制。必要时也可以以退出投资作为与政府谈判的条件，当然这种谈判条件也应以不导致谈判破裂为前提。 2. 以并购、增发股份等其他方式变更项目公司股权结构 除了项目公司股权直接或间接的变更，项目公司的股权构成还可能因项目被收购或项目公司增发新股等其他方式引起变化。对于项目公司股权被收购和项目公司增发新股等情形，政府与项目公司的投资人应在项目合同签订时予以充分的协商，否则在项目合同履行过程中，如果发生此类情形，双方难以达成一致。 鉴于目前政府鼓励金融创新，努力拓宽 PPP 项目融资渠道，如引进基金和资产证券化等融资方式，政府应当对项目公司股权变更予以通盘考虑。如果社会资金进入 PPP 项目领域，融资方退出机制不畅，也很难吸引大量社会资本投资 PPP 项目。 3. 项目公司股份相关权益的变化 项目公司股权直接、间接的变更，增发新股和项目公司被收购等情况是 PPP 项目公司股权变更的主要方式。除了上述主要方式之外，有关项目公司股东权利的变化包括普通股、优先股等股份持有权的变化。但对于一些特殊债权，如股东借款、可转换公司债等是否属于项目公司股权的变更，则需要项目合同双方在签订合同时坦诚协商，根据项目的情况决定是否加以限制。 4. 兜底条款 政府为了防止“股权变更”条款所涉及的情况有所遗漏，可能要求制定一个兜底条款，即在项目合同中规定，其他任何可能导致股权变更的情况都属于“项目公司股权的变更”。为了保证在项目履行中顺利退出，项目公司投资人可以要求政府删去此条款
政府批准股权变更限制条款	对于项目公司股权的转让，在项目合同中一般会规定项目公司股权转让的期限、政府同意或批准等限制条款。 项目公司股权能否变更及如何变更，项目公司和政府的分歧较大。在项目合同谈判中，双方应从保证项目合同顺利履行，降低项目风险的原则出发，互相妥协，达成一致。 （1）政府不希望项目公司股权发生重大变化。在谈判中，政府可能提出不允许项目公司的股权部分或全部在项目合同履约过程中的转让；如果允许转让，也可能要求合同规定一定的政府审批程序。如交通部制定的《公路项目投标文件范本》第 9.2 条规定，投资人在项目竣工验收合格之前，不得转让本项目的特许权，或者改变乙方内部的股权比例；在项目竣工验收合格之后，未经甲方同意，乙方亦不能转让本协议或本协议项下任何权利或义务，或其任何资产，或者改变乙方内部的股权比例。该范本表明政府不允许投资人在项目建设期间转让其在 PPP 项目公司的股权。虽然政府允许投资人在运营期转让股权，但对转让条件作出了限制。第 9.2.3 条规定，项目公路权益的转让条件、转让程序、转让收入使用管理、权益转让后续管理及收回等必须遵守《收费公路权益转让办法》（交通运输部、国家发改委、财政部令 2008 年第 11 号）的相关规定。转让项目公路收费权，不得延长收费期限，且不得以此为由提高车辆通行费标准。 （2）投资者为了打消政府的顾虑，可以同意在项目的建设期内不转让项目公司的股份或对被转让人的条件加以限制。如以被转让人符合政府要求的履行项目合同的能力，以换取政府同意项目公司股权的转让。合同可以约定被转让人的条件，即具备政府要求的融资、信誉和项目经验，并保证其股权的转让不影响项目合同的履行。在达到政府要求的情况下，政府应当同意项目公司或其母公司股权结构发生变化。项目公司也可以同意政府对项目公司股份转让的同意或审批条款，但应争取尽量缩短时间，在项目运营期内尽快转让。对于不涉及项目建设的 TOT 项目，政府可能对项目公司股份转让的限制条件较少
锁定期限制	1. 锁定期的含义 财政部《PPP 项目合同指南》明确提出，锁定期是指限制社会资本转让其所直接或间接持有的项目公司股权的期间。PPP 项目合同中一般会规定禁止项目公司股权转让的期限，如项目合同规定，在项目合同履行的一定期间内，未经政府批准，项目公司及其母公司不得发生任何股权变更的情形

续表

类　别	内　容
锁定期限制	2. 锁定期的期限 关于项目公司股权变更的禁止期限，双方应在合同中明确约定。一般情况下，合同可以约定从项目签订日或合同的生效日至项目开始运营日后的一定期限为锁定期。在实践中，股权的锁定期一般持续到项目运营后的 2 年，通常至少需要在项目缺陷责任期届满后的一定期间。这一规定既有利于政府防止合格的投资者退出项目，保障 PPP 项目的顺利实施，也可以确保投资人在项目建成后的一定期限内，实现退出并收回项目投资。 在实践中，有些项目合同约定在项目平稳运营的前提下，投资者才能转让其股份。如建设部《城市生活垃圾处理特许经营协议（示范文本）》第 8 条规定，项目公司股东在项目稳定运营的若干年后应可以转让股权，前提是不影响项目继续稳定运营。 为了保证项目的履行，政府也可能加大对股权锁定期限的限制，因此项目合同双方应根据项目的具体情况进行协商。 3. 项目公司股权变更限制的例外 在项目公司股权变更的锁定期内，如果发生了一些特殊的情况，也可以解除对股权变更的限制： （1）金融机构作为项目的债权人，在一定情况下享有对项目公司的介入权。如果项目公司破产或不能偿还金融机构的贷款，则金融机构可以根据事前与项目投资人达成的协议，行使其对项目公司接管的权利。当然，金融机构的介入权也应事先取得政府的同意与配合。目前我国尚无金融介入权的法律规定，因此该项权利的行使，需要在融资合同和项目合同中作出详细的规定。 （2）项目公司及其母公司的股权可以在其关联公司范围内转让。关联公司之间互相转让股权应当允许，这是因为项目公司、母公司及其他关联公司的项目履约能力比较接近，但是否允许，应由政府与投资人在项目合同中作出明确的约定。 （3）如果政府转让项目公司的股权，可以不受转让条件的限制。但是政府转让其在项目公司中的股权时，其受让主体也应当符合一定要求。一般而言，受让主体应是与履行 PPP 项目合同相关的政府部门或其他机构，并经政府授权。建设部《城市生活垃圾处理特许经营协议（示范文本）》第 17.1 规定："变更后的甲方应：(a) 具有承担原甲方对项目的所有权利、义务和责任的能力，并重新得到政府的授权，以及 (b) 接受并完全承担原甲方在本协议中的义务。"由此可见，政府股权的转让也需要具备一定的条件，如受让主体需要具有项目履约能力，并履行必要的政府授权程序或经过政府的审批等
其他限制	除锁定期外，在 PPP 项目合同谈判中，政府也可能要求对 PPP 项目公司股权受让人附加一些限制性条件。如政府希望在合同中规定受让人应具有履行该 PPP 项目合同足够的资金、信誉、同样或类似 PPP 项目的实施经验，并承继转让方在项目中的所有权利、义务等。如果政府方不希望某些特定的主体参与到 PPP 项目中，双方可以在合同中作出约定。如财政部《政府和社会资本合作模式操作指南》规定，地方政府的融资平台和控股国有企业不能参与地方政府的 PPP 项目，因此地方政府的融资平台和控股国有企业不能作为项目公司股权的受让人。政府可以对受让人附加其他限制性条件，但政府的限制不应违反公平、公正的原则，也不能有任何地域或其他的歧视。 除了规定受让人的限制性条件和锁定期外，政府可能还要求规定项目公司股权转让时，应经过政府的同意或办理相关的审批程序。在实践中，许多特许经营权协议规定了此类条款，如建设部《城市污水处理特许经营协议（示范文本）》第 13.1 条规定，乙方应在公司章程中作出规定，确保在协议生效日之后若干年内，未经甲方批准任何股东都不得将股权进行转让
违反股权变更限制条款释义	投资人违反了股权变更限制的合同条款一般构成重大违约。政府一般给予投资人纠正错误的机会，投资人应尽量采取补救措施。如果投资人不采取补救措施，政府可以行使合同的解除权。但有的合同并不给投资人一定期限的纠正机会，政府可能提前终止合同。如建设部制定的《城镇供热特许经营协议（示范文本）》第 1202 条规定，乙方擅自转让、出租特许经营权的，甲方（政府方）有权提前终止特许经营协议。因此项目合同双方在谈判时，对于项目公司股权变更的违约条款、政府提前解除合同权利的条款在项目合同中应给予明确的约定。对于项目公司的重大违约行为，政府有权解除合同，但是对于项目公司的轻微或一般违约行为，政府应当给予项目公司纠正的机会，如对项目公司母公司的股权变化或项目公司的股东之间表决权的变化，可以约定不构成重大违约。这样可以减轻或避免项目公司和投资人的合同解除风险

十三、不可抗力和法律变更条款

1. 条款

（1）不可抗力事件。不可抗力是指甲、乙双方在订立本合同时不可预见，在项目建设、运行过程中不可避免、不能克服的自然灾害和社会性突发事件，不可抗力应包括但不限于下列事件：

1）地震、洪涝灾害、龙卷风、暴风雨、大雾、暴雪；

2）流行病、饥荒或瘟疫；

3）战争行为（无论是宣战的或未宣战的）、入侵、武装冲突或外敌行为、封锁、暴乱、恐怖行为；

4）任何爆炸性核装置或任何核燃料或核燃料燃烧后的核废物、放射性有毒炸药或其他有害物质所引起的放射性污染；

5）全国性、地区性或行业性罢工。

（2）不可抗力事件的认定和评估。发生不可抗力事件后，甲、乙双方共同组成评估小组或由第三方机构认定和评估不可抗力事件的影响和后果。

（3）不可抗力事件发生期间双方的权利和义务。

1）受不可抗力影响而不能履行合同的一方，应在不可抗力发生之后立即以书面形式通知另一方并提供有关证明，说明不可抗力事件及其影响，包括事件发生的时间、预计停止的时间，以及对该方履行合同义务的影响。

2）一方因不可抗力无法履行合同义务的，该方可以中止合同履行。但应在不可抗力结束之后，继续履行其合同义务。

（4）不可抗力事件的处理。

1）不可抗力造成损失的，双方各自承担相应责任；双方均有义务减少或降低损失。

2）一方因不可抗力不能履行合同，在履行合同约定的通知义务并提供有关证明后，可以顺延其合同履行的期间。

3）一方因不可抗力不能履行合同，应尽力减少不可抗力的影响。双方应立即协商并采取合理措施，以减少不可抗力造成的影响。

4）一方因不可抗力不能履行合同，应在不可抗力事件消除之后立即恢复履行合同义务。

5）如果不可抗力的影响超过________天，双方可以选择继续履行或者终止本合同。如果不可抗力发生后超过________天，双方就继续履行或终止本合同不能达成一致的，任何一方可以书面通知另一方终止本合同。

6）不可抗力给乙方造成实质性损失，如果该损失无法得到保险赔偿或保险仅赔偿损失________%以下的，或根据保险赔偿条件本项目或任何单项工程或分项工程被宣告为全部损失的，则乙方不承担继续履行、修复或正常运营和维护的责任。除非双方达成一致，甲方保证乙方得到损失部分的赔偿，但因乙方原因无法得到保险赔偿的情况除外。

（5）法律变更。

1）本协议有效期间，如国家颁布新的法律、法规或对法律、法规进行修订，直接影响项目建设、运营时，甲、乙双方应根据情况及时协商。

2）法律变更引起项目工期延误或建设、运营成本增加的，甲方应予以补偿，并顺延项目合作期限。

3）因法律变更导致项目合同无法继续履行的，由甲方承担相关风险及经济责任。如因甲方（含甲方下级政府）可控的法律变更导致合同无法继续履行，则构成甲方违约事件，乙方有权提前终止项目合同，并要求甲方回购、补偿利润损失及承担其他违约责任等。

4）根据法律，乙方有权享有本合同签订后政府对项目的税收优惠、投资优惠或其他利益。

2. 条款释义

PPP 项目不可抗力和法律变更条款释义见表 5-13。

表 5-13　PPP 项目不可抗力和法律变更条款释义

类　别	内　容
定义方式	不可抗力是 PPP 项目合同履行的重大风险，因而项目公司和政府在项目合同谈判时，应就不可抗力的定义、特殊分类、不可抗力构成以及不可抗力发生后项目公司或投资人权利保障条款予以协商。 不可抗力在 PPP 项目合同中的定义有概括式、列举式和概括加列举式三种。 （1）概括式。我国《合同法》第一百一十七条对不可抗力作了概括式规定：不可抗力是指不能预见、不能避免并不能克服的客观情况。有些项目合同参考了《合同法》第一百一十七条的规定。概括式定义的缺陷在于它虽然规定得比较全面，但不够具体，不能反映项目合同中的实际情况，在项目履行时双方容易发生争议。 （2）列举式。列举式定义一般将合同双方可能预见的不可抗力事件在合同中详细地列明，如示范条款所示。列举式定义的问题在于它虽然列举了众多的自然事件和社会突发事件，但也无法将所有事件一一列举，也会有遗漏。就具体项目而言，可能会遗漏一些对本项目有重大影响的事件。例如，在我国境内实施的 PPP 高铁项目，风沙可能并不构成不可抗力事件，但是在境外的中东地区，当地的风沙可能会持续数月，对项目施工造成巨大影响，因此可能构成不抗力事件。 （3）概括加列举式。该方式结合了概括式和列举式的优点，在列举具体的不可抗力事件后，一般会作一个兜底性的表述，例如，本合同所称的不可抗力，是指合同一方无法预见、控制且经合理努力仍无法避免或克服的、导致其无法履行合同项下义务的情形，包括但不限于：台风、地震、洪水等自然灾害；战争、罢工、骚乱等社会异常现象；征收征用等政府行为；以及双方不能合理预见和控制的任何其他情形。这样的 PPP 项目合同条款，基本上涵盖了所有的不可抗力事件，因此可以避免或降低投资人在履行 PPP 项目合同中的风险。 我国企业在“一带一路”沿线国家投资项目时，为了防止对当地自然和社会环境不了解而发生的纰漏，PPP 项目合同通常采用概述加列举式的不可抗力定义。 在 PPP 项目的国际实践中，不可抗力合同条款一般采取概括性和列举并用的方式。合同双方在起草不可抗力条款时，可以参照一些国际工程通用合同条款。FIDIC“银皮书”（1999 年版）第 19.1 条对不可抗力作出了概括式定义加列举式的规定：“不可抗力系指某种异常的事件或情况：(a) 一方无法控制的；(b) 该方在签订合同前，不能对之进行合理准备的；(c) 发生后，该方不能合理避免或克服的；及 (d) 不能主要归因于他方的。只要满足上述 (a) 至 (d) 项条件，不可抗力可以包括但不限于下列各种异常事件或情况：(i) 战争、敌对行动（不论宣战与否）、入侵、外敌行为；(ii) 叛乱、恐怖主义、革命、暴动、军事政变或篡夺政权、内战；(iii) 承包商人员、承包商的分包商及其他雇员以外的人员的骚动、喧闹、混乱、罢工或停工；(iv) 战争军火、爆炸物资、电离辐射或放射性污染，但可能因承包商使用此类军火、炸药、辐射或放射性引起的除外；(v) 自然灾害，如地震、飓风、台风或火山活动。”该条的推荐条款几乎涵盖了基础设施和工程领域所有不可抗力事件和可能发生的无法预见的事件。 项目公司和政府在订立不可抗力 PPP 项目合同条款时，可以参照以上条款，并根据项目的具体情况，予以补充或修改。 我国境内的 PPP 项目合同中的不可抗力条款，与 FIDIC 合同中的有关条款相似，如交通部制定的《公路投标文件示范文本》特许权协议第 11.1 规定：“不可抗力系指不能预见、不能避免并不能克服的客观情况。不可抗力可包括（但不限于）下列特殊事件或情况：(1) 自然灾害：如地震、飓风、台风、火山爆发或水灾等；(2) 社会异常事件：如战争、武装冲突、社会动乱、骚乱、罢工、恐怖行为等，但乙方或承包人的人员骚乱或罢工除外。”

续表

类　别	内　容
定义方式	该范本是根据我国公路PPP项目的情况制定的，规定了两种例外情况。如该示范文件的特许权协议格式第11.2、第11.3条分别规定了不可抗力的例外情况。 乙方的例外情况包括： （1）由于乙方的过失而引起的对任何批复的撤销；委托的建设、运营管理单位、承包人或任何分包人的疏忽、违约或责任； （2）材料、设备、机械或部件的任何潜在的缺陷、故障或正常损坏，或由于其交付的延误； （3）纯属乙方原因导致的罢工。 甲方的例外情况包括： （1）政府对项目的征用、征收、没收或国有化； （2）法律变动； （3）政府的封锁、禁运、进口限制、配额或配给。 以上两种例外的规定，有助于保障PPP项目合同双方的利益，项目公司和政府在起草和谈判同类项目合同时，可以参考和借鉴
不可抗力的特殊分类	普通民事合同仅对不可抗力作出概括式规定，列举一些事件并附以兜底式条款，一般对不可抗力的分类并不十分强调。但2014年年底我国推广的PPP合同关于不可抗力的规定与以往的合同条款有所不同，财政部《PPP项目合同指南》将不可抗力区分为政治不可抗力和自然不可抗力，并指出由于在PPP项目中政府主体的特殊性，两种不可抗力事件的承担主体和法律后果也有所不同。 1. 政治不可抗力 政治不可抗力是指PPP项目合同中发生的征收征用、法律变更（“政府不可控的法律变更”）、未获审批等政府行为引起的不可抗力事件。但这些事件并非由签约政府方直接责任所引起，实际上也超出了其所能控制的范围。 在实践中，PPP项目用地的审批机构、项目管理有关制度的制定者一般为PPP项目合同政府方的上一级政府机构，因此项目合同政府方的上级政府对项目实施的征收行为、对项目土地不予审批、对有关制度作出修改等行为，是签约政府方无法控制的。但考虑到政府方作为PPP项目合同的签约主体，对于上述不可抗力事件虽无法控制，但其具有一定的预见和影响能力，因此在一些PPP项目合同中对此类风险约定由政府方承担。财政部《PPP项目合同指南》明确建议政治不可抗力风险由签约政府一方承担。 2. 自然不可抗力 自然不可抗力主要是指台风、冰雹、地震、海啸、洪水、火山爆发、山体滑坡等自然灾害；有些合同也将战争、武装冲突、罢工、骚乱、暴动、疫情等社会异常事件视为自然不可抗力
不可抗力的构成、自然不可抗力对合同履行的影响	1. 不可抗力的构成 不可抗力的定义和范围在项目合同中明确后，有时会约定不可抗力的构成要件，即只有不可抗力事件发生且其效果持续一定期间以上足以影响合同的正常履行，才构成合同约定的不可抗力。如有的项目合同规定，不可抗力事件发生两个月以上，并实际影响了工程工期的，才构成不可抗力。这里的不可抗力也主要是指自然事件引起的不可抗力，而不是政治不可抗力。自然事件如洪水或飓风，灾害的发生是有一定期限的，不会是永久的；而政治上的不可抗力事件如政府征用、对项目土地不审批、变更某些政府管理制度等，其发生的期限是不确定的，即政府征用行为的改变，或对不审批事项重新审批，或变更政府制度，或对某文件的撤销是合同双方无法预见，也无法掌控的。 2. 自然不可抗力事件对项目合同履行的影响 （1）合同免于履行。在PPP项目合同履行过程中，如发生自然不可抗力并导致一方完全或部分无法履行其合同义务时，根据不可抗力的影响可全部或部分免除该方在合同项下的相应义务。但对于项目公司而言，其项目投资损失却无法得到补偿。一些PPP项目，尤其当政府支付是项目公司收入的唯一来源时，项目公司应当与政府协商在自然不可抗力情况下投资损失的承担问题。在PPP项目合同中，可以建议政府方承担全部或部分不可抗力情况下的损失，即在不可抗力影响持续期间，政府仍然有义务履行全部或部分付款义务；或者通过购买商业保险使投资人的利益得到保障。 （2）延长期限。如果不可抗力发生在建设期或运营期，则社会资本及项目公司有权根据该不可抗力的影响期间申请延长建设期或运营期，延长的期限一般与不可抗力发生的期间相同

续表

类　别	内　容
不可抗力的构成、自然不可抗力对合同履行的影响	(3) 免除违约责任。不可抗力发生后，项目公司应按项目合同的规定履行通知的义务，并尽量减少不可抗力的影响。其后，项目公司方可以免除其在不可抗力事件存续期间中止履约或履约延误的违约责任。 (4) 费用补偿。对于不可抗力产生的额外费用，原则上由各方自行承担，政府和项目公司互相不承担对方因不可抗力而产生的额外费用的补偿。 (5) 解除合同。如果不可抗力的发生持续超过一定期间（如 12 个月），任何一方均有合同的解除权。在以往 PPP 项目合同履行中，有许多类似的案例。例如，20 世纪 90 年代末，湖南某电厂 BOT 项目由境外某能源投资公司作为投资人。项目合同签订后，在项目公司融资期间，由于某西方大国轰炸了中国驻南斯拉夫大使馆而直接影响了投资人在国际上及在中国的融资。项目公司无法在延长的融资期限内完成融资而被迫解除了该项目合同，并被没收了投标保函。2000 年年初，江苏某污水处理厂的项目，因发生“非典”不可抗力事件，政府解除了与项目公司的合作协议
政治不可抗力情况下对投资人权利的保障	《中共中央、国务院关于完善产权保护制度依法保护产权的意见》指出，要完善财产征收征用制度，完善土地、房屋等财产征收征用法律制度，合理界定征收、征用适用的公共利益范围，不将公共利益扩大化，细化规范征收征用法定权限和程序，遵循及时合理补偿原则，完善国家补偿制度，进一步明确补偿的范围、形式和标准，给予被征收征用者公平合理补偿。《最高人民法院关于充分发挥审判职能作用切实加强产权司法保护的意见》进一步强调了人民法院运用司法审判，切实保护投资人利益的必要性。该意见指出，依法公正审理行政协议案件，促进法治政府和政务诚信建设。对因招商引资、政府与社会资本合作等活动引发的纠纷，要认真审查协议不能履行的原因和违约责任，切实维护行政相对人的合法权益。对政府违反承诺，特别是仅因政府换届、领导人员更替等原因违约毁约的，要坚决依法支持行政相对人的合理诉求。对确因国家利益、公共利益或者其他法定事由改变政府承诺的，要依法判令补偿财产损失。以上两个意见的出台，将有效地保护 PPP 项目投资人的利益。 在 PPP 项目实施中，由于投资人或项目公司承担项目投资、建设和运营的商业风险，如果发生政府征收征用等政治不可抗力，项目公司或投资人将遭受重大的损失。因此建议项目公司或投资人在与政府谈判时，对于政治不可抗力事件，根据以上两个意见，要求政府对其权益予以保障。 (1) 因政治不可抗力事件导致项目合同履行延期的，项目公司可以要求政府延长工期，并获得额外补偿或延长项目合作期限； (2) 因政治不可抗力事件导致项目合同提前终止的，项目公司可以要求比自然不可抗力事件更多的回购补偿，也可以要求政府赔偿项目的利润损失。 目前 PPP 项目合同一般规定，自然事件引起的不可抗力，项目公司可以要求免于项目的履行、延长期限、免除违约责任、费用补偿、解除合同等，但该类法律后果一般不适用于政治不可抗力。项目公司如在 PPP 项目中遭遇上述政治不可抗力，其权益往往无法获得保障、损失也难以得到补偿。因此建议项目公司与政府谈判时，对政治不可抗力影响项目合同履行的，要求政府保障投资人或项目公司的利益不受侵害，并在合同中详细约定政府补偿投资人损失的具体计算公式和支付方法
作为项目合同术语和解释	财政部《PPP 项目合同指南》提出，PPP 项目合同是依据法律订立的。发改委《政府和社会资本合作项目通用合同指南》明确提出，PPP 项目合同是依据《合同法》及其他法律制定的，因此双方在订立合同时应遵守国家的有关法律，包括： (1) 全国人民代表大会及常务委员会制定的法律（狭义的法律）； (2) 全国人民代表大会常务委员会制定的法律解释（法律解释）； (3) 国务院制定的行政法规，各省、自治区、直辖市人民代表大会及其常务委员会制定的地方性法规、自治条例、单行条例（行政法规和地方法规）； (4) 国务院各部、委员会、中国人民银行、审计署和具有行政管理职能的直属机构制定的部门规章（部门规章）； (5) 省、自治区、直辖市和较大的市的人民政府制定的地方政府规章（地方政府规章）。 财政部《PPP 项目合同指南》提出，在司法实践中由各级政府和政府部门出台的一些政策性文件，虽然并不属于《立法法》规定的严格意义上的法律范畴，但也具有一定的强制性效力。因此该规范性文件通常也会包含在 PPP 项目合同“法律”的范围内。 在 PPP 项目合同履行中，政府与项目公司都有遵守“法律”的义务。在项目投资人选择阶段，双方应遵守招投标法和政府采购法；在项目合同签订时，双方应当遵守合同法、土地管理法、担保法、保险法、建筑法等；在项目合同履行期间，双方应当遵守环境保护、劳动等法律

续表

类　别	内　容
“法律变更”的定义	在我国法律中，对于“法律变更”并没有明文规定，目前也没有权威的解释。财政部《PPP 项目合同指南》提出，在 PPP 项目合同中法律变更通常会被定义为在 PPP 项目合同生效日之后颁布的各级人民代表大会或其常务委员会或有关政府部门对任何法律的施行、修订、废止或对其解释或执行的任何变动。 在 PPP 项目合同履行中，由于当事人双方对现行的法律、法规和规范性文件的要求有一定的预见性，因而可以采取一些措施避免、减少、降低违反法律的投资风险。但因 PPP 项目合同履行的周期较长，PPP 项目有关法律的颁布、修订、重新诠释等法律变化和调整，可能导致项目的合法性、市场需求、产品/服务的收入和回报发生变化。对于法律变更对项目履行的影响，双方应在项目合同中给予合理的约定，以化解项目投资的风险
法律变更的类型及后果	按照财政部《PPP 项目合同指南》的规定，法律变更分为政府可控的法律变更和政府不可控的法律变更两种情况。 1. 政府方可控的法律变更及后果 在 PPP 项目合同履行中，某些法律变更事件可能是由作为合同签约方的政府直接实施或者在其职权范围内发生的，如由该政府或其内设政府部门或其下级政府所颁行的法律。对于此类法律变更，可认定为政府可控的法律变更，具体后果可能包括： （1）在建设期间，如因政府方可控的法律变更使项目发生额外费用或工期延误的，项目公司有权提出额外费用的索赔或工期的延长；政府付费项目的延误，项目公司可以主张项目被视为已开始运营。 （2）在运营期间，如发生政府可控的法律变更使项目公司运营成本、费用增加的，项目公司有权向政府方索赔额外费用或申请延长项目合作期限。 （3）如因发生政府可控的法律变更使合同无法继续履行的，则构成政府违约，项目公司可以要求政府承担违约责任和提前解除合同。 2. 政府不可控法律变更的后果 对于超出政府可控范围的法律变更，如由国家或上级政府统一颁行的法律、法规等，应视为不可抗力，按照合同不可抗力条款执行。这种情况下，项目合同可能终止。在以往的 PPP 项目合同的履行中，有许多类似案例可资借鉴。例如，江苏某污水 BOT 项目，原计划于 2002 年开工，但由于 2002 年 9 月《国务院办公厅关于妥善处理现有保证外方投资固定回报项目有关问题的通知》（已废止）要求地方政府清理给予外商“固定回报”等优惠政策，项目公司被迫与政府重新就投资回报率进行谈判，但因双方无法达成一致而终止了项目合同。上海的大场水厂和延安东路隧道也发生了同类问题，项目的合同也相继被迫提前终止。 为了防止法律变更给投资者带来的风险，在项目合同谈判时，项目公司应争取将此类法律变更直接定义为政治不可抗力，并约定由政府方承担此类风险。 在国际 PPP 项目实践中，PPP 项目所在国法律变更风险的责任一般也由项目所在国的政府承担。项目公司可以要求东道国政府承担法律变更风险，并将此作为项目合同条款。例如，某国电站 PPP 项目，项目公司对东道国的国有化、征收等相关法律规定和实践作了调研后，要求东道国政府订立如下合同条款：“项目所在国政府承诺非经合法程序不得对项目公司的股本或财产实施没收、强制获取或国有化。如果东道国政府违反上述承诺，将构成东道国政府在 PPP 项目合同下的违约，项目公司有权终止特许权协议并要求东道国政府根据协议规定承担赔偿责任。”该条款的签订可以有效地维护投资者的利益，挽回所在国法律变更而给项目带来的投资损失。 此外，如果项目公司无法说服项目所在国政府承诺上述条款，项目公司还可以借助中国与项目所在国之间的投资保护协定来寻求帮助

十四、PPP 项目移交合同条款

1. 条款

（1）项目移交前的准备。在本项目移交前________年，乙方应对本项目设施状况进行全面检修，并按甲方有关部门确认的实施方案做好准备工作。应当移交的资产应接受权威质量部门的检测、评估部门及其他有权部门的全面检查，相关费用由乙方承担。

在项目合作期限结束________个月前，甲方和乙方应成立移交委员会。移交委员会由甲方________名授权代表和乙方________名授权代表组成。移交委员会应在双方同意的时间举行会谈并商定项目设施移交的详尽程序、最后恢复性检修计划、按移交规定的移交范围和详细清单。

在项目合作期限结束________个月前，甲方和乙方应共同达成协议，明确乙方向甲方移交项目和其他相关资产的详细安排，向甲方移交的项目、设备、设施的详细清单，乙方负责移交的代表姓名；同时，甲方应向乙方提供其移交人员的名单和联系方法。

在项目合作期限结束________个月前，乙方应负责解除和清偿本项目中的任何债务、留置权、抵押、质押及其他请求权（甲方同意保留的除外），做好向甲方移交项目的必要准备。甲方不承担乙方在本项目特许经营期内形成的任何债务、担保及乙方对任何第三方的责任。

（2）移交资产的权属和范围。在合作期限届满当日即移交日，甲方按双方约定的条件支付乙方补偿后，双方办理项目资产的移交，或乙方向甲方或其指定机构无偿移交项目资产，包括但不限于：

1）项目所有设施、设备；

2）设施、设备所附带的各类文件资料、运营维护档案、技术档案、文秘档案、图书资料、设计图纸和其他资料；

3）设施、设备所对应的相关权利证书和凭证；

4）项目涉及的其他相关资料。

（3）项目资产移交办理、移交质量、风险转移和其他事项。

1）移交手续办理。移交相关的资产过户和合同转让等手续由甲方和乙方共同办理。

2）协议转让。在项目资产移交时，乙方应将与项目相关尚未终止的协议同时移交甲方，并协助办理相关的转让手续。

项目设施、设备在移交时应不存在任何留置权、债权、抵押权、担保物权或任何其他请求权。

3）风险转移。除原有设施外，乙方承担移交日之前项目资产毁损、灭失的责任，但因甲方或其指定机构及其人员的责任所致的除外。

4）移交费用甲方和乙方各自承担其移交所发生的费用和支出。

5）移走乙方相关的物品。除非双方约定，乙方应于移交日期之后________日内，将其所属物品移走，并承担相关费用。

6）移交质量保证期。乙方应保证项目设施在移交时能够正常运营，并在移交日后________个月保证期内承担设备设施质量缺陷的维修责任，但因接受移交的单位使用不当造成的损坏除外；在收到质量缺陷的通知后，乙方应尽快予以维修。

在情况紧急或乙方没有及时保修的情况下，甲方可以自行维修，并在维护保函中予以扣除，但应将维修费用的清单转交乙方。

2. 条款释义

PPP 项目移交合同条款释义见表 5-14。

表 5-14　PPP 项目移交合同条款释义

类　别	内　容
项目移交前准备条款释义	合同双方对项目的移交准备工作，一般包括以下事项： （1）过渡期的起讫日期、工作内容和进度安排。 （2）评估和测试。双方可以约定在移交日前的几个月内，由社会资本或项目公司对项目设施进行一次检修，但此次检修应不迟于移交日之前几个月内完成，检修的具体时间和内容由移交委员会确定。项目设施经过检修后，还应对项目设施和其他资产状况进行评估，并对项目状况能否达到合同约定的移交条件和标准进行测试。实践中，上述评估和测试工作一般由政府方委托的独立专家或者由政府和项目公司共同组成的移交委员会负责。 经评估和测试，项目状况不符合约定移交条件和标准的，政府有权提取移交维修保函，并要求社会资本或项目公司对项目设施进行相应的恢复性修理、更新重置，以确保项目在移交时满足约定要求。 （3）过渡期间，双方应约定各方的权利和义务。移交期间社会资本或项目公司应保证公共设施及相应设备正常工作，以确保公共利益不受损害；同时还可以约定项目设施相关零配件和备品备件的移交时间、厂商名单、基本价格，以及服务项目实施雇员名单等详细资料。 （4）明确项目移交的工作机构和工作机制，如移交委员会的设立、人员组成、移交责任划分等。一般情况下，移交委员会由独立专家或双方授权代表组成。移交委员会应在双方约定的时间会谈和商定项目设施移交的详尽程序、相关检修计划及移交范围内的详尽清单
移交资产的权属和范围条款释义	在 PPP 项目资产移交过程中，往往涉及权属与补偿问题。一般而言，项目运营中的资产属于政府所有，项目公司仅享有经营权，在项目结束时，项目资产按要求应无偿移交给政府。但有些因政府责任或不可抗力导致的项目终止，合同双方应协商项目资产的补偿问题。双方应尽量通过谈判达成协议，以免移交过程中的争议。 在实践中，对项目资产的权属和补偿有不同的约定和处置方法： （1）谁投资谁所有，有偿移交，资产按评估价值补偿。建设部发布的《城市管道燃气特许经营协议（示范文本）》第 4.5 条规定，资产归属与处置原则为谁投资谁所有。资产处置以甲、乙双方认定的中介机构对乙方资产评估的结果为依据：乙方不再拥有特许经营权时，其资产必须进行移交，并按评估结果获得补偿。 （2）项目公司在项目中投资的产权移交，双方应达成补偿协议。建设部发布的《城镇供热特许权协议（示范文本）》第 1302 条规定，乙方因自行投资形成自有产权的移交及补偿问题按照终止补偿规定。因此在移交时，项目合同双方应就项目公司自行投资所形成财产的权属和补偿问题达成一致。 明确了移交资产的权属和补偿问题后，双方应当对移交资产的范围作出约定。移交的项目资产一般包括动产、不动产、经营权、股权、技术转让、项目相关合同的资料及其他相关资产
移交手续办理、移交费用、权利转移和风险转移	在 PPP 项目资产的移交过程中，双方应协商移交手续办理、移交费用的承担、权利转让、风险转移、移交标准、质量保证等事项，并在合同中给予详细的规定。 1. 移交手续办理 关于项目资产过户和合同转让的移交手续办理，双方可以在合同中约定。一般情况而言，项目公司应承担此项工作。 2. 移交费用（含税费）的承担 双方在移交前，应对费用的承担达成一致。项目移交的相关费用，一般有以下几种承担方式： （1）由项目公司承担相关费用。《公路项目招标文件范本》特许权协议格式第 7.6 条规定，除法律规定应由政府承担的费用外，政府无须向项目公司支付本协议规定的移交和转让的费用。但政府应自费获得所有完成项目移交和转让需要的批复，并使它们有效。 （2）由政府和项目公司共同承担移交的相关手续费用。 （3）如因一方违约事件导致项目提前终止而移交的，可以由违约方来承担移交费用。 3. 项目资产的移交 （1）不动产和动产的移交。PPP 项目的不动产，一般包括土地使用权和项目地上、地下的定着物。如公路项目中的土地、公路及公路周边休息区的停车场、商店、旅馆等营业设施；污水处理项目中的厂房及管线等

续表

类　别	内　容
移交手续办理、移交费用、权利转移和风险转移	土地使用权的移交需要办理土地使用权的变更登记。房屋、建筑物、构筑物和地上、地下其他定着物的移交也需要办理所有权变更登记及不动产权利登记簿上其他权利限制的解除。基于对房屋、建筑物、构筑物和地上地下其他定着物工程施工、修缮、添附或其他加工承揽活动而可能存在的加工承揽人工程款的债务也需要予以偿还，或解除加工承揽人的优先受偿权。对不动产移交前有关不动产的占有、使用、收益和处分的税费也应结清，并移交相关缴纳凭证。已设立所有权、使用权不动产的质量、保修和其他保障服务权利的保证凭证，如合同、保修单等也应一并移交。 PPP项目的动产，如公路项目中维护与保养的设备（压路机、维护车辆等）；污水处理项目的机器和其他设备。PPP项目的动产，有权属登记的财产等，需要办理其权属的变更登记。动产权利的限制，如车辆、设备的抵押、质押、留置等应予解除。对特殊动产移交前有关动产的占有、使用、收益和处分的税费应结清，并移交相关缴纳凭证。已取得动产的质量、保修和其他售后服务权利的保证凭证，如合同、保修单也应同时移交。 （2）经营权的移交。PPP项目中政府授予的经营权证书，如公路项目中的公路收费证书，城市供水、供热、燃气特许经营权证书需要交回；证书上的抵押、质押等也应予解除。必要时项目公司也应对外发布通知或公告，说明项目公司特许经营期已经结束。有金融机构贷款抵押或质押的，双方也应协商并妥善处理。 （3）项目公司的股权移交。项目公司股权的移交表明项目公司已经解散，需要办理必要的手续，如现有股东之间签订协议解散项目公司或同意将项目公司的股权转让给政府继续经营，并在当地工商行政机关办理股权变更手续。在股权上设置质押等权利的也应予解除。 （4）项目相关合同的转让。在项目移交时，社会资本或项目公司需要将项目建设和运营时期签订的正在履行的合同移交给政府或政府指定的机构，以便继续履行。为了履行上述合同规定的义务，社会资本或项目公司应在签署上述合同时，订立项目合同结束时的合同主体转让条款，例如，在项目的采购、承包、运营合同里明确规定，在项目移交时相关合同主体同意社会资本或项目公司将所涉合同在项目结束时转让给政府或政府指定的其他机构。 在实践中，可转让的合同一般包括项目工程承包合同、运营服务合同、原料供应合同、产品或服务购买合同、融资租赁合同、保险合同以及租赁合同等。此外，如果这些合同中包含尚未到期的担保等，也应根据政府的要求全部转让给政府或者政府指定的其他机构。 （5）项目知识产权和相关技术的转让。在PPP项目实践中，有些项目可能涉及知识产权和相关的技术，如高铁、轨道交通项目中的信号通信技术；污水处理项目中的污水清洁技术；垃圾焚烧项目中的发电技术等。以上这些项目，可能需要项目公司将使用的技术或第三方技术移交政府继续使用。因此项目公司应保障在项目移交之后，政府不会因为继续使用这些技术，而被任何第三方索赔或引起法律纠纷。为此，政府与项目公司在项目合同中，应达成如下协议： 1）社会资本或项目公司应在移交时将项目运营和维护所需要的所有技术，全部移交给政府或政府指定的其他机构，并确保政府或政府指定的其他机构不会因使用这些技术而遭受任何侵权索赔； 2）如果有关技术为第三方所有，社会资本或项目公司应在与第三方签署技术授权合同时即与第三方约定，同意社会资本或项目公司在项目移交时，将技术授权合同转让给政府或政府指定的其他机构。 （6）对于移交与项目设施有关的手册、图纸、文件和资料（包括书面文件和电子文档等资料），应明确移交日期，并保持资料的完整。 （7）移交项目土地使用权及项目用地相关的其他权利时，社会资本或项目公司应按要求提供相关法律文件，办理法律过户和管理权移交手续，并应配合做好项目运营平稳过渡。 （8）移交与项目设施相关的设备、机器、装置、零部件、备品备件以及其他动产，也应移交保障项目运营所必需的消耗性备品和事故修理备品、备件等。 （9）关于项目人员问题。社会资本或项目公司应提交一份项目员工名单，包括每位员工的资格、职位和收入的细节。政府有权选择在移交日之后优先继续聘用全部或部分员工。 （10）关于运营维护项目设施所要求的技术信息。移交协议可以约定社会资本或项目公司应交付运营、维护、修理记录，移交记录和其他资料，以使政府能够直接或通过其指定机构继续本项目的运营维护。 （11）移交项目所需的其他文件。如向政府移交项目设施或项目资产时，应解除和清偿完毕社会资本或项目公司设置的所有债务、抵押、质押、留置、担保物权，以及源自本项目的建设、运营和维护的，由社会资本或项目公司引起的环境污染及其他性质的请求权。 4. PPP项目合同中有关资产权利证书的延续手续 如果PPP项目中的一些权利证书，如股权证书、经营权证书、收费权证书及商标、专利技术的使用权协议等在移交日前已期满，项目公司也有义务办理以上证书的延续手续，并移交政府

续表

类　别	内　容
移交手续办理、移交费用、权利转移和风险转移	5. 项目合同财产移交的风险转移 移交协议还应对移交过程中的财产转移风险责任作出约定。一般而言，在项目移交日之前的财产责任或风险，由项目公司承担，除非该责任或风险是由政府方的过错造成的；在移交日之后的责任或风险应由政府承担
移交标准	项目资产移交后，项目的设施、设备应达到能够继续运营的状态。为了确保接收的项目资产符合继续运营的要求，双方在PPP项目合同或移交协议中应约定项目移交的条件和标准。特别是在项目移交后政府还将自行或者另行选择第三方继续运营该项目的情形下，移交的条件会比较严格。 （1）项目资产权利没有瑕疵。项目设施、土地及所涉及的任何资产不存在任何权利瑕疵，资产和权益之上没有设置任何担保及其他第三人的权利。但在合同提前终止移交的情况下，尚未清偿项目贷款的担保除外。 （2）项目设施技术性能完好，具备运营的条件。项目设施应符合双方约定的技术、安全和环保标准，并处于良好的运营状况。在一些PPP项目合同中，可约定“良好运营状况”的条款
移交质量保证	为了保证PPP项目资产和设施能够继续运营，PPP项目合同可能会规定关于项目资产和设施移交的质量保证。 （1）在项目移交期间。项目公司应保证本项目设备整体完好率达到100%；符合本协议所规定的安全和环境标准，符合项目合同中所规定的移交标准。 （2）缺陷责任期。项目公司应保证在移交日期后的一定期间内，修复由原材料、施工、运营或管理等缺陷或合作期内项目公司的任何违约所造成的项目设施任何部分的缺陷或损坏及承担环境污染等责任，但正常磨损的情况除外。 当政府发现移交资产的上述缺陷、损坏或环境污染责任时，应及时通知项目公司。项目公司在保证期结束前，应尽快自费修复缺陷。如果项目公司在收到甲方通知后，在约定时间内没有修复或拒绝修复缺陷，政府有权自己或聘请第三方修复上述缺陷，但项目公司应承担此笔修理费用。 以上的做法，在PPP项目的实践中经常被应用。如《公路项目招标文件范本》特许权协议格式第7.5条约定，乙方应保证在特许经营期满后1年内，项目应：①符合本协议的要求，处于良好的养护状态，甲方支出的养护费用水平与乙方在特许经营期的最后5年所提供的运营和服务所需年均费用相一致；②符合本协议所要求的所有安全和环境标准。如项目未达到本款要求，乙方应按甲方要求自费修复。若乙方不履行义务和责任，则甲方可直接委托或通过招标形式选择施工单位对项目进行养护和维修，养护及维修的费用经结算后直接从乙方的运营期履约保证金中扣除，不足部分由乙方或投资人支付
移交维修保函、保险和PPP项目供应商对项目设施的质量保证	为了更好地保证项目资产和设施的质量，除了上述的质量保证期外，政府还可以要求项目公司提供维修保函。 1. 维修保函 在项目合同届满前，项目公司应向政府提供合同约定的移交维修保函。该保函作为项目公司承担项目设施移交后的维修及项目设施质量保证义务的依据。移交维修保函应当符合双方商定的格式。保函可以由政府接受的金融机构出具，其条款应当包括具体的金额和明确的维修责任期等。 如果政府方在移交维修保函担保期限内，根据项目合同的有关规定提取移交维修保函项下的款项，项目公司应确保在政府提取后约定的工作日内，将移交维修保函的数额恢复到约定的数额，但政府应提供移交维修保函提取差额的证据。 2. 保险和承包商保证的转让 在移交时，应约定项目公司将所有承包商和供应商提供的尚未期满的担保及保证无偿转让给政府，并且将所有保险单、暂保单和保险单批单转让给政府。政府应支付或退还上述单证移交之后保险期间的保险费

续表

类　别	内　容
项目移交的其他事项	移交的其他事项一般是指移走项目公司相关的物品和项目员工的培训。 （1）项目公司应于移交日期之后的一定期间内，自费从场地移走仅限于项目公司员工的个人用品以及与本项目运营和维护无关的物品，不包括移交清单所列的项目设备、备品备件、技术资料或者项目设施营运和维护的必需物品。如果项目公司在上述时间内没有移走这些物品，政府在通知项目公司之后，可以将物品转运至适当的地点保管。项目公司应承担以上搬移、运输和保管的合理费用和风险。 （2）如果政府需要项目员工培训的，项目公司可以提供并保证受训的员工能够完成项目合同履行的工作需要。在实践中，项目移交人员的培训也是项目移交的一部分工作。如《公路项目招标文件范本》特许权协议格式第 7.4 条规定，在特许经营期满至少 12 个月前，乙方应向甲方报批对甲方人员开展项目运营、养护、维修培训的详细计划。在特许经营期满至少 6 个月前，乙方应按照甲方批准的培训计划完成培训工作，并在特许经营期满前至少 3 个月内，乙方应让甲方指定受训人员共同参与项目的运营养护和维修工作。甲方和乙方应联合对甲方的指定人员的培训结果进行检查，以确认他们能正确运营、养护和维修项目，乙方应负责承担培训费用

项目移交程序分解如图 5-2 所示。

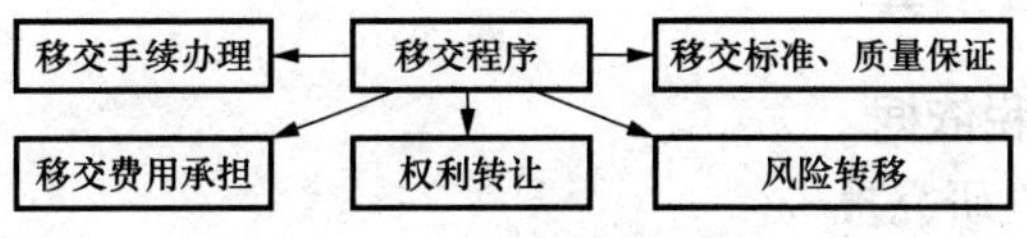

图 5-2　项目移交程序分解

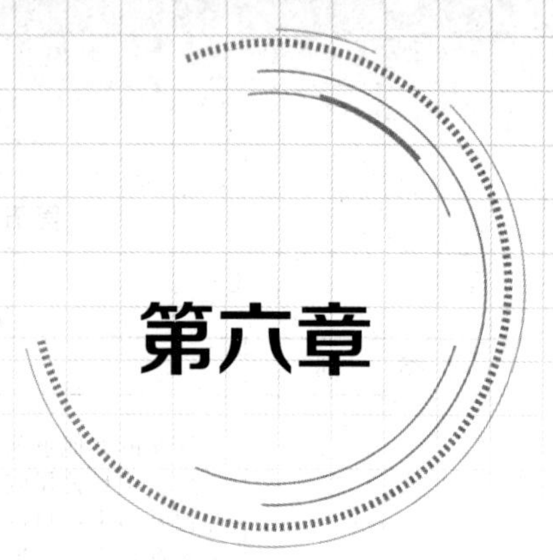

PPP项目财税处理

第一节　PPP 项目税费核算

一、PPP 项目税费预算

1. PPP 项目税费计税依据

（1）PPP 项目可行性研究报告。

（2）投资方案实际数据。

（3）《关于全面推开营业税改征增值税试点的通知》（财税〔2016〕36 号）及现行财税规定。

测算中依据的数据为 PPP 项目可行性研究报告中的相关数据，如果社会资本方对 PPP 项目有更具体的数据，如融资方案等，可以实际数据为基础进行测算。

（4）可调变量一般为融资情况（包括利率、期限、还款额度等）、项目建设的投资金额、投资进度、总包对分包下浮比例、总包进度款支付比例等。

（5）将可调变量确定为可变参数，测算实际参数下项目投资内含收益率和项目资本金内含收益率。

（6）不可调变量为付费方式、建设期限、运营期限等。

可研报告中针对 PPP 项目的建设投资金额、投资进度、融资情况、付费方式、绩效考核及项目的基本情况进行了描述，社会资本方以此为依据确定可调变量及不可调变量。

可研报告数据中的项目投资内含收益率和项目资本金内含收益率为政府对 PPP 项目既定方案下可行性的参考数据，社会资本方需要根据自身的实际情况，调整可调变量测算整个项目的实际项目投资内含收益率和项目资本金内含收益率。

2. 确定测算主体

项目公司和总承包方分别测算项目投资内含收益率和项目资本金内含收益率。

一般 PPP 项目中，整个项目投资收益率应当包括项目公司和总承包方两部分，如果项目公司和总承包方属于同一集团，应站在集团整体的角度进行相关测算。

测算中，总包对分包的下浮比例是指总承包方直接对外（不含集团内）分包的下浮比例。

3. 核算

(1) 建设期。根据《财政部 国家税务总局关于全面推开营业税改征增值税试点的通知》(财税〔2016〕36 号)相关规定，开工日期在 2016 年 4 月 30 日之后，建筑企业提供建筑服务应适用一般计税方法，税率为 11%，但符合甲供工程条件的，建筑企业可以选择简易计税方法，征收率为 3%。社会资本方作为总承包人，需要考虑计税方法的选择对项目的影响。

(2) 运营期。目前投标的 PPP 项目，开工日期在 2016 年 4 月 30 日之后，根据《财政部 国家税务总局关于全面推开营业税改征增值税试点的通知》(财税〔2016〕36 号)相关规定，PPP 项目运营期将适用一般计税方法。

4. 核算方法

(1) 计算口径。PPP 项目测算时主要依据可研报告中的基础数据及投标方案实际数据，但目前的可研报告中，其投资相关预算数据一般为含税收入、成本等。测算项目口径均应调整为不含税口径。即项目收入、成本均以不含税口径进行测算。

(2) 确定计算涉税事项。

1) 建设期项目公司、总承包方进项税额估算。

2) 总承包方计税方法的选择。

3) 项目公司运营维护收入和维护成本。

项目公司运营维护收入按照实际业务判断增值税税目、税率。项目公司运营维护成本，假定项目公司委托专业运营单位运营，能够取得进项税发票；假定项目公司自行运营，需估算进项税发票取票情况。

4) 项目公司可用性付费的核算。政府可用性付费税目税率依据前期与税务机关谈判结果核算。

5) 增值税及其他税额的测算。项目公司在运营期依据增值税的计算方法，按照当期的销项税额减去建设期留抵的进项税额和运营期的进项税额。首先抵减全部进项税额，直到全部进项税额抵减为零后产生增值税，依据实际缴纳的增值税计算缴纳城市建设税及附加税。

6) 现金流量净额的测算。项目公司根据基础数据计算出每期的现金流量净额。现金流量净额需分别考虑项目投资现金净流量和项目资本金现金净流量，并考虑企业所得税对相关指标的影响。

(3) 确定测算基准数据对比口径。测算结果应以社会资本方要求的项目投资内含收益率与项目资本金内含收益率为基准，在既定方案下，项目投资内含收益率与项目资本金内含收益率是否达到社会资本方的基准值，要注意相关指标与基准值的计算口径保持一致。

其中，项目投资内含收益率是指项目在整个计算期内全部建设投入时各年财务净现金流量的现值之和等于零时的折现率，也就是使项目的财务净现值等于零时的折现率。

项目资本金内含收益率是指项目在整个计算期内自有资金投入时各年财务净现金流量的现值之和等于零时的折现率，也就是使项目的财务净现值等于零时的折现率。

二、PPP 项目税费计算

PPP 项目计税依据及方法见表 6-1。

表 6-1 PPP 项目税费计算

类　别	内　容
计算依据	主要依据以下文件进行测算： （1）PPP 项目可行性研究报告。 （2）《关于全面推开营业税改征增值税试点的通知》（财税〔2016〕36 号）。 （3）PPP 项目上报概算表。 （4）PPP 项目贷款方案。 （5）以送审概算数据为准，无论总承包选择何种计税方式，送审概算金额基本不发生变化。 （6）建设期内，送审概算中的第一部分建安工程费金额，即为项目公司与总承包方签订的建筑施工总承包合同金额；送审概算中除建安工程由总承包完成外，其他项目全部由项目公司自己完成，并构成整个项目的成本。 （7）根据项目概算，确定建安工程费中的工程利润，即总承包方利润，“一般计税”以建筑安装工程费（不含税）扣减直接费用、间接费用及附加税的合计金额，其中直接费用的计算方法为：以送审概算税前人材机成本—预计可取得的进项税额；“一般计税”建筑安装工程费（不含税）扣减直接费用、间接费用及附加税的合计金额，其中直接费用为含税人材机成本。 （8）运营期融资成本取自送审概算数据，确定付息方式。 （9）确定净现值的折现率。 （10）项目可能享受的税收优惠。 （11）项目公司、总承包方增值税进项税票的取票估计情况
确定计算主体	按项目公司和总承包方分别测算项目涉及的增值税及其附加税、企业所得税、净利润、现金流量净值。站在集团的角度进行整体比较分析
计税政策变化	（1）建设期。根据《财政部　国家税务总局关于全面推开营业税改征增值税试点的通知》（财税〔2016〕36 号）的规定，开工日期在 2016 年 4 月 30 日之后，建筑企业提供建筑服务应适用一般计税方法，税率为 11%，但符合甲供工程条件的，建筑企业可以选择简易计税方法，征收率为 3%。 （2）运营期。PPP 项目一般涉及金额较大，根据《财政部国家税务总局关于全面推开营业税改征增值税试点的通知》（财税〔2016〕36 号），应税行为的年应征增值税销售额超过 500 万元的纳税人为一般纳税人，未超过规定标准的纳税人为小规模纳税人。项目公司收入金额大，不能适用小规模纳税人 3%的征收率纳税。 （3）工程概算。根据《财政部　国家税务总局关于全面推开营业税改征增值税试点的通知》（财税〔2016〕36 号）的相关规定，总承包方采用不同的计税方法，应按不同的原则进行工程计价，选择一般计税方法还是简易计税方法，会影响整个 PPP 项目的收益，因此需要对总承包方两种计税方法下的利润、税费和现金流等进行测算，分析比较优劣，选择对项目各方整体最为有利的计税方法
具体测算思路	考虑到“营改增”新政策下不同核算模式的影响，测算思路如下： （1）以送审概算不变作为测算前提，即无论总承包对项目中的工程建安项目选择一般计税方法，还是简易计税方法，基本不影响投标概算金额。 （2）根据建设期建安工程总包方采用一般计税方法或简易计税方法，有以下两种方案。 方案一：总承包选择一般计税方法，项目公司不进行甲供材料、设备和动力。 方案二：总承包选择简易计税方法，项目公司甲供材料、设备或动力。为不影响总承包的工程项目收入，项目公司可采用象征性甲供，即选择一种使用普遍、金额较小的材料进行甲供。 注：项目若有真实甲供意图，可按照实际情况调整。 （3）分别测算总承包方选择“一般计税”或“简易税收”时，总承包方、项目公司、总承包方和项目公司的增值税及其附加税、净利润、现金流量净现值。 （4）比较分析不同核算模式对项目公司现金流量净现值的影响。 （5）项目公司取得的回报（政府付费、使用者付费）按照不同计税方案比较分析，具体方案选择可见第二章第四节“PPP 项目收益涉税谈判分析”

续表

类　别	内　容
具体测算思路	根据计算的项目现金净流量现值进行比较，现金净流量现值越大，项目收益越优，但还要结合可能存在的税务风险与税务机关谈判，最终确定项目公司收益纳税适用的税目、税率，总承包方的计税方法，项目公司的会计核算。 以上测算的整体思路为 PPP 项目的投资测算提供指导方向，并不完全适用所有 PPP 项目。实际应用中，需根据实际 PPP 项目的基本情况相应调整测算的基础数据。 社会资本方作为 PPP 项目的投资方和参建方，取得 PPP 项目市场信息后，需要从项目多方、项目整体角度考虑 PPP 项目的现金流量净现值。针对单个项目比较不同纳税方案下项目整体的现金流量净现值，并依据定量数据与税务机关谈判涉税事项

第二节　PPP 项目税务档案管理

PPP 项目税务档案管理见表 6-2。

表 6-2　PPP 项目税务档案管理

类　别	内　容
增值税优惠备案	社会资本方、项目公司在申请相应的税收返还、税收减免时，需要结合自身具体情况与当地有关部门进行充分的沟通，并争取获得相关书面协议和政府的支持性文件。 根据《财政部国家税务总局关于印发〈资源综合利用产品和劳务增值税优惠目录〉的通知》（财税〔2015〕78 号）的相关规定，涉及污水处理、垃圾处理、电力等与资源综合利用和环境保护相关的 PPP 项目，可以享受增值税即征即退等优惠政策。 具体综合利用的资源名称、综合利用产品和劳务名称、技术标准和相关条件、退税比例等按照《资源综合利用产品和劳务增值税优惠目录》（以下简称《目录》）的相关规定执行。纳税人在办理退税事宜时，应向主管税务机关提供其符合本条规定的上述条件以及《目录》规定的技术标准和相关条件的书面声明材料，未提供书面声明材料或者出具虚假材料的，税务机关不得给予退税
企业所得税优惠备案	根据国家税务总局发布的《企业所得税优惠政策事项办理办法》（国家税务总局公告 2015 年第 76 号）的相关规定，企业应当自行判断其是否符合税收优惠政策规定的条件，凡享受企业所得税优惠的，应当向税务机关履行备案手续，妥善保管留存备查资料，企业应当不迟于年度汇算清缴纳税申报时备案，并真实、完整填报“企业所得税优惠事项备案表”，对需要附送相关纸质资料的，应当一并报送。企业可以到税务机关备案，也可以采取网络方式备案，需要附送相关纸质资料的企业，应当到税务机关备案。 （1）西部大开发税收优惠备案。根据《国家税务总局关于深入实施西部大开发战略有关企业所得税问题的公告》（国家税务总局公告 2012 年第 12 号），企业应当在年度汇算清缴前向主管税务机关提出书面申请并附送相关资料。第一年须报主管税务机关审核确认，第二年及以后年度实行备案管理。各省、自治区、直辖市和计划单列市税务机关可结合本地实际制定具体审核、备案管理办法，并报国家税务总局（所得税司）备案。 企业主营业务属于《西部地区鼓励类产业目录》范围的，经主管税务机关确认，可按照 15%税率预缴企业所得税。年度汇算清缴时，其当年度主营业务收入占企业总收入的比例达不到规定标准的，应按税法规定的税率计算申报并进行汇算清缴。 （2）公共基础设施“三免三减半”税收优惠备案。PPP 特许经营中的公共污水处理、公共垃圾处理、港口码头、机场、铁路、公路、城市公共交通、电力、水利等项目，可以享受企业所得税三免三减半的税收优惠。 根据《国家税务总局关于实施国家重点扶持的公共基础设施项目企业所得税优惠问题的通知》（国税发〔2009〕80 号）“七、从事《公共基础设施项目企业所得税优惠目录》范围项目投资的居民企业应于从该项目取得的第一笔生产经营收入后 15 日内向主管税务机关备案并报送如下材料后，方可享受有关企业所得税优惠：（一）有关部门批准该项目文件复印件；（二）该项目完工验收报告复印件；（三）该项目投资额验资报告复印件；（四）税务机关要求提供的其他资料。八、企业因生

续表

类　别	内　容
企业所得税优惠备案	产经营发生变化或因《公共基础设施项目企业所得税优惠目录》调整，不再符合本办法规定减免税条件的，企业应当自发生变化起 15 日内向主管税务机关提交书面报告并停止享受优惠，依法缴纳企业所得税。” （3）专用设备投资额抵免所得税备案。《财政部税务总局国家发展改革委工业和信息化部环境保护部关于印发节能节水和环境保护专用设备企业所得税优惠目录（2017 年版）的通知》（财税〔2017〕71 号）规定，应填列“购置专用设备投资抵免企业所得税备案报告表”，在纳税人办理购置专用设备投资抵免企业所得税备案时使用，在企业所得税汇算清缴前报备
项目公司简易征收备案	营改增实施后，一般纳税人项目公司如选择简易征收，需填列《增值税一般纳税人选择简易办法征收备案表》，如高速公路项目选择简易征收按 3%税率缴纳增值税，需在备案事项中勾画“其他：公路经营企业中一般纳税人收取试点前开工的高速公路的车辆通行费，可以选择适用简易计税方法，减按 3%的征收率计算应纳税额”，报备通过后，方可适用简易征收
资产损失备案	依据《国家税务总局关于发布〈企业资产损失所得税税前扣除管理办法〉的公告》（国家税务总局公告 2011 年第 25 号），企业资产损失税前扣除的相关证据包括具有法律效力的外部证据（如司法机关、行政机关、专业技术鉴定部门等依法出具的与资产损失相关的具有法律效力的书面文件）及特定事情的内部证据（会计核算资料、原始凭证、相关经济行为的业务合同），项目公司在建设及运营期间发生的资产损失，应提供并保存相关的资产损失证据，在企业所得税年度申报前，提前备案，据以扣除
涉税业务资料档案管理	PPP 项目作为一种引导民间资本参与基础设施领域发展的有效方式，具有多要素性、多层次性、动态性和开放性等复杂性特征。目前，国内 PPP 相关领域缺乏一套完善、科学、合理的法律制度来规范其健康运行和发展，PPP 模式存在一些潜在风险，其档案管理就显得尤为重要。 PPP 项目公司在前期谈判期间，与政府部门、税务机关、银行等外部机构谈判的事项烦琐，应将谈判完成后的谈判资料进行分类管理。 业务谈判资料管理：项目立项、筹备前期，针对项目的合作范围、项目的合作期限、项目用地、建设及融资、项目运营与维护、项目付费机制等特许经营权经营协议、可行性研究报告、发改委批复文件，尤其是特许经营权经营协议中含有政府承诺与保证条款的，项目公司应妥善留存并分类保管上述资料，便于在合作期限内在合同规定的范围内进行工作安排，直至项目移交
涉税财务资料档案管理	项目公司财务人员应根据合同约定、公司章程及股份公司相关会计制度规章，建立健全公司财务管理制度和内部控制制度，采用适用的会计政策和核算方法，建立核算账套，并做好税务、银行等外部机构对接和财务资料档案管理工作。 1. 关联交易财务档案 PPP 项目中会存在大量的关联交易，如项目公司与股东之间的借款合同、设计合同、建造合同、购销合同、运营合同等。关联交易应符合独立交易原则，如果不符合独立交易原则，税务机关有权对关联交易进行调整。项目公司应按规定期限报送“关联关系申报表”，并准备相关资料。 2. 代扣代缴税务资料档案 纳税人未按照税法规定缴纳税款，扣缴义务未按照税法规定代扣代缴税款，主管税务机关对纳税人、扣缴义务人可以按照征管法的规定追究相关的法律责任。 （1）企业所得税代扣代缴。特许经营项目中可能存在大量的非居民税收，境内项目公司支付给境外的利息、股息、特许经营权使用费、设计费、咨询费等，境内的项目公司需要代扣非居民企业的预提所得税，相关缴税文件及合同等要做好留存，以备税务机关查验。 （2）个人所得税代扣代缴。《国家税务总局关于建筑安装业跨省异地工程作业人员个人所得税征收管理问题的公告》（国家税务总局公告 2015 年第 52 号）规定：“总承包企业、分承包企业派驻跨省异地工程项目的管理人员、技术人员和其他工作人员在异地工作期间的工资、薪金所得个人所得税，由总承包企业、分承包企业依法代扣代缴并向工程作业所在地税务机关申报缴纳。跨省异地施工单位应就其所支付的工程作业人员工资、薪金所得，向工程作业所在地税务机关办理全员全额扣缴明细申报。凡实行全员全额扣缴明细申报的，工程作业所在地税务机关不得核定征收个人所得税。” 总承包方、分包方应妥善保管异地工作人员的申报明细资料，以备查验，按照规定定期进行纳税申报等管理工作

续表

类　别	内　容
涉税财务资料档案管理	3. 地方政府优惠文件保管 投资部门、财务部门须与地方政府申请地方财政优惠和政府补助等优惠进行谈判，主动权是在企业设立的前期，在向地方提交设立申请资料前，应就有关优惠事项与地方政府进行沟通；而且地方政府给予的优惠应以备忘录书面形式保留下来并在企业设立后提交新企业财务部门留存
档案移交管理	通常情况下，在项目合作期限届满后，项目公司会将项目设施完好地、无偿地移交给项目实施机构或政府指定部门。起草合同移交条款时，首先应当根据项目的具体情况明确项目移交的范围，以免因移交范围不明确造成争议。一般移交的范围应包括以下资料： （1）移交项目设施； （2）移交与项目设施有关的机器、设备、装置、零部件、备品备件及其他动产； （3）移交土地使用权及项目用地相关的权利； （4）移交项目相关的图纸、手册等文件资料； （5）移交项目所需的其他权利、文件等。 社会资本方与项目公司应当将资产清单移交项目实施机构或政府指定的其他机构，办妥法律过户和管理权移交手续

第三节　PPP 项目税务管理事项

一、PPP 项目纳税模式

年应税销售额未超过财政部、国家税务总局规定的小规模纳税人标准以及新开业的纳税人，同时符合以下两个条件的，主管税务机关应当为其办理一般纳税人资格认定：

（1）有固定的生产经营场所；

（2）能够按照国家统一的会计制度规定设置账簿，根据合法、有效凭证核算，能够提供准确税务资料，可以向主管税务机关申请一般纳税人资格认定。

新成立的项目公司，为实现进项税的充分抵扣，应在取得工商营业执照和办理税务登记后，尽快申请一般纳税人资格。

二、不同地域税收政策优惠

不同地域税收政策优惠见表 6-3。

表 6-3　　不同地域税收政策优惠

类　别	内　容
西部大开发税收优惠	承接的 PPP 项目在西部地区，能否适用西部大开发税收优惠政策需结合以下规定进行判断。 1. 税收优惠政策 （1）对西部地区内资鼓励类产业、外商投资鼓励类产业及优势产业的项目在投资总额内进口的自用设备，在政策规定范围内免征关税。 （2）自 2011 年 1 月 1 日至 2020 年 12 月 31 日，对设在西部地区的鼓励类产业企业减按 15%的税率征收企业所得税。 2. 享受优惠政策的条件 设在西部地区的企业享受 15%的优惠税率，需符合以下条件：以《西部地区鼓励类产业目录》中规定的产业项目为主营业务，主营业务收入占企业收入总额 70%以上

续表

类　别	内　容
西部大开发税收优惠	3. 西部地区①的范围 湖南省湘西土家族苗族自治州、湖北省恩施土家族苗族自治州、吉林省延边朝鲜族自治州，可以比照西部地区的税收政策执行。 4. 操作提示 (1) 如果符合政策规定的条件，项目公司可以同时申请享受西部大开发税收优惠和企业所得税法及其实施条例规定的优惠政策，如国家重点鼓励的基础设施项目所得“三免三减半”的优惠。 (2) 对于有特殊性的项目公司，其承接的项目如果符合《西部地区鼓励类产业目录》的产业项目，但其核算并非以项目确认主营业务，而是以其建设投资所取得的回报确认收入（如“金融资产”核算方式确认的利息收入），能否满足营业收入范围需与当地税务机关沟通
民族自治地方税收优惠	1. 税收优惠政策 企业申请民族自治地方的定期减免企业所得税的优惠，应按《中华人民共和国企业所得税法》第二十九条有关“民族自治地方的自治机关对本民族自治地方的企业应缴纳的企业所得税中属于地方分享的部分，可以决定减征或者免征”的规定执行。 2. 操作提示 在项目公司注册时，社会资本方应先了解民族自治地方的减免税政策，在不影响投资效果的前提下，可考虑将项目公司设在有定期减免税优惠政策的民族自治地方；如果所选择的民族自治地方没有减免税的优惠政策，应积极向地方政府申请，并争取取得关于减免税优惠的书面批复或会议纪要等书面文件
地方性税收优惠	目前，很多地区纷纷出台各种措施加快招商引资步伐，其中部分地区采取以地方税收优惠或税收返还的方式吸引投资。 因此，在不影响投资效果的前提下，项目公司可选择在优惠政策较多的地方进行注册，并与当地政府部门积极申请地方性税收优惠或财政返还，并争取获得书面批复或会议纪要等书面材料，并在会议纪要中明确税收优惠或财政返还政策的内容、计算方法、返还用途和返还期限等
充分考虑税收环境的因素	在项目公司注册阶段，社会资本方应考虑注册地的税收环境，包括地方税源是否充足以及税务人员的执法水平。 虽然税收环境不构成决定性因素，但税收环境的不同会对企业的税收成本和税收风险产生较大影响。在允许选择的情况下，可选择具有良好税收环境的地方进行公司注册，保证税收成本与税收风险的最小化

① 西部地区的范围：重庆市、四川省、贵州省、云南省、陕西省、甘肃省、青海省、西藏自治区、新疆维吾尔自治区、宁夏回族自治区、内蒙古自治区、广西壮族自治区。

三、城建税及附加适用税率

城市维护建设税（以下简称“城建税”）以实际缴纳的增值税、营业税、消费税（以下简称“三税”）税额为计税依据，与“三税”同时缴纳，其征收、管理、纳税环节、奖罚等，均比照“三税”的有关规定办理。城建税根据纳税人所在地的不同，而分别适用7%、5%、1%等不同税率。

项目建设期间涉及的城建税主要是施工方增值税应交纳的城建税，由于施工方的城建税也会影响整个项目利润，因此，如果能争取城建税低税率，也可以降低工程成本。

项目公司在市区仍可以高速公路或公路地处农村、山区等偏远地区为由，争取项目公司仍能适用 1% 或 5% 的低税率，并获得当地政府的书面确认文件或会议纪要等书面材料。

四、跨县市的路桥项目组织架构设计

目前，有些路桥的 PPP 项目中存在跨多个县市的项目。在成立项目公司时，需要考虑项目公司的组织架构。对于跨省内多个县市的公路项目，可以考虑在每段跨县、市的地方成立分公司，主要有以下三个方案，即

方案一：在每段公路所在县、市不设立项目分公司。即项目公司作为独立的法人主体，只设立区域项目管理中心，作为项目公司的部门进行项目管理。

方案二：在每段公路所在县、市设立项目分公司，不汇总纳税。即项目公司作为独立的法人主体，按照公司法的规定设立非法人主体分公司，总分公司分别在所在地按照规定申报纳税。

方案三：在每段公路所在县、市设立项目分公司，汇总纳税。即项目公司作为独立的纳税主体，按照公司法的规定设立非法人主体的分公司，总公司统一申报纳税。

1. 不同方案的管理要点（表 6-4）

表 6-4　不同方案的管理要点

方　　案	管理要点
方案一：不设立分公司，成立项目管理中心	（1）建设期设置项目管理中心或管理处等职能部门，并明确项目管理处在建设期和经营期的主要职能。 （2）高速公路途经的各个县市，地方税务机关为了地方利益，可能会要求项目公司在当地成立机构，进行工商注册和税务登记，达到将税款留在当地的目的。 （3）为了协调地方利益，向省级税务机关申请，由项目公司集中在项目公司所在地主管税务机关缴纳项目公司建设期及运营期涉及的相关税费，包括增值税及附加，企业所得税、印花税、耕地占用税、土地使用税和房产税等。 （4）无论是建设期，还是运营期，项目公司仍需要按项目进行核算，包括运营收入、建设期成本和运营成本等
方案二：设立分公司，增值税独立纳税	（1）结合项目情况成立项目分公司，配备相关人员，办理营业执照并进行税务登记、一般纳税人认定及银行开户。 （2）分公司之间调拨使用物资及设备，属于独立纳税人之间的调拨，应进行销售处理，调出方需要缴纳增值税，调入方取得进项税发票后可以抵扣。 （3）项目公司对于项目分公司的设备物资，如果采用集中采购的方式，需要再销售给分公司，方能实现进项税抵扣
方案三：设立分公司，增值税汇总纳税	（1）需向省级国家税务机关申请增值税汇总纳税，纳税方式选择总机构统一核算销售收入、销项税额、进项税额、应纳增值税税额，由总机构汇总纳税申报，分支机构不进行纳税申报。 （2）总、分公司之间调拨使用物资及设备，不用做销售处理，不用开具发票。 （3）项目公司可以选择物资设备集中采购的方式，进项税可以实现抵扣

2. 不同方案的优缺点比较（表6-5）

表6-5 不同方案的优缺点比较

方　案	优　点	缺　点
方案一：不设立分公司，成立项目管理中心	（1）不用办理分公司的营业执照和税务登记，程序简单。 （2）所有税费都在项目公司缴纳，政策统一，不用协调多个税务机关。 （3）增值税进项税可实现充分抵扣	所有税费都在项目公司缴纳，需要协调各地方利益，向省税务机关申请相关政策支持，申请难度较大
方案二：设立分公司，增值税独立纳税	不用向税务机关申请相关政策	（1）分公司需要进行税务登记、纳税申报和发票管理。 （2）各分公司需准确划分进项税，必须以各分公司独立签订施工合同，进项税发票认证抵扣。 （3）项目公司的进项税可能无法抵扣，分公司收入不均衡，可能导致进项税抵扣不充分。 （4）各分公司在项目所在地独立纳税，需协调多个税务机关，管理成本较高
方案三：设立分公司，增值税汇总纳税	增值税汇总纳税，可以充分抵扣	（1）分公司需要进行税务登记和发票管理。 （2）需要向省国税申请增值税汇总纳税政策，由于有政策支持，申请汇总纳税的难度较方案一小。 （3）总分公司其他税费仍需在项目所在地独立缴纳，仍需面对多个税务机关

社会资本方应根据PPP项目情况，提前对组织架构进行筹划，选择最有利的方式与政府方进行谈判，并将谈判结果写入投资协议。

五、PPP项目税收与当地的关系

PPP项目税收与当地的关系见表6-6。

表6-6 PPP项目税收与当地的关系

类　别	内　容
项目公司税收与当地关系	目前很多地方政府要求其主导的PPP项目相关的税费尽可能在项目当地缴纳，要求社会资本方在PPP合同中约定保证将全部税费落在当地，直接限定了项目公司的注册地点以及总承包的计税方式。 按照税法相关规定，如果项目公司注册在项目所在地，其增值税及企业所得税均应在项目所在地缴纳。但是，当项目涉及跨区建设经营时（例如道路、桥梁新建、污水处理等项目），如果政府没有限制项目公司注册地点，可以和各区域税务机关沟通，选择享受税收补助最多的区域注册项目公司，以减少成本支出
总承包方税收与当地关系	一般情况下，施工总承包方的机构所在地与项目不在同一地区，此时如何将总承包方的税收留在项目当地，将是筹划的重点。根据目前的税收政策，总承包方可采用在项目所在地设立子公司、分公司、项目部（甲供工程）的模式，具体分析如下： 1. 子公司 总承包方在项目所在地注册成立子公司并进行税务登记，按照规定在当地开具发票，全额纳税申报。 根据《国家税务总局关于进一步明确营改增有关征管问题的公告》（国家税务总局公告2017年第11号）的规定，建筑企业可以内部授权或者三方协议等方式，授权集团内其他纳税人（以下称“第三方”）为发包方提供建筑服务，并由第三方直接与发包方结算工程款的，由第三方缴纳增值税并向发包方开具增值税发票，与发包方签订建筑合同的建筑企业不缴纳增值税。发包方可凭实际提供建筑服务的纳税人开具的增值税专用发票抵扣进项税额

续表

类　别	内　容
总承包方税收与当地关系	因此，总承包方可在项目当地成立子公司从事建筑服务，满足了政府方要求全部税收留在当地的要求。 社会资本方如果为国有企业，需受国资委监管，设立子公司有所限制，并且该子公司只能核算这一个项目，无法达到项目之间进项税的统抵，对项目的进销项匹配管理要求更高，否则将可能导致项目前期缴纳增值税，项目后期产生大量进项留抵。 由于施工项目的收入成本、纳税申报等均由子公司单位负责，则总承包方的收入规模会大幅下降，可能会影响总承包方的资质提升。 总承包方将工程项目全部授权给子公司单位，并不能规避《建筑法》对于违法分包的禁止性规定的法律风险。 2. 分公司 总承包方在项目所在地成立分公司，虽分公司不具备企业法人资格，无法独立承担责任，但分公司可以进行税务登记开具发票。 分公司设立的程序简单，根据《国家税务总局关于进一步明确营改增有关征管问题的公告》（国家税务总局公告 2017 年第 11 号）规定，分公司可根据母公司内部授权直接与发包方进行结算开具发票，满足增值税及附加税均在项目所在地依法纳税。 企业所得税实行总分机构汇总纳税，分支机构根据分配比例在分支机构所在地缴纳。属于中央与地方共享范围的跨省市总分机构企业缴纳的企业所得税，按照统一规范、兼顾总机构和分支机构所在地利益的原则，实行“统一计算、分级管理、就地预缴、汇总清算、财政调库”的处理办法，总分机构统一计算的当期应纳税额的地方分享部分中，25%由总机构所在地分享，50%由各分支机构所在地分享，25%按一定比例在各地间进行分配。 因此，对于成立分公司的模式，无法全口径税收落地，仅增值税及部分企业所得税在项目所在地缴纳。对于成立分公司的模式，可按照子公司汇算清缴的政策测算分公司企业所得税额，并与实际根据分配比例在分公司所在地缴纳的企业所得税额进行比较，如果后者缴纳的企业所得税额较大，则可以据此与当地政府谈判，成立分公司更能满足当地政府要求。 该分公司只能核算这一个项目，无法达到与母公司的项目之间进项税的统抵，对项目的进销项匹配管理要求更高，否则将可能导致前期缴纳增值税，后期产生大量进项留抵。 3. 项目部（一般计税） 总承包方成立项目部是采用得最多的形式，但项目部不属于纳税人，其流转税及企业所得税均应当在总机构所在地缴纳，项目所在地只留取预缴的增值税（项目实际经营收入的 2%）及预缴的企业所得税（项目实际经营收入的 0.2%）。 成立项目部可以达到公司所有项目之间进项税的统抵，降低总承包方的税款占用损失，但无法实现税收落入项目所在地的要求，将导致无法承接项目。 4. 项目部（简易计税） 根据《财政部 国家税务总局关于全面推开营业税改征增值税试点的通知》（财税〔2016〕36 号）规定，一般纳税人为甲供工程提供的建筑服务，可以选择适用简易计税的方法计税。 甲供工程采用简易计税满足了总承包方增值税全额留在当地，企业所得税仍然只留取预缴的部分（项目实际经营收入的 0.2%），但将项目公司和总承包方作为一个整体看，项目公司取得的增值税专用发票后期只能抵扣 3%的进项税，由此可能导致项目公司后期进项税额少而承担大量增值税。此时，要结合项目公司收益的纳税方案一起分析，如果项目公司的销项税额很大，总承包方项目部选择“简易计税”不能给项目公司提供充足的进项税额，致使项目公司承担大额增值税，进而影响项目整体收益
PPP 项目税收缴纳提示	（1）如果政府明确要求全口径税收落入项目所在地，社会资本方应结合自身情况提前筹划总承包方施工形式，成立子公司、分公司或者选择甲供工程的方式，争取最优方案。 （2）《财政部国家税务总局住房和城乡建设部关于进一步做好建筑行业营改增试点工作的意见》（税总发〔2017〕99 号）规定，严禁强制或变相要求外地建筑企业在本地设立分公司或子公司。 （3）国家税务总局《关于印发〈跨地区经营汇总纳税企业所得税征收管理办法〉的公告》（国家税务总局公告 2012 年第 57 号）规定，以总机构名义进行生产经营的非法人分支机构，无法提供汇总纳税企业分支机构所得税分配表，也无法提供相关证据证明其二级及以下分支机构身份的，应视同独立纳税人计算并就地缴纳企业所得税，不执行本办法的相关规定。 （4）根据各方案的优缺点有针对性地与政府方进行谈判，争取最优方案实施

第四节 PPP 项目及运营期税收实务

PPP 项目建设及运营期税收事宜见表 6-7。

表 6-7 PPP 项目工程建设及运营期税收事宜

类 别	内 容
总承包增值税纳税方式	项目公司成立后，一般情况下，社会资本方作为总承包方与其签订施工总承包合同，组织项目施工建设。因此，总承包方选择的计税方法，直接影响项目公司取得的进项税额。 目前，大多数 PPP 项目为政府付费的投资项目，项目公司除了绩效考核及小部分运营收入外，大部分通过政府付费的形式回收投资本金及投资回报。因此，政府购买服务时，项目公司适用的税率决定着总承包方计税方式的选择。 无论投资本金部分是分开适用税率还是统一适用税率，项目公司都采用一般计税方式；总承包方作为施工方，可以选择“一般计税”或者“简易计税”
项目测算	目前，社会资本方投资的 PPP 项目，多数社会资本方既是项目公司股东，也是项目总承包方，其双重身份决定不能单纯考虑一方收益。总承包方计税方式决定了项目公司可取得进项税额，进而影响项目公司实际承担的税负，同时也影响总承包方的利润。因此，应当从项目公司、总承包整体收益的角度测算分析，以判断总承包方计税方式。 具体测算思路详见第七章“PPP 项目整体税费测算”
建设期资金占用费计息及付息方式	金融资产模式下，项目公司建设期投入的资金，政府方依据约定的利率给予一定的投资补偿。根据建设期投资回报的计息方式及支付时点，可分为以下三种情况： （1）计息不付息。计息不付息指在建设期间以确认的投资额为基数按实际占用时间计算利息，政府方依据合同约定于建设期结束后一次或者分次支付此部分利息。 （2）计息付息。计息付息指在建设期间以确认的投资额为基数按实际占用时间计算计提利息，政府方依据合同约定在建设期内分期（月、季、年）支付此部分利息。 （3）不计息也不付息。不计息也不付息指在建设期不计算利息，建设期结束后政府方依据全部投资按照占用时间计算利息
建设期资金涉税处理	项目公司在会计核算时，对于利息收入的确认，遵循的是权责发生制原则。即属于当期的收入，不论款项是否收到，均作为当期的收入。而根据《中华人民共和国企业所得税法实施条例》规定，利息收入的纳税义务发生时间，是按合同约定的债务人应付利息的日期确认收入的实现。因此，对于计息不付息的方式，会产生税会差异，项目公司在企业所得税汇算清缴时应对会计核算确认的利息调减应纳税所得额。但此种方式导致项目季度申报时，按会计利润预缴企业所得税，导致汇算清缴时产生退税。 对于计息付息的方式，无论利息实际是否收到，均应并入当期应纳税所得额。此种方式不会产生税会差异
操作提示	（1）由于项目公司的特殊性，针对计息不付息产生的预缴大于实际应缴纳的企业所得税问题与当地主管税务机关进行沟通，能否在季度预缴时调整利息收入。 （2）与政府协商，尽量保持计息付息一致。 （3）如果上述协商不行，建议按照正常纳税申报，如果预缴大于实际应缴纳的企业所得税时，办理退税或者抵减后期应纳税额
项目公司收入（销项端）	1. 适用的税目和税率 由于 PPP 项目涉及的行业领域广，如交通运输、市政公用事业、综合开发、农林水利与环境保护、社会事业和其他，各个行业涉及的增值税政策和税率不尽相同，下面列举一些常见的 PPP 项目增值税适用的税率和税目。 （1）使用者付费的增值税税目及税率。常见的 PPP 项目主要包括收费公路、城市综合开发、城市轨道交通、地下综合管廊、海绵城市、污水处理等典型项目，对 PPP 项目取得的使用者付费收入进行汇总归纳，明确可能的收入类型及适用的增值税税目和税率（不包含政府可用性付费），供参考

续表

类　别	内　容
项目公司收入（销项端）	公路经营企业中的一般纳税人收取试点前开工的，高速公路车辆通行费和一级公路、二级公路、桥、闸通行费可以选择适用简易计税方法，减按 3%的征收率计算应纳税额。试点前开工的公路，是指相关施工许可证明上注明的合同开工日期在 2016 年 4 月 30 日前的公路。 （2）可用性付费项目适用税目和税率。列举的项目，主要为项目公司提供的运营服务适用的税目与税率，而政府付费项目，如市政道路，政府购买服务时项目公司适用的税目和税率并不在此范围内。 因此，可用性付费项目，项目公司适用的税目和税率主要依据项目前期与政府方和地方税务机关沟通的结果，具体适用税率可参照表 6-8 选取。 2. 开票管理 （1）使用者付费开票。对于运营维护过程中使用者付费取得的收入，项目公司根据运营维护收入类型的适用税目和税率分别开具发票。如运营维护费按照企业管理服务适用 6%的税率开具增值税发票，房屋租赁服务按照不动产租赁适用 11%的税率开具增值税发票等。 （2）可用性付费开票。可用性付费按照前期与政府方沟通的结果进行开票。 1）“投资本金＋投资收益”两方面谈判。 ① 投资本金。对于投资本金，项目公司根据前期与政府、税务机关沟通谈判的结果，确定适用的税目和税率，对外开具增值税发票，在实际执行中，有如下几种方式： a. 投资本金部分不征税，全额开具收据或与税务机关沟通开具零税率的增值税发票。 b. 投资本金除征地拆迁、存量工程费外其他全部适用建筑服务。此种情况下，政府付费时一般需要明确支付的费用为征地拆迁费、存量工程费或建筑安装服务费。征地拆迁费、存量工程费项目公司开具收据或与税务机关沟通开具零税率的增值税发票；建筑安装服务费项目公司可开具建筑服务 11%税率的增值税发票。 c. 投资本金全部按照“平进平出”原则开具。此种情况下，征地拆迁费、存量工程费由项目公司开具收据或 0%增值税发票；其余费用可能包含设计费（6%）、建安费（11%）、设备费（17%）等，由于项目公司支付该部分费用时取得进项税适用的税率不同，项目公司需合理划分，并按照“平进平出”的原则开具增值税发票。 项目公司需要在政府支付投资本金时明确支付款项的内容，便于项目公司选取适用税目和税率，避免产生涉税风险。 d. 投资本金全部按照建筑服务 11%税率开具增值税发票。 ② 投资收益。项目公司根据前期与政府、税务机关沟通谈判确定的税目、税率对外开具增值税发票。投资回报部分按贷款服务（6%）或企业管理服务（6%）或建筑服务（11%）开具增值税发票。 2）投资回报整体谈判。 ① 政府付费全部按 6%税率缴纳增值税。《财政部关于推广运用政府和社会资本合作模式有关问题的通知》（财金〔2014〕76 号）明确规定，政府和社会资本合作模式的实质是政府购买服务。本项目实质是社会资本方给政府提供服务，政府支付服务款项。因此，该财政付费可以按照“现代服务业—商务辅助服务—企业管理服务”6%的税率缴纳增值税，并开具增值税发票。 ② 政府付费全部按建筑业 11%的税率缴纳增值税，并开具增值税发票，不再区分投资本金、投资收益。 具体分析详见第二章第四节“四、与主管税务机关沟通确定适用税目和税率”。 3. 会计核算要点 运营期，项目公司运营收入多样化，适用税率不同。因此，在会计核算时应参照以下建议执行： （1）根据运营项目性质，按收入类型分别核算不同收入适用增值税的税目、税率。 （2）在金融资产模式下，政府付费时，项目公司按照适用的税目、税率分别冲销长期应收款科目的明细科目，使适用税目与收入的类型相匹配。 （3）会计核算的收入金额与增值税申报数据可能存在差异，建议针对税会差异建立备查台账，以备应对“金三系统”交叉比对及税务稽查
项目公司成本费用（进项端）	除 PPP 项目主合同外，项目公司与项目的融资方、承包商、专业运营商、原料供应商、产品或服务购买方、保险公司等其他参与方之间，还会围绕 PPP 项目合作订立一系列合同来确立和调整彼此之间的权利义务关系。项目合同会约定社会资本主体承担的成本和费用范围，如人工费、燃料动力费、修理费、财务费用、保险费、管理费及相关税费等。 在运营期间，如果因发生政府方可控的法律变更导致项目公司运营成本费用增加，项目公司有权向政府方索赔额外费用或申请延长项目合作期限

续表

类　别	内　容
项目公司成本费用（进项端）	1. 进项税管理 PPP项目增值税进项税额大、抵扣周期长，具有建设期增值税进项发票集中留抵，于运营期逐步抵扣的特点，项目公司须做好发票的认证及管理工作。 （1）进项税抵扣的总原则。增值税一般纳税人购进货物、服务、劳务等取得的进项税额，除用于税法规定的不得抵扣进项税的情况外，凭增值税专用发票、海关进口增值税专用缴款书等合规的增值税扣税凭证，均可从销项税额中抵扣。 （2）合规的增值税扣税凭证。增值税扣税凭证，是指增值税专用发票（含税控机动车销售统一发票）、海关进口增值税专用缴款书、农产品收购发票、农产品销售发票和完税凭证。 纳税人凭完税凭证抵扣进项税额的，应当具备书面合同、付款证明和境外单位的对账单或者发票。资料不全的，其进项税额不得从销项税额中抵扣。 （3）不得抵扣的情况。如果企业发生以下几种情况，其进项税额不得进行抵扣（表6-9）： （4）运营维护成本。为了更好地保障项目的运营和维护质量，在PPP项目合同中，通常会规定项目公司在合同生效后、开始运营日之前编制项目维护方案并提交政府方审核。维护方案中通常包括项目运营期间的维护、修理和更换的时间、费用和上述维护、修理以及更换可能对项目运营产生的影响等内容。 在PPP项目中，通常由项目公司负责根据合同约定及维护方案和手册的要求对项目设施进行维护和修理，承担项目维护责任，该责任不因项目公司将部分或全部维护事务分包给其他运营维护商实施而豁免或解除。 运营维护成本主要包括参照项目全生命周期内运营维护所需的原材料、设备、人工等成本，以及管理费用、销售费用和运营期财务费用等。 发生运营维护成本均需取得合规票据，以便实现企业所得税前扣除。 （5）其他运营成本。其他运营成本为燃料费、水电费、保险费等。其中，保险费涉及工程保险及第三方责任险等。除需要取得合规票据在税前扣除外，现对以下三项经常发生或者发生额较大的费用抵扣进项税提出税收管理建议。 1）燃料费。项目公司管理用车（不包括专门用于集体福利或个人消费的车辆）所消耗的汽油费、柴油费属于可抵扣进项税的范围，但去加油站零星加油不能取得增值税专用发票。项目公司可与燃油销售方进行沟通和洽谈，办理加油卡进行预充值消费，充值卡消费后，可取得17%税率的增值税专用发票。 2）水电费。①以项目公司名义独立安装水表、电表，可以取得水、电销售公司开具的增值税专用发票，其中：电费可以取得17%税率的增值税专用发票；从自来水公司购买其自产自来水，可以取得3%征收率的增值税专用发票。②物业公司代收水电费的情况下，物业公司提供的发票复印件不能作为进项税扣除凭证。如果物业公司仅代收水电费，可要求水、电销售方直接向项目公司开具水电费专用发票；若物业公司加价收取水电费，则要求物业公司开具水电费专用发票。 3）保险费。财产保险的保险费适用税率为6%，财产保险费可以取得6%税率的增值税专用发票。 2. 发票管理 （1）管理原则。 1）“五流合一”。社会资本方发生经济业务对外付款时，必须取得合规发票，满足“五流（发票流、资金流、合同流、信息流和物流）合一”的要求。 2）不相容岗位分离。发票管理必须做到不相容岗位分离，即发票保管人员、开票人员及发票专用章保管人员必须做到岗位分离、不相容。 3）交易真实。各单位要确保经济业务的真实性，严禁向对方虚开、代开发票以及接受虚假发票。 （2）发票种类。 1）增值税专用发票。增值税专用发票分为三联版和六联版两种，其中不动产增值税专用发票、机动车销售统一发票为六联版。 2）增值税普通发票。增值税普通发票分为折叠票、卷票、增值税电子普通发票、二手车销售统一发票。 3）增值税扣税凭证。增值税扣税凭证包括海关进口增值税专用缴款书、农产品收购发票、农产品销售发票、可以计算抵扣的凭证（如通行费）。 4）其他凭证。航空运输电子客票行程单、火车票、火车票退票费发票、门票、过路（过桥）费发票、定额发票、客运发票，税收完税凭证的管理也可参照本章节

续表

类　别	内　容
项目公司成本费用（进项端）	（3）发票的领购、保管、缴销。 1）发票及设备领购。用票单位使用发票由本单位财务部门按规定统一在机构所在地主管国税机关领购，领购的空白发票视同现金管理，不得事先加盖发票专用章。 依据《国家税务总局关于按照纳税信用等级对增值税发票使用实行分类管理有关事项的公告》（国家税务总局公告 2016 年第 71 号），自 2016 年 12 月 1 日起，纳税信用 A 级的纳税人可一次领取不超过 3 个月的增值税发票用量，纳税信用 B 级的纳税人可一次领取不超过 2 个月的增值税发票用量。以上两类纳税人生产经营情况发生变化，需要调整增值税发票用量时，手续齐全的，按照规定即时办理。 用票单位按税务机关要求采购防伪税控专用设备，参加防伪税控系统操作培训，办理防伪税控开票机初始发行。对于开票量较大的用票单位，可向机构所在地主管税务机关申请增加分开票机或布设网络开票系统。设置分开票机或网络开票系统的用票单位，必须对分设开票点评估开票能力，保证专职人员（开票、审核）到位、独立办公空间、保险柜及防伪税控专用硬件设备。 2）发票保管。用票单位发票和防伪税控专用设备由各级财务部门专人保管并建立完整的“公司发票登记台账”，领购、领取增值税空白发票要求做到专车并有两人护送，确保发票安全。发票管理人员在领购纸质发票的当日，在系统中下载纳税号下所购买的发票信息，生成电子号段并将领购空白发票入库保管，增设分发票机或网络开票系统的单位根据各开票点提请的“××公司××开票点发票需求领用单”，经审批后将发票进行分配。 领取发票的开票点由专人保管发票并建立“××公司××发票点发票登记台账”，及时登记领取发票的数量、号码，开出发票的号码、日期、客户、金额、领取人等，按日清算报送上级管理单位备案管理。登记发票按照买入情况保持联号不间断。 3）发票盘点。用票单位全面掌握发票领、用、存情况，做到手续齐全、责任清晰。设置专人每月对发票领、用、存情况进行盘点，登记“××公司发票盘点表”，并由财务部门指定的负责人复核，复核无误后双方签字确认。 4）发票使用。专用发票的基本联次包括发票联、抵扣联、记账联，普通发票的基本联次包括发票联、记账联。发票联作为付款原始凭证，抵扣联作为扣税凭证唯一凭据，记账联作为财务记账原始凭证。用票单位开具的发票应当按规定存放和保管，不得擅自销毁。 5）发票缴销。用票单位在发生机构注销、变更税务登记、取消一般纳税人资格或发票改版等情况时，按机构所在地主管国税机关的要求办理发票缴销。 （4）发票开具、作废、红冲。 1）发票开具要求。开具发票时，应先对机内发票号码、字轨与机外纸质发票号码、字轨进行核对；核对一致的，应按顺序号将全部联次一次性如实开具，并在发票右下角“销售方（章）”处加盖单位发票专用章；各项目内容填写清晰、真实、完整，包括但不限于收款单位、项目、单价、数量、金额、银行账户、单位地址等；根据实际发生的业务类型开具专用发票，其中涉及不同税率的业务按各自适用的税率分别开具。其中：①建筑服务在发票的备注栏注明建筑服务发生地县（市、区）名称及项目名称，备注栏的项目名称与合同名称保持一致；依据《国家税务总局关于全面推开营业税改征增值税试点有关税收征收管理事项的公告》（国家税务总局公告 2016 年第 23 号）的规定，建筑服务发票的备注栏需注明建筑服务发生地县（市、区）名称及项目名称，否则不得计入土地增值税扣除项目金额。②销售不动产在发票“货物或应税劳务、服务名称”栏填写不动产名称及房屋产权证书号码（无房屋产权证书的可不填写），“单位”栏填写面积单位，备注栏注明不动产的详细地址。③出租不动产，在备注栏注明不动产的详细地址。④货运发票，将起运地、到达地、车种车号以及运输货物信息等内容填写在发票备注栏中，如内容较多可另附清单；汇总开具专用发票的，应同时使用防伪税控系统开具的“销售货物或者提供应税劳务清单”，并加盖单位发票专用章。⑤出口发票，合同号、贸易方式、结算方式、外币金额、汇率等可在备注中填写，如果票面开具的是 CIF（到岸价格）则在备注栏注明 FOB（离岸价格）。 2）发票作废。①发票作废条件。办理发票作废手续要符合发生退货、开票信息有误等情形，当月收到退回专用发票的发票联、抵扣联，未抄报税，并且客户未认证。已开具发票客户认证后当月退回的、未认证发票跨月退回的，均不允许作废，需开具红字专用发票。②发票作废要求。作废发票操作流程首先在税控系统中将相应的数据电文按作废处理，同时在纸质发票（含未打印的发票）各联次上注明“作废”字样，全联次保存；发票作废不准许跨月；发票严禁超经营范围使用，严禁伪造、涂改、撕毁、挖补、转借、虚开、单联开具发票。③作废发票保管。发票作废要保证联次全部收回且一一对应，作废发票（含红冲发票）、发票登记簿等资料视同会计凭证进行管理；发票业务纸质资料由各单位按照公司实际管理需求，按月或季度整理装订成册，保管按照财务档案资料的要求进行

续表

类　别	内　容
项目公司成本费用（进项端）	3）发票红冲。①发票红冲条件。开具发票后，跨月发生销货退回、销售折让，或因开票有误、应税服务终止以及发票抵扣联、发票联均无法认证等情形，但不符合本章所列作废条件的，用票单位可申请开具红字发票。②红字发票开具要求。a. 专用发票已交付客户且客户已用于申报抵扣或客户未用于申报抵扣但发票联或抵扣联无法退回的，由客户在税控开票软件系统（以下简称“开票系统”）中填开并上传“开具红字增值税专用发票信息表”（以下简称信息表）。待税务机关系统校验通过后，凭税务机关系统校验通过的信息表在开票系统中以销项负数开具红字专用发票，红字专用发票应与信息表一一对应。b. 专用发票尚未交付客户、客户拒收或已交付客户但客户未认证且发票联、抵扣联均可退回的，由开票单位在开票系统中填开并上传信息表，在填开信息表时应填写相对应的蓝字专用发票信息，税务机关对信息表内容进行系统校验通过后，方可开具红字专用发票。信息表校验通过后，必须在校验通过当月完成红字专用发票的开具工作，次月无效。c. 普通发票取得已开发票全部联次后方可开具红字发票。 （5）发票的取得、提交、认证和抵扣。 1）发票取得原则。增值税发票的取得必须以真实交易为基础，取得的发票保证填写项目齐全，内容真实，不得涂改，收款单位及付款单位必须为单位全称，发票各要素填列必须完整准确。自2017年7月1日起，取得的有“购买方纳税人识别号”一栏的增值税普通发票，必须填写购买方统一社会信用代码或税务登记证号，否则不能作为企业所得税税前列支凭证。 2）发票取得要求。用票单位在购买货物、服务、无形资产和不动产时，对属于增值税应税范围内且用于可抵扣项目的各类业务，充分取得专用发票，实现增值税进项税额的应抵尽抵，取得时应严格审核其真伪、内容开具是否合规；单位财务人员根据实际取得专用发票情况登记“××公司增值税进项发票统计表”。重大经济业务发生后，用票单位首次取得专用发票时，向对方索取税务登记证或统一社会信用代码证，税务机关审批的增值税一般纳税人资格登记表复印件备案，以确定其是否具有开具专用发票的资格。 3）认证抵扣期限。2017年7月1日起，增值税进项发票认证的期限有所放宽，由自开具之日起“180日”改为“360日”。 4）不得抵扣的情况。下列项目取得扣税凭证的进项税额不得抵扣：①用于简易计税方法计税项目、免征增值税项目、集体福利或者个人消费的购进货物、加工修理修配劳务、服务、无形资产和不动产。其中涉及的固定资产、无形资产、不动产，仅指专用于上述项目的固定资产、无形资产（不包括其他权益性无形资产）、不动产。纳税人的交际应酬消费属于个人消费。②非正常损失的购进货物，以及相关的加工修理修配劳务和交通运输服务。③非正常损失的在产品、产成品所耗用的购进货物（不包括固定资产）、加工修理修配劳务和交通运输服务。④非正常损失的不动产，以及该不动产所耗用的购进货物、设计服务和建筑服务。⑤非正常损失的不动产在建工程所耗用的购进货物、设计服务和建筑服务。⑥购进的旅客运输服务、贷款服务、餐饮服务、居民日常服务和娱乐服务。⑦支付的贷款利息以及与支付该贷款直接相关的投融资顾问费、手续费、咨询费等费用。⑧财政部和国家税务总局规定的其他情形。⑨简易征收项目取得的分包专用发票。 5）发票取得审核。用票单位经办人员在取得增值税专用发票后，为保证其认证和抵扣，要对票面进行审核，包括但不限于字迹是否清晰、是否有压线、错格，项目填写是否齐全，发票联和抵扣联是否加盖发票专用章，且发票专用章税号与销货单位纳税人识别号是否相符。为避免折痕、污迹等影响认证，扣税凭证经手人员应妥善保管扣税凭证，确保扣税凭证安全、完整、清晰、不折叠、不装订、不粘贴、不签字。 6）验真认证。用票单位取得普通发票后，由经办人及时验证真伪，财务部门复核；用票单位取得专用发票后，交由财务部门验证真伪。由于主观原因逾期未认证的专用发票将不得抵扣进项税额，直接增加企业成本。如发现收到不合法或无法认证的发票，应立即退回经办人员，由经办人员负责联系开票单位更换，如不能更换，财务部门拒绝付款。已经付款后发现的不合法或无法认证的发票，由经办人员负责联系开票单位更换发票，对于拒不重新开具发票的，扣减其应付款，不得再支付其他欠款，并将此公司列入采购黑名单。①认证方式。纳税信用等级为A级、B级、C级的用票单位，对供应商使用开票系统开具的增值税发票，可以不进行扫描认证，通过增值税发票税控开票软件登录增值税发票查询平台，查询、选择用于申报抵扣或者出口退税的增值税发票信息，认证时要注意核对电子信息和纸质发票信息，仅选择部分发票认证时要对未认证的发票设置内部管理标识。通过增值税发票查询平台未查询到对应发票信息的，仍需进行扫描认证。②认证结果归档。对认证相符的专用发票抵扣联、认证结果通知书和认证结果清单，用票单位按月度装订成册，留存备查

续表

类　别	内　容
项目公司成本费用（进项端）	7）特殊情况规定。 ① 开具发票丢失的处理。丢失已给客户开具普通发票的，原则上不得重新开具；可根据客户要求，向客户提供发票记账联复印件或发票开具情况证明。 丢失已开销项专用发票，可根据情况分为丢失专用发票的抵扣联、丢失专用发票的发票联、同时丢失专用发票的抵扣联与发票联三种情况。 丢失专用发票的抵扣联：如果丢失前未移交客户或已移交客户且客户未认证的，客户可使用专用发票的发票联认证，专用发票的发票联留存备查；如果丢失前已移交客户且客户已认证相符的，客户可使用专用发票的发票联复印件留存备查。 丢失专用发票的发票联：客户可将专用发票的抵扣联作为记账凭证，专用发票的抵扣联复印件留存备查。 丢失专用发票的发票联和抵扣联：如果丢失前未认证的，客户凭用票单位提供的相应专用发票记账联复印件进行认证，认证相符的凭该专用发票记账联复印件及用票单位机构所在地主管税务机关出具的“丢失增值税专用发票已报税证明单”（以下简称证明单），作为增值税进项税额的抵扣凭证；如果丢失前客户已认证相符的，客户凭用票单位提供的相应专用发票记账联复印件及其机构所在地主管税务机关出具的证明单，作为增值税进项税额的抵扣凭证；用票单位视情况协助客户办理相关手续。 ② 取得发票丢失的处理。丢失普通发票的，由于客户原因丢失，原则上要求必须给社会资本方再行开具增值税普通发票，由于用票单位原因丢失，需取得客户发票记账联复印件及发票开具情况证明。 丢失增值税专用发票的，可根据情况分为认证前后同时丢失专用发票的发票联、抵扣联，丢失专用发票的抵扣联，丢失专用发票发票联三种情况。 丢失已收取专用发票的发票联和抵扣联，且丢失前已认证相符的，由经办人员负责协调与供应商联系，取得相应专用发票记账联复印件（加盖发票专用章）及供应商主管税务机关出具的“丢失增值税专用发票已报税证明单”，作为增值税进项税额的抵扣凭证。专用发票记账联复印件和证明单留存备查，按照扣税凭证归档要求进行管理。 丢失已收取专用发票的发票联和抵扣联，如果丢失前未认证的，由经办人员负责协调与供应商联系，取得相应专用发票记账联复印件（加盖发票专用章）及供应商所在地主管国税机关出具的证明单，凭销售方提供的相应专用发票记账联复印件进行认证，认证相符的，可凭专用发票记账联复印件及供应商主管国税机关出具的证明单，作为增值税进项税额的抵捆凭证。 丢失已开具专用发票的抵扣联的，如果丢失前已认证相符的，可使用专用发票的发票联复印件留存备查；如果丢失前未认证的，可使用专用发票的发票联认证，专用发票的发票联复印件留存备查。 丢失已开具专用发票的发票联的，可将专用发票抵扣联作为记账凭证，专用发票抵扣联复印件留存备查。 ③ 特殊情况未认证专用发票处理。　用票单位由于客观原因造成进项专用发票未按期申报抵扣的，可向主管税务机关申请办理逾期抵扣。客观原因包括如下类型： 因自然灾害、社会突发事件等不可抗力因素造成增值税扣税凭证逾期。 增值税扣税凭证被盗、抢，或者因邮寄丢失、误递导致逾期。 有关司法、行政机关在办理业务或者检查中，扣押增值税扣税凭证，纳税人不能正常履行申报义务，或者税务机关信息系统、网络故障，未能及时处理纳税人网上认证数据等导致增值税扣税凭证逾期。 买卖双方因经济纠纷，未能及时传递增值税扣税凭证，或者纳税人变更纳税地点，注销旧户和重新办理税务登记的时间过长，导致增值税扣税凭证逾期。 由于企业办税人员伤亡、突发危重疾病或者擅自离职，未能办理交接手续，导致增值税扣税凭证逾期。 国家税务总局规定的其他情形。 ④ 善意取得处理。对于用票单位善意取得的虚开增值税专用发票、大头小尾发票，不允许抵扣进项税，已经抵扣的进项税须做进项税转出，并要求供应商重新换开增值税专用发票或赔偿相关税款损失，供应商列入公司采购黑名单库管理。供应商不能重新换开发票或赔偿损失的，由相关责任人承担损失

表 6-8　可用性付费适用税目和税率

PPP 项目	收入描述	税目	税率
可用性付费项目	征地补偿费	代收转付或企业管理服务或建筑服务	0%或 6%或 11%
	存量工程经营权	代收转付或企业管理服务或建筑服务	0%或 6%或 11%
	建设期银行利息	代收转付或企业管理服务或建筑服务	0%或 6%或 11%
	勘察设计费用等	勘察设计或企业管理服务或建筑服务	6%或 11%
	设备采购	企业管理服务或销售服务或建筑服务	6%或 17%或 11%
	建安工程费用	企业管理服务或建筑服务	6%或 11%
	投资回报	贷款服务、企业管理服务或建筑服务	6%或 11%

表 6-9　不允许抵扣情况及说明

序号	不允许抵扣情况	说明
用于不可抵扣项目	用于简易计税方法计税项目、免征增值税项目、集体福利或者个人消费的购进货物、加工修理修配劳务、服务、无形资产和不动产	其中涉及的固定资产、无形资产、不动产，仅指专用于上述项目的固定资产、无形资产（不包括其他权益性无形资产）、不动产纳税人的交际应酬消费属于个人消费
非正常损失	非正常损失的购进货物，以及相关的加工修理修配劳务和交通运输服务	非正常损失，是指因管理不善造成货物被盗、丢失、霉烂变质，以及因违反法律法规造成货物或者不动产被依法没收、销毁、拆除的情形。 纳税人新建、改建、扩建、修缮、装饰不动产，均属于不动产在建工程
	非正常损失的在产品、产成品所耗用的购进货物（不包括固定资产）、加工修理修配劳务和交通运输服务	
	非正常损失的不动产，以及该不动产所耗用的购进货物、设计服务和建筑服务	
	非正常损失的不动产在建工程所耗用的购进货物、设计服务和建筑服务	
不可抵服务	购进的旅客运输服务、贷款服务、餐饮服务、居民日常服务和娱乐服务	纳税人接受贷款服务向贷款方支付的与该笔贷款直接相关的投融资顾问费、手续费、咨询费等费用，其进项税额不得从销项税额中抵扣
其他	国务院财政、税务主管部门规定的纳税人自用消费品	—

第五节　PPP 项目股权变动或项目公司注销及资产移交税务处理

PPP 项目股权变动或项目公司注销及资产移交税务处理见表 6-10。

表 6-10　PPP 项目股权变动或项目公司注销及资产移交税务处理

类　别	内　容
股权转让	1. 转让方涉税分析 （1）增值税。股权转让不属于增值税的征税范围，不征增值税。 （2）企业所得税。股权转让形成所得时并入当年应纳税所得额计算缴纳企业所得税；股权转让形成损失时，向主管税务机关专项申报备案后作为财产损失在企业所得税税前扣除。 （3）印花税。根据印花税相关政策规定，转让双方应按股权转让合同上注明金额的 0.05%缴纳印花税

续表

<table>
<tr><th>类　别</th><th>内　容</th></tr>
<tr><td>股权转让</td><td>2. 转让流程
根据《中华人民共和国公司法》《企业国有资产监督管理暂行条例》和《企业国有产权转让管理暂行办法》以及产权交易机构的有关规定，国有股权转让交易流程如下：
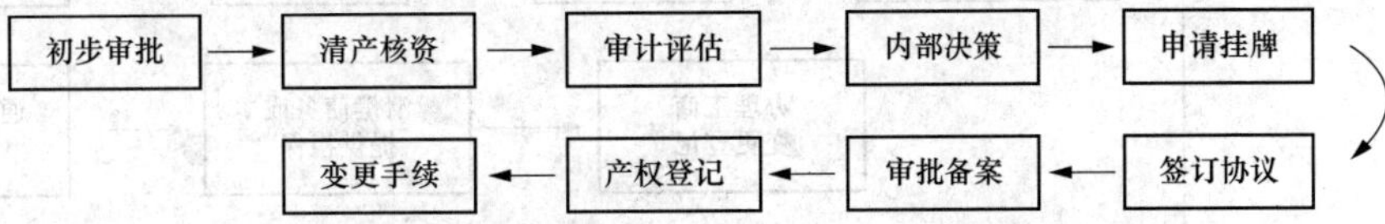

（1）初步审批。转让方就本次股权转让的数额、交易方式、交易结果等基本情况制订转让方案，申报国有产权主管部门进行审批，在获得同意国有股权转让的批复后，进行下一步工作。
（2）清产核资。由转让方组织进行清产核资（转让所出资企业国有产权导致转让方不再拥有控股地位的，由同级国有资产监督管理机构组织进行清产核资），根据清产核资结果编制资产负债表和资产移交清册。
（3）审计评估。委托会计师事务所实施全面审计，在清产核资和审计的基础上，委托资产评估机构进行资产评估。（评估报告经核准或者备案后，作为确定企业国有股权转让价格的参考依据）
（4）内部决策。转让股权所属企业召开股东会就股权转让事宜进行内部审议，（如果采取协议转让方式，应取得国有资产主管部门同意的批复，转让方和受让方应当草签转让合同，并按照企业内部决策程序进行审议），形成同意股权转让的决议、其他股东放弃优先购买权的承诺。涉及职工合法权益的，应当听取职代会的意见，并形成职代会同意转让的决议。
（5）申请挂牌。选择有资格的产权交易机构，申请上市交易，并提交转让方和被转让企业法人营业执照复印件、转让方和被转让企业国有产权登记证、被转让企业股东会决议、主管部门同意转让股权的批复、律师事务所的法律意见书、审计报告、资产评估报告以及交易所要求提交的其他书面材料。
（6）签订协议。转让成交后，转让方和受让方签订股权转让合同，取得产权交易机构出具的产权交易凭证。
（7）审批备案。转让方将股权转让的相关文字书面材料报国有产权主管部门备案登记。
（8）产权登记。转让方和受让方凭产权交易机构出具的产权交易凭证以及相应的材料办理产权登记手续。
（9）变更手续。交易完成，项目公司修改公司章程以及股东名册，到工商行政管理部门进行变更登记。
3. 操作提示
（1）建议在股权转让前先分配利润和转增资本，降低股权转让所得。
（2）发生股权转让损失时，项目公司股东按照《企业资产损失所得税税前扣除管理办法》的规定及时办理财产损失专项备案</td></tr>
<tr><td>股权撤出
（减资）</td><td>根据PPP合同约定，经政府方同意，项目公司其他股东以减资的方式撤回股权投资，项目公司成为政府100%控制的公司，适用于有政府方参股的PPP项目。
1. 股东方涉税分析
（1）增值税。根据增值税应税范围，股权撤回不属于增值税的征税范围，不征收增值税。
（2）企业所得税。
1）投资收回。项目公司股东股权撤回取得的资产中，相当于初始出资的部分，应确认为投资收回。
2）股息所得。项目公司股东股权撤回取得的资产中，相当于被投资企业累计未分配利润和累计盈余公积按减少实收资本比例计算的部分确认为股息所得，免征企业所得税。
3）投资资产转让所得。项目公司股东股权撤回取得的资产中，其余部分确认为投资资产转让所得。
投资资产转让所得大于零时并入当年应纳税所得额计算缴纳企业所得税，投资资产转让所得小于零时，向主管税务机关专项申报备案后作为财产损失在企业所得税税前扣除。
2. 减资流程
依据《公司法》《中华人民共和国公司登记管理条例》《公司注册资本登记管理暂行规定》的规定，公司减资需要遵守严格的程序，同时必须注意保护债权人的利益。公司减少注册资本的流程如下所示</td></tr>
</table>

续表

类　别	内　容
股权撤出（减资）	做出股东会决议或者决定 → 修改公司章程 → 办理前置审批 → 编制资产负债表和财产清单 → 通知债权人和对外公告 → 清偿债务或提供担保 → 办理工商变更登记 （1）做出股东会决议或者决定。有限责任公司的决议或者决定内容应当包括：减少认缴注册资本的数额，各股东就减少认缴注册资本承担的具体数额，各股东的出资方式、出资日期，相应修改公司章程。 股份有限公司的决议内容应当包括：减少认缴注册资本的数额及具体方式，相应修改公司章程。 有限责任公司提交由代表三分之二以上表决权的股东签署的股东会决议；股份有限公司提交由会议主持人及出席会议的董事签字的股东大会会议记录；一人有限责任公司应提交股东签署的书面决定；国有独资公司提交国务院、地方人民政府或者其授权的本级人民政府国有资产监督管理机构的批准文件、企业产权登记变动表；外商投资企业提交依法做出的决议或决定。 （2）修改公司章程。根据公司减资的股东会决议或决定内容，修改公司章程。 （3）办理前置审批。法律、行政法规和国务院决定规定变更认缴注册资本必须报经批准的，需办理相关的前置审批，提交有关批准文件或者许可证复印件。例如：募集股份有限公司变更注册资本的，提交依法设立验资机构出具的验资报告及国务院证券监督管理机构的核准文件。 （4）编制资产负债表和财产清单。公司必须编制资产负债表及财产清单。 （5）通知债权人和对外公告。公司应当自做出减资决议之日起10日内，通知债权人，并于30日内在报纸上至少公告三次。债权人自接到通知书之日起30日内，未接到通知书的自第一次公告之日起90日内，有权要求公司清偿债务或者提供相应的担保。 需要注意的是，当地的工商管理部门对公告方式和次数可能有具体要求，在办理之前需要与主管工商机关进行沟通，按照其要求办理。 （6）清偿债务或提供担保。债权人自接到通知书之日起30日内，未接到通知书的自公告之日起45日内，有权要求公司清偿债务或者提供相应的担保。 PPP项目大多通过融资取得项目资金，需考虑项目公司债权人对减资的要求。 （7）办理工商变更登记。满足变更登记要求后，依据相关规定准备变更登记资料在工商部门办理变更登记
移交资产方面	1. 无偿移交 项目运营期满后，项目公司根据PPP项目合同将约定资产无偿移交给政府方。资产移交后，项目公司按公司章程清算，项目公司股东从PPP项目退出，这是PPP项目标准的退出方式。 根据PPP投资合同约定的不同，项目公司会计核算的资产一般确认为金融资产、无形资产、混合资产和固定资产。 金融资产一般适用于以政府付费为主的BOT、DBFOT项目。 无形资产一般适用于以使用者付费为主的BOT、DBFOT项目。 混合资产一般适用于以使用者付费、政府付费相结合的BOT、DBFOT项目。 固定资产一般适用于项目公司拥有产权的BOOT、ROT、TOT、BOO项目。 （1）视同销售政策。 1）增值税。根据《中华人民共和国增值税暂行条例实施细则》及《营业税改征增值税试点实施办法》的规定，单位或者个人向其他单位或者个人无偿转让无形资产或者不动产视同销售无形资产或者不动产，但用于公益事业或者以社会公众为对象的除外。 将自产、委托加工或者购进的货物无偿赠送其他单位视同销售货物，缴纳增值税。 2）企业所得税。根据《中华人民共和国企业所得税法实施条例》及《关于企业处置资产所得税处理问题的通知》（国税函〔2008〕828号）的规定，企业将资产移送他人，因资产所有权属已发生改变而不属于内部处置资产，应按规定视同销售确定收入。 属于企业自制的资产，应按企业同类资产同期对外销售价格确定销售收入；属于外购的资产，按公允价值确定销售收入

续表

类　别	内　容
移交资产方面	(2) 涉税分析。 1) 金融资产。 ① 会计核算。合同中约定，基础设施建成后的一定期间内，项目公司可以无条件地自合同授予方收取确定金额的货币资金或其他金融资产的，或在项目公司提供经营服务的收费低于某一限定金额的情况下，合同授予方按照合同规定负责将有关差价补偿给项目公司的，应当在确认收入的同时确认金融资产，并按照《企业会计准则第 22 号——金融工具确认和计量》的规定处理。 特许经营权到期后，金融资产模式下，项目公司已收到全部应收款项，金融资产余额为零。 金融资产模式通常适用可经营性系数低或不具备盈利性的公益行业。此类项目的自偿性较差，由政府承担全部或部分付费义务，在市政道路、河道治理、污水处理、垃圾焚烧等行业出现较多。 ② 涉税处理。 项目资产及设施。项目资产及设施是指与项目建设和管理相关的资产及设施，通常在 PPP 协议中会具体约定资产及设施内容。 项目公司以金融资产核算的 PPP 项目，项目公司并不拥有项目基础资产和设施的所有权，只是负责建设及运营，并且经营到期移交的资产范围中只是一些与项目相关的资料，并不涉及基础资产和设施所有权的转移。 因此，项目公司无偿移交约定的实物资产和设施给政府方，不属于视同销售行为，不用确认增值税和企业所得税收入。 非项目资产及设施。非项目资产及设施是指除 PPP 协议约定的项目资产及设施外的资产及设施。 该部分资产及设施的所有权属于项目公司。无论项目公司的核算方式如何，均需视同销售，缴纳增值税及其附加税、企业所得税及土地增值税等。 2) 无形资产。 ① 会计核算。合同约定，项目公司在特许经营期内向使用者提供服务并收取费用，但收费金额不确定，即该权利不构成一项无条件收取可确定金额的货币资金或其他金融资产的权利的，项目公司应将建造合同形成的对价确认为无形资产。 根据 PPP 合同，项目公司应将确认为无形资产的特许经营权在特许经营期内摊销完毕，特许经营权到期后，无形资产净值为零。 无形资产模式通常适用于可经营系数高、财务效益良好的行业。该类项目一般采取使用者付费的回报机制，实践中以收费高速公路、供水、供气、机场等行业项目为代表。 ② 涉税处理。 项目资产及设施。项目公司以无形资产核算的 PPP 项目，项目公司并不拥有项目基础资产及设施的所有权，只是负责建设及运营，并且经营到期移交的资产及设施范围中只是一些与项目相关的资料，并不涉及基础资产及设施所有权的转移。 因此，项目公司无偿移交约定资产及设施给政府方，不属于视同销售，不用确认增值税和企业所得税收入。 非项目资产及设施。与“金融资产”模式相同，此处不做赘述。 3) 混合资产模式。 ① 会计核算。项目公司首先要将所提供建造服务的公允价值分为两个部分——基于政府保底金额确认的金融资产和剩余金额构成的无形资产，即：建造收入的公允价值＝金融资产＋无形资产。 建造收入的公允价值应根据《企业会计准则第 15 号——建造合同》，按照商务部门提供的预计总建造成本并考虑合理的建造毛利确认（预计总建造收入）。项目公司根据合同约定，合理预测未来经营期间的各年最低现金流入量（保底现金流入），并按照政府或类似信用机构发行的相似债券利率作为折现率，折现的净现值之和作为该金融资产于建造期末的公允价值。无形资产的公允价值以建造收入的公允价值扣除金融资产的剩余金额确定。 ② 涉税处理。 项目资产及设施。项目公司以无形资产核算的 PPP 项目，项目公司并不拥有项目基础资产及设施的所有权，只是负责建设及运营，并且经营到期移交的资产及设施范围中只是一些与项目相关的资料，并不涉及基础资产及设施所有权的转移。 因此，项目公司无偿移交约定资产及设施给政府方，不属于视同销售，不用确认增值税和企业所得税收入。 非项目资产及设施。与“金融资产”模式相同，此处不做赘述

续表

类　别	内　容
移交资产方面	4）固定资产。 ① 会计核算。合同约定，项目公司除取得建造有关基础设施的权利以外，在基础设施建造完成以后的一定期间内负责提供后续经营服务，并且项目公司一并取得基础设施的所有权时，当政府对项目资产不拥有控制权时则应适用《企业会计准则第 4 号——固定资产》进行会计核算，此时项目资产应视为项目公司的固定资产。 一般情况下，项目公司按照预计使用年限固定资产价值已摊销为零；如果固定资产价值尚未摊销完毕的，项目公司可以在移交时一次性摊销至零。 ② 涉税处理。项目资产及设施。项目公司以固定资产核算的 PPP 项目，项目公司拥有基础资产及设施的所有权。但合同中约定，特许经营权到期后，固定资产移交是履行 PPP 合同的约定。 从项目全流程看，交易价格为零是政府方作为购买者确定的价格，应视同公允价值，此时不产生资产转让收益或损失。 因此，项目公司无偿移交约定资产及设施给政府方，不属于视同销售，不用确认增值税和企业所得税收入。但在实际执行中，各地税务可能出现执行偏差，针对此情况应提前与税务机关进行沟通，否则会将税费转嫁给政府。 （3）非项目资产及设施。与“金融资产”模式相同，此处不做赘述。 （4）操作提示。实际征管过程中，各地税务机关对于资产移交环节如何征税口径并不一致，如果项目公司不拥有项目资产所有权，无偿移交项目资产及设施时，从税收政策原理分析应不属于视同销售，不用确认增值税和企业所得税收入。所以，在项目前期合同签订、项目立项、证照办理时应与政府方谈判（具体谈判内容详见第二章第二节“项目立项、用地等法律事项”、第二章第五节“PPP 项目合同签署分析”）相关证照权属，避免税务机关认定项目资产及设施的所有权归属于项目公司。 2. 有偿移交 针对金融资产、无形资产或混合资产核算模式的项目，特许经营期结束前，项目公司将项目资产按事先约定的固定或可确定的金额、移交时项目资产的公允价值有偿移交给政府，或者经过政府同意，将项目资产有偿移交给第三方。 针对固定资产核算模式的项目，特许经营期结束前或者到期，项目公司将项目资产按事先约定的固定或可确定的金额、移交时项目资产的公允价值有偿移交给政府，或者经过政府同意，将项目资产有偿移交给第三方。 项目公司与政府方签订协议，有偿移交 PPP 合同约定的资产给政府。资产移交后，项目公司按清算程序注销。 （1）金融资产。 1）增值税。 ① 对于项目公司在特许经营权到期前，将项目资产提前有偿移交给政府，视同政府提前回购，项目公司按照可用性付费适用税率缴纳增值税。 ② 对于项目公司在特许经营权到期前，将项目资产提前有偿移交给第三方，适用转让无形资产（公共事业特许经营权）按 6%缴纳增值税。 2）企业所得税。 项目公司按照资产移交收入减除金融资产计税净值后的余额，作为财产转让所得计算缴纳企业所得税。 （2）无形资产。 1）增值税。对于项目公司在特许经营权到期前，将项目资产提前有偿移交政府或者给第三方，适用转让无形资产（公共事业特许经营权）按 6%缴纳增值税。 2）企业所得税。项目公司按照资产移交收入减除金融资产计税净值后的余额，作为财产转让所得计算缴纳企业所得税。 （3）混合资产。混合资产分为金融资产和无形资产，依据资产的不同分别按照上述（1）（2）项的分析纳税。 （4）固定资产。 1）增值税。项目公司有偿移交固定资产按适用税率缴纳增值税，其中有形动产一般为 17%，不动产为 11%。 2）企业所得税。项目公司按照资产移交收入减除金融资产计税净值后的余额，作为财产转让所得计算缴纳企业所得税。 3）土地增值税。项目公司有偿移交不动产，按相关政策规定应当缴纳土地增值税

续表

类 别	内 容
移交资产方面	（5）操作提示。 1）项目公司有偿移交资产时，通过交易价格的调节，将约定资产以及与其相关联的债权、负债和劳动力一并转让给政府方，根据相关政策规定，有偿移交涉及的不动产、土地使用权和货物转让不征收增值税。 2）建议与政府方签订协议时，明确约定政府支付的是补偿款，由政府方出具收回特许经营权的正式文件，参照《营业税改征增值税试点过渡政策的规定》（财税〔2016〕36号：附件3）中土地使用者将土地使用权归还给土地所有者或县级以上地方人民政府或自然资源行政主管部门出让、转让或收回自然资源使用权（不含土地使用权）的行为，申请协议有偿移交免征增值税
项目提前终止	1. 项目提前终止的事由 在PPP项目合同中，可能导致项目提前终止的事由通常包括： （1）政府方违约事件——发生政府方违约事件，政府方在一定期限内未能补救的，项目公司可根据合同约定主张终止PPP项目合同。 （2）项目公司违约事件——发生项目公司违约事件，项目公司和融资方或融资方指定的第三方均未能在规定的期限内对该违约进行补救的，政府方可根据合同约定主张终止PPP项目合同。 （3）政府方选择终止——政府方在项目期限内任意时间可主张终止PPP项目合同。由于PPP项目涉及公共产品或服务供给，关系社会公共利益，因此PPP项目合同中，政府方应享有在特定情形下单方面决定终止项目的权利。如：PPP项目所提供的公共产品或服务已不适合或影响公共安全、公共利益时。此时，PPP合同应约定政府方选择终止的情形，以免被滥用；同时约定给予项目公司足额的补偿，以免打击社会资本积极性。 （4）不可抗力事件——发生不可抗力事件持续或累计达到一定期限，任何一方可主张终止PPP项目合同。 2. 项目提前终止的税务处理 （1）项目公司违约。在PPP项目中，政府需要同时扮演以下两种角色：作为公共事务的管理者，政府负有向公众提供优质且价格合理的公共产品和服务的义务，承担PPP项目的规划、采购、管理、监督等行政管理职能，并在行使上述行政管理职能时形成与项目公司（或社会资本）之间的行政法律关系；作为公共产品或服务的购买者（或者购买者的代理人），政府基于PPP项目合同形成与项目公司（或社会资本）之间的平等民事主体关系，按照PPP项目合同的约定行使权利、履行义务。 因此，项目公司向政府支付违约金，应当区分以下两种情形： 1）政府基于行政法律关系向项目公司收取的罚款，属于《企业所得税法》所称的"罚金、罚款和被没收财物的损失"，不得在企业所得税前申报扣除。 2）政府基于PPP合同关系向项目公司收取的违约金，不属于行政罚款，税法也没有限制性规定，应当可以申报扣除。例如： 《国家税务总局关于企业所得税应纳税所得额若干税务处理问题的公告》（国家税务总局公告2012年第15号）第八条规定："根据《企业所得税法》第二十一条规定，对企业依据财务会计制度规定，并实际在财务会计处理上已确认的支出，凡没有超过《企业所得税法》和有关税收法规规定的税前扣除范围和标准的，可按企业实际会计处理确认的支出，在企业所得税前扣除，计算其应纳税所得额。" （2）政府违约。PPP项目在推进过程中，政府与社会资本合作等活动中与投资主体依法签订的各类合同，但有时会因为政府换届、领导人员更替等理由违约毁约，政府因违约毁约侵犯合法权益的，要承担法律和经济责任。因国家利益、公共利益或者其他法定事由需要改变政府承诺和合同约定的，要对企业和投资人因此而受到的财产损失依法予以补偿。 项目公司基于PPP合同从政府取得的违约金，有可能被征收增值税，但一定应当征收企业所得税。 1）增值税。《增值税暂行条例》第六条规定："销售额为纳税人销售货物或者应税劳务向购买方收取的全部价款和价外费用……"在PPP合同中政府违约，如果属于在政府采购过程中发生的，如政府采购过程中延期付费形成的资金占用利息等，应当计算缴纳增值税；如果与政府采购无关，或者与政府采购相关但没有实际履行，由于没有与政府发生实际的"交易行为"，不征收增值税。 2）企业所得税。《企业所得税法实施条例》第二十二条列举的企业所得税其他收入包括"违约金收入"。如果违约金收入是作为增值税价外费用计算缴纳了增值税，则会计审核计入主营业收入或其他营业收入，企业所得税核算可以作为计算业务招待费的基数。 如果违约金无须作为增值税价外费用计算缴纳增值税，则会计核算计入营业外收入科目。企业所得税核算不可以作为计算业务招待费的基数。 （3）资产补偿。政府或政府平台公司向项目公司支付补偿，属于有偿回购，项目公司应当计算缴纳增值税，确认企业所得税收入

续表

类　别	内　容
注销项目公司	企业清算的所得税处理，是指企业在不再持续经营，发生结束自身业务、处置资产、偿还债务以及向所有者分配剩余财产等经济行为时，对清算所得、清算所得税、股息分配等事项的处理。 1. 项目公司清算 （1）清算的内容。企业清算的所得税处理包括以下内容： ① 全部资产均应按可变现价值或交易价格，确认资产转让所得或损失； ② 确认债权清理、债务清偿的所得或损失； ③ 改变持续经营核算原则，对预提或待摊性质的费用进行处理； ④ 依法弥补亏损，确定清算所得； ⑤ 计算并缴纳清算所得税； ⑥ 确定可向股东分配的剩余财产、应付股息等。 （2）清算所得的处理。 1）企业的全部资产可变现价值或交易价格，减除资产的计税基础、清算费用、相关税费，加上债务清偿损益等后的余额，为清算所得。企业应将整个清算期作为一个独立的纳税年度计算清算所得。 2）企业全部资产的可变现价值或交易价格减除清算费用、职工的工资、社会保险费用和法定补偿金，结清清算所得税、以前年度欠税等税款，清偿企业债务，按规定计算可以向所有者分配的剩余资产。 （3）清算的要求。 1）企业应当自清算结束之日起 15 日内，向主管税务机关报送企业清算所得税纳税申报表，结清税款。企业未按照规定的期限办理纳税申报或者未按照规定期限缴纳税款的，应根据《中华人民共和国税收征收管理法》的相关规定加收滞纳金。 2）进入清算期的企业应对清算事项，报主管税务机关备案。 2. 涉税分析 （1）项目公司。根据企业清算的相关规定，项目公司应按规定进行清算备案并纳税申报结清税款。 （2）社会资本方。 ① 项目公司清算后，社会资本方中的企业股东直接从被清算项目公司分得的剩余资产，其中相当于从项目公司累计未分配利润和累计盈余公积中应当分得的部分，应当确认为股息所得，享受股息、红利免征企业所得税；剩余资产减除上述股息所得后的余额，超过或者低于投资成本的部分，应当确认为投资资产转让所得或者损失，按规定缴纳企业所得税。 ② 社会资本方从项目公司分得的资产应按可变现价值或实际交易价格确定计税基础。 ③ 项目公司清算后，社会资本方中的合伙基金本身不属于纳税人，合伙基金中的企业出资人，间接来源于项目公司的利润分配部分，不能享受居民企业股息、红利免征企业所得税。 3. 工商注销 项目公司清算后应及时办理工商注销手续，避免未按规定注销而影响社会资本方和项目公司高级管理人员的信用评价

第六节　PPP 项目税务处理案例

一、城市道路 PPP 项目税务处理

1. 项目基本情况

某省某道路建设，含路基工程、路面工程、桥梁工程、涵洞工程、交叉工程、交通工程及沿线设施建设等，包含城市道路和一级省道建设。建设投资估算总额 102302 万元（不包括项目前期费、监理费、50％的建设单位管理费），其中工程建设费估算 84954 万元、征地拆迁费 17348 万元。项目建设期 3 年，运营期 12 年（前 2 年为试运营）。

项目约定政府方向项目公司借款 5000 万元（不计利息），到账时间为发出中标通知书

后 5 个工作日内。待签订投资协议并组建项目公司，项目公司向政府方支付征地拆迁款后，政府方按原渠道返还项目公司。政府承诺政府方负责确定项目建设内容、规模、目标等内容，负责项目土地使用权的取得、征地拆迁等工作，办理立项、规划等项目前期手续。政府方负责立项及本项目征地拆迁工作，项目公司支付征地拆迁费 17348 万元给政府方。

本项目政府方出资代表在项目公司所占股权不参与分红、不承担亏损、不承担运维期的税费支出，在项目合作期结束项目公司进行清算时不享有收益权。

2. 运作模式

由政府平台公司与中标社会资本方合作成立项目公司，项目公司负责投资、建设、运营维护等工作。运营维护期满后，项目无偿移交政府平台公司。移交结束，项目公司予以清算。

项目拟采用 PPP 模式下的 BOT，即在项目合作期内政府拥有对应项目的土地使用权和资产所有权，并且由项目公司负责项目的投融资、建设。项目建成初步验收后按照现行政策标准及政府方绩效要求进行运营维护。项目公司在合作期满后予以清算，按照政府方制定的相关标准将项目公司存续期间提供公共服务所形成的资产、人员、文档和知识产权等无偿移交给政府，并保证项目设施完好、运营状况良好。

3. 回报机制

本项目采用完全政府付费机制，具体如下：

运营期内，项目公司收入来源于政府付费，包括可用性服务费和运维绩效服务费，政府付费总额不低于 15 亿元。

（1）可用性服务费：政府方在运营期按年支付可用性服务费

$$A_n = P_1 \times \frac{(1+i_1)\times(1\times X)^{n-1}}{N} + P_2 \times \frac{(1+i_2)\times(1\times X)^{n-1}}{N}$$

式中　P_1——工程建设期可用性服务费计算基数，包含建设工程费、预备费、建设期利息等项目建设项目投资。最终合同签约价 P_1 中的建安费以财评价位最高限价，按联合体相应文件中对 P_1 的下浮比例同比调整。

备注：①加上工程建设可用性服务费时扣除政府方资本金出资额。政府方不参与分红。②建设期利息按同期中国人民银行 5 年期以上贷款基准利率计算。

P_2——政府产前可用性服务费计算基数，利率按 7%测算（具体金额以资金实际到位时间分段计算），征地产前费本息合计作为政府产前可用性服务费计算基数（最终结算价以审计报告为准）。建设总投资为审定后的建安费及建设期银行贷款利息之和并扣除政府方资本金出资额。

i_1——项目工程建设合理利润率，不低于 0（需磋商确定）。

X——年度折现率，固定为 6.05%。

i_2——征地拆迁合理利润率，固定为 7%。

n——运营期年限，本案中 n 为 1～12。

N——最大运营期年限，本案中 N 为 12。

（2）运维绩效服务费。政府方根据其设定的小修保养及大中修，安排测算出 12 年运营期运维绩效服务费总额为 1.23 亿元，该费用为非竞价项，由政府方按年支付。

政府同意通过人大决议将本项目政府付费纳入市年度财政预算及中长期财政规划。政府方负责征地拆迁工作，相关征迁费用由项目公司承担。

4. 市政道路 PPP 项目税务处理

（1）专项借款。项目约定政府方向项目公司借款 5000 万元（不计利息），到账时间为发出中标通知书后 5 个工作日内。待签订投资协议并组建项目公司，项目公司向政府方支付征地拆迁款后，政府方按原渠道返还项目公司。在项目公司成立前，社会资本方提供无偿贷款给政府方。四川省有政策明确规定无偿借款给其他企业使用，不收取利息的企业需要视同销售按贷款服务缴纳增值税，利息收入按银行同期贷款利率计算。该无偿借款行为在项目公司筹建期视同销售处理，按照银行同期贷款利率计算利息收入缴纳增值税。

（2）征地拆迁费。政府承诺政府方负责确定项目建设内容、规模、目标等内容，负责项目土地使用权的取得、征地拆迁等工作，办理立项、规划等项目前期手续。政府方负责立项及本项目征地拆迁工作，项目公司支付 2 亿元征地拆迁费给政府方。项目公司取得何种发票，涉及增值税进项税额抵扣和可用性服务费中拆迁部分金额计算及开票问题。需参照本书第二章第四节“PPP 项目收益涉税谈判分析与税务机关谈判”。

（3）股权及收益权。本项目政府方出资代表在项目公司所占股权不参与分红、不承担亏损、不承担运维期的税费支出，在项目合作期结束项目公司进行清算时不享有收益权。中标社会资本方的权益按照同股同权考虑。《公司法》第三十五条规定，在全体股东约定的情况下，可以不按照出资比例分取红利，但不按比例分红享受股息、红利免征企业所得税时应有合理的理由且在公司章程中明确约定。

（4）用地注意事项。重新约定土地使用权权属问题，约定土地使用权归政府所有，在合作期内政府向项目公司无偿提供本项目建设用地，以满足工程施工及运营维护的需要，临时用地手续可以由项目公司办理，但相关费用约定计算计入建设成本。

如果涉及耕地占用，耕地占用税约定计入项目投资总额，由政府方承担。如果涉及临时占用耕地的，应当按照规定缴纳耕地占用税。纳税人在批准临时占用耕地的期限内恢复所占用耕地原状的，全额退还已经缴纳的耕地占用税。临时占用耕地缴纳的耕地占用税能否退回属于不确定性事项，应明确政府方原因、非政府方原因导致税款增加的责任。

（5）锁定期。锁定期是指限制社会资本方转让其所直接或间接持有的项目公司股权的期间。项目公司的股权应确保在本协议生效之日起至交工验收日后 N 年内（含），任何原始股东都不应转让其在项目公司中的全部或部分股权。自交工验收完成 N 年之后，经政府同意，项目公司的股东可以转让其在项目公司中的全部或部分股权，但受让方应满足本协议约定的技术能力、财务信用、运营经验等基本条件，并以书面形式明确承继原股东方在项目公司项下的权利及义务。由于锁定期的限制，退出需在进入运营期 N 年后。提前退出采用何种方式至关重要。

资产移交：项目公司采用无形资产方式核算的，按照转让无形资产缴纳增值税。金融资产核算方式下，按照财产转让缴纳增值税。转让财产所得，以收入全额减除财产净值后的余额为应纳税所得额。

股权转让：股权转让所得不缴纳增值税。转让股权收入扣除为取得该股权所发生的成本后，为股权转让所得。企业在计算股权转让所得时，不得扣除被投资企业未分配利润等股东留存收益中按该项股权所可能分配的金额。

（6）到期移交。移交费用在乙方履行合同约定的各项义务的前提下，政府方和项目公司分别负责各自因交付和移交而发生的税费和支出。运营维护期满后，项目无偿移交给政府指定机构。移交结束，项目公司予以清算注销。特许经营权到期后，金融资产模式下，项目公司已收到全部应收款项，金融资产余额为零。因项目资产的所有权不属于项目公司，项目公司无偿移交约定的实物资产给政府方，不属于销售行为，不用确认增值税和企业所得税收入。

如项目公司采用无形资产核算特许经营权且在特许经营期内摊销完毕，到期移交时无形资产净值为零。因项目资产的所有权不属于项目公司，项目公司无偿移交约定资产给政府方，不属于销售行为，不用确认增值税和企业所得税收入。

（7）项目公司税目税率的选定、总承包方计税方法的选择。项目公司增值税进项税率、销项税率影响项目公司盈利水平及现金流量，选择合适的税率对项目公司极其重要。依据项目公司运营模式、付费机制及企业会计准则，项目公司未来收益属于固定收益模式，应选择金融资产模式核算。项目公司未来现金流入的主要构成为项目建设成本补偿及其利息，通过测算分析结果与税务机关谈判确定项目公司收益的税目税率。由于参建单位既作为总承包建设项目，又作为项目公司的股东管理项目，所以应该站在“项目公司＋总承包方”整体收益的角度测算分析，以此判断总承包方的计税方法。

（8）企业所得税优惠。《国家税务总局关于实施国家重点扶持的公共基础设施项目企业所得税优惠问题的通知》（国税发〔2009〕80 号）规定，由省级以上政府投资主管部门核准的一级以上的公路新建项目从取得收入之日起享受企业所得税三免三减半优惠。《产业结构调整指导目录》（2011 年本）（修正）指出，城市公共交通建设、国省干线改造升级享受西部大开发 15％优惠税率。

城市道路建设作为城市公共交通建设的基础设施可以享受西部大开发 15％优惠税率；一级公路属于国省干线改造升级，可以同时享受西部大开发 15％优惠税率及公共基础设施“三免三减半”政策优惠。由于两段工程享受的税收优惠政策不同，城市道路与一级公路分开核算，充分享受税收优惠带来的红利。

二、安置房建设项目税务处理

1. 项目基本情况

某安置房建设项目总建筑面积约 96 万 m^2，项目总投资金额 25 亿元。项目建设期 22 个月，回购期 2 年。项目由参建单位与信托公司组成的联合体作为社会投资人中标。该项目用地从土地储备中心以无偿划拨方式取得，待项目建设完成后再无偿移交给政府。建设期满后进行资产移交，项目公司将资产无偿移交给政府，项目公司不拥有资产所有权，资产移交后，项目公司按清算程序注销。

参建单位与信托公司共同出资组建项目公司，由项目公司开展保障房项目工程的运营管理工作。项目公司的注册资本为 20100 万元，股权比例为：参建单位出资 100 万元，占股 0.5％；信托公司出资 20000 万元，占股 99.5％。信托公司承诺不参与未来资本金的分红。

2. 运作模式

该项目主要依靠“政府付费”回收投资成本，政府承担运营补贴支出责任。

3. 回报机制

该项目属于完全政府付费项目，不存在使用者付费及可行性缺口补助。项目公司收入的主要来源是政府支付的回购款，包括工程建设费、融资费、管理费和合理回报等收入。回购款分期收回，在项目建设完成当年收回 50%，在建设完成后的第一年收回 25%，在建设完成后第二年收回剩余 25%。合同约定在工程完工当年支付工程款 50%，完工一年内支付 25%，完工两年内支付剩余的 25%。

4. 城市保障房 PPP 项目税务处理

（1）债资比超 2∶1 比例。关联企业之间发生借款交易，如果能够提供资料证明借款交易符合独立交易原则，或者借款方的企业所得税实际税负不高于关联贷款方的实际税负，不受债资比 2∶1 或 5∶1 的限制，借款方支付给关联贷款方的利息支出，允许在企业所得税前扣除；如果不能够提供资料证明符合上述条件的，借款方债资比超出比例部分对应的利息支出，不允许在企业所得税税前扣除。

信托公司既作为股东方又作为贷款方，实务操作中应关注债资比的问题，项目公司支付给信托公司的贷款利息超过债资比 5∶1 的部分，利息支出是不允许税前扣除的。

（2）项目公司无偿用地。该项目用地从土地储备中心以无偿划拨方式取得，项目公司拥有该土地使用权，合同约定待项目建设完成后再无偿移交给政府。

划拨方式取得的土地使用税不属于契税的征收范围。但在未来资产移交阶段，可能会被税务机关认为该土地属于项目公司的一项资产，移交阶段会涉及土地所有权的转让，需要缴纳土地增值税。建议项目公司与政府方进行充分谈判，未来在资产移交阶段以政府收回土地的方式将该项资产偿还给政府，并出具相关证明文件予以支撑，减少资产移交阶段整体税费，降低项目公司涉税风险。

（3）信托公司不参与分红。根据项目公司的股权结构，社会资本方直接投资项目公司，信托公司不参与未来资本金的分红。因此，在进行利润分配时，项目公司可直接将未分配利润分给其他股东。根据税法规定，符合条件的居民企业之间的股息、红利等权益性投资收益免征企业所得税。但社会资本方取得的超比例分红部分，不属于居民企业之间取得的股息红利免税的范围，应并入企业收入总额，按企业所得税法有关规定计算缴纳企业所得税，不按比例分红享受股息、红利免征企业所得税时应有合理的理由且在公司章程中明确约定。建议项目公司股东双方在公司章程中进行约定，明确利润分配的方式及比例，降低税务风险。

（4）项目公司税目税率的认定、总承包方计税方法的选择。依据项目公司运营模式、付费机制及企业会计准则，项目公司未来收益属于固定收益模式，应选择金融资产模式核算。项目公司未来现金流入的主要构成为项目建设成本补偿及其利息，通过测算分析结果与税务机关谈判确定项目公司收益的税目税率。由于参建单位既作为总承包建设项目，又作为项目公司的股东管理项目，所以应该站在“项目公司＋总承包方”整体收益的角度测算分析，以此判断总承包方的计税方法。

（5）项目移交。根据双方签订的融资建设合同，建设期满到资产移交阶段，项目公司将资产无偿移交给政府，项目公司不拥有资产所有权，资产移交后，项目公司按清算程序注销。项目公司取得该项目建设权按金融资产核算，到期后项目公司无偿移交给政府，金融资产账面价值为零。因此项目公司无偿移交资产时不用计算缴纳增值税。

项目公司拥有该项目建设用地土地使用权，未来项目移交时税务机关认为该项土地属于项目公司的资产，土地及其地上附着物转让时按政策规定应缴纳土地增值税。项目公司清算后，应就清算所得或者（损失）计算缴纳企业所得税。

投资方企业从被清算企业分得的剩余资产，其中相当于从被清算企业累计未分配利润和累计盈余公积中应当分得的部分，应当确认为股息所得；剩余资产减除上述股息所得后的余额，超过或者低于投资成本的部分，应当确认为投资资产转让所得或者损失。项目公司资产移交后，应按照上述程序进行注销清算，并应当自清算结束之日起15日内，向主管税务机关报送企业清算所得税纳税申报表，结清税款。

（6）税收优惠。

1）税收优惠政策。目前，保障房项目可享受多个税种的优惠政策，了解项目的税收环境对项目至关重要。具体优惠如下：

① 土地增值税。除保障性住房外，其余类型房地产应确定适当的预征率。企事业单位、社会团体以及其他组织转让旧房作为廉租住房、经济适用住房、改造安置住房房源且增值额未超过扣除项目金额20%的，免征土地增值税。

② 企业所得税。企业销售未完工开发的经济适用房、限价房和危改房的计税毛利率不得低于3%。

③ 土地使用税。对廉租住房、经济适用住房建设用地、改造安置住房建设用地以及廉租住房经营管理单位按照政府规定价格向规定保障对象出租的廉租住房用地，免征城镇土地使用税。

④ 印花税。对廉租住房、经济适用住房经营管理单位与廉租住房、经济适用住房相关的印花税，廉租住房承租人、经济适用住房购买人涉及的印花税予以免征。对改造安置住房经营管理单位、开发商与改造安置住房相关的印花税以及购买安置住房的个人涉及的印花税予以免征。

2）操作提示。①明确享受优惠的房产范围：文件中的经济适用住房是指政府提供政策优惠，限定套型面积和销售价格，按照合理标准建设，面向城市低收入住房困难家庭供应，具有保障性质的政策性住房。其他用房尚未在文件中定义，需与税务机关确认是否属于税收优惠中的房屋类型。②应划分清楚应税事项和免税事项，并向当地税务机关办理免税备案手续。

三、地下综合管廊及配套基础设施PPP项目税务处理

1. 项目基本情况

某地下综合管廊及配套基础设施PPP项目主要建设内容为道路、通道、综合管廊、给水、雨水、污水、泵站、照明、交通安全及管理设施、景观绿化、无障碍设施、公交站台等附属工程以及围堰土方回填工程。本项目计划合作期为15年，其中建设期为2年。

该项目PPP合同约定：政府方认缴的注册资本中含财政专项建设基金5000万元，该基

金为国家用于本项目地下综合管廊的专项建设资金。在项目建设期内，管廊专项建设资金到位后，可合理调整本项目投融资结构。项目公司成立后，若本项目再次申请到的专项建设基金或获得的中央财政补助，经市政府授权，政府方可将再次申请到的专项建设基金或获得的中央财政补助用于增加政府方对项目公司的持股比例或增加政府方的注册资本金。

该项目PPP合同约定：

（1）该项目涉及用地，项目公司通过无偿划拨方式取得土地使用权，合同期满或终止时，项目公司应将项目用地无偿移交给政府方并办理土地使用权变更手续。

（2）在合作期内，项目设施的所有权及土地使用权归项目公司。

（3）项目公司负责进行前期已办理项目审批手续的变更及办理项目后续各项审批手续，并支付相应费用。合同期满，将项目资产无偿移交给政府方或其指定机构。

（4）移交相关资产过户和合同转让等手续由项目公司责任办理，所产生的税费均由项目公司承担。

2. 运作模式

本项目采取“投资、建设和运营维护一体化＋入廊管线单位付费＋政府补贴”的运作方式，通过公开招标方式实现一次性招标。由市管廊公司与中标社会资本方共同出资组建项目公司。项目公司负责项目设施的投融资、建设、运营维护及移交工作，并自行承担费用、责任和风险。在合作期内，项目公司收取入廊使用费和日常维护费、获得财政补贴；合作期满后，项目公司应将本项目相关设施的所有权、使用权无偿、完好、无债务、不设定担保地移交给市住建局或其指定机构。

3. 回报机制

由于本项目属于投资较大、公益性较强、使用者付费相对不足的准经营性项目，因此本项目的回报机制属于“入廊管线单位付费＋政府补贴”方式，即项目公司在13年运营期内的收入主要为入廊使用费、日常维护费和财政补贴。市住建局协助项目公司根据相关收费政策对入廊管线单位使用地下综合管廊进行收费（包括入廊使用费和日常维护费），市财政局根据项目设施使用的绩效考核情况分期向项目公司支付财政补贴。

（1）入廊费的收取和支付。入廊使用费为入廊管线单位向项目公司支付的管线使用地下综合管廊空间的一次性费用，收取的入廊使用费可抵扣总投资。

（2）日常维护费的收取和支付。在本项目运营期内，市住建局协助项目公司根据相关收费规定对入廊管线单位使用地下综合管廊按年进行收费。

（3）政府财政补贴的确定。进入运营期后，本项目将采取绩效考核。由市住建局制定相应项目设施运营维护标准［所依据的规范包含但不限于：《城市综合管廊工程技术规范》（GB 50838—2015）、《公路养护技术规范》（JTG H10—2009）、《公路隧道技术养护规范》（JTGH 12—2015）］绩效考核打分办法，进行日常监管考核，并根据绩效考核情况及合同约定按期核算绩效考核评分后报市财政局，市财政局根据如下公式计算，并按季支付。

$$\text{第}N\text{年每季度财政补贴}=\frac{1}{4}\times\left[(\text{全部建设成本}-\text{专项建设资金}-\text{入廊费})\times\frac{(1+\text{合理利润率})\times(1+\text{年度折现率})^{n}}{\text{运营年限}}\right.$$
$$\left.+\text{运营成本}\times(1+\text{合理利润率})\times\frac{\text{绩效考核得分}}{100}-\text{日常维护收入}\right]$$

注：n表示从项目运营期开始计算的折现年数（$n=1,2,3,\cdots,13$），运营期第一年n取1，依次类推。

4. 地下综合管廊 PPP 项目税务处理

（1）项目公司税目税率的选定、总承包方计税方法的选择。在项目总投资额既定的前提下，项目公司增值税进项税率、销项税率影响项目公司盈利水平及现金流量，选择合适的税率对项目公司极其重要。依据项目公司运营模式、付费机制及企业会计准则，项目公司未来收益属于固定收益模式，应选择金融资产模式核算。项目公司未来现金流入的主要构成为项目建设成本补偿及其利息，通过测算分析结果与税务机关谈判确定项目公司收益的税目税率。由于参建单位既作为总承包建设项目，又作为项目公司的股东管理项目，所以应该站在"项目公司＋总承包方"整体收益的角度测算分析，以此判断总承包方的计税方法。

（2）专项建设基金进入项目公司的方式。

1）涉税事项。该项目约定政府方认缴的注册资本中的建设基金 5000 万元，为国家用于本项目地下综合管廊的专项建设资金。在项目建设期内，中央财政补助资金到位后，可合理调整本项目投融资结构。项目公司成立后，若本项目再次申请到的专项建设基金或获得的中央财政补助，经市政府授权，政府方可将再次申请到的专项建设基金或获得的中央财政补助用于增加政府方对项目公司的持股比例或增加政府方的注册资本金。

而约定的运营期财政补贴的计算公式：

$$第N年财政补贴=(全部建设成本-专项建设资金-入廊费)\times\frac{(1+合理利润率)\times(1-年度折现率)^n}{运营年限}$$
$$+运营成本\times(1+合理利润率)-日常维护费收入$$

注：n 表示从项目运营期开始计算的折现年数（$n=1,2,3,\cdots,13$），运营期第一年 n 取 1，依此类推。

2）操作要点。中央财政补助资金 5000 万元作为注册资本金注入项目公司，而非作为政府补贴计入项目公司收入，会导致项目公司收到的财政补助（运营期收入）减少 5000 万元，造成项目公司利润减少甚至整个项目亏损。

因此，我们建议在 PPP 补充协议中明确如下内容：

项目公司增资时，管廊公司和社会资本方同比例注资，避免股权被稀释。

中央财政补助资金不作为管廊公司对项目公司的注册资本金，而应作为财政补助。若本项目再次申请到的专项建设基金或获得的中央财政补助不用于增加甲方对项目公司的持股比例或增加政府方的注册资本金，即中央财政补助资金到位后，不调整本项目投融资结构。

如果无法改变专项建设资金以注册资本金方式注入项目公司，则应在政府缺口性补贴的计算公式中做出限制性约定，要求 PPP 合同中运营期财政补贴的计算公式中的"专项建设资金"，不包含已计入政府方注册资本金部分的专项建设资金。即如果管廊公司将专项建设资金作为注册资本金，则该公式中不得减去专项建设基金，如果管廊公司将专项建设资金作为财政补贴，为缺口补助的一部分，则该公式中可以减去专项建设基金。

（3）项目立项、"四证"等法律手续转移到项目公司。

1）涉税事项。PPP 合同约定：该项目涉及用地，项目公司通过无偿划拨方式取得土地使用权，合同期满或终止时，项目公司应将项目用地无偿移交给政府方并办理土地使用权变更手续；在合作期内，项目设施的所有权及土地使用权归项目公司；项目公司负责进行前期已办理项目审批手续的变更及办理项目后续各项审批手续，并支付相应费用。合同期满，将项目资产无偿移交给政府方或其指定机构；移交相关资产过户和合同转让等手续由乙方责任办理，所产生的税费均由项目公司承担。

项目前期，项目以政府平台公司名义立项，前期手续、土地都是政府平台公司名义，与项目相关的建设施工许可证、建设用地许可证、工程规划许可证、土地使用权证暂未变更到项目公司名下。

2）操作要点。如果将立项、四证等法律手续转移到项目公司名下，则项目公司将实际拥有资产的所有权，税务机关认定政府缺口补助为不动产租赁收入的理由会更充分，而会导致项目公司在运营期间和移交阶段产生巨额税费，例如：

由于目前土地使用权已办理到政府平台公司名下，项目公司接收该土地时，如果从政府平台公司直接变更到项目公司名下，企业之间土地使用权划转，承受人需要按 3%的税率计算缴纳契税。

项目公司在运营期间管廊的租赁行为可能需要按租金乘以 12%的税率缴纳房产税，按土地使用权证确认的土地面积和当地适用税额标准减半计算缴纳土地使用税。

项目公司在资产移交阶段需缴纳土地增值税、增值税，且涉税金额巨大，会对项目公司的利润、现金流、税负带来严重的影响。

因此，我们建议尽量不要将与项目相关的立项手续、建设施工许可证、建设用地许可证、工程规划许可证、土地使用权证变更到项目公司名下。

（4）税收优惠政策申请。

1）涉税事项。项目公司初步判断本公司符合享受西部大开发、公共设施基础建设企业所得税优惠政策，尚未办理税收优惠备案手续。

2）操作要点。目前的税收政策中，关于管廊建设业务尚缺少适用西部大开发税收优惠政策和公共基础设施三免三减半税收优惠政策的明确规定，具体情况如下：管廊建设在可享受西部大开发优惠政策的《产业结构调整指导目录（2011 年本）》（2013 年修正）里无法找到完全匹配的项目，与管廊建设相近的项目为该目录里“第二十二、城市基础设施中 8. 城镇地下管道共同沟建设”；《公共基础设施项目企业所得税优惠目录》里也无与管廊项目完全匹配的项目。

因此，在税收政策不是很明确的情况下，我们建议尽快与主管税务机关沟通，确认管廊建设是否属于西部地区鼓励类产业目录、公共基础设施项目企业所得税优惠目录。

操作提示：西部大开发享受税收优惠的时间是 2011 年 1 月 1 日至 2020 年 12 月 31 日。如果项目公司正式投产运营预计在 2020 年时，刚好处于本政策到期之时，需密切关注财政部、国家税务总局是否会发布延续该项优惠政策的新文件。

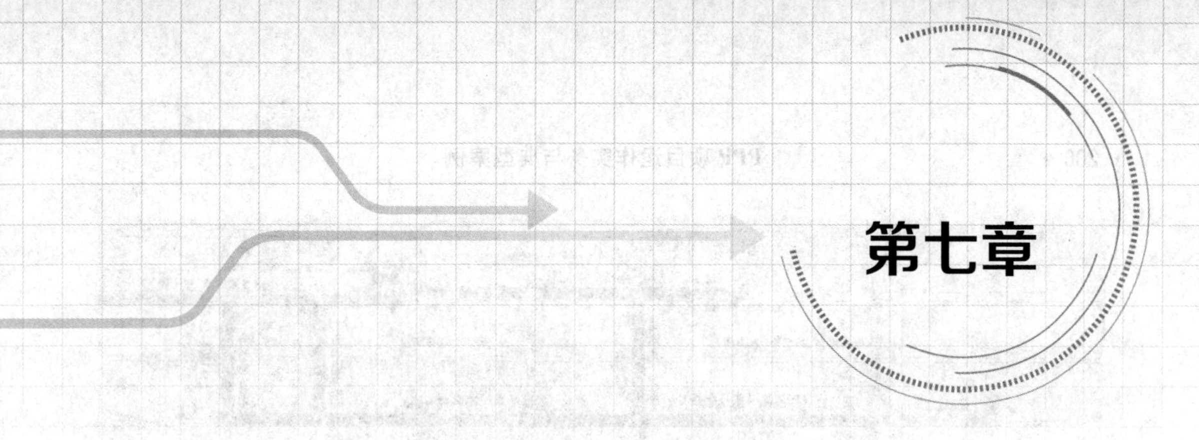

第七章

PPP项目类型案例

第一节　市政工程 PPP 项目

一、地下综合管廊项目

1. 项目概况

(1) 项目基本情况。某市地下综合管廊工程总长度约为 30.41km，分布于南子午路、东四路、西一路等 17 条道路（图 7-1），拟入廊管线包括给水、热力、电力、燃气、排水、通信六种类型。建设内容包括土石方工程、主体工程、综合管廊控制中心、供电系统、照明系统、消防系统、通风系统、排水系统、标识系统、监控报警系统及其他附属配套设施。

该项目投资总额为 27.87 亿元，其中工程费用 24.14 亿元，工程建设其他费 1.19 亿元，预备费 2.53 亿元。

(2) 项目背景与进展。该市建成区现已出现道路拥挤的情况，热力给水管线主管管径增大，现状管道主要敷设在绿化带及人行道下，现状路由于断面有限，已不能满足管道敷设的需求；出现“管摞管”的敷设，且由于建成管道建设年代较久，还需要经常维修、改造进行开挖，造成“拉链路”的情况经常出现。这些现象不仅使国家财产造成巨大损失，也给城市人民生活带来极大不便。

建设地下综合管廊，不仅避免了由于埋设或维修管线而导致道路重复开挖及架空电缆电线，而且由于管线不接触土壤和地下水，避免了土壤对管线的腐蚀，有利于节约管线维护成本，延长管线使用寿命。

项目可行性研究、初步设计已通过批复。该项目采用 PPP 模式，社会资本招标工作已于 2016 年 6 月完成，确定中标人为某建工（集团）有限公司、某建筑股份有限公司联合体。中标联合体已与项目实施机构草签了 PPP 项目协议，项目公司（定名为某市建富城市管廊建设投资有限公司）已成立。截至 2016 年 10 月初，东三路、东四路、东五路、天山路、西一路、南六路 6 条管线正处于施工状态。

(3) 社会资本与金融机构。

1) 社会资本方。该项目中标社会资本方为某建工（集团）有限公司、某建筑股份有限

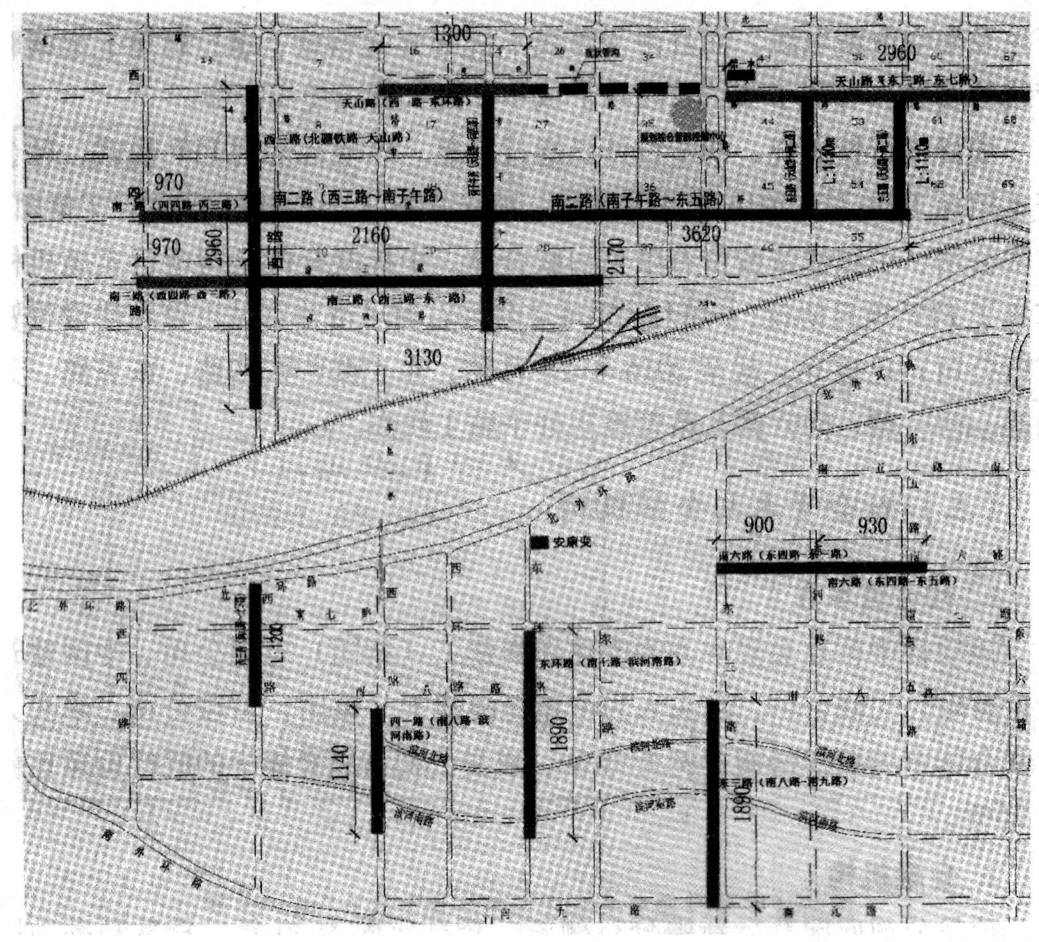

图 7-1　某市地下综合管廊分布

公司联合体，牵头人为某建工（集团）有限公司。牵头人占联合体中的股权份额比例为75%，成员公司占联合体中的股权份额比例为25%。

2）金融机构。项目公司向国开行新疆分行融资，贷款年限为30年，贷款利率为同期人民银行公布的五年期以上贷款基准利率下浮一定比例。

2. 合作模式

（1）交易结构设计。该市人民政府授权某集团有限责任公司（简称某集团）与中标人成立项目公司实施该项目。项目公司资本金定为项目投资总额的20%（暂定为6亿元），其他资金通过银行贷款、股东贷款、基金、发行债券等方式筹集。

该市人民政府授权某市城市管理委员会担任该项目实施机构，由项目实施机构与项目公司签署PPP项目协议。项目公司完成该项目投资、建设并经验收合格后，需提供运营管理维护服务，并向入廊管线单位收取入廊费及日常维护费；同时政府将按照PPP项目协议约定分期向项目公司支付可行性缺口补助，以弥补其建设投资、经营成本并给予一定合理回报。项目交易结构见图7-2。

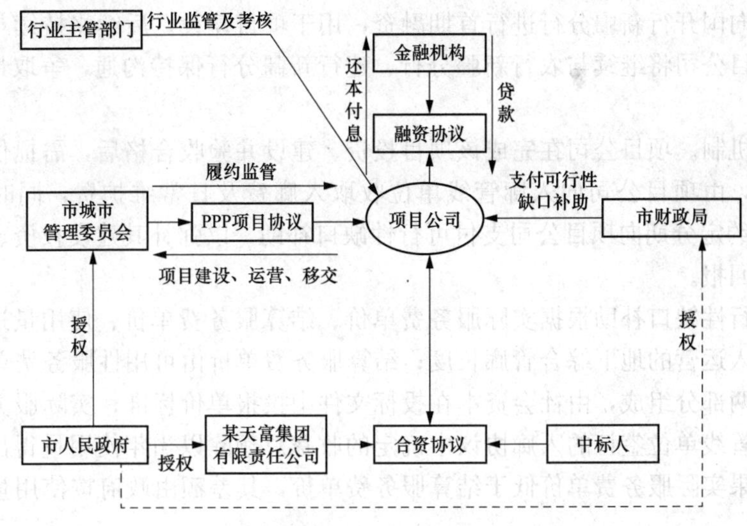

图 7-2　某市地下综合管廊 PPP 交易结构

(2) 具体模式。该项目采用 BOT（建设—运营—移交）的模式运作。合作期内，由项目公司负责项目的融资、投资、建设和运营维护工作，向入廊管线单位收取入廊费和日常维护费，并获得政府给予的可行性缺口补助。合作期满后，项目公司应将项目设施完好无偿地移交给政府指定机构。

(3) 实施流程。2016 年 3 月 18 日，该项目咨询机构北京某咨询有限责任公司编制的物有所值评价、财政承受能力论证通过市财政局批复。3 月 21 日，项目实施方案通过市政府审核批准。

3 月 23 日，该项目发布了资格预审公告。共有 18 家企业报名，其中 13 家企业递交了资格预审文件，共有 6 家企业通过资格预审评审。

6 月 21 日，该项目在市公共资源交易中心开标。经过评标，某建筑股份有限公司/某建工（集团）有限公司为第一中标候选人。

6 月 26 日、7 月 5 日，由项目实施机构、财政部门、审计部门等组成的谈判小组与第一中标候选人进行了两轮澄清谈判并达成一致。7 月 15 日，该项目发布中标结果公告。

8 月中旬，项目实施机构与中标人某建筑股份有限公司/某建工（集团）有限公司草签了 PPP 项目协议。

(4) 资金筹措。该项目预计投资额 27.87 亿元，其中项目公司注册资本金 6 亿元，由全体股东以现金的形式按照项目公司章程约定的时间出资到位。其中，某建工出资 3.6 亿元，某建筑出资 1.2 亿元，某集团出资 1.2 亿元。某建工、某建筑、某集团在项目公司中持股比例分别为 60%、20%和 20%。

项目建设资金不足部分通过项目公司外部债权融资等方式解决。由项目公司作为融资主体，将其在 PPP 项目合同项下的各项权益（如预期收益权）设置质押，或以其他方式设置担保权益向商业银行等金融机构申请项目银团贷款。项目公司采用银行贷款方式融资的资金成本将控制在不高于同期人民银行公布的五年期以上贷款基准利率。

项目公司向国开行新疆分行进行首期融资，用于项目建设，后续将持续与国开行新疆分行合作。项目公司将继续与农行新疆分行、建行新疆分行保持沟通，争取最优条件、最低成本融资。

(5) 回报机制。项目公司在完成该项目投资、建设并验收合格后，需提供运营维护服务。运营期间，由项目公司向入廊管线单位收取入廊费及日常维护费，同时政府将按照PPP 项目协议约定分期向项目公司支付可行性缺口补助，以弥补其建设投资、经营成本并给予一定合理回报。

该项目可行性缺口补助根据实际服务费单价、结算服务费单价、使用量进行计算。使用量为当年投入运营的地下综合管廊长度；结算服务费单价由可用性服务费单价和运营维护服务费单价两部分组成，由社会资本在投标文件中投报单价标准；实际服务费单价为项目公司与入廊管线单位签订的入廊协议中确定的收费总额除以当年使用量得出的金额。在运营期内，如果实际服务费单价低于结算服务费单价，其差额由政府按使用量给予项目公司补偿。

1) 使用量。合作期内各年使用量为当年投入运营的综合管廊长度。

2) 实际服务费单价。实际服务费单价为根据项目公司与入廊管线单位签订的入廊协议中确定的入廊费和日常维护费收费标准计算得出的该项目年度入廊费和日常维护费总额除以当年使用量得出的金额 [单位：元/(km·年)]。

3) 结算服务费单价。结算服务费单价由可用性服务费单价 [单位：元/(km·年)] 和运营维护服务费单价 [单位：元/(km·年)] 两部分组成。合作期内，可用性服务费单价不做调整。

可用性服务费单价按照市审计部门出具的审计报告确定的项目投资额、约定的计算公式以及中标人投标时的综合回报率进行计算，经项目实施机构、市财政部门审核后作为支付依据。

按照《关于在公共服务领域推广政府和社会资本合作模式的指导意见》(国办发〔2015〕42 号) 等有关 PPP 政策中平滑年度间财政支出的原则，该项目拟采用每年等额支付服务费的方式，同时为便于简便计算，年度可用性服务费计算公式调整为

$$A=\frac{P\times i\times(1+i)^n}{(1+i)^n-1}$$

式中 A——年度可用性服务费金额；

i——综合回报率；

P——项目投资额。

如在项目建成后入廊管线单位选择一次性缴纳入廊费的，在计算可用性服务费单价时，项目投资额应扣减一次性收取的入廊费；如争取到上级部门的奖励或补助资金且在建设期内用于该项目的，在计算项目投资额时应扣除该奖励或补助资金。

合作期内初始的运营维护服务费单价为中标人的投标报价。运营维护服务费单价在运营期内每三年调整一次，主要针对消费物价指数等因素变化进行调整，具体调整办法和调整公式在 PPP 项目协议中予以明确。

4) 差额补贴与返还机制。合作期内，如果实际服务费单价低于结算服务费单价，则政

府按照使用量对差额部分予以补贴（可行性缺口补助）。预计的可行性缺口补助纳入政府财政预算，由市人大批准。

如果实际服务费单价高于结算服务费单价，项目公司应按使用量将差额部分的70%返还给政府。

（6）主要权利义务。

1）项目实施机构及相关政府部门。主要权利：批准设计文件及相关手续，制定项目建设标准；选择监理机构，对项目进行跟踪审计，并组织竣工验收；对工程建设进展与项目公司运营进行监督和检查，制定绩效考核标准，并据此调整可行性缺口补助金额；项目公司违约时，督促项目公司纠正违约行为等。

主要义务：完成项目规划、选址、征地拆迁等工作；按工程建设进度向项目公司交付建设场地；发生PPP项目协议规定的一般补偿事件时，给予项目公司合理补偿；当PPP项目协议提前终止时，根据PPP项目协议规定对项目公司进行补偿等。

2）项目公司。主要权利：在征得政府同意的情况下，有权为该项目融资目的将项目设施和收益权进行抵押或质押；向入廊管线单位收取入廊费和日常维护费，并获得政府给予的可行性缺口补助；出现PPP项目协议约定的一般补偿事件时，有权获得相应补偿等。

主要义务：筹集项目建设资金，按工程进度计划投资建设；按照适用法律以及设计文件要求组织管理工程建设；按照适用法律和PPP项目协议要求，负责项目投资、建设、运营和运营维护；接受政府及相关职能部门的监督、检查和临时接管，并提供相关资料；在合作期届满后，按规定将项目设施无偿完好地移交政府指定机构等。

（7）项目风险规避。该项目对项目全生命周期进行了风险识别，共涉及7大类34项风险。对于已识别的风险，根据发展改革委、财政部相关规定并结合该项目实际情况，项目融资、建设、运营维护服务等商业风险由社会资本承担；涉及本级政府权限内的法律政策风险由政府承担；不可抗力风险、超出地方政府权限的法律政策风险等由政府和社会资本合理共担。

1）设计风险。项目实施机构依法选择具有相应资质的设计单位承担项目的初步设计、施工图设计。在施工过程中，出现设计图纸与现实情况出入较大的，项目公司可以提出工程变更方案。由项目公司提出的设计优化和工程变更，应报政府审批通过，同时项目公司应加强施工建设过程中设计优化及工程变更管理，并对项目优化设计中出现的任何缺陷负全部责任。

2）融资风险。项目公司应制订合理的融资计划，积极与相关金融机构和政府部门沟通落实融资条件，采取多种增信措施降低融资成本，并按照PPP项目协议的规定及时完成融资交割。

3）建设风险。工程质量风险。为提高该项目工程质量，项目公司应制订完整的质量保证和质量控制方案，并于项目开始施工后严格执行，同时也应按照适用法律、行业惯例执行工程建设程序。

建设成本超支风险。项目公司应建立严格的成本控制制度，保证项目建设质量的同时，节省建设成本。

职员与劳工健康、安全风险。项目公司应按照适用法律要求雇用职员和劳工，并按时向职员和劳工合理支付报酬，以及保障他们享有相关法律规定的所有权利。同时项目公司应采取预防措施以保证其职员和劳工的健康与安全。项目公司应及时足额支付农民工工资。

土地征收补偿安置风险。政府方应及时做好调查摸底、费用测算、宣传教育等工作，做好土地征收补偿安置分工工作，责任到人。

政府方导致的完工延误风险。政府方应建立针对完工延误风险的沟通协调机制。

项目公司导致的完工延误风险。项目公司应制订完备的工程建设计划，并严格按照计划执行。

不可抗力导致的完工延误风险。在建设过程中，如发生地震、洪水、罢工等不可抗力风险并造成完工延误，项目公司应及时与政府方沟通并确定补救措施。

项目公司放弃或视同放弃建设风险。如果项目公司放弃建设或发生视为放弃项目建设的行为，项目公司应与政府方就有关进度日期的期限协商并达成一致，若确实出现项目公司放弃建设的，政府方有权从项目公司提交的履约保函中兑取全部款项并无偿拥有已建成的在建工程，且政府方无须向项目公司承担任何补偿或赔偿，PPP 项目协议自动终止。

4）运营维护服务风险。项目公司应加强学习培训，提高运营维护服务队伍人员素质，同时建立督察制度，发现问题及时纠正，引进先进的管理技术手段，提高管理效率。

政府方通过两种方式控制此类风险。一方面，通过建立有效合理的绩效考核机制，在 PPP 项目协议中进行要求并明确奖惩措施，与服务费相挂钩；另一方面，项目公司中的政府方代表应当充分发挥监督职能，保障公司正常运营和规范运作。

5）移交风险。项目公司应及时协助政府方组建移交委员会，由移交委员会负责相关移交事宜，同时项目公司应积极与政府方协商确定该项目的移交方案并协助完成项目移交。

6）不可抗力风险。项目公司应为项目设施购买相关保险，用于灾害后项目设施的修复。

7）其他风险。项目实施机构应协助项目公司协调其与相关政府部门的关系，以便推进项目建设环节各项行政审批手续申报和审批工作的顺利进行。

项目公司应按照适用法律的要求准备各项审批文件，并积极协调落实各项目审批手续。

地方政府权限范围内的政策及法律变更风险由政府承担，地方政府应保持其政策的连续性和稳定性，减少其权限范围内政策的变更。

3. 案例分析

（1）项目难点。

1）如何设计项目回报机制。该项目投资总额较高，经过测算，项目公司无法通过收取入廊费和日常维护费弥补投资并得到合理回报。所以，合理的设计可行性缺口补助机制是影响项目成功实施的关键因素。由于项目投资额需经过审计确定、入廊费与日常维护费的收取具有不确定性，以招标形式确定可行性缺口补助金额对项目公司进行补助是不可行的。因此，该项目引入了结算服务费的概念，将可行性缺口补助金额设定为结算服务费与实际服务费的差值。

2）如何向入廊单位收取入廊费及日常维护费。根据政府制订的详细入廊计划，入廊管线单位应当与项目公司签订入廊协议，明确入廊时间、收费标准、权利义务等。由政府制定管廊有偿使用收费指导价，由项目公司收取相应费用。如因项目公司自身原因（如延期交工等）导致入廊管线单位无法按期入廊，则项目公司自行承担相应损失；如非因项目公司原因导致的，则相应损失应由相关方承担。非因项目公司原因导致入廊费和日常维护费无法按期收取的，政府有义务协助项目公司收取相关费用。

为提高管廊利用效率，政府对入廊单位提出了强制入廊要求。对已建设地下综合管廊的区域，该区域内的所有管线必须入廊。在地下综合管廊以外的位置新建管线的，规划部门应不予许可审批，建设部门不予施工许可审批，市政道路部门不予掘路许可审批。既有管线应根据实际情况逐步有序地迁移至地下综合管廊。

(2) 项目创新点。

1) 政府获得上级部门的必须用做项目资本金的奖补资金处理方式。项目运作过程中，如果政府向上级有关部门申请获得该项目的奖励、补助资金或者专项基金，且该奖励补助按照有关规定必须用于项目公司资本金的，则社会资本应同意政府向项目公司增资，社会资本可以选择同比例增资、部分增资或放弃增资（但不应使得政府持股比例超过50%，否则社会资本必须增资）。在社会资本部分增资或放弃增资的情况下，政府股权比例增加的，双方同意按照公平原则相应调整董事会中董事比例及相应调整高级管理人员安排。

2) 管廊运营维护绩效考核指标的制定。该项目的绩效考核由项目实施机构负责牵头实施，考核对象是项目公司。采取日常考核、定期考核和抽查相结合的方式，主要从两个方面开展：一是公司规章制度和管理措施执行考核，二是综合管廊维护的监督检查考核。考核结果直接与可行性缺口补助挂钩。

项目公司有义务保证项目设施的运营维护符合质量标准。项目实施机构可邀请市审计部门、市纪检部门、入廊管线单位代表、公众代表、市政专家、第三方机构等组成考核小组依据相关的技术规范和标准，对项目公司进行考核、评估。项目公司应全力配合相关部门的考核工作，并按要求提供相应资料。

绩效考核范围包括入廊收费情况、项目设施定期维护、项目主体设施日常巡检、项目设施运行、资金使用和管理、社会影响等。总分为100分，及格分为90分。

绩效考核形式主要采取季度考核和临时考核的方式。季度考核每季度进行一次，临时考核可以随时进行。无论是季度考核还是临时考核，项目实施机构无须提前通知项目公司，如发现任何缺陷或存在问题，项目公司皆应及时采取措施补救，否则项目实施机构可根据相关约定兑取维护保函项下的相应金额。

每一季度结束后，项目实施机构应将该季度所有的运营维护服务质量考核表进行汇总，计算项目公司各评分项的季度平均得分，该得分为季度分。

对每一运营年内各季度分进行算术平均后的得分为该年度运营维护考核得分，以90分为及格分，得分低于90分时，按每低1分处以壹拾万元（RMB100000）的违约金。

运营维护服务不达标的违约金＝100000×(90－年度运营维护服务费考核得分)

项目实施机构有权根据适用法律和该项目实际情况对考核内容和分值进行适当调整，该等调整应至少提前七日告知项目公司，且最早于下一考核周期生效，项目公司应予遵照执行。

(3) 项目重要经验。

1) 各部门密切协作，保证项目顺利推进。该项目是该市建市以来投资规模最大的单个基础设施项目，市领导对此极为重视。通过责任分解、联席会议、定期督察等方式，市领导督促各部门密切配合协作，相关部门均对该项目的推进给予了大力支持。重要的项目文件与报告，实施机构均联合财政、发改、住建、土地、审计、法制办等相关部门进行认真细致的讨论研究，并由咨询机构修改完善。各部门的密切协作，保证了项目工作的推进速度，是该项目前期工作顺利开展的关键所在。

2）细致而深入的研究工作，促进了项目顺利推进。市领导对项目的重视，也体现在注重借助外脑的力量。项目推进过程中，实施机构聘请了专业咨询机构提供全过程服务，对项目实施难点、财务测算、绩效考核、风险分配及项目推广等各方面开展了细致而深入的研究工作，在方案编制与文件起草的过程中不断斟酌完善，并与实施机构进行充分沟通，保证了项目在招标采购与后续执行方面的顺利实施。

3）合理完备的协议条款设计，为项目顺利招标及后续实施打下坚实基础。地下综合管廊工程是近年来新兴的基础设施类别，可借鉴的项目经验不多。该项目充分借鉴了过去已落地的管廊项目经验，又结合石河子当地情况进行了创新。PPP项目协议的编制，既要保障政府与公众的利益不受损害，以合理的政府支出推进项目实施；又要考虑社会资本对项目收益及有关商务条件的诉求。该项目在PPP项目协议中对权利义务、商务条件、风险分配、违约补偿等方面做出了较公平合理的约定。最终，该项目获得了诸多有实力投资人的密切关注，招标确定的付费水平（政府支付义务）远低于政府前期预测，PPP项目招标结果令政府非常满意。

二、生活用水项目

1. 项目背景

近年来，某县社会经济不断发展，城镇人口达到20万，居民生活用水量逐渐加大，工业用水量也不断增加。目前该县供水水源主要取水方式为开采浅层地下水。一方面由于近年来降雨量减少，地表径流量逐年减少，上游没有调蓄工程对径流进行有效调节，枯水期地下水得不到补充，可利用水量日益下降；另一方面，该县水资源在县域地理位置分配上不平衡，因水资源短缺而制约经济发展。此外，该县工矿企业较发达，在水资源短缺的情况下，形成企业用水与人饮用水之间的尖锐矛盾，而过度使用地下水使得水生态环境遭受严重破坏。为解决该县因水资源短缺引发的饮用水紧张、企业用水无保证、水生态环境急剧恶化的问题，该县人民政府决定通过引调水的方式对现有供水水源进行补充。为改善城区水质，满足居民用水要求，该县同时规划扩建一座自来水厂（以下简称“本项目”）。

2. 基本情况

本项目投资5.2亿元，管线全长约100km，供水规模20万m^3/天。工程主要建筑物包括引水工程、一级加压泵站、二级加压泵站、三级加压泵站、四级加压泵站、两座高位蓄水池、两处引水隧洞。工程计划于2016年3月开工建设，2018年9月主体工程完工，2018年10月试运营供水。该县扩建3万m^3/天净水厂以及附属设施，工程预算1.5亿元，占地126亩、日供水3万m^3的县城自来水厂扩建工程项目，通过小网格混凝、沉淀、翻版过滤、活性炭过滤等先进工艺，出水水质达到纯净水标准。工程计划于2016年8月开工建设，2019年10月主体工程完工。工程建成后，可解决县城20万居民饮水安全问题，保障某县矿业经济区及农业生产用水，打破了水资源瓶颈制约，为该县经济社会可持续发展提供有力的支撑和保障。

3. 合作模式

经过竞争性磋商，该县人民政府与某环保公司达成合作协议，双方以 BOT 模式合作。具体内容为：某环保公司负责项目的设计、建设、投资、融资和运营，合作期限 20 年。该环保公司投资回报由两部分组成：一是成本补偿，即由该县人民政府弥补该环保公司在经营过程中产生的亏损。该环保公司经营业绩需经该县人民政府和某环保公司双方共同认可的审计机构进行审计。二是该环保公司的投资收益率为每年 6.2%。该环保公司的回报需列入该县人民政府每年度的刚性预算，按季支付。该环保公司向公众用户供水的价格实行政府定价，该环保公司委托第三方运营公司，按照该县人民政府批准的收费标准向其服务范围内的用水户收取费用。该环保公司与第三方运营公司的运营合同，由环保公司与运营公司单独签订。该县政府对某环保公司经营成本进行监管，并对环保公司的经营状况进行评估。

4. 案例解读

用水问题既是经济社会发展的问题，也是生态环境保护问题，更是民生问题，该县人民政府决定上马本项目。不过，我国目前正在大力进行经济转型和产业结构调整，该县工矿企业发达，财政收入受到很大的影响。因此，该县人民政府决定借国家大力推广 PPP 的良机，将本水务项目以 PPP 模式和有实力的社会资本合作。为快速推进项目的落地，该县人民政府成立了 PPP 领导小组，县长为组长、主管副县长为副组长、PPP 领导小组设在县财政局。随后，PPP 领导小组亲自到全国各地推介该水务 PPP 项目，与多家有实力的社会资本洽谈，结合项目具体情况提出合作条件，最后经过竞争性磋商与国内知名的某环保公司达成合作。

本项目的成功落地，除该县人民政府有力的组织保障外，一大亮点是 PPP 项目收益权质押的实施。为安排供水工程项目融资，社会资本某环保公司以其在本合同项下的权利给贷款人提供担保，并且为贷款人的权利和利益在供水工程用地的土地使用权、供水工程设施或供水工程和服务所需的该环保公司的任何其他资产和权利上设置抵押、质押、留置权或担保权益。

一直以来，有关 PPP 项目收益权的质押都是我国 PPP 融资领域的一大难点，也是争议的焦点。

（1）PPP 项目具有投资规模大（动辄数亿、十几亿、几十亿甚至上百亿）、运营周期长（PPP 合作时间最短期限为 10 年，最长期限达 30 年）、回报率不高（约 8%）等特点，为缓解自身资金的不足，社会资本需要借助金融机构的力量才能完成 PPP 项目的建设、运营。研究发现，对于 PPP 项目的贷款，金融机构如银行通常会要求社会资本或者 PPP 项目公司提供抵押、质押、保证等。而社会资本投资某一个 PPP 项目，贷款前 PPP 项目建设尚未形成实际固定资产（如 BOT 项目），无法提供足额的财产抵押和保证，在此情况下，特许经营权收益权的质押便成为社会资本或者 PPP 项目公司融资的重要砝码。

（2）PPP 项目运营周期长，未来收益存在很大的不确定性。金融机构对风控因素方面顾虑很大。

（3）目前业内对 PPP 项目收益权质押还存在较大的争议，主要是 PPP 特许经营收益权能否质押以及法律效力问题。

（4）当下对PPP项目的资产所有权也有较大的争议，即对其是属于政府还是社会资本所有，业界意见不一。

正是因为重重阻碍，导致社会资本融资困难，进而阻碍PPP项目的落地，这样的例子不乏少数。

2015年3月，国家发展改革委和国家开发银行联合发布《关于推进开发性金融支持政府和社会资本合作有关工作的通知》（发改投资〔2015〕445号），《通知》明确，开发银行在监管政策允许范围内，给予PPP项目差异化信贷政策：一是加强信贷规模的统筹调配，优先保障PPP项目的融资需求；二是对符合条件的PPP项目，贷款期限最长可达30年，贷款利率可适当优惠；三是建立绿色通道，加快PPP项目贷款审批；四是贯彻《国务院关于创新重点领域投融资机制鼓励社会投资的指导意见》关于"支持开展排污权、收费权、集体林权、特许经营权、购买服务协议预期收益、集体土地承包经营权质押贷款等担保创新类贷款业务"的要求，积极创新PPP项目的信贷服务。2015年4月，国家发改委、财政部、住建部、交通运输部、水利部、央行等联合发布《基础设施和公用事业特许经营管理办法》，允许对特许经营项目开展预期收益质押贷款，鼓励以设立产业基金等形式入股提供项目资本金，支持项目公司成立私募基金，发行项目收益票据、资产支持票据、企业债、公司债等拓宽融资渠道。

2015年12月，随着最高人民法院发布第11批指导性案例53号"福建海峡银行股份有限公司福州五一支行诉长乐亚新污水处理有限公司、福州市政工程有限公司金融借款合同纠纷案"，该案裁判要点主要为两个方面：第一，特许经营权的收益权可以质押，并可作为应收账款进行出质登记。第二，特许经营权的收益权依其性质不宜折价、拍卖或变卖，质权人主张优先受偿权的，人民法院可以判令出质债权的债务人将收益权的应收账款优先支付质权人。案例对于特许经营权收益权能否质押等司法实践难题作出明确规范，统一了裁判标准，有利于提高诉讼效率。

由此，一直困扰社会资本和金融机构的难题终于破解，这为今后更多的PPP项目通过特许经营收益权质押融资树立了典范，提高社会资本参与PPP的积极性。具体到该县PPP项目，该环保公司投资规模6.7亿元，需向金融机构融资5亿多元。在提供一定的财产担保外，根据银行需要提供项目特许经营收益权质押，既解决了该环保公司资金的不足，又促进了该PPP项目的落地，具有很强的示范意义。

三、快轨项目

1. 项目概况

（1）项目基本情况。某市快轨某号线项目（简称快轨某号线项目）工程线路全长约63.45km，其中主线长49.15km，支线长14.3km。工程全线规划设20座车站，设有海湾车辆段和泉水控制中心各一个。

快轨某号线项目工程建设共分四期，一期工程起点在香炉礁立交桥，终点至某旅游度假区金石广场，线路全长46.658km，2000年9月开工建设，2002年10月试通车，2003年3月竣工正式通车。二期工程起点某礁站，终点至火车站北广场，全长2.38km，2005年10月实现通车。三期工程新建某车站，2006年10月30日竣工。四期续建工程为支线工程，从开发区某路站至金州九里，全长共14.288km，2008年12月28日竣工。

截至2015年5月31日，快轨某号线项目列入清产核资范围的主要经营性资产账面原值和净值均为46.48亿元。

(2) 社会资本概况。快轨某号线项目按照政府采购程序，2016年5月采用竞争性磋商方式公开招募具有投融资、运营、管理能力的社会资本。快轨某号线中标社会资本包括金融方和运营方：金融方社会资本为平安银行股份有限公司某分行；运营方社会资本为某实业有限公司、德铁国际有限公司、美国泰克有限公司和华大泰克轨道交通基金管理有限公司联合体。其中，某实业有限公司作为联合体牵头方总体负责运营维护；德铁国际有限公司负责提供运营方案及运营、管理咨询服务；美国泰克有限公司负责工务系统运维技术服务。

(3) 项目进展情况。2016年12月项目完成PPP合同签署。截至2017年2月，成交社会资本股权转让资金已全部到位，并于2017年3月2日完成项目公司工商登记变更手续。2017年5月27日，签署项目特许经营协议。

项目合计实现存量资产置换41.92亿元。其中以股权方式置换资金4.74亿元，以债权方式置换资金37.18亿元。

2. 合作模式

(1) 项目实施模式。

1) 具体运作模式。该市快轨某号线工程PPP项目具体运作方式为TOT（转让—运营—移交）模式，特许经营期设定为25年。

2) 回报模式。项目采用可行性缺口补贴回报模式，由项目公司负责该条线路的运营管理，由于政府对公共交通项目设置限价机制。当使用者付费不足以满足项目公司成本回收和合理回报时，由政府以财政补贴形式对项目公司进行可行性缺口补贴。

3) 各方职责。项目实施过程中各机构职责如下：

建投集团：市政府授权建投集团作为该PPP项目的实施机构和政府出资代表，负责项目转型PPP模式运作的实施、招募社会资本、组建项目公司等工作。

市交通局：代表市政府授予项目公司特许经营权，负责行业管理。

项目公司：在经营期内承担项目的融资、资产管理及项目的运营责任。

(2) 项目实施主体及资本金设置。该市国资委将快轨某号线工程动产及不动产划转至该市建设投资集团有限公司（简称建投集团）。项目总投资为46.48亿元（依据项目概算及清产核资审计报告）。项目公司注册资本金为项目总投资的20%，其中建投集团拥有49%股权，社会资本拥有51%股权。该项目社会资本包括金融方投资人和运营方投资人，考虑到该项目为存量项目，不含建设期的特点，设定运营方投资人持股比例为5%。

(3) 实施过程中考虑的问题。

1) 存量资产出让方式。目前，各地存量轨道交通项目一般由国有公司运营，由市国资委统一监管。国有资产引入社会资本，采用混合所有制改革模式，需按照国有资产产权交易程序出让，国有资产的所有权发生了永久性转移。

采用PPP模式完成存量资产置换，本质上仅对存量资产经营权进行转移，资产的所有权发生阶段性转移。根据国家发展改革委、国务院国资委等政策文件规定，涉及国有资产权益转移的存量项目，需按规定履行相关国有资产审批、评估手续后进入 PPP 项目招投标阶段，通过政府招标等流程选择社会资本，但目前二者具体衔接程序没有明确。

2）PPP 实施模式。一般运营性存量项目，可选择的 PPP 模式包括 TOT（转让—运营—移交）和 O&M（委托运营）。从存量项目提高经营管理效率方面考虑，O&M（委托运营）方式较为适合。以运营为主要业务的社会资本多希望采用这种模式，不希望承担投资责任，仅获得委托运营收入。但 O&M 是政府保留存量公共资产的所有权，仅将存量资产的运营维护职责委托给社会资本或项目公司，无法实现存量资产的变现以实现良性投资循环。采用 TOT 模式，政府将存量项目的一定期限的产权或经营权，有偿地移交给社会资本，可以达到存量资产的变现，实现良性投资循环的目标。因此，采用 TOT 模式更符合存量资产转型 PPP 的目的。

3）存量资产的剥离。在国有公司运营轨道交通项目转让过程中，一般会围绕主业丰富产业链，形成混业经营模式。由于很多轨道交通项目无法整体打包转型，需将其中部分存量资产进行置换剥离，涉及人员安置、其他混业处理等难题，实施难度较大。通过国资划转的方式将拟转型的存量资产转移给国有资本运营平台公司或类似公司，由其新设二级全资子公司作为项目公司，按照国家固定资产投资项目资本金比例要求，将划转资产一部分作为项目公司注册资本金，一部分通过转让形成债权，再通过股权转让引入社会资本，由其通过项目融资偿还国有股东债权。这样既可达到存量资产转型的目的，又可降低操作难度。

4）实施机构的选定。轨道交通存量项目适合作为项目实施机构的政府部门可以是发改委、交通局、国资委等。考虑到发改委是综合协调管理部门，国资部门无行政管理职能，交通局作为轨道交通项目的行业主管部门比较适合作为项目实施机构。鉴于存量项目转型过程中涉及较多企业股权转让、收入成本核算等经营管理内容，交通部门不具备相应能力，需要委托专业咨询机构提供方案，协助重大事项决策。

《国家发展改革委关于开展政府和社会资本合作的指导意见》（发改投资〔2014〕2724号）文件规定，相应的行业管理部门、事业单位、行业运营公司或其他相关机构，可作为政府授权的项目实施机构。对存量项目拥有股权的国有投融资公司了解项目情况，熟悉市场运作规律，可弥补交通部门相应能力上的欠缺，由其作为项目实施机构不违反国家强制性法律规定。考虑到国家发展改革委、财政部的规定，该项目设定双实施机构模式，即由交通部门作为实施机构，授予项目公司特许经营权；国有投融资公司作为实施机构和出资人代表，完成项目公司股权转让、运营管理、绩效考核等方面的监管职责。

5）试运营期的设置。与新建 PPP 项目相比，存量项目向 PPP 模式转化难点是资产的价值评估及功能现状认定。轨道交通类项目的资产类别和运营情况非常复杂，需要消耗大量的时间、人力、精力厘清移交边界。社会资本在正式进入项目公司前，进入现场厘清资产及财务状况的难度较大，该项目在特许经营期的前三年设定试运营期，由社会资本在试运营期内完成资产明细清点、功能现状认定等工作，在试运营期结束后实现资产及资产管理责任的正式转移。

对于正在运营的轨道交通项目，设置试运营期不仅是资产功能交接的需要，也是新老运营团队工作顺利交接的需要。这种交接要在一定时间段内由原国有运营主体与中标社会资本协作完成，无法在特许经营协议签订后短期内实现。因此试运营期是政府将该条线路运营管理的权力、责任、义务逐步向社会资本移交的过渡期。为保障项目持续运营，在试运营期内应由项目公司委托原国有运营主体负责运营，保证稳定地提供社会公共服务。在此期间产生的费用及运营收入的归集主体应逐步由原国有运营主体过渡到项目公司。

6）运营期资产更新问题。存量项目PPP模式置换资金，即社会资本股权收购资金及项目融资偿还股东债务资金全部由国有股东收回，项目公司运营阶段计提的资产折旧所形成的现金流主要用于项目融资还本，没有资金来源对原有存量资产进行资产更新。所以，对于原有存量资产进行更新改造应考虑予以适当补贴。

在试运营期内，项目公司完成清产核资以及资产功能认定，资产价值与项目实施前审计评估结果可能出现偏差。因此需要政府方在正式运营前对存量资产进行更新，以达到项目实施前资产评估和审计所认定的资产价值。

7）税费问题。在TOT（转让—运营—移交）的PPP模式下，资产转移涉及大量税费，其中首次转让中以存量资产投资、转让组建项目公司涉及增值税、土地增值税、契税、印花税等，最后移交即使约定采用无偿方式，按照税法规定也可能视同销售进行认定缴税。目前唯一可以进行纳税筹划的环节是在国资无偿划转过程中尽可能采取免税资产重组方式进行。

8）期满后社会资本退出方式。PPP项目特许期满后，资产无偿移交政府，社会资本在经营期内以税后利润形式回收投资成本及合理收益，这将造成所得税增加并加大政府补贴额度。社会资本在运营过程中，可能提前取得预期股权投资收益和运营收益，如要约束社会资本，保证运营后期质量和水平，必然要求提供大额度的履约保证金，而履约保证金的提供必然会影响到社会资本报价。为减少其间所得税成本，可以采取阶段性减资方式，使社会资本的投资成本平价退出。

按照现行财务制度，对于新建项目形成资产在特许期内完成全额计提折旧，社会资本投资以货币形式回到项目公司，在移交阶段可将项目资产无偿移交政府，项目公司自行清算。

对于存量项目，政府方与社会资本方共同作为项目公司股东。在项目移交阶段，如社会资本方无偿移交项目资产，资产无偿移交政府行为发生在项目公司没有清算之时，在项目公司还有债务的情况下可能无法实现。对于TOT模式项目终止阶段的移交，社会资本无偿移交项目公司股权，由项目公司继续负责项目运营，现有政策文件尚未明确具体要求。

9）置换资金的使用。按照国有资本收益相关规定，涉及的产权交易国有主体如果是国有独资公司，资产转让收入作为国有资本收益应上缴财政；如果是国有独资公司的法人独资或控股公司，资产转让收入将合并到其母公司，扣减相关成本费用形成收益后按一定比例作为国有资本收益上缴财政。因此，存量资产持有主体不同会导致置换资金最终流向不同：一是回归财政，二是留存企业。由于存量资产转型PPP不是经常性业务，回归财政会导致财政收支波动较大，在基础设施建设项目法人普遍采用公司法人制的情况下，留存公司更有利于项目建设。

在PPP模式实施前，通过初始交易结构设计，将可转型为PPP的存量资产按类型归集到具有对应功能的国有（平台）公司，再通过 PPP 模式实现存量资产变现，主体企业以置换资金建立各领域的专业化投资基金，进行市场化运作，保障基础设施建设。

3. 案例分析

（1）选择项目的主要角度。选取快轨某号线项目实施存量项目 PPP 模式转型，主要基于四个角度考虑。

1）行业角度。根据《国家发展改革委关于开展政府和社会资本合作的指导意见》（发改投资〔2014〕2724 号）、《国家发展改革委关于切实做好传统基础设施领域政府和社会资本合作有关工作的通知》（发改投资〔2016〕1744 号）、《国家发展改革委关于印发〈传统基础设施领域实施政府和社会资本合作项目工作导则〉的通知》（发改投资〔2016〕2231 号）等一系列 PPP 工作指导性文件精神，在适合以 PPP 模式运作的能源、交通运输、水利、环境保护、农业、林业以及重大市政工程等基础设施领域中，轨道交通类项目因其边界条件明确、商业模式清晰、现金流稳定而成为优质存量资产，适合以 PPP 模式转型。

2）社会服务角度。目前由于轨道交通运营票价尚未完全市场化，仍需政府对经营成本反补，且多数该类型项目都由地方国有公司运营和管理，没有竞争压力。通过 PPP 模式明确管理、价格、责任等机制，引入适当竞争机制，规范管理与服务，可提升公共服务质量和水平，促进该行业发展。

3）政府支出责任角度。目前对轨道交通项目的运营补贴，常常采用成本规制方式由财政对项目运营进行补贴。采用 PPP 模式转型后，原运营补贴将通过可行性缺口补贴形式实现，并未增加政府实际支出责任。

4）存量资产变现角度。快轨某号线项目全部由该市财政资金完成建设，采用 PPP 模式转型后，可实现存量资产变现，回收资金可继续用于基础设施建设。

（2）引入真正有意愿的运营企业。现有 PPP 项目以新建项目居多，参与此类项目社会资本竞争的多为国有大型建设单位，建设经验丰富，资金实力雄厚，能够顺利完成项目建设任务并从中获得收益。但这类单位在项目建设完成后常显现出运营经验不足、运营意愿不强的问题，多数项目均采用转委托运营模式。而受托方多为本级政府管理运营机构，项目在运营过程中走回了老路，有悖于 PPP 风险共担、利益共享的原则。

轨道交通存量项目应始终围绕运营这一核心，努力寻找运营经验丰富、运营意愿强烈、运营能力突出的社会资本，特别是民间资本，提高整体管理运营水平，同时形成宝贵的管理经验，带动其他轨道交通线路共同发展。

（3）建立培育市场理念。2014 年 PPP 模式开始在全国各地得到大力推广，但一直以来轨道交通存量项目成功案例较少，究其原因，大多是市场尚未培育成熟，具有建设及设备制造能力的企业尚未向运营投资商转变，一些有运营能力的企业尚未打破地域限制。

轨道交通行业运营市场巨大，培育市场化主体，打造充分竞争的运营市场，整体提高轨道交通行业运营效率，符合供给侧结构性改革的基本要求。

四、城区集中供热项目

1. 项目概况

某市城区采暖建筑总面积约 1300 万 m^2，其中集中供热采暖面积 2015 年达 680 万 m^2，占总面积的 53%。根据该市城市建设总体规划、分区控制性详细规划及滨河新区总体规划，预计到 2020 年城区总供热面积将达到 2353 万 m^2。

城区集中供热从 2001 年筹建，一直由该市城市投资发展集团有限公司（以下简称“市城投集团公司”）下属的市集中供热有限责任公司（简称供热公司）运营。供热公司注册资本金 3540 万元，为国有独资企业，内设 6 个管理部门和 2 个生产部门，正式员工 75 人，长期聘用人员 79 人。自成立以来先后实施了市城区集中供热一、二期工程，建设热源厂 1 座，热水锅炉 6 台，换热站 59 座，供热能力 450 万 m^2。

2013 年年初，为发展生态循环经济，促进火电二期上马，满足城区居民的用热需求和未来城市快速发展的需要，该市政府决定与该省电投某发电公司合作实施市城区热电联产集中供热项目，用该省电投某发电公司负责对其 2×300MW 发电机组进行改造，建设热源车间，市城投集团公司负责建设市城区热电联产集中供热管网工程。

该市城区热电联产集中供热管网工程项目概算总投资 8.8 亿元，建设期限 2 年，建设内容包括：敷设一级供热管网 56.92×2km，新建中继泵站一座及附属配套设施，新建换热站 76 座，总供热能力 1250 万 m^2。工程于 2014 年 5 月开工建设，2015 年 10 月 25 日投入运营，当年实现供热面积 680 万 m^2，供暖期生产运行平稳，供暖质量和服务水平不断提升，得到了政府、社会和广大居民的一致好评。

该 PPP 项目实施机构为市建设局，政府出资人代表为该市城市投资发展集团有限公司，社会资本方为某科技集团有限公司（简称某科技集团）。

2. 运作模式

（1）盘活资产的主要目的。近年来，该市在市政公用行业引入 PPP 合作模式，项目运行情况良好，实现了市政公用事业项目建设和经营投资多元化，政府不仅节省了大量的建设资金以及高昂的运营、管理、维护费用，而且实现了国有资产的保值增值，放大了财政杠杆效应，财政资金使用绩效大大提高，可谓“四两拨千斤”。

运用 PPP 模式盘活资产的主要目的是缓解政府投资压力，促进良性投资循环。该项目作为典型的 PPP 模式（采取 TOT 方式），得到了国家发改委和省发改委的充分肯定，为市政公用行业开展政府与社会资本合作模式探索积累了有效经验，取得了显著成效：一是城区热电联产集中供热项目 PPP 模式运行一年后，直接消化政府债务近 8 亿元，政府收回净资产 1.05 亿元，缓解了财政压力，清偿了企业历年所欠煤款；二是引进了先进的专业化管理技术，提供了稳定、可靠、高品质的供热服务，供暖效果明显提升，社会反映良好，采暖费收缴率大幅提升，达到 90%，创历史新高；三是职工的权益得到保障，某科技集团在该市成立项目公司，妥善安置职工 155 人；四是扩大供热面积，推动大气污染防治治理。运用 PPP 模式加快热电联产供热项目扩容工程建设进度，新增热电联产集中供热面积约 220 万 m^2，集中供热面积达到 800 万 m^2。在扩大城区供热面积的基础上，全面开展城区燃煤小锅炉拆并和治理工作，计划利用两年时间，完成城区 140 家 184 台 720.5 蒸吨燃煤锅炉拆并，有效完成市大气污染防治目标任务。

（2）盘活存量资产的 PPP 模式。该市集中供热公司 PPP 模式以 TOT 的方式进行。即由政府将供热公司资产移交给项目公司，在特许经营期内对供热设施进行建设运营，待特许经营期满后项目公司无偿移交供热资产。

（3）盘活存量资产操作流程。

1）外出考察有关市县供热PPP典型项目。

2）该市政府通过常委会研究确定城区集中供热特许经营权及集中供热公司资产转让事宜。

3）该市政府与某科技集团先后签订《市城区集中供热特许经营权及集中供热有限责任公司资产转让框架协议》和《市城区集中供热特许经营权PPP模式合作及集中供热有限责任公司资产转让协议》。

4）该市公布《市集中供热有限责任公司资产转让实施方案》（某政发〔2015〕149号），明确了资产转让原则、实施程序、价格确定、价款支付时间和方式、所有者权益、转让标的企业涉及的职工安置等具体内容。

5）通过审计部门和第三方机构，对市供热公司形成资产进行审计、清产和评估，并出具《审计报告》《清产核资报告》《资产评估报告》。

6）以《资产评估报告》资产价值为基准，通过资产公开拍卖的方式将供热公司净资产1.055亿元出让给某集团，并将资产进行整体移交，热电联产工程决算完成后转让给某集团。

7）经供热公司职工代表大会讨论通过并经市政府相关会议审议批准的《市集中供热有限责任公司职工安置方案》（某政发〔2015〕148号）（以下简称安置方案），明确了安置原则、安置范围、具体安置办法、安置渠道等内容。

8）根据《安置方案》，在充分酝酿、广泛讨论的基础上，供热公司职工代表大会通过了《市集中供热公司职工安置方案》，并以此方案进行全员安置。

（4）采用PPP模式后项目运营情况。2015年、2016年两个采暖季，供热公司精心维护，科学调度，确保了供热稳定。2016年新增入网面积329.52万m^2，实现销售收入18902.87万元，营业总成本21429.3万元，亏损2632.53万元。

（5）事业单位和国有企业改制情况。原市集中供热有限责任公司成立于2001年9月，公司原隶属于市房管局，2004年由于市区事权划分，上划至市建设局管理，2007年6月归属市城投公司管理，注册资本金3540万元，单位性质为国有企业，主要负责城区集中供热工程建设和市区供暖工作。

2015年8月，通过PPP合作模式，市政府将城市供热30年特许经营权转让给某科技集团，公司性质由国有企业改制为民营企业。主要改制内容：一是某科技集团在该市成立项目公司，继承其所享有的权利和承担的义务；二是政府对该市供热公司运行期间形成的资产进行评估拍卖，对热电联产项目按照工程决算价格予以等价转让。某科技集团按照资产、债务全部接受的原则，对原供热公司形成资产和热电联产资产全部接受；三是新成立的项目公司对原有企业职工安置本着“全员安置补偿、全员返聘、续接社保、去留自由”原则全部接受。

（6）资产公允价值确定和评估情况。经该市所在省某联合资产评估事务所评估，清产核资评估资产总额418465.96万元，比原账面值增加57417万元，增值率13.45%，其中流动资产评估值150415.94万元，非流动资产评估值33420.02万元，流动负债评估值25914.08万元，非流动负债评估值8503.55万元，净资产（所有者权益）评估值14048.33

万元，净资产（所有者权益）的增加值5747万元，增值率69.23%。

(7) 国有产权核实与界定情况。截止到2015年9月30日（转让基准日）清产核资账面资产总额为40170.02万元，包括流动资产13824.38万元，固定资产26016.23万元，无形资产329.41万元；负债总额33856.34万元，包括流动负债24804.01万元，长期负债9052.25万元；所有者权益净资产6313.68万元，包括实收资本3540万元，资本共计13318.83万元，未分配利润−10545.15万元。

经该省某会计师事务有限责任公司清产核资后账面资产总额为42718.96万元，包括流动资产16398.67万元，固定资产25990.87万元，无形资产329.41万元；负债总额34417.63万元，包括流动负债25.91万元，长期负债8503.55万元；所有者权益净资产8301.33万元，包括实收资本3540万元，资本公积15373.74万元，未分配利润−10612.42万元。

(8) 债权债务处理情况。改制前，清产核资清查结果显示，公司应收账款总额5563.92万元，债务总额34417.63万元。转为PPP合作模式后，截止到2017年6月30日，应收账款总额20234.95万元，债务总额84781.57万元。公司将所有的债权债务全部延续，积极筹措资金，偿还各类债务，企业诚信度得到提升。采用PPP模式后，企业的整个管理模式、管理理念都在不断提高和完善，管理、经营模式领先于同行业。

(9) 人员分流及安置情况。改制前现有人员基本情况：供热公司共有职工155人，其中：正式在册职工75人（距法定退休年龄不足五年的8人，工伤人员1人）；退休人员3人；在岗聘用人员77人。

1) 正式在册职工安置。职工获得经济补偿金后，国有企业职工身份随之置换，新企业整体接收，全员安置。职工可自愿选择以下一种安置办法。

与新企业订立劳动合同。①职工与原企业解除劳动关系后，愿意留在新企业继续工作的，新企业必须全部接收，正式在册职工签订无固定期限劳动合同；②职工与新企业订立劳动合同后，新企业要严格执行各项劳动保障法律法规，并建立工资集体协商制度和正常的工资增长机制，确保职工工资及福利待遇标准不断提增；③职工与新企业签订劳动关系后，新企业必须及时接续社会保险关系，并按时足额缴费，切实保障职工的合法权益；④新企业继续为职工按规定缴纳住房公积金；⑤按国家及省、市相关规定，执行职工正常的休假制度；⑥过渡期间劳动关系处理：职工在与原企业办理劳动关系解除手续期间，或办理解除劳动关系手续后，与新企业订立劳动合同之前，原劳动合同约定的权利和义务由新企业履行。

不愿与新企业订立劳动合同。①职工与原企业解除劳动关系后不与新企业订立劳动合同的人员，结清相关债务，按规定标准领取经济补偿金，由原企业负责将职工档案移交档案代理部门管理，自行选择就业；②符合失业保险金申领条件的，享受失业保险待遇。

不愿与原企业解除劳动合同。①对于不愿与原企业解除劳动合同的职工，身份档案可移交到市城投集团公司存档，市城投集团公司以劳务派遣的形式对留置人员进行劳务派遣。通过劳务派遣的职工，可派遣进入新企业工作，也可派遣进入其他企业工作，并按照法律规定与新企业签订劳务派遣协议；②企业转让前其他国有企事业单位有接收意愿的，经本人申请，凭接收单位调函可以办理调动手续。

2）在岗聘用人员安置。在岗聘用人员获得经济补偿金后，新企业整体接收。职工可自愿选择以下一种安置办法。

与新企业订立劳动合同。①劳动合同订立。在岗聘用人员与原企业解除劳动关系后，愿意留在新企业继续工作的，新企业全部接收，并按照相关政策规定签订劳动合同；②确定薪酬、福利待遇。职工与新企业订立劳动合同后，新企业要严格执行各项劳动保障法律法规，参加各项社会保险，切实保障职工的合法权益；③过渡期间劳动关系处理。在岗聘用人员在与原企业解除劳动关系手续期间或办理解除劳动关系手续后，原企业继续履行劳动关系权利和义务，与新企业订立劳动合同之后自行终止。

不愿与新企业订立劳动合同。在岗聘用人员与原企业解除劳动关系后没有与新企业订立劳动合同的人员，结清相关债务，按规定标准领取经济补偿金，自行选择就业。符合失业保险金申领条件的，享受失业保险待遇。

3）离岗退养人员安置。距法定退休年龄不足5年的职工，由本人提出申请，经企业领导批准，可进行内部退养，由城投集团公司代管，达到法定退休年龄后办理退休手续。离岗退养期间，生活费的发放标准不低于当地失业金标准，并依法缴纳各项社会保险费。内部退养人员不得领取经济补偿金。

离岗退养人员预提的社会保险费、住房公积金和生活费由城投集团公司管理并负责缴纳和发放。缴费基数每年不能低于全省在岗职工平均工资的60%。预提费用不得挪用，由市财政局、市国资办、市人力资源和社会保障局监管。当预提费用不足时，由市财政兜底。

4）工伤人员安置。新企业应给工伤人员安排合适岗位，难以安排工作的，测算预提相关费用，预提费用由市城投集团公司管理，管理办法同前款。

5）退休职工安置。原企业退休职工按规定移交社区进行社会化管理，预提医疗保险费一次性缴纳。

6）遗属抚恤对象安置。预提的遗属生活补助费由市城投集团公司逐年发放。

7）留职停薪人员安置。原企业留职停薪人员留职停薪期间的工龄不予计算经济补偿年限。待清偿完债权债务后，按原企业正式在册职工的办法、渠道安置。

8）安置情况。

已领取经济补偿金，并与新企业订立劳动合同的126人，其中正式职工57人，在岗聘用人员69人，由乙方全部接收。按照《市集中供热有限责任公司职工安置方案》签订劳动合同，确定薪酬、福利待遇，参加社会保险，缴纳住房公积金，落实休假制度。确保其原有工资及福利待遇标准不断提增，切实保障职工的合法权益。

已领取经济补偿金，但不愿与新企业订立劳动合同的14人，其中正式职工6人，在岗聘用人员8人。签订《解除劳动关系协议书》，结清相关债务，由新企业负责将职工档案移交档案代理部门管理，自行选择就业。符合失业保险金申领条件的享受失业保险待遇。

不愿与原企业解除劳动合同12人，其中申请离岗退养职工6人，愿意留置工作6人。其中离岗退养人员由新企业代管，达到法定退休年龄后办理退休手续。留置工作人员身份档案移交新公司存档，以劳务派遣的形式对留置人员进行劳务派遣。

工伤及遗属抚恤人员3人。

3. 案例分析

（1）主要做法。

1）创新发展理念，重视学习考察。紧抓政策机遇，认真学习党中央、国务院、国家有关部委和省推行PPP模式合作的系列政策文件，细心领会精神实质，准确把握PPP项目范围，掌握运作流程。该市市委、市政府高度重视，邀请全国知名专家教授举办了由科级以上领导干部参加，为期一周的PPP模式操作实务高端培训班，帮助转变思想观念，掌握PPP模式的基本要求和运作程序。2015年，市城区热电联产集中供热管网工程被列为全省首批基础设施领域鼓励社会投资项目，市政府安排市建设、财政、城投和集中供热公司相关负责人组成考察组，考察学习了三个地区采用：PPP模式与某科技集团合作城市集中供热的成功经验。通过学习考察某科技集团在供热领域的多个合作成功案例，对该集团的资金实力、供热管理水平及技术专业化程度有了切实了解，从而确定了与其合作建设集中供热项目的初步意向。

2）建立工作机制，强化组织保障。为加快推进PPP模式合作步伐，市政府多次研究论证，成立了市城区集中供热特许经营权及集中供热公司资产转让领导小组，由市政府主要领导任组长，市政府分管领导任常务副组长，建设、人社、财政、审计、国资、城投等单位负责人为成员，设立了领导小组办公室具体负责市城区集中供热特许经营权PPP模式合作及市集中供热公司资产转让工作，为PPP模式合作提供了有力的组织保障。

3）科学研究论证，建立合作模式。市政府选择和某科技集团进行PPP模式合作，主要是考虑将城市集中供热通过PPP模式推向市场，由专业公司干专业的事，这样做与当前国家政策导向高度吻合，有利于提高供热管理水平和技术水平，有利于提高投资建设能力和供热保障水平，有利于提高企业效益和职工收入。该项目采用TOT（转让—经营—移交）模式进行。合作涉及两部分内容：一部分是将原市集中供热资产及供热系统进行评估转让至社会资本方，并授予社会资本方30年集中供热特许经营权；另一部分是对已完成实施的城区热电联产集中供热管网工程转让给社会资本方，社会资本方负责30年的投资、建设、运营，合作期满后社会方将完好的供热系统及资产移交市政府或指定单位。

双方合作的主要内容是该市人民政府授予某科技集团市城区（老城区、滨河新区、东北郊工业园区）集中供热30年特许经营权，并将城区热电联产集中供热管网工程、市集中供热公司资产及集中供热系统转让给某科技集团，某科技集团在该市成立项目公司，依法安置市集中供热公司全体人员。转让后某科技集团负责集中供热的投资、建设、运营。某科技集团在该市注册成立新公司后，其所有权利、义务均由新公司继受。合作期满后某科技集团公司将完好的集中供热系统及资产移交给市政府或指定的单位。

4）规范运作项目，实现合作共赢。一是细化实施方案，提供操作指南。合作模式确定后，市政府常务会议讨论通过了《市集中供热有限责任公司资产转让实施方案》，明确了资产转让原则、实施程序、价格确定、价款支付时间和方式、所有者权益、转让标的企业涉及的职工安置等具体内容，为后续开展资产转让工作提供了操作指南。

二是开展审计评估，规范转让资产。根据《市集中供热有限责任公司资产转让实施方案》，由市财政局委托相关专业机构开展了财务审计和资产评估等工作，出具了《审计报告》《清产核资报告》和《资产评估报告》，并通过了政府常务会议的审查。根据 PPP 合同及资产转让实施方案，通过公开拍卖的方式，将市集中供热公司以净资产 1.055 亿元转让给了某科技集团有限公司，市政府与某科技集团签订了《市集中供热有限责任公司资产转让合同》，并将资产进行了整体移交。在完成资产转让移交后，进行了工商注册变更登记，原集中供热公司出资人由该市城投集团公司变更为某科技集团的全资子公司——某热力有限公司，由某集团公司负责经营。

三是结合企业实际，妥善安置职工。市集中供热公司是一家成立时间长、职工多、人员复杂、矛盾较多的老国企，为切实做好职工安置工作，项目公司结合企业实际，在市人社局的指导下，认真学习研究相关政策法规，多方征求领导小组成员单位和市法制办、律师事务所等单位和领导意见建议，本着“全员安置补偿、全员返聘、续接社保、去留自由”原则，制订了《市集中供热有限责任公司职工安置方案》，明确了安置原则、安置范围、具体安置办法、安置渠道等内容，并通过市政府研究批准。随后，市集中供热公司召开职工代表大会讨论通过，职工安置工作平稳有序，遗留问题得到有效化解。

四是加快工程结算，推进项目移交。在正式签订资产转让合同时，市城区热电联产集中供热管网工程还未能完成建设任务，该科技集团公司立即着手接收热电联产管网工程和项目资料，根据审计结论全权移交资产、债权、债务，并按约定支付工程费用，全额支付了已由市城投公司对该项目前期支付的所有投资。热电联产管网工程已完成财政评审，该科技集团有限公司按照工程决算协商移交事项，完成整个 PPP 项目的收尾工作。

（2）实施成效。市城区集中供热特许经营权及集中供热有限责任公司资产转让的 TOT 模式，为市政公用事业开展政府与社会资本合作探索积累了有效经验，并在以下五个方面取得了明显成效：

一是有效化解政府债务 5 亿多元，切实减轻了政府负担。集中供热是重大民生工程，政府先后实施了集中供热一期、二期工程和热电联产管网工程，其中热电联产管网工程财政支付资金 0.58 亿元，投入“××债”2.8 亿元、CDM 贷款 0.68 亿元，国开发展基金 1.32 亿元，城投公司垫付资金 0.35 亿元，再加上市集中供热公司历年形成的债务，政府包袱沉重。采用 PPP 模式合作后，这些债务将及时转移到××公司，政府债务得到有效化解。

二是收回转让国有资产收益 1.055 亿元。在收回国有资产收益的同时，有效化解了原集中供热公司遗留的债务、人员等难以解决的问题。

三是有效提高供热保障能力。PPP 模式引进了专业管理团队和技术，提供了稳定、可靠、高品质的供热服务，特别是在热电联产项目建成投入运行后，拆除老城区分散供暖的燃煤小锅炉 174 台，有力推动了大气污染防治工作，集中供暖面积不断增加，供暖效果明显提升，社会反映良好。PPP 模式使市城区集中供热收费率大幅提高，2016—2017 年度采暖费收缴率已达到 90%以上，创历史新高，总体效益明显提升，从而实现了政府和社会资本的双赢。

四是促进了供热事业健康发展。通过 PPP 合作，热电联产项目由专业管理团队运行，供热效果得到了明显提升，而供热收费价格并没有提升。

五是为国企改革探索积累了有效经验。PPP 模式是实现企业转型升级和可持续发展，解决集中供热、供水等市政基础设施建设领域投资、建设、运营困难的有效途径，对推动国企改革具有重要意义。

（3）存在问题。该市城区集中供热特许经营权 PPP 合作虽然取得了成效，但在实施过程中还存在一些问题：一是在合作程序上还有不规范的地方。由于该项目是该市第一个采取 PPP 模式合作的项目，在资产转让工作中，一些方案制订不够完善，需要后期协商补充的内容较多。二是部分后续资产移交工作滞后。特别是热电联产管网工程项目因工程造价审计、决算等工作进展缓慢，协调对接难度较大，致使热电联产管网工程没有按时移交。三是部分项目资金主体发生变化与政策不相符。特别是投入到热电联产管网工程项目中的“××债”、CDM 贷款、国开发展基金等，由于项目主体发生变化，涉及相关政策性贷款资金又不宜变更，使合作方还款压力增大，导致部分贷款资金不能全额发放，资金使用效率降低。

第二节　生态建设和环保 PPP 项目

一、污水处理 PPP 项目

1. 项目背景

某县地处华南地区，县城城区人口近 30 万。近年来，该县经济发展迅猛，人口增长很快，形成了电子、玩具、制鞋等几大特色产业，属于典型的出口导向性产业。根据该县城市总体规划，到 2020 年，该县人口将达到 40 万人。目前，该县只有 2001 年建设的一座污水处理厂，且污水处理规模只有 2 万 m^3/天，仅能够满足县城中心区居民生活污水和部分工业企业废水的污水处理。随着县城人口的不断增长、县城中心区的面积不断扩大，其所产生的生活污水和工业废水远超该县污水处理厂的处理能力。此外，由于地下排水设施管网老旧，县城许多地方的污水无法排放，导致部分生活区域污水横流，蚊蝇肆虐，再加上工业废水未经处理直接排放入城市河道，严重污染了人们的生活环境，对人们的身体健康也构成潜在的威胁。不仅如此，越来越严重的污染也影响了该县经济的发展。由于该县几大产业均是以出口为主，污水处理能力不足、污水遍地的环境对招商引资和外商采购都非常不利。为了改善人们的生活环境，提升城市形象，吸引投资，该县急需新建一座污水处理厂（以下简称“本项目”）。

2. 基本情况

2013 年 7 月，根据县人民政府城市规划，本项目位于该县新区。关于污水处理厂的选址问题，选址既要服从城市总体规划和远期发展，又要兼顾建厂条件、建设投资、社会影响、生态环境影响等方面因素。在做到布局合理的同时，还要考虑到配套管线便于接入实施：一是厂址远离县城，位于本项目排水管网的最末端，利于所有污水均可自流排入，无须提升；二是厂址位于城市夏季主导风向下风向，对城区污染小；厂址交通便利，便于工程施工和污泥运输。

本项目总占地 130 亩，工程建设规模 10 万 m^3/天，一期工程建设规模为 8 万 m^3/天。本项目建设总投资 2.8 亿元，土建工程全部投入建设（按满足处理污水 10 万 m^3/天），安装工程（按满足处理污水8万m^3/天），配套管网工程只施工主干网（直径1.2m钢筋混凝土管近6000m，直径1.5m钢筋混凝土管约2600米）。本项目计划2014年10月动工，2015年12月底正式竣工验收投产，服务对象为该县生活污水处理和部分处理过的工业废水。

由于该县工业企业众多，为保证污水处理厂项目建成后的正常运行，进水水质的确定非常关键。工业企业向市政管网排放污水必须处理达到《污水综合排放标准》（GB 18918—2002）和《污水排入城市下水道水质标准》（CJ 3082—1999）中规定的允许值方可进入城市污水处理厂进行处理。参考国内类似规模污水处理厂进水水质及《给水排水设计手册》中一般城市污水中常值，结合该县城污水的特点，确定污水处理厂的进水水质，见表7-2。

表7-2　本项目进水水质指标

项目	CODcr	BOD_5	SS	NH_3-N	TP	pH
指标（mg/L）	350	180	150	35	3.0	6～9

本项目受纳水体为县河，Ⅲ类水体。根据污水处理厂的环境影响报告和环保部门要求，按《城镇污水厂污染物排放标准》（GB 18918—2002）规定，对排入Ⅲ类水体的污水厂执行一级A排放标准（表7-3）。

表7-3　本项目设计出水水质

项目	CODcr	BOD_5	SS	NH_3-N	TN	TP	粪大肠菌群数	pH
指标（mg/L）	50	10	10	5（8）	15	0.5	103	6～9

本项目污水进、出水水质及污染物去除率见表7-4。

表7-4　本项目进、出水水质及污染物去除率表

项目	项目单位	进水指标	出水指标	去除率（%）
CODcr	mg/L	350	50	85.7
BOD_5	mg/L	180	10	94.4
SS	mg/L	150	10	93.3
NH_3-N	mg/L	35	5（8）	77.1～85.7
TP（以P计）	mg/L	3.0	0.5	83.3

3. 合作模式

经过竞争性磋商，该县人民政府决定采取PPP模式下的BOT模式与社会资本某污水处理有限责任公司合作。由县人民政府授权该县水务局与该污水处理有限责任公司签订《某县城市污水处理厂BOT特许经营协议》，特许经营期限20年。根据特许经营协议，某污水处理有限责任公司负责本项目的投资、融资、建设和运营。县政府无偿提供特许经营年限内污水处理厂规划的130亩土地使用权给某污水处理有限责任公司，并确保后者在特许经营期内独占性地使用土地。社会资本某污水处理有限责任公司采取污水处理费用＋政府补贴模式（政府补贴本项目收益不足）。该污水处理有限责任公司投资回报率为 6%～8%。

4. 案例分析

本项目属于比较典型的 BOT 项目。BOT 特许经营模式由于能够有效解决污水处理设施建设资金和提高运行效率，已逐渐成为新增污水处理设施的主要经营模式。从 2014 年开始，国务院办公厅、财政部、国家发改委相继出台了一系列支持 BOT 项目的政策和文件，重点支持环保污水处理类项目。通常情况下，一个 PPP 项目从政府启动到最后落地需要一年左右。而本项目最初政府对操作模式并没有清晰的定论，通过与社会资本协商才明确以 BOT 模式合作。确定合作模式之后，只用了半年的时间即敲定合作，这与某县采取的采购方式关系有关。

关于 PPP 项目采购方式的选择，财政部于 2014 年 12 月发布的《政府和社会资本合作项目政府采购管理办法的通知》（财库〔2014〕215 号），规定了选择投资人有五条途径：公开招标、竞争性谈判、邀请招标、竞争性磋商、单一来源谈判。这五种方式都可以用，具体需结合项目来确定项目采购方式。

（1）公开招标。公开招标适用于模式成熟、合作条件清晰且潜在投资人众多的 PPP 项目。公开招标的优点是项目透明度高，竞争性比较充分，但也存在缺点，即周期不确定，项目有可能很快确定，也有可能会经历漫长的比较、等待。通常来讲，PPP 项目做公开招标流标的概率比较大。

（2）竞争性谈判。竞争性谈判适用于模式和条件不太清晰的情况，但是要比竞争性磋商稍微清楚一点，有一些具体的合作条件还需要与投资人在谈判中进一步敲定。竞争性谈判的优点是透明度高，竞争性充分，时间比较短。但竞争性谈判是政府采购的一种方法，有一个最低价中标的原则。实际上，在 PPP 项目中最低价中标并非好事。从长远来看，最低价中标隐患很大，比如社会资本为了拿下项目放弃利润甚至亏损来拿下项目，实际是为了“占位”。然而，在项目的建设过程中或建设后的运营阶段，低价中标的缺点便会暴露。此时，长期无法实现盈利甚至亏损严重的社会资本会陷入进退两难的境地：要么找政府提要求，增加政府补贴（此时政府多数不会同意，政府有严格的审批程序，社会资本提出新的要求政府往往无法满足）；要么偷工减料、偷排减排，使污水处理排放不达标或造成二次污染。

（3）邀请招标。和公开招标相比，邀请招标适用于潜在投资人较少的情况，政府部门通过主动、定点地邀请投资人。邀请招标方式优点是透明度中，竞争性较充分，缺点是周期较长。

（4）竞争性磋商。竞争性磋商适用于模式、条件不太清晰的项目，政府部门通过和投资人磋商，逐渐让合作条件和操作模式清晰。但竞争性磋商缺点是透明度没有招标高，竞争性也没有招标充分。

（5）单一来源谈判。通常项目采购需要公开招标或按财政的要求都要做公开的资格预审公告，公告发出经两轮过后，潜在投资人都特别少，只有一家的情况，只有选择单一来源谈判。项目吸引力比较小的项目或者社会上做该类型项目的投标人很少，容易形成这种情况，这种情况需要做特别的审批，才能做单一来源采购。单一来源谈判透明度和竞争性都比较差，周期有可能会比较短，大多数情况下会很快定下来。

综上所述，结合本项目的实际情况，最终该县政府采用竞争性磋商方式选择符合条件的社会资本方，无论是从中选的社会资本方综合实力还是从项目成效来看，该县采用竞争性磋商方式都是正确的。

二、“洁净水”行动综合治理项目

1. 项目概况

（1）项目简介。

1）项目名称：某市洁净水行动综合治理 PPP 项目。

2）项目类型：新建＋存量。

3）合作内容：新建 8 座城市（工业）污水处理厂，总规模 15.5 万 t/天，新建及改造乡镇污水处理站并配套管网 99 座，总规模 3.2 万 t/天，西溪河流域综合治理等共计 110 个项目，总投资 29.51 亿元。

4）合作期限：城镇污水处理厂（站）特许经营期限为 30 年，流域治理（配套管网工程）服务期限为 10 年。

5）运作方式：BOT＋TOT＋ROT＋O&M。

6）回报机制：可行性缺口补助。

7）实施机构：某市住房和城乡建设局。

8）采购方式：公开招标。

9）中选社会资本：某环境集团有限公司。

10）签约日期：2015 年 3 月 27 日。

11）项目公司名称：某水务产业有限公司。

12）项目公司设立时间：2015 年 3 月。

13）项目公司股权结构：某环境集团持股 90％，市政府全资企业某市发展建设集团持股 10％。

（2）项目背景。

该市在 1998 年撤区设市，较其他地区发展晚，但近年来，在中央、省财政部门的大力支持下，该市经济社会保持快速健康发展，城乡面貌发生巨大变化。近年来 GDP 增速维持在 10％以上，高于全国平均水平。2014 年全市 GDP 实现 919 亿元，增长 10.1％；全口径财政收入 187.9 亿元，地方公共财政收入 45.96 亿元，分别增长 19.9％和 17.4％。

该市作为长江上游沿岸地区，随着经济的快速发展和城市化进程的加快，这一地区的污染物排放量迅速增加，污染问题随之加重，流域水环境质量面临严峻挑战。三峡库区建成蓄水后，库区将由一个流速快、流量大的河流变成一个流速缓、滞留时间长、回水面积大的人工湖。水体稀释自净能力下降，水污染加重的风险大大增加。

该项目的开发建设，将加快拉开城市框架，拓展城市发展空间。项目建设将充分发挥该市中心城区辐射带动作用，尽快形成多中心、组团式发展格局。西溪河及周边地区将成为延伸城市游憩旅游、休闲度假、生态绿核功能的综合新区，是带动此区土地升值、城市化全面进程、城乡统筹发展的催化剂，是调节气候、净化环境、缓冲洪水的生态绿肾。

该项目中乡镇污水处理厂站的建设完善对于促进该市社会主义新农村的建设有着重要意义。新农村是国家快速城镇化的必然，在城镇化过程中，乡村水污染模式由农业面源污染物向乡镇集中污染转变，乡镇污水处理厂站的建设正是符合乡村转移污染物治理这一需要。乡镇污水站项目辐射能力强，涵盖范围广，能有效提升乡镇居民的生活品质和人居环境质量，其对促进本地区社会经济健康发展和经济结构的优化调整有着重大意义。

综上，该项目的建设与顺利实施对该市打造伟人故里、山水生态旅游城市和建设成为川东渝北最具幸福感的现代宜居城市，下游重庆市等长江沿江大型城市水资源安全以及三峡库区水环境质量的改善和提高具有重要性和必要性。

2. 合作模式

（1）项目前期准备。

1）政府发起。2014年，市委、市政府动员全社会的力量积极参与，要求在短时间内、系统性解决市区域水环境污染问题。但该市1998年撤区设市，经济建设较其他地区发展较晚，经济发展与环境保护之间存在一定矛盾，全区域水环境综合治理覆盖面广、任务繁重，当地财政负担较重。加上水环境综合治理系统复杂、投资大、周期长、专业性强，原市政规划、城投公司及国家大型工程企业提出的方案着重于开发和景观工程建设，对于区域水环境未能提出科学的治理方案。

为此，市委、市政府下定决心，开放市场，严格按照PPP模式开展“洁净水”行动，通过公开招标方式，引入技术先进、资金实力雄厚、社会责任意识强的社会资本方，让专业人干专业事，负责项目规划设计、投融资、建设等运营管理全过程。

2）强化保障。

组织保障。为有效开展“洁净水”环境综合整治项目，该市成立了由市委书记任组长、市长任第一副组长、各区县书记、县长及相关职能部门负责人为成员的工作领导小组。工作领导小组下设“洁净水”办公室，住建局、水务局、财政局、环保局等相关职能部门共同参与，各行政区县及职能部门负责人为班子成员，由该办公室全面负责“洁净水”行动的组织指挥、统筹协调和审批监管，为该项目的顺利实施提供了有力的组织保障。同时，市政府授权市住房与城乡建设局作为市“洁净水”行动综合治理PPP项目的业主方，与某广信公司签订了PPP项目合作协议。

财政保障。对各子项目的土地征补、水电供给等方面，市政府明确纳入了财政专项预算，对运营收益来源及相关的配套资金出台了相关的制度文件，对流域服务费及运营收益不足的部分明确纳入了财政中长期预算，给该项目的顺利实施提供了可靠的财政保障。

跨区域合作机制保障。四川省与该市在A市建立了合作示范区，为建立相应的大区域跨流域水污染联合防控制度，专门签署了《共同加强嘉陵江渠江流域水污染防治及应对突发环境事件框架协议》，给该项目的实施及总体目标的达成提供了有效的机制保障。

3）科学论证。

调整市政规划，分布式建厂，大大节省投资。通过调研科学论证，调整优化部分污水处理厂的规模。将原规划中初期规模均为3万m^3/天的枣山、閬阁污水处理厂分别调减为1

万 m^3/天，原规模 1 万 m^3/天的华蓥工业园区污水处理厂调减为 0.5 万 m^3/天，共计节约投资 1.2 亿元，节约初期投资约 60%，提高了投资效率。华蓥工业园污水厂原规划厂址有崩塌和滑坡的地质灾害风险，经充分论证，调整了选址，节省投资 3200 万元。

技术创新、优化工艺、节约占地。市第二污水处理厂按照“适度集中、就地处理、就近回用”的理念，采用“土地集约型、环境友好型、资源利用型”的下沉式再生水处理技术，因工艺优化节约占地 28.3 亩，节约卫生防护用地 297.4 亩（按 80 万元/亩计，可节省征地费用约 2.38 亿元），同时增加地面活水公园 31.7 亩，共计节约土地资源 297.4 亩，环境效益和经济效益显著。

对某二污及邻水某镇污水厂（国债项目，已由铁二院等完成设计）进行了系统优化，并对除磷等技术缺陷进行了完善，某二污节省占地 13.15 亩（减少 28%），节省项目投资 777.4 万元（减少 14%）。邻水某污水厂节省工程投资 170 万元，并节省用地 11.9 亩。

盘活存量、优化债务。通过 TOT/ROT 模式，盘活政府存量资产，并将已建污水处理厂委托社会资本运营，由社会资本完成存量项目的提标升级改造，在提高项目运营管理效率的同时，有效缓解政府债务压力。

（2）交易结构和边界条件。

1）合作范围界定。经多次沟通，明确社会投资人实施 PPP 项目共 110 个，总投资 29.51 亿元：包括建设城市污水处理厂 8 座（建设总规模 15.5 万 t/天），建设、改造乡镇污水处理厂（站）项目 99 座（建设总规模 3.2 万 t/天）以及王家河闸坝、西溪河截污干管、邓小平故居水环境治理等。

2）回报机制设计。对项目公司投资收益和收入来源，政府将综合考虑污水处理费的收取价格、投资总额、运营费用、行业平均收益率、财政中长期承受能力等因素综合确定补偿方式，支付 30 年特许经营期的污水处理运营费用，及支付 10 年的流域治理服务费。

污水处理费收入：根据主要污染物削减量、污水处理设施出水水质状况等进行考核，达不到要求的要相应降低回报率；对违反规定擅自停运城镇污水处理设施、绩效评估明显偏低的相应降低回报率。

流域治理及管网工程：根据工程建设及维护服务质量进行考核，达不到约定质量要求的，相应扣减回报率。

3）定价调价机制。在正式商业运营日期，污水、污泥处理服务费为项目协议预定初始单价。该项目开始正式商业运营满一年后，由市级发改部门根据国家相关规定对该项目污水、污泥处理厂的实际运营状况进行成本监审，根据该项目污水、污泥处理厂实际运行成本及按中标特许经营权作价计算的投资付费率为基础进行测算，并相应调整污水、污泥处理服务费单价，确定新价格的当日为首次调价日。

自该项目首次调价日起，污水、污泥处理服务费单价每满两个运营年计算调整一次。当电费、人工成本、化学药剂费的价格变动造成综合运营成本的累计变化幅度超过 4%时，政府进行调价，并按相关程序办理。

政府调价根据国家政策、消费物价指数、劳动力市场指数等情况，对向居民和企业收取的污水、污泥处理费进行不定期调整。

4）风险分担和收益共享机制。

风险分担。在传统的采购模式下，政府承担了项目的全部风险。而采用 PPP 模式，可以将风险在政府和社会资本之间实现合理分配。

市委、市政府聘请第三方专业咨询机构对该项目进行了风险评估，按照风险分配优化、风险收益对等和风险可控等原则，综合考虑政府风险管理能力、项目回报机制和市场风险管理能力等要素，在政府和社会资本间合理分配项目风险。在风险识别、分配和量化方面进行深入分析，与同类项目对标进行方案优化分析，以更准确地完成政府财政承受能力论证。

该项目遵从“风险由最适宜一方承担”的原则，根据该项目实际情况，政府承担：政策、法律、项目用地等风险；社会资本承担：投融资、项目设计、建设、运营、维护、移交等风险；不可抗力等风险由双方共同承担。

收益共享机制。按照政府方与社会资本方所占项目公司股份比例对收益进行分配共享。

（3）融资结构。该项目由市政府授权市住房和城乡建设局与中标投资方某水环境集团签订市“洁净水”行动综合治理（PPP）项目合作协议，然后由某水环境集团发起，政府控股企业市发展建设集团有限公司参与，注册成立合资平台公司某水务产业有限公司。通过项目平台公司与银行等金融机构签订融资协议进行项目的融资，具体融资结构如图 7-4 所示。

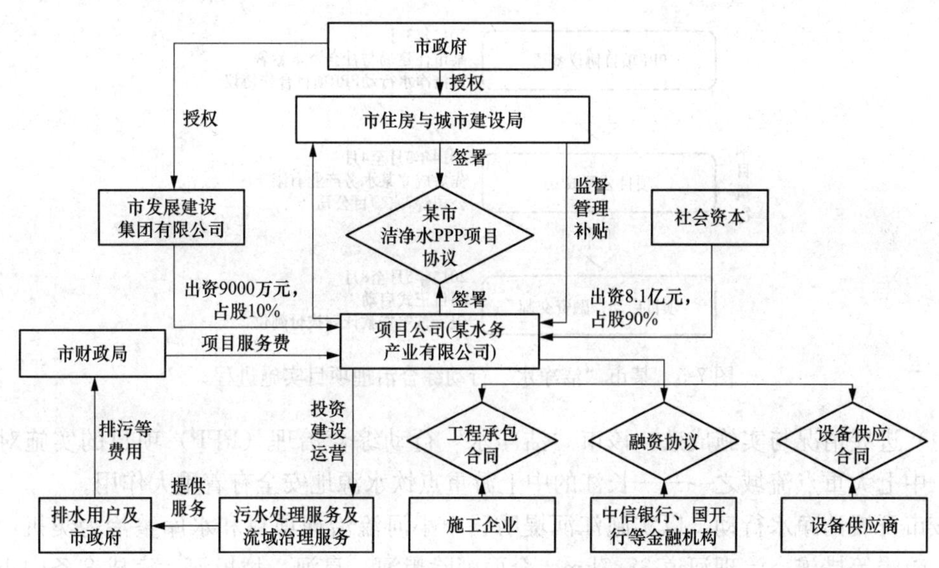

图 7-4　某市“洁净水”行动综合治理项目融资结构

项目公司股权结构：该项目总投资约 29.51 亿元，项目公司资本金 9 亿元，不低于总投资的 30%，其中某水环境集团投入 8.1 亿元，占 90%，市发展建设集团投入 0.9 亿元，占 10%；对外融资 20.51 亿元，不超过总投资的 70%。

项目实施进程如图 7-5 所示。

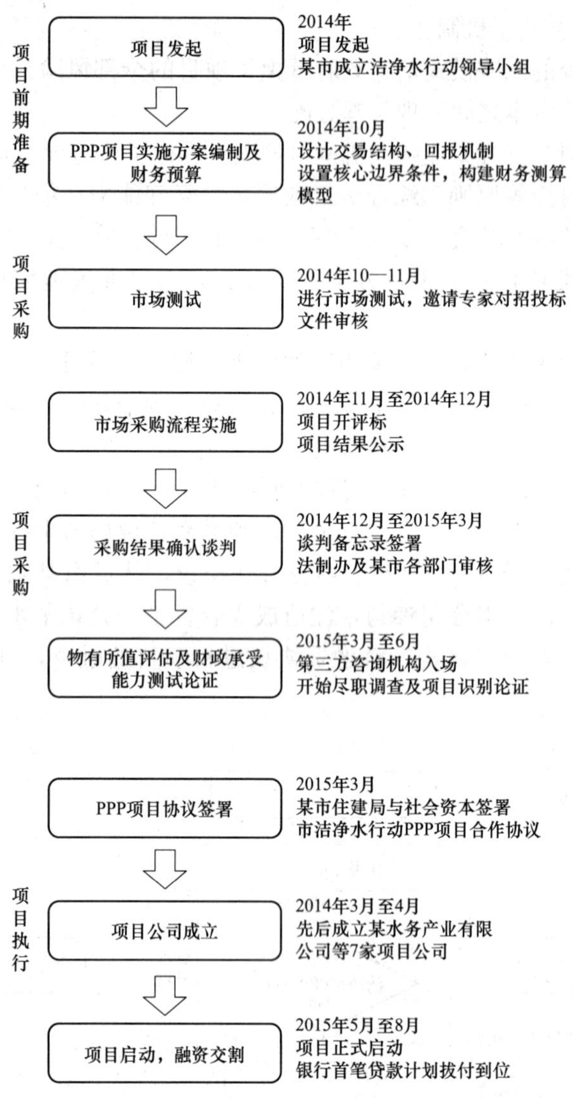

图 7-5　某市“洁净水”行动综合治理项目实施进程

（4）进展情况与实施成效。该市“洁净水”行动综合治理（PPP）项目的实施对“水十条”中七大重点流域之一——长江的中上游重点饮水源地安全有着重大作用。

该市开展洁净水行动，以实施江河堤防、中小河流治理项目和水库整治为契机，通过清淤、疏浚等措施，治理河道 38.7km，全面消除黑河、臭河、垃圾河，完成 8 条中小河流防洪治理工程，新建堤防 23.6km；通过实施坡改梯、修建排灌沟渠、生产道路、沉沙凼等小型水利工程和栽植水保林、经果林，完成水土流失综合治理 60km^2；完成水库和西溪河流域荒山荒坡治理 21800 亩，全市森林覆盖率达到 45.2%；已全面取缔网箱养鱼，承担供水功能的水库水质与 2014 年第四季度相比较，水质状况得到改善，Ⅲ类以上水质样本比重上升 5.0%，Ⅴ类以下水质样本比重下降 10.8%。其中，纳入渠江流域污染治理及饮用水源保护整改并承担供水功能的颜家沟、金光、会仙桥水库达到Ⅳ类水质；全市县级以上集中式饮用水源水质达标率达到100%，渠江、嘉陵江广安段水质保持稳定，在重庆的出水断面水质长期保持在国家Ⅱ类水质标准以上，渠江、大洪湖、清溪河、御临河均达到地表水Ⅲ类水质标准，全部达到了考核标准。

3. 借鉴价值

（1）顶层规划。该市成立了由市委书记任组长、市长任第一副组长、各区县书记、县长及相关职能部门负责人为成员的工作领导小组。工作领导小组下设“洁净水”办公室，住建局、财政局、水务局、环保局等相关职能部门共同参与，打破了行政分块、部门分割导致的“各自为政、多头治水、投资及运行效率低下”的治理模式。

（2）模式创新。引入专业水务投资人，让专业的人做专业的事，责任主体明确。该项目通过机制创新，引进水务专业投资人与政府共同合作，政府和投资人责权明确、分工合作、科学安排、有序组织。

该市政府在启动“洁净水”行动时，做了大量市场调研及测试，对潜在投资人进行评估，最终通过公开招标竞争方式，选择专业投资及最优实施方案。针对乡镇污水厂点多、面广、量小的特点实行分片区域化管理创新模式，以中心厂辐射卫星厂站，投资人在保证运营质量的同时，有效减少管理成本，提高运营效率，政府从“一对多”转化成“多对一”的监管模式。

（3）技术创新。将多项先进技术整合为一个科学、系统、合理的全面解决方案。技术设计以统筹融合水源地保护、截污治污、再生水利用、乡镇污水治理、污泥处理处置与资源化利用、西溪河“洁净水”行动水环境综合整治及信息化监控系统建设，努力实现各子项之间相辅相成，重点突出、科学组织、统一规划、分步实施。

（4）管理创新。针对市工业园区污水处理厂的特点，某水环境集团按实际情况，将有条件的水厂与部分城市生活污水厂合建统管，再根据实际出水情况分散或合并处理，实现水资源的高效循环利用。对乡镇污水处理设施，投资人根据实际条件和城市生活污水处理设施统筹管理，以在线监控、远程控制及轮班巡检方式，有效地节约运营管理成本。

（5）规划创新。污水处理充分考虑水资源综合利用，规划布局采用“适度集中、就地处理、就近回用”的创新规划理念，在主流沿河科学规划分散建立若干较小规模污水处理厂与再生水处理厂，所产出的再生水作为就近河道的补水，大幅节省管网建设费用。

（6）谈判要点。该市采取灵活的投资回报方式，不搞一成不变的投资回报率。经长达4个月的谈判，成功将污水处理厂（站）年投资回报率由9.9%降低至银行5年以上中长期贷款利率。

（7）实施成效。项目建设期提供近2500个工作岗位，运营期可每年为该市稳定提供500多个工作岗位。项目完成后，每年可提供再生水约2000万t，可广泛运用于绿化、冲厕、车辆冲洗、建筑施工等。同时，每年还可为西溪河提供约730万t景观补充水，极大地改善了西溪河径流不足、缺乏补水的问题。

西溪河流域水环境综合整治工程，对全流域的水体质量及景观旅游进行整体打造，能新增可供出让的土地约1500亩，土地出让收益预计可达30亿元。长滩寺河、御临河等流域治理工程实施后，可带动周边的土地增值5亿元以上。

实施“洁净水”行动产生了巨大的生态效益，推动该市成功创建为全国文明城市、国家卫生城市、国家森林城市、中国优秀旅游城市、中国最具投资价值城市、国家循环经济示范城市，全域成为国家现代农业示范市，培育出“中国十大最美乡村”。该市良好的生态环境，也带来了巨大的经济效益，世界500强企业和央企、知名企业纷纷入驻，深圳、北京中关村、天津与其签署了战略合作协议，顶级专家院士在此地建立产业研究院，为经济转型跨越发展提供了新动力。

（8）社会资本选择。社会资本不仅要具备雄厚的投资、融资能力，更要有专业技术，才能保证治理成效。该项目发挥社会资本建设方面的专业优势，在保质保量的前提下，项目公司精心组织、安排，合理节约工期。该项目某市第二污水处理厂建设在确保工程质量的前提下，将传统工期由24个月压缩到12个月，大大提高了投资效率。由专业人员进行精细化运营管理，实现了设备的长期稳定运行，降低了人工成本，也降低了长期运营成本，有利于实现企业可持续发展。

三、城市污水治理BOT项目

1. 项目背景

某市是鄂西北重要的交通枢纽和区域中心城市，流经该市的汉江就是南水北调中线的水源地。从1994年开始，该市政府就着手开始治理城市污水，保护汉江水体水质，解决城市污水对汉江环境的污染问题。

该市城市污水治理BOT项目包含两个子项目，即市襄城污水处理厂（$10m^3$/日）BOT项目和市渔梁洲污水处理厂（$20m^3$/日）BOT项目，于2004年开始前期的筹建工作，包括厂区部分和配套的污水截污管道，总处理规模为$30m^3$/日，处理后的城市污水能达到《城镇污水处理厂污染物排放标准》（GB 08918—2002）的要求。

2. 项目目标

缓解政府投资压力，增强水务建设投资的后续能力；更换运营机制，激发企业活力；加快污水处理建设步伐，配合南水北调中线工程建设；缓解政府投资压力，增强水务建设投资的后续能力。

3. 关键问题分析

纳入招商的资产范围。经财务测算，最终确定招商资产范围是：渔梁洲项目，将渔梁洲污水处理厂预处理设施、厂外出水管及清河口泵站委托给项目公司运营，项目公司承担二级处理设施的建设；襄城项目由项目公司负责污水处理厂内所有设施（含厂区内管网）建设及厂内污水提升泵站及尾水排放管道的建设。

招商模式。本项目采用由投资申请人就污水处理基本单价进行竞争报价的模式。

土地问题。政府应确保项目公司在特许经营期内合法有效的使用项目场地，项目公司需补偿政府前期所发生的征地拆迁、有关公用设施费用，且项目公司不得以土地使用权进行融资及作出任何处分。

项目特许经营期限。本项目特许经营期限定为25年，含建设期和运营期。

4. 交易结构

交易结构如图7-6所示。

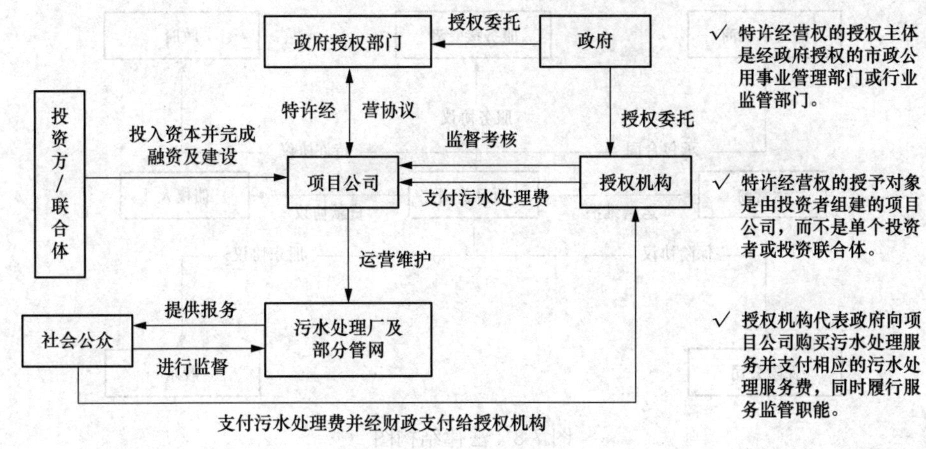

图 7-6　交易结构图

5. 投融资结构

投融资结构如图 7-7 所示。

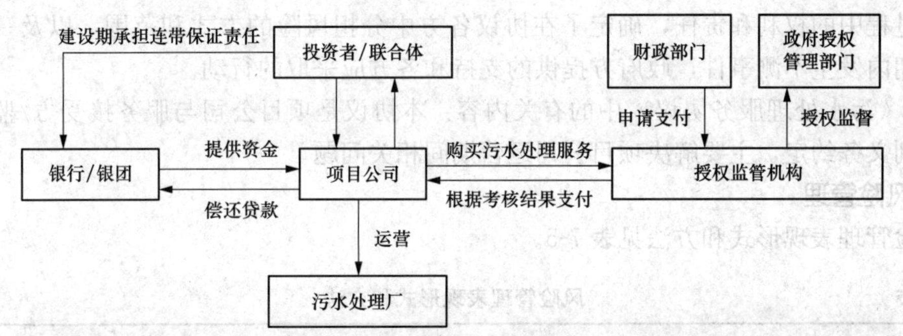

√ 项目公司自有资本金比例不低于项目投资总额的30%。

√ 运营期间，对项目公司的运营质量进行考核，根据考核结果按预先确定的考核细则结污水处理服务费。

√ 安排临时监管机制。

图 7-7　投融资结构图

6. 法律结构

法律结构图如图 7-8 所示。

项目法律结构主要包括《投资竞争人须知》《特许经营协议》《污水处理服务协议》。

（1）《投资竞争人须知》中的有关内容：①相关协议的签署主体。根据市政府职能机构设置，《特许经营协议》签署主体为市建设委员会，《污水处理服务协议》签署主体为市城市污水治理公司。②投资竞争保证金。为保证投资竞争人严格按照本招商程序及其在投资建议书中的承诺履行各项义务，同时考虑项目的资产总量及类似项目经验，确定投资竞争保证金为五百万元。③评审的组织。本次招商工作的评审将按照“公开、公平、公正”的原则进行，投资竞争人提交投资建议书后，成立评审小组，小组领导由项目领导小组和相

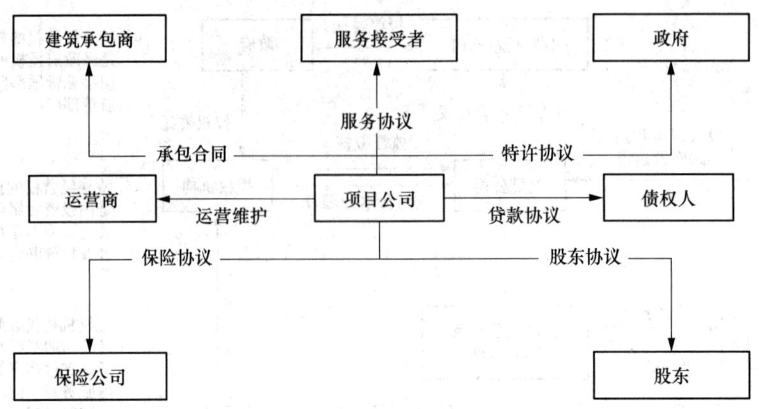

图 7-8　法律结构图

关专家组成。④评审因素权重设置。对投资人提交的投资建议书实行百分制评审，要求建议书中提交四个方案（技术与运营方案、财务方案、法律方案）和一个报价，并根据本项目的目标设置四个因素的权重。

(2)《特许经营协议》中的有关内容：特许经营协议规定了项目公司与政府在项目开发和运营过程中的权利和责任，确定了在协议各方中分担风险的方式和范围，以及一旦在项目续存期内发生不测事件，政府方提供的支持和各方应采取的行动。

(3)《污水处理服务协议》中的有关内容：本协议是项目公司与服务接受方/监督方之间的权利义务约定，主要解决项目公司运营期间相关问题。

7. 风险管理

风险管理表现形式和方法见表 7-5。

表 7-5　风险管理表现形式和方法

风险分类		风险表现形式	风险管理方法	适宜管理者	对应法律协议
环境风险	公共政策及法律法规变化风险	有关市政公用基础设施项目的监管政策（如国家或地方明确的特许权制度规定出台）涉及污水处理的土地、水务、环保标准等方面的法律法规的不利变化	规定明确的补偿机制或协商谈判原则与机制	招商方/投资人	特许经营协议
	国有化风险	国家决定在特许期届满收回特许经营权，实行国有化	约定国家收回特许经营权时的补偿机制，及投资人救济方法	招商人	特许经营协议
	通货膨胀风险	包括电力、药剂、工资及管理费用等在内的综合物价费用的上涨	调价公式	招商方/投资人	服务协议
	金融风险	利率、汇率变化	签订固定利率远期货款合同，购买远期汇率产品	投资人	货款协议
	不可抗拒的自然风险	地震、台风、冰雹等造成项目停运造或影响项目运转效率	购买财产一切险、机器停运险等商业保险	保险公司	保险合同

续表

风险分类		风险表现形式	风险管理方法	适宜管理者	对应法律协议
核心风险	政府支付风险	无法按时支付污水处理服务费	明确招商人污水费来源和支出专向特征：建立污水费特别账户：按月付费、按年结算	招商人	服务协议
	非竞争性风险	地方政府在邻近地区建设另一座类似处理设施的风险	明确对同一区域内的竞争性项目不予审批，并作出非竞争性承诺	招商人	特许经营协议
核心风险	污水水量风险	污水进水水量因为管网建设进度延后，服务区域的季节性流动导致的水量变动	给予投资人水量承诺	招商方	服务协议
	污水水质风险	污水进水水质浓度超过本项目的工艺处理能力	作为不可抗力事件，投资人免于履约的事由	招商人	服务协议
	融资风险	无法按计划的利息成本、进度和金额完成项目融资	提前接触银行等融资机构，尽早开始项目评估	投资人	贷款协议
	运营风险	（1）由于运营技术管理不到位，导致污水出水不达标； （2）机器维养无法达标，导致设备加速损耗，提前进入重置期； （3）厂内发生火灾等人为灾害	严格运营管理，加强人员培训； 定期实施资产完备性检查；投保商业保险	投资人	贷款协议

四、厨余垃圾处理厂项目

1. 项目概况

（1）项目基本情况。某市世行贷款厨余垃圾处理厂 PPP 项目选址于该市某区洞桥镇宣裴村，新建项目占地面积约 72728m²，采用 PPP 模式实施。该项目服务范围为海曙、江东、江北、镇海、鄞州区、东钱湖旅游度假区等经行业主管部门同意的区域内居民厨余垃圾。

项目建设规模为处理厨余垃圾 800t/日，分两期实施，总投资 37660 万元，其中一期厨余垃圾设计处理规模 400t/日，投资 30066 万元。主要建设内容包括厨余垃圾接受与预处理系统、厌氧发酵系统、除臭系统、污水处理系统、沼气提纯系统。厨余垃圾采用工艺：预处理（机械分选）＋干式厌氧发酵［立式干式厌氧＋沼气净化制天然气（湿法＋干法脱硫）＋变压吸附脱炭提纯］。

项目一期总投资 30066 万元，二期总投资累计额达到 37660 万元。其中，一期建设资金来源包括项目公司注册资本金 9020 万元，市财政局通过世界银行美元贷款 14000 万向项目公司提供了该项目 100％的机电设备投资及 50％的土建部分投资，市财政部门还另外向厨余厂项目公司提供 CDM 全球碳减排基金贷款 6000 万元，项目公司需融资资金 1042 万元。

（2）项目背景和进展情况。该市是中国经济发达的东南沿海重要的港口城市。随着城镇化进程快速推进，市中心城区生活垃圾量持续增长，处理压力越来越大。该市世行贷款厨余垃圾处理厂 PPP 项目作为世行贷款该市城镇生活废弃物收集循环利用示范项目的子项目，提供该市生活垃圾分类后产生的厨余垃圾和农贸市场垃圾资源化利用及无害化处理服务，实现真正意义上的循环利用，是该市生活垃圾分类顺利推进的重要设施保障。

根据市政府部署，市厨余垃圾处理厂建设项目与市餐厨垃圾处理厂迁建项目、某区生活垃圾焚烧发电厂按照“统一规划、统一选址、统一推进”原则，落地于该市某区洞桥镇宣裴村，建立市固废处置中心。

（3）社会资本方概况。为充分发挥社会资本方的专业优势，提高建设、运营管理效率，该项目社会资本选择采用两阶段招标模式。

1）第一阶段：技术方案征集及资格预审。包括：①公开发布技术方案征集及资格预审公告。②潜在社会资本根据技术方案征集及资格预审文件的要求提交技术方案及资格预审申请文件。③技术方案评审及资格预审结果，按规定通知提交技术方案及资格预审申请文件的潜在社会资本。④对通过技术方案评审及资格预审的潜在社会资本，召开技术方案澄清会，分别对其各自的技术方案提出修改意见以达到同一用户界面水平，潜在社会资本以书面形式同意技术方案修改意见。

2）第二阶段：社会资本合作伙伴招标。包括：①起草招标文件，并报市政府通过。②向第一阶段已入围社会资本发售招标文件。③第一阶段已入围社会资本根据招标文件要求，提交最终的技术及商务方案响应文件；评审专家小组对技术及商务方案进行评审，并综合评分，出具评审报告。④依据综合评分产生中标候选人，经谈判最终确定中选社会资本。⑤实施机构对招标结果及相关文件进行公示，经市政府审核同意后，实施机构与中选社会资本签署《PPP 项目合同》。⑥成立项目公司，由项目公司与实施机构签署关于承继《PPP 项目合同》项下所有权利和义务的补充合同。

通过两阶段招标，某环保投资有限公司最终成为中标社会资本。

（4）咨询机构。北京某咨询有限责任公司为该项目提供全过程咨询。

2. 运作模式

（1）PPP 项目具体模式。根据市政府授权，该市城市管理局（以下简称“市城管局”）为该项目的实施机构，该市垃圾分类管理办公室（以下简称“市分类办”）为具体操作单位。通过招标，实施机构与中标的社会投资人与政府出资代表成立的项目公司签署《PPP 项目合同》，项目公司自行承担责任、风险和费用，负责厨余垃圾处理厂的设计、融资、投资、建设、运营和维护。

PPP 合作期内，项目公司根据《PPP 项目合同》的规定提供垃圾处理服务，并向政府收取厨余垃圾处理服务费用，以收回投资，并获取合理回报。实施机构对垃圾实行最低供应量保底，一期按设计能力的 60%，即 240t/日，二期工程按一期 90%＋二期 60%的设计能力，即 600t/日保证。

PPP 合作期届满后，项目公司将该项目所有设施完好、无偿地移交给实施机构或其指定机构。

（2）交易结构。市政投资公司与中选社会资本签署《合资经营合同》，在宁波成立合资公司（项目公司）。在合资公司中，市政投资公司占 40%股份，中选社会资本占 60%股份。

市城管局与项目公司签署《PPP 项目合同》，项目公司自行承担责任、风险和费用，负责厨余垃圾处理厂的设计、融资、投资、建设、运营和维护，市城管局对项目公司提供的垃圾实行最低供应量保底。《PPP 项目合同》同时约定了餐厨厂提供的废水和沼气的参数标准，由项目公司进行处理，处理成本和收入包含在厨余垃圾处理服务费中。

市财政局与项目公司签署《转贷协议》，市财政局向项目公司提供一笔以美元计价的世界银行贷款。

天然气公司与项目公司签署《供销合同》，天然气公司向项目公司购买提纯的天然气，天然气供销价格按照浙江省物价部门发布的并网价执行。合同签署之日，天然气供销的结算价格为 2.17 元/m^3。若天然气公司向项目公司支付的实际价格低于 2.17 元/m^3，市城管局给予补足不足的差额部分；若高于 2.17 元/m^3，高出部分折抵市城管局应支付的厨余垃圾处理费。

(3) 投融资模式。项目公司的注册资本为总投资的 30%，注册资本金额为 9020 万元，其中市政投资公司出资 3608 万元，持股比例 40%；首创环保出资 5412 万元，持股比例 60%。

市财政局向项目公司提供一笔以美元计价的世界银行贷款，该贷款包括该项目 100%的机电设备投资及 50%的土建部分投资，实行实报实销制，融资期限为 20 年，其中宽限期 3 年，采用每年两次等额本金还本，融资利率为世行浮动利差贷款（VSL)。

市财政部门还另外向项目公司提供 CDM 全球碳减排基金贷款 6000 万元。

(4) 回报机制。该项目的回报机制为“垃圾处理服务费＋沼气提纯收入”。项目公司的投资回报主要体现政府支付的垃圾处理服务费，并以最低保底量保证了项目公司正常运营前提下的收回投资及合理的回报。

社会资本方在采购阶段，对期初垃圾处理服务费单价及沼气提纯收入进行报价，中标后作为合同价格的一部分，在合作期间对双方均具有约束力。

(5) 主要风险分配框架。项目设计、建造、财务和运营维护等商业风险由社会资本承担，法律、政策和最低需求等风险由政府承担，不可抗力等风险由政府和社会资本合理共同承担。

方案从政策风险、法律风险、土地取得风险、建设风险、融资风险、运营风险、自然风险、经济风险等风险因素对 PPP 模式和传统政府采购模式进行比较，评估 PPP 模式对该项目风险分配的优化，并对该项目风险进行识别，并对分配管理机制进行设定。

具体风险分担机制见表 7-6。

表 7-6　　某市厨余垃圾处理厂项目风险分配及管理机制

类别	主要风险	政府承担	社会资本承担	风险管理措施
融资	筹足所需资金		√	将融资风险纳入 PPP 项目合同体系，该项目衍生的一切融资手段仅用于该项目需要的目的
	成本超过预算		√	
	再融资不确定性		√	
	融资利率、汇率波动		√	
	世行贷款	√		

续表

<table>
<tr><th>类别</th><th>主要风险</th><th>政府承担</th><th>社会资本承担</th><th>风险管理措施</th></tr>
<tr><td rowspan="12">设计和建造</td><td>开工许可/批准</td><td>√</td><td></td><td rowspan="12">社会资本方应配合公共部门，提交履约保函和维护保函等由金融机构出具的可兑付承诺，并由社会资本方购买保险，明确保险等费用的承担方式；
政府负责协调国土等主管部门，满足项目建设的条件</td></tr>
<tr><td>落实建设用地</td><td>√</td><td></td></tr>
<tr><td>配套设施（红外线）</td><td>√</td><td></td></tr>
<tr><td>成本超支</td><td></td><td>√</td></tr>
<tr><td>建设审批手续</td><td>√</td><td>√</td></tr>
<tr><td>质量欠佳</td><td></td><td>√</td></tr>
<tr><td>工期延误</td><td></td><td>√</td></tr>
<tr><td>不可抗力（可保险）</td><td></td><td>√</td></tr>
<tr><td>不可抗力（不可保险）</td><td>√</td><td>√</td></tr>
<tr><td>二期技改实施时间</td><td>√</td><td>√</td></tr>
<tr><td>循环经济目标</td><td></td><td>√</td></tr>
<tr><td>环境影响评价</td><td>√</td><td>√</td></tr>
<tr><td rowspan="14">运营和维护</td><td>共享共建设施</td><td>√</td><td>√</td><td rowspan="14">通过建立有效合理的绩效考核机制，依据考核结果进行垃圾处理服务费的调整，达到运营和维护风险的管控</td></tr>
<tr><td>垃圾供应数量</td><td>√</td><td>√</td></tr>
<tr><td>垃圾供应质量</td><td>√</td><td>√</td></tr>
<tr><td>运行管理费用超支</td><td></td><td>√</td></tr>
<tr><td>维护费用超过预算</td><td></td><td>√</td></tr>
<tr><td>达不到服务标准</td><td></td><td>√</td></tr>
<tr><td>辅助材料/燃料供应风险</td><td></td><td>√</td></tr>
<tr><td>技术落后过时</td><td></td><td>√</td></tr>
<tr><td>通货膨胀引起的费用上涨</td><td>√</td><td>√</td></tr>
<tr><td>造成环境污染或破坏</td><td></td><td>√</td></tr>
<tr><td>循环经济目标</td><td></td><td>√</td></tr>
<tr><td>不可抗力（可保险）</td><td></td><td>√</td></tr>
<tr><td>不可抗力（不可保险）</td><td>√</td><td>√</td></tr>
<tr><td>调价协议之外的价格变更</td><td>√</td><td>√</td></tr>
<tr><td rowspan="2">移交</td><td>没有达到移交条件</td><td></td><td>√</td><td rowspan="2">通过合同体系约定移交条件，并在移交前进行可用性评估</td></tr>
<tr><td>移交费用超预算</td><td></td><td>√</td></tr>
<tr><td rowspan="9">法律和政策</td><td>针对项目的地方政策法规变更</td><td>√</td><td></td><td rowspan="9">通过动态的合同体系调整，通过签订补充协议的形式进行此类风险的管理和规避</td></tr>
<tr><td>公共部门越权签订合同</td><td>√</td><td></td></tr>
<tr><td>项目提前收归国有</td><td>√</td><td></td></tr>
<tr><td>政府换届</td><td>√</td><td></td></tr>
<tr><td>政府部门调整和负责人变更</td><td>√</td><td></td></tr>
<tr><td>作为政府方参与PPP项目的相关单位调整和负责人变更</td><td>√</td><td></td></tr>
<tr><td>全国性法律和政策变更</td><td>√</td><td></td></tr>
<tr><td>超出地方政府的权限</td><td>√</td><td></td></tr>
<tr><td>全国性普遍增税</td><td>√</td><td></td></tr>
</table>

(6) 合同体系。该项目的合同体系主要分为两大部分：

第一部分为实施机构与项目公司之间围绕项目具体实施而签署的《PPP 项目合同》。《PPP 项目合同》重点阐述该项目所采用的 PPP 运作方式，目的是在政府与项目公司之间合理分配项目风险，明确双方权利义务关系，确保项目全生命周期内的顺利实施；

第二部分为由项目公司和该项目推进过程中的各有关主体签署的合同体系。包括项目公司与金融机构签署的《融资合同》、与施工单位签署的《工程总承包合同》、与监理机构签署的《工程监理合同》、与设备供应商签署的《设备采购合同》、与保险机构签署的《保险合同》、与员工签署的《劳务合同》等。

(7) 各方主要权利义务。

1) 实施机构的主要权利。

a. 制定工程建设标准（包括设计、施工和验收标准），并在《PPP 项目合同》中予以明确。

b. 建设期内，根据需要或法律变更情况对已确定的工程建设标准进行修改或变更。

c. 在遵守、符合适用法律要求的前提下，实施机构有权对项目公司履行《PPP 项目合同》项下的建设期的建设情况及运营期的运营情况进行监督和检查。

d. 有权根据法律规定和《PPP 项目合同》的约定对项目公司提供的服务进行行业监管。

e. 有权要求项目公司报告项目建设、运营相关信息。

f. 在发生《PPP 项目合同》约定的项目公司严重违约或发生紧急事件时，实施机构有权利（但不得被要求）介入，暂代项目公司运营和维护项目设施。

g. 如果发生项目公司违约的情况，要求项目公司纠正违约、并向项目公司收取违约金、提前终止或采取《PPP 项目合同》规定的其他措施。

2) 实施机构主要义务。

a. 根据《PPP 项目合同》，为项目公司设计、投资、融资、建设、管理、运营和维护该项目设施提供必要的支持条件。

b. 为保证该项目各工程建设的顺利开展，实施机构或其指定机构负责完成项目征地拆迁、场地通水通电等前期工作。

c. 除适用法律或《PPP 项目合同》有特殊规定外，应保持项目公司权利在整个 PPP 合作期内始终有效，并维护项目公司权利的完整性和独占性。

d. 在 PPP 合作期，以出让方式向项目公司提供该项目相关工程设施占地的土地使用权并协助项目公司办理土地使用证。

e. 在 PPP 合作期，按照《PPP 项目合同》的约定，向项目公司支付垃圾处理服务费。

f. 若由于实施机构的原因导致项目关键工期的延误，向项目公司支付违约赔偿。

g. 若由于实施机构要求或相关原因（提供的垃圾质量除外）导致项目运营维护成本增加时，给予项目公司合理补偿。

h. 若由于实施机构的原因导致项目提前终止时，根据《PPP 项目合同》对项目公司进行补偿。

i. 实施机构及各相关部门应行使法律、法规及《PPP 项目合同》赋予的其他权利并履行其规定的其他义务。

3）项目公司主要权利。

a. 按照《PPP 项目合同》的约定，享有在 PPP 合作期内设计、融资、投资、建设、更新、维护及运营管理该项目设施的独家和排他权利。

b. 根据《PPP 项目合同》的规定，对该项目设施自主经营，并获得相关收入的独家和排他权利。

c. 在征得实施机构同意的情况下，有权为项目融资目的将项目设施和项目收益权进行抵押或质押。

d. 因实施机构要求或法律变更导致项目公司运营成本增加时，根据《PPP 项目合同》约定获得补偿。

e. 在该项目提前终止情况下，根据 PPP 项目合同约定获得补偿。

f. 在实施机构违反 PPP 项目合同相关条款情况下，根据《PPP 项目合同》约定获得补偿或赔偿。

4）项目公司主要义务。

a. 按照《转贷协议》要求履行世行贷款所要求的全部义务；包括按照世行采购指南要求采购该项目的土建及设备承包商。

b. 负责筹措该项目工程建设所需的除世行贷款之外的资金，进行所有必要的融资安排并按时对项目设施进行投资、建设、运营和维护。

c. 根据《PPP 项目合同》的约定，项目公司按照实施机构对工程制定的建设和运营维护标准，进行该项目的建设和运营维护，并自行承担相关费用、责任和风险。

d. 建设期和运营期内，向实施机构提交不可撤销且随时可以支付的银行保函。

e. 在运营期内，项目公司必须遵守国家和市政府的各项法规政策，依法经营，认真履行经营管理责任。在项目设施内从事商业经营时，遵守相关规定。

f. 接受实施机构及市政府其他有关部门对项目建设期内的建设情况及运营期内的运营情况的监督和检查，提供有关资料。

g. 执行因实施机构要求或法律变更导致的建设及运营标准的变更。

h. 如果违约，项目公司向实施机构缴纳约定的违约金并按规定改正。

i. 非经实施机构同意，不得将项目资产、项目公司权利转让给第三方。

j. 在 PPP 合作期结束后，项目公司将该项目所有设施完好、无偿地移交给实施机构或其他指定机构。

k. 编制垃圾处理突发事件应急预案，并报实施机构和有关部门审批。

l. 项目公司应行使法律、法规、当地政府的政策和文件及《PPP 项目合同》赋予的其他权利并履行规定的其他义务。

3. 借鉴价值

（1）项目运营考核办法方面的创新。厨余垃圾处理的 PPP 项目没有成熟经验，如何使用先进的技术，以及对运营质量的考核是项目实施成功的关键。在运营质量考核机制方面，该项目承袭了类似项目对相关技术要求的考核，包括废气、废渣、废水、噪声、恶臭及渗滤液的污染排放标准考核；同时政府及聘请的团队还创制了循环经济考核标准，即整个厨余垃圾项目应以减量和循环经济为目标，最大限度地减少出厂的固体废弃物量。当月出厂的固体废弃物量不高于当月进厂的厨余垃圾处理量的25%，出厂的固体废弃物中有机质含量不高于5%，若由于市城管局提供的厨余垃圾质量和成分变化导致固体废弃物25%的控制指标难以实现，固体废弃物控制指标由市城管局与项目公司依据实事求是原则，在厨余垃圾绩效考核兑现时给予合理的认定，并约定试运营一年后，由具有专业资质的第三方机构提供检测数据，双方再就循环经济考核指标进行进一步商议和调整。上述做法，对于没有成熟经验可供参考的类似PPP项目，在运营考核方面具有重要的借鉴和指导意义。

(2) 政府积极协助项目公司进行项目融资。根据惯例，PPP项目的融资是社会资本投资人及其设立的项目公司承担的主要合同义务。为了降低融资成本，市政府将世界银行贷款的优惠，以及CDM全球碳减排基金贷款的优惠政策在投资人招标阶段就作为项目招标的条件在招标文件中明确，为社会投资人减轻了融资的压力，社会投资人可以将全部精力专注于项目的设计及施工优化，这在解决项目融资问题的同时，充分发挥了社会投资人的智慧以及先进管理经验，以提供高品质的项目产品和项目运营服务。

(3) 根据项目特点进行交易结构的设计。厨余垃圾的提供涉及相关的利益主体，项目公司负责垃圾收运在餐厨垃圾处理PPP项目中多有体现。若项目公司向厨余垃圾供应商直接收购，不仅项目公司在完成收集、运输过程中会有许多阻力，且厨余垃圾可能从其他渠道流失，因此该项目交易结构设计由政府向项目公司提供厨余垃圾，解决了项目公司的后顾之忧，也体现了行业管理的工作由政府承担，风险由最能控制它的一方承担的原则。

该项目另一创新点为项目公司需处理临近餐厨垃圾处理厂的废水和沼气。针对项目公司与餐厨垃圾处理厂可能由于废水及沼气处理产生争议的风险，设置了特殊的合同，作为《PPP项目合同》的附件之一，双方之间的风险同样可以通过合同约定，政府作为监管者协助办理相应事宜。

(4) 多种收费模式挂钩，降低垃圾处理服务费单价。项目公司的投资回报主要体现为政府支付的垃圾处理服务费，并以最低保底量保证了项目公司正常运营前提下的投资收回及合理回报。该项目在收取垃圾处理服务费的同时，将沼气销售收入作为项目公司收入补充。政府促成项目公司与天然气公司签订沼气供销协议，按照投标时的初始价格，并根据物价变化在物价部门批准的前提下进行价格调整。沼气价格与垃圾处理服务费单价挂钩，使项目公司无论沼气供应数量或价格改变，项目运营均能获得适当回报，同时，由于将沼气收入与政府付费挂钩，政府付费也相应减少，未来将不断减轻政府的支付负担。这种方法，一定程度上实现了政府和社会资本方的“双赢”。

(5) 采用两阶段招标法，合理选择社会资本方。由于在该项目实施前，国内没有专门针对厨余垃圾的处理厂，厨余垃圾处理都是在餐厨垃圾厂单独设立一条生产线，并没有单独建厂的相关经验，没有类似项目经验可供参考，存在较大的不确定性。同时，为体现循环经济理念，实现可持续发展，在垃圾分类尚不完善的前提下，该项目要求出厂固体废弃物的减量达到25%的循环经济指标，存在较大的技术难度。

鉴于上述原因，该项目在采购阶段采用了两阶段招标法采购社会资本方。在第一阶段，通过技术方案征集及资格预审，明确项目边界条件，同时在花费少量成本的前提下，获得了多份优质的设计方案，极大降低了政府风险、成本和项目操作难度，收到了良好的效果，为项目第二阶段成功招标奠定基础，在充分发挥社会资本专业优势的同时，也将设计风险完全交由社会资本承担。因此，对于类似前期工作较为薄弱的项目，可以通过两阶段招标的方式，先确定技术方案，降低操作难度，更有利于在采购阶段明确相关技术、商务条件，促进合作条件的进一步明晰，以保障项目顺利落地。

第三节　创新 PPP 项目

一、智慧城市项目

（一）项目概况

（1）项目基本情况。

1）项目名称。江苏省淮安智慧城市项目。

2）建设地点。江苏省淮安市。

3）建设内容和规模。该省淮安市智慧城市项目建设主要内容可简称为“418 工程”（四大任务，十八项重点工程），即围绕政府管理水平提升，惠民便民利民，实现产业结构转型升级，实施基础设施完善、资源共享交换、产业载体建设与民生服务促进四大任务，按照四统一原则（统一规划、统一建设、统一运维、统一管理）重点建设信息安全体系、数据共享交换平台、智慧政务、智慧教育、智慧医疗、智慧交通、平安城市、智慧环保、智慧社区、智慧旅游等十八项重点工程。该项目建成后，项目设施、软件的所有权为项目公司所有，项目数据信息所有权归政府所有。

4）投资规模和结构。项目计划总投资 8.85 亿元，其中注册资本金 4 亿元，融资 4.85 亿元。

5）资金来源。项目资本金由政府和社会资本方按照 49％：51％的股权比例共同筹集，其余部分由社会资本方通过其他融资方式筹集。

（2）项目建设背景。智慧城市是运用信息和通信技术手段感测、分析、整合城市运行核心系统的各项关键信息，从而对包括民生、环保、公共安全、城市服务、工商业活动在内的各种需求作出智能响应。其实质是利用先进的信息技术，实现城市智慧式管理和运行，进而为城市中的人创造更美好的生活，促进城市的和谐、可持续成长。

城市化进程的加快，使城市面临着交通、医疗、教育、就业、卫生环境、社会保障、公共安全等方面的挑战。在新环境下，如何解决城市发展所带来的诸多问题，实现可持续发展成为城市规划建设的重要命题。“智慧城市”是在物联网信息技术的支撑下形成的新型信息化的城市形态，也是当前世界各国城市发展的重大战略方向。

自 2012 年国家住建部发布《关于开展国家智慧城市试点工作的通知》，到中央网信办提出新型智慧城市建设要点以来，全国掀起了智慧城市建设热潮。为进一步创新投融资机制，加快发展淮安市信息技术产业，鼓励和引导社会资本参与信息化项目，根据国家各部委关于促进智慧城市健康发展的系列政策，淮安市人民政府启动了智慧城市 PPP 项目。

该省淮安市智慧城市项目是淮安市“十三五”期间信息化建设的主要内容，对提升该市整体信息化水平和城市管理综合水平具有十分重要的意义。该项目于 2015 年被列为江苏省财政厅 PPP 试点项目，其社会资本合作方选择采购在第 11 届全国政府采购集采年会奖项评选中，被组委会评为“2015 年度全国政府采购精品项目”。

（3）社会资本方选取。该项目的社会资本合作方遴选采用了公开招标的方式。首先由市经信委委托该省赛联信息产业研究院编制项目的整体方案，然后市经信委牵头实施社会资本合作方的招标程序，经江苏省采购中心面向全国公开招标，最终确定某股份有限公司为该项目的社会资本合作方。

该项目由政府方与社会资本方合资成立项目公司承担该项目的融资、建设、运营、维护等工作，合作期限为 10 年，其中建设期 2 年，运营期 8 年。淮安市人民政府授权市经信委作为“智慧城市”项目实施机构，同时授权市工业发展投资控股集团有限公司作为该项目政府方出资代表，与某股份有限公司共同组建项目公司。项目公司名称为某智慧产业有限公司，其中政府和社会资本方股权比例为 49∶51。

项目合同、特许经营协议与运营服务协议由项目公司与淮安市经信委签署。

（4）项目进展情况。该项目于 2015 年年底完成社会资本合作方的招标程序，经公开招标确定中兴通讯股份有限公司为社会资本合作方；2016 年 6 月，市委、市政府出台《关于加快推进“智慧城市”建设的实施意见》，项目亦取得了市发展改革委备案文件《关于某智慧产业有限公司市智慧城市建设项目备案的通知》；2016 年 7 月，市经济和信息化委员会与某智慧产业有限公司签署了项目合同、特许经营协议与运营服务协议；2016 年 9 月，市政府办印发了《市“智慧城市”PPP 项目管理暂行办法》。

人口库、数据共享交换平台、智慧城市全业务光纤网络与无线政务专网项目已经实施完成；智慧交通、智慧教育与平安城市项目自 2016 年 11 月启动以来处于续建阶段。

2017 年 1 月，市智慧办印发了《关于印发 2017 年“智慧城市”PPP 项目子项目建设计划的通知》，明确了智慧城市大数据中心、智慧城市门户一期、智慧城市城市运营管理中心、应急指挥系统、全业务光纤网、无线政务专网、警用无线网一期等 29 个项目为 2017 年“智慧城市”PPP 项目子项目建设计划主要内容，全年总投资规模约 5.5 亿元。除智慧城市大数据中心、智慧淮安门户一期 29 个项目以外，剩余的尚未启动的子项目的投资约为 3 亿元。

（二）运作模式

1. 具体模式

根据项目运作方式的适用性分析，该项目选择了“建设—拥有—运营（BOO）”的运作模式。

由项目公司某智慧产业有限公司负责建设基础平台（大数据中心、基础网络、城市地理信息系统）、智慧教育、智慧医疗、智慧交通、平安城市、智慧环保、智慧社区、智慧旅游、一卡通、智慧政务、企业互联等市政府主导的公共性基础性信息化系统。项目建成后，可利用大数据为市各行业提供数据应用及服务，并通过项目建设，以智慧城市架构为载体，推动淮安市城市信息化发展。

根据智慧城市信息化可持续发展的需求，项目特许经营期内增加的支撑载体建设亦可采用建设—运营—移交（BOT）的运作方式，新增的载体及服务需求以淮安市经信委与项目公司另行签订的协议为准。

2. 投融资模式与交易结构

该市智慧城市 PPP 项目总投资 8.85 亿元，其中资本金 4 亿元，计划债务融资 4.85 亿元。

该项目资本金 4 亿元由政府和社会资本方共同出资，其中：社会资本方出资 51%，政府方出资代表出资 49%；项目公司负责债务融资 4.85 亿元。市经信委应协调相关部门在合法的前提下，为项目公司融资提供相关的便利和支持，必要时出具相关文件和证明。申请融资时，市经信委具有协助和监督项目公司的融资申请、使用和偿还的权利和义务。

该项目的交易结构如图 7-9 所示。

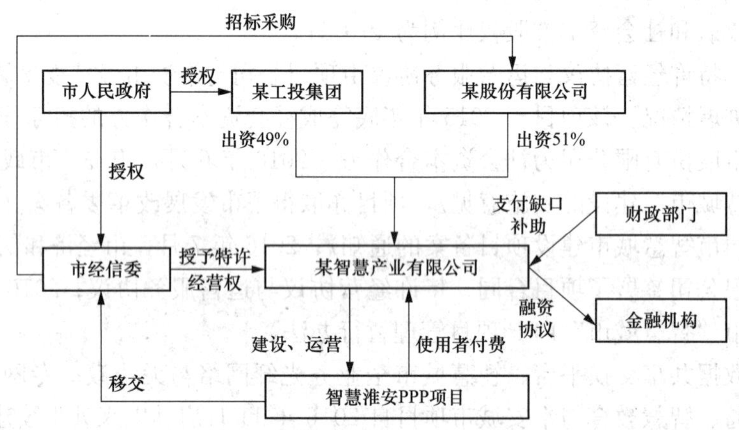

图 7-9　淮安市智慧城市项目交易结构

3. 回报机制

考虑到该项目的运营成本和收入来源情况，该项目采用使用者付费与政府可行性缺口补贴相结合的回报机制，项目公司在特许经营期内负责项目设施的设计、融资、投资、建设、拥有、运营、管理、维护服务并通过使用者付费的方式收回投资。由于该项目投资额较大，且属于公益性项目，项目使用者付费收入不足以弥补项目建设投资，在使用者付费不足以覆盖投资和运营成本的情况下，由政府方以支付可行性缺口补贴的方式保障项目公司收回建设投资并取得合理回报。

（1）使用者付费。使用者付费来源于最终消费用户直接付费购买公共产品和服务。在该市智慧城市 PPP 项目合作范围内，市人民政府委托淮安市经信委授予项目公司特许经营权，在国家有关法律法规允许的前提下，基于项目产生的数据资源进行应用开发和业务拓展等。项目公司直接从最终用户处收取费用，以回收项目的建设和运营成本并获得合理收益。该项目使用者付费收入主要包括在特许经营期内对项目的硬件设备、软件系统等设施进行运营、维护所产生的由政府各部门进行的服务付费和通过广告或其他创收手段产生的市场收入。

（2）可行性缺口补贴。在该项目使用者付费收入不足以使项目公司收回成本并获得合理回报时，政府方支付可行性缺口补贴的方式使项目达到合理的收益水平。

该项目可行性缺口补助的金额按照财政部〔2015〕21 号文补贴公式计算，由合理利润率、折现率、项目运营成本、项目使用者付费收入确定。其中合理利润率为中标社会资本报出的合理利润率，招标文件要求的上限是中国人民银行公布的最新 5 年以上长期贷款基准利率上浮 20%；折现率取补贴支付当年淮安市地方政府债券收益率；项目运营成本根据实际发生数据进行审核确认；使用者付费收入包括政府使用者付费和非政府使用者付费收入，服务价格由政府进行监督控制。

4. 主要风险分配框架

按照风险分配优化、风险收益对等和风险可控等原则，项目财务和运营维护等商业风险由社会资本方承担；法律、政策等风险由政府承担；项目审批手续办理、不可抗力等风险由政府和社会资本方合理分担。

5. 主要权利义务的约定

(1) 主要权利。

1) 市经信委的一般权利。

a. 授予项目公司该项目的特许经营权。

b. 在遵守、符合适用法律要求的前提下，对项目公司履行该项目的投资、融资、设计、建设、运营、维护等义务进行监督和检查。

2) 项目公司的一般权利。

市人民政府委托市经信委授予项目公司特许经营权，特许经营期为 10 年。特许经营期内项目公司拥有该项目投资、融资、设计、建设、拥有、运营、维护的独家权利，包括：

a. 设计、建设、运营和维护该项目，向使用者提供相关服务，并获得政府可行性缺口补贴及使用者服务费。

b. 在整个特许经营期内，拥有项目设施的所有权。

c. 自行解决上述事项的融资安排，并自行承担相应的费用和风险。

(2) 主要义务。

1) 市经信委的一般义务。

a. 市经信委应协助项目公司获得适用法律和有关市人民政府部门许可的与履行 PPP 合同相关的税收和其他优惠。PPP 项目奖补资金依照江苏省《政府和社会资本（PPP）项目奖补资金管理办法（试行）》执行。其他类型的奖励、扶持资金不在 PPP 合同范围内。

b. 给予项目公司合理要求和该项目实施（包括其投融资、设计、建设、拥有、运用、维护）和有关服务所需的所有批文、必要的增信措施及相关的所有资料、建议和协助。

在项目公司提出适当且及时的要求后，市经信委应尽最大努力协助项目公司从淮安市人民政府或其相关部门获得、保持和延续所需的一切批准。

c. 市经信委应协助项目公司以不低于其他商业用户的条件，获得运营和维护项目设施所需的所有公用设施条件的供应，包括电、水、道路和通信等。

d. 在不影响 PPP 合同其他相关规定效力的前提下，市经信委不应干预项目公司的正常内部运营管理，除非因公众健康和公共安全以及履行其法定职责所需。

e. 淮安市人民政府委托淮安市经信委作为项目实施机构履行运营服务协议。

2）项目公司的一般义务。

a. 项目公司应始终遵守所有现行使用的法律及协议的有关规定并接受淮安市行业主管部门的管理。项目公司应服从社会公共利益，履行对社会公益性事业所应尽的义务。

b. 项目公司应接受淮安市经信委或淮安市人民政府指定机构根据适用法律和本协议对项目公司运营和维护项目设施进行的监督，并为淮安市经信委或淮安市人民政府指定机构为实施监督，可以要求项目公司提供相关资料，包括：经审计的项目公司年度财务报告；设备状况和定期检修的报告；发生重大事故及其处理情况的报告；其他依照适用法律和协议要求需要提供的资料。

c. 遵循安全标准和环境保护的责任：

项目公司应遵守在使用法律中规定的健康和安全标准。项目公司被视为始终充分了解现行使用的中国法律及各项国家和地方健康安全标准。

项目公司在运营期内，尽量减少场地的环境污染，严格执行国家和淮安市环境保护相关法律法规，并接受淮安市环保部门的依法监管。

项目公司必须根据谨慎运营惯例，经淮安市经信委批准的前提下，对淮安市现有信息化系统进行改进、调整或增加，改进成本应计入项目总投资，其信息化服务水平应符合运营服务协议的规定。

d. 项目文件的协调。项目公司应确保使融资文件、项目公司股东之间的任何协议、项目公司章程、PPP 合同及其他相关协议项下要求的内容以及其他由项目公司签订的与该项目有关的任何协议同 PPP 合同的规定保持一致，并包含使项目公司能够履行 PPP 合同的义务所必需的条款和规定。

e. 税收及收费。项目公司应按照适用法律法规缴纳所有税金、关税及收费。在符合国家法律法规的前提条件下，淮安市经信委可协助项目公司获得优惠的税费费率。

（三）借鉴价值

智慧城市项目区别于一般行业应用的条块化 PPP 项目（如智慧交通、智慧医疗等），站在全市一盘棋的高度将整个城市的智慧应用集中打包实现 PPP 运作，着重体现了顶层设计的理念，坚持“四统一原则”（统一规划、统一建设、统一运维、统一管理），在市级层面整体推进智慧城市建设运营，避免了不同板块的重复建设，实现了跨平台整合，从而提高了运行效率，降低了建设成本，实现了政府服务水平提升、惠及民生应用和产业转型升级三大目标。

（1）采用 PPP 模式的创新点。该智慧城市项目最大的创新在于采用 PPP 模式建设和运营，这种模式具有投入更高效、投资有盈利、资本会增值、撬动社会资本投入等优势，改变了一般意义上智慧城市建设“只重投入不重产出、只重项目不重产业”的传统模式，改变了政府单纯投入信息化项目无效益的被动局面。

（2）示范价值。

一是在智慧城市建设整体规划层面探索盈利模式，采用市场化机制，改变政府单一付费的局面。从整体全局设计的角度入手，改变单纯投资信息建设项目的现状，形成智慧城市产业。

二是彻底实现城市级智慧城市 PPP，不留死角。将淮安市作为一个整体进行设计，搭建城市级智慧城市建设工程，并全部采取 PPP 的模式逐步推进投资、建设和运营等工作。

三是政府高度重视，出台项目实施推进保障文件，强力推进。淮安市先后出台了《淮安市政府办公室关于印发淮安市“智慧淮安”PPP 项目管理暂行办法的通知》（淮政办发〔2016〕128 号）和《2017 年“智慧淮安”PPP 项目子项目建设计划》等文件，保障淮安市智慧城市 PPP 项目的有效落地。

(3) 运作经验和体会。智慧城市建设是一个复杂的巨系统工程，需要遵循体系建设规律，运用系统工程方法构建开放的体系架构。通过树立“强化共用、整合通用、开放应用”的思想，采用“打通信息壁垒、铲除信息烟囱、消除信息孤岛、避免重复建设”的方法与策略，指导智慧城市的建设与发展。所以，项目公司在建设的过程中尤其重视“整合”工作，将梳理数据共享交换目录体系作为整体规划的落脚点来加以实施。

除了技术层面的数据融通之外，对各子项目单位的主要负责人还要进行思想沟通，采用市级层面的统筹建设，打破各单位自主建设的惯有模式，难免触碰相关单位的眼前利益，这就需要政府层面进行相应的宣传、解释等动员工作。只有各单位主要负责人的思想认识与智慧城市整体规划思想保持一致，项目才能得到有序推进。

此外，还需建立相应的制度保障体系，如淮安市出台的《×××市“智慧淮安”PPP 项目管理暂行办法》，明确职、权、任务之间的关系，才能将项目做实，不因人事变动等原因导致烂尾或政绩工程。

二、海绵城市项目

(一) 项目概况

(1) 项目基本情况。

1) 项目名称。镇江市海绵城市建设 PPP 项目。

2) 建设地点。镇江市。

3) 建设内容和规模。镇江市海绵城市试点区共 33.5km^2，其中陆地 22km^2，水域 11.5km^2。

建设内容包括专项治理工程（A 部分）和综合达标工程（B 部分），建设期 3 年。具体建设内容见表 7-7 和表 7-8。

表 7-7　镇江市海绵城市项目 A 部分——专项治理工程

序号	建设内容
1	TJTD 改造工程：①雨水花园；②透水铺装；③屋顶花园；④雨水罐；⑤雨水回用设施；⑥植草沟；⑦普通绿化；⑧道路工程；⑨管道工程
2	生态修复和引水活水工程：①虹桥港、胜利港生态修复改造工程（生态护坡、浮床修复、生物毯）；②征润洲湿地生态系统建设（湿地工程、湿地生态系统工程）；③智慧海绵系统建设；④征润洲水源地原水水质安全保障工程

续表

序号	建设内容
3	雨水管网系统优化工程：①沿运粮河污水截流管网优化；②沿古运河污水截流管网优化；③沿江污水截流系统优化
4	易涝积水区整治工程积水改造地点有：①古城路江滨新村处；②小米山路、松江路；③南苑新村、邮电宿舍、解放路 6 号；④八角亭、京口路、学府路、京口区政府；⑤黄山天桥；⑥陆角桥泵站及外围管道改造；⑦铁路下穿段（珍珠桥旁）；⑧左湖互通

表 7-8　　镇江市海绵城市项目 B 部分——综合达标工程

序号	建设内容
1	征润洲污水处理厂：①7.5 万 m^3/日扩建（一级 B）；②20 万 m^3/日
2	雨水泵站：①长江；②御桥村；③三摆渡；④江南；⑤改造六摆渡泵站
3	汇水区雨水排放、径流控制、面源治理等达标工程：海绵城市达标工程地点有：①桃园排口；②头摆渡排口；③新河桥泵站；④江南雨水泵站；⑤迎江路泵站；⑥黎明沟排口；⑦平政桥泵站；⑧解放路泵站；⑨北固湾排口；⑩江滨泵站；⑪中山桥、中华路排口；⑫小米山路；⑬焦南泵站；⑭焦东片区；⑮丹徒泵站

4）投资规模与资金来源。该项目总投资 25.85 亿元。其中 A 部分（专项治理工程）总投资 12 亿元，来源于中央补贴海绵城市投资的专项资金；B 部分（综合达标工程）总投资 13.85 亿元，由项目公司投资建设。项目自有资金约 4.2 亿元（全部为注册资本金），占项目总投资的 30%，由政府出资代表和社会投资人按 30∶70 的比例出资；项目融资约 9.65 亿元，占项目总投资的 70%，以项目公司为主体，以特许经营权质押向金融机构申请贷款，贷款利率在央行 5 年以上贷款基准利率基础上下浮 12%。

5）项目实施机构。市人民政府授权市住房和城乡建设局（简称“市住建局”）为项目实施机构，通过江苏省采购中心，采用竞争性磋商方式选择社会投资人。

6）政府出资代表。镇江市水业总公司（简称“水业公司”）。

7）社会投资人。中国光大水务有限公司（简称“光大水务”）。

（2）项目背景与进展情况。根据《关于开展中央财政支持海绵城市建设试点工作的通知》（财建〔2014〕838 号）等文件精神，海绵城市建设提上议事日程，镇江市成为全国首批十六个海绵试点城市之一。为削减镇江市的城市面源污染，提高非常规水资源利用率，促进智慧海绵城市管控系统形成，镇江市委、市政府决定实施海绵城市建设。

镇江市市政府为规范政府和社会资本合作，成立 PPP 领导小组，并出台了《推进政府和社会资本合作（PPP）模式的工作意见（试行）》和《政府和社会资本合作（PPP）管理细则（试行）》，明确了工作流程和部门职责，建立 PPP 实施方案审查制度，规范了 PPP 项目报批。

2015 年 8 月，北京金准咨询有限责任公司编制的《PPP 实施方案》经市领导小组审定。

2015 年 10 月，开展市场测试，听取近 20 家社会资本方对 PPP 实施方案的意见。

2015 年 12 月 29 日，发布资格预审公告；2016 年 1 月中旬开展第二轮市场测试；2016 年 1 月 24 日，镇江市公布资格预审结果，共 15 家单位入围。

2016 年 1 月 26 日，发布竞争性磋商公告；2 月 16 日递交竞争性磋商文件；2 月 18 日确认谈判，确定了光大水务为预成交供应商，按照程序进行公示。

2016 年 4 月 18 日，市住建局和光大水务签署了《PPP 合同》，水业公司与光大水务签订了《合资合同》。

2016 年 6 月 1 日，PPP 项目公司——光大海绵城市发展（镇江）有限公司取得营业执照，截至 2017 年 2 月各股东已出资 80%。

（二）运作模式

1. PPP 具体模式

镇江市市政府授权市住建局，以竞争性磋商方式选择了光大水务为社会投资人；光大水务与水业公司出资设立项目公司，负责 B 部分项目的初步设计、施工图设计、投资建设和运营维护，以及代建部分 A 部分；市住建局与项目公司签署特许经营协议，特许经营期 23 年，其中建设期 3 年、运营期 20 年；特许经营期内，项目公司通过污水处理费和政府付费方式收回投资并取得合理回报，政府付费纳入镇江市中长期财政预算；特许经营期满时，项目无偿移交给水业公司。

A 部分：业主为水业公司；12 亿元建设资金全部来源于中央补贴专项资金；使用代建制，其中征润洲水源地原水水质安全保障项目由水业公司委托市自来水公司代建；其余项目根据条件由水业公司与光大水务签署代建协议，委托项目公司代建，光大水务获得代建管理费 0.3%，代建工程量为 5 亿～8 亿元。项目建设后资产所有权移交至水业公司。

B 部分：业主为项目公司，采用 BOT 模式，其中：征润洲污水处理厂改扩建项目（约 2.3 亿元）由水业公司先行建设；长江、御桥村雨水泵站建设项目（约 0.75 亿元）由镇江市给排水管理处先行建设，项目公司成立后接管上述在建项目；剩余项目由光大水务施工（约 10 亿元）。新建部分采用 BOT 模式。

项目合作模式如图 7-10 所示。

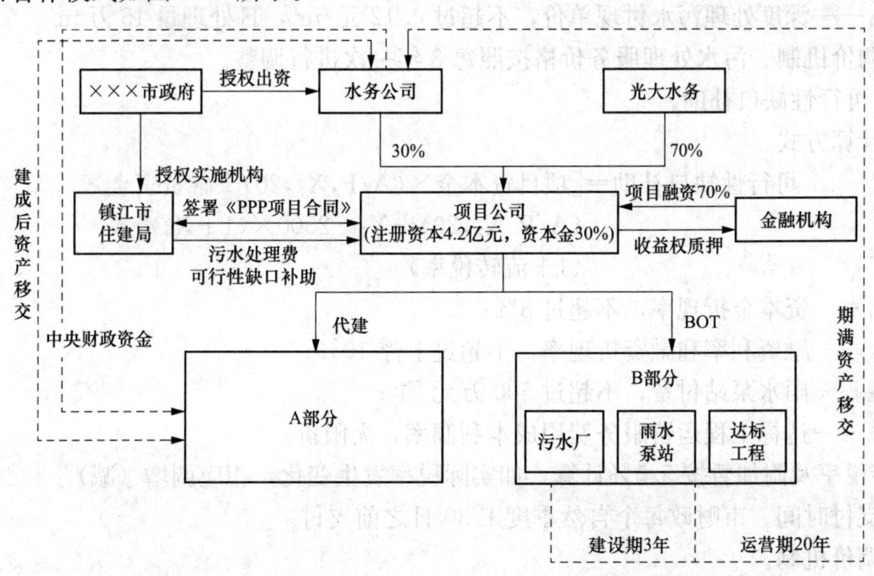

图 7-10　镇江市海绵城市项目 PPP 合作模式示意图

2. 投融资模式

项目公司负责B部分投资建设，总投资约13.85亿元。

（1）项目资本金。项目资本金为4.2亿元，占项目总投资的30%，全部为注册资本金。项目公司中，水业公司出资1.39亿元，持股比例为30%；光大水务出资3.23亿元，持股比例为70%。

设立项目公司基本账户之日起3个工作日同进度缴纳50%，2016年10月31日同进度缴纳30%。2017年3月31日同进度缴纳剩余部分。

股东按实缴出资比例分红和分配剩余财产。

（2）项目融资。项目融资约9.65亿元，占项目总投资的70%，由项目公司作为融资主体，以项目未来收益权质押向储蓄银行等金融机构申请中长期贷款，贷款利率在央行5年以上基准贷款利率基础上下浮约12%。

各股东按照出资比例采取股东贷款、补充提供担保等方式以确保项目公司的融资足额到位。

社会资本协助项目公司选择的融资条件必须优于政府方前期与金融机构商谈的条件，若实际融资成本高于社会资本方报价的融资成本，在特许经营期内抵扣政府购买服务费，其抵扣资金来源由社会资本方以补贴项目公司或从其投资收益中抵扣的方式承担。若实际融资成本低于社会资本方报价，则按项目公司与金融机构完成融资交割时确定的实际融资利率执行。

3. 回报机制

项目公司的收入来源于三部分：一是污水处理费；二是可行性缺口补贴；三是代建费。

（1）污水处理费。

1）计算方式。

$$污水处理费=(X_3\times7.5+X_4\times15)\times365$$

式中 X_3——一级B处理污水付现单价，不超过0.38元/m^3，日处理量7.5万m^3；

X_4——深度处理污水付现单价，不超过0.12元/m^3，日处理量15万m^3。

2）调价机制。污水处理服务价格按照每3年一次进行调整。

（2）可行性缺口补助。

1）计算方式。

$$可行性缺口补助=[项目资本金\times(A/P,X_1,20)+融资资金\times(A/P,X_2,20)+X_5+2500\times(1+X_6)]\times(1+流转税率)$$

式中 X_1——资本金折现率，不超过8%；

X_2——融资利率和融资折现率，不超过上浮10%；

X_5——雨水泵站付费，不超过500万元/年；

X_6——达标工程运营服务费用成本利润率，无限价。

流转税率及附加暂按5.5%计算，如实际税率发生变化，相应调增（减）。

2）支付时间。市财政每个自然季度末30日之前支付。

3）调价机制。

a. 融资资金年金调整。根据最终经审计的投资总额以及基准利率调整，运营期内，每个自然年 3 月 15 日之前项目公司可根据当年银行中长期贷款基准利率的变化，提出融资资金年金调整申请。

b. 雨水泵站运营服务费按照每 3 年一次进行调整。

c. 综合达标工程项目，由于在采购阶段设计方案尚未完全落实，维护养管方案也未确定，不具备开展运营维护费测算的条件，因此由政府暂定运营维护成本价。项目建成投运一年后，由财政部门重新核定运营成本。如果项目公司不接受政府核定价格，可以选择放弃运营，由政府方招标第三方运营，或委托政府职能部门运营。

（3）代建费。代建费为 5 亿～8 亿元，代建费率为 0.3%。

4. 主要风险分配框架

项目主要风险分配详见表 7-9。

表 7-9　　镇江市海绵城市项目主要风险分配

序号	风险	产生原因	产生后果	解决方案	承担方
第一类：来自政府层面的风险					
1	国有化	政府收回项目资产	PPP 关系终止	如果必须强制收购，政府给予项目公司赔偿	政府
2	政府干预	指政府不按照合同的约定，无故干预项目的决策	项目效率降低	约定政府无故干预的责任	政府
3	政府信用	政府不履行或拒绝履行合同约定的责任和义务	支付延期甚至终止	聘请独立第三方评估	政府
4	公众反对	由于各种原因导致公众利益得不到保护或受损，从而引起公众反对，给项目建设造成风险	工期延误，可能需要重新谈判修改具体合同条款，严重时导致项目终止	作决策前站在公众的角度考虑，尽量做到不危害公众利益	政府
5	税收调整	税收政策的调整	改变项目税负	根据税负变化相应增加或减少政府补贴	政府
6	决策、审批延误	政府相关部门未能按时审批	项目周期延长，增加项目前期成本	相应延长特许期或政府方给予补偿	政府
7	环保风险	项目不能满足环保要求	设计变更，投资或者运营费增加，甚至项目彻底失败	政府承担项目前期选址、环评等不符合环保要求的责任；投资人承担运营原因导致的责任	政府/项目公司
8	法律变更	适用该项目的法律法规发生了变更	对项目的建设和运营带来更高要求	因法律变更导致项目公司增加的费用超过一定的额度由政府给予补贴	政府/项目公司
第二类：来自市场层面的风险					
1	通货膨胀	物价上涨	成本增加	按约定的调价方式相应调整污水处理价格或政府差额补贴	政府/项目公司

续表

序号	风险	产生原因	产生后果	解决方案	承担方
2	融资风险	指由于融资结构不合理、金融市场不健全等因素引起的风险	资金筹措困难、融资成本增加，甚至融资失败	政府协助进行融资机构的选择，融资机构提前介入项目	政府/社会资本方
3	项目唯一性	其他投资人新建项目对该项目形成实质性的商业竞争	项目收入减少	在项目特许期内，政府将不再在项目周围的一定范围内建设同类项目	政府
4	第三方延误/违约	指项目相关第三方不履行或拒绝履行合同约定的责任和义务而给项目带来直接或间接的危害	工期延误，图纸交底不清，也可能引起成本增加	获取第三方准确信息，招标挑选最合适的伙伴，并通过合同管理由第三方承担相应责任	第三方
第三类：来自项目层面的风险					
1	项目建设总投资超支	项目投资超过投资估算	建设资金不足	采取投资控制措施；项目公司股东方设置预备金或预案；污水处理单价及政府补贴调整机制	政府/项目公司
2	土地拆迁与补偿风险	在项目前期阶段，由于拆迁工作落实不到位，不能按预定时间和经费完成拆迁工作	前期成本增加、开工延误	拆迁进度由政府方负责；拆迁经费由项目公司承担，通过预定的调价方案最终由政府方承担	政府/项目公司
3	设计风险	设计工艺选择不当	项目达不到预计效果	选择有实力的设计单位，加强设计方案审查	政府/项目公司/设计院
4	完工风险	项目管理不力	建设成本增加，工期延误	设置建设期履约保函、定期进度检查	项目公司
5	安全风险	由于现场管理不善，导致现场出现安全问题	项目成本增加，工期延误	严格执行安全管理制度，充分地监督管控	承包商/保险公司
6	工程变更	由于项目场地状况等客观原因导致施工方案及施工方法的改变	建设成本增加，或工期延期	签订工程补充协议	项目公司
7	污水水量风险	管网建设进度延后	导致水量达不到设计规模	给予投资人基本水量承诺	政府/项目公司
8	污水水质风险	污水进水水质超标	增加污水处理成本；污水出水水质超标	增加污水处理费或项目公司免责	政府
9	项目运营成本超支	由于项目经验不足，实际成本超出预期	项目利润下降甚至亏损	制定合理的分配方案，加强成本管理	政府/项目公司

续表

序号	风险	产生原因	产生后果	解决方案	承担方
第四类：因不可抗力导致的风险					
1	自然灾害	包括：洪水、风暴、地震、雷击、火灾等	项目建设运营受到影响	豁免项目公司责任；购买保险	政府/项目公司/保险公司
2	上级政府行为	上级政府对项目的征用	项目提前终止	政府对项目公司适当补偿	政府/项目公司
3	社会异常事件	战争、罢工	项目建设运营受到影响	购买保险	政府/项目公司/保险公司

5. 合同体系及主要权利义务

（1）合同体系。该项目合同体系详见表7-10。

表7-10　　镇江海绵城市项目合同体系

序号	合同	签约甲方	签约乙方	签约时间
1	《股东投资合作协议》	镇江市水业总公司	社会资本	确定社会资本后
2	《镇江市海绵城市建设PPP合同》	镇江市住建局	社会资本	确定社会资本后
3	《镇江市海绵城市建设PPP项目补充协议》	镇江市住建局	项目公司	项目公司成立后

（2）主要权利义务。

1）项目实施机构（镇江市住建局）。

a. 对项目全程实时监管、定期评估、委托审计；

b. 协助项目公司从其他政府部门获得、保持和延续项目建设和运营所需的相关批准，包括工程可行性研究报告、土地使用、环境保护等相关文件；

c. 负责协调政府部门开展该项目范围的征地拆迁和补偿工作，保证项目正常开工；

d. 按照本协议的约定及时、足额地向项目公司支付可行性缺口补助和污水处理服务费；

e. 协调市财政局将可行性缺口补助和污水处理服务费纳入跨年度的财政预算。

2）政府出资代表（水务公司）。

a. 按实缴出资比例分红和分配剩余财产；

b. 按合同约定及时、足额投入项目资本金；

c. 协助项目公司融资，按出资比例采取股东贷款、补充提供担保等方式以确保项目公司的融资足额到位。

3）社会投资人（光大水务）。

a. 按合同约定及时、足额投入项目资本金；

b. 征地拆迁工程由政府方和社会资本方共同完成，并负责完成其他前期工作，包括但不限于规划选址、环境影响评价及报批、立项及可研报批、测勘、初步设计及审查、施工图审查；

c. 主导项目公司日常经营管理工作；

d. 按照协议约定提交建设履约保函、运营维护保函及移交维修保函。

4）项目公司。

a. 享有投资、建设、运营和维护该项目的特许经营权、项目公司投资建设资产使用权、收益回报权、自主经营权以及相关优惠政策；

b. 负责完成其他前期工作，包括但不限于规划选址、环境影响评价及报批、立项及可研报批、测勘、初步设计及审查、施工图审查；

c. 负责该项目特许经营期内的设计、投融资、建设等工作，承担相应风险；

d. 在运营期内严格按法律及协议规定进行运营，持续、安全、稳定地提供服务，并确保项目达到 PPP 合同约定的标准；

e. 接受政府方及其依法聘请的专业第三方机构在建设期的监督管理，并有义务配合建设期监管的相关事宜，由此产生的专业第三方机构的监管服务费用由项目公司承担；

f. 按 PPP 合同规定向政府支付前期工作费用；

g. 特许经营期满后，应将项目设施完好、无偿地移交给市政府或其指定的接收机构。

（3）项目公司管理层架构。

董事会由五名董事组成，其中水务公司委派两名董事（含一名董事长）；光大水务委派三名董事。

监事会由三名监事组成，由水务公司委派一名，光大水务委派一名，职工代表监事一名。

总经理为公司法人代表，由光大水务提名，董事会聘任；副总经理两名（股东双方各委派一名），总经理和其他高级管理人员按照相关的权限和程序报批后，由董事会聘任或解聘。

（三）借鉴价值

（1）项目建设意义。该项目的建设不仅能提升镇江市主城区排水防涝能力，改善城市水环境质量和居住环境，也使“海绵城市”理念和 PPP 理念深入人心，有效创新了当地基础设施建设的投融资方式。项目灵活而不失规范的建设模式对全国海绵城市建设起到了较好的引领示范作用。

（2）技术创新。该项目包含了 LID 改造设施、生态修复等源头型项目，湿地生态系统和管网、泵站工程等过程型项目，以及污水处理厂等末端型项目，体现了“源头—过程—系统”的海绵建设理念，具有较为典型的示范意义。

项目强化了海绵城市的顶层设计，与老城区改造充分结合，针对排水防涝和水质达标等问题，综合采用绿色、灰色、蓝色多种海绵措施，形成系统完整、效益综合的设计方案，起到了对全市海绵城市建设的统筹作用。

（3）PPP 模式创新。

1）建设模式灵活多样。针对项目获得 12 亿元中央补贴资金以及项目 13.85 亿元资金缺口的实际，采用了“A 部分代建”＋“B 部分 BOT”的模式，解决了海绵城市项目内容通常类型多样、非经营性和可经营性项目交杂的问题，有效提高了项目运营的效率。

2）采购流程规范高效。采购的流程严格按照 PPP 有关文件的要求开展，规范而高效。

在项目推介阶段充分接近市场，通过两轮市场测试，征询20多家社会投资人的意见和建议；在采购模式上，结合项目有些边界条件不明确的情况，选择竞争性磋商方式；在竞争性磋商阶段，严格按照江苏省财政厅的要求，将采购工作放在省级政府采购中心开展；在选择采购社会投资人的过程中，科学设置“综合评分法”磋商评分标准，按照公开、公平、公正的原则，择优选择拥有“技术＋资本＋资源”的社会投资人。

3）回报机制科学合理。根据不同子项目“准经营性”和“非经营性”的特点，将项目的回报机制设定为“污水处理费＋可行性缺口补贴＋代建费”三部分，分项指标清晰合理，并设置合理的调价机制；采用“流转税简易计算＋实际调整”应对政策的不确定性；同时针对设计方案未定、运维成本不明确的子项，创新性地采用有条件限制的“再谈判机制”，预留“可进可退”的双向选择余地和一定弹性的谈判空间。

4）绩效考核机制完备。项目设置了以绩效评价为结果的付费机制，并且每3～5年委托第三方机构进行中期评估，与住建部要求的海绵城市建设绩效考核标准互相衔接，保障了项目提供的公共服务的质量。

项目的绩效评估与考核还与智慧海绵系统建设有机结合，通过信息化、可视化的管理系统实现项目设计、进度管理、效果监测、达标评估等工作，具有一定的前瞻性。

（4）运作建议。

1）未来海绵城市建设从城市总体角度做好规划和顶层设计，避免出现“散点式”打造局部“样板”的现象，真正实现“最大限度减少对生态环境的影响，将70％的降雨就地消纳和利用”的目标。

2）应注意老城区源头改造项目与居民改造意愿及物权法的协调，做好社会公众参与和满意度调查，确保老城区改造能切实契合民众的实际需求。

三、“光伏发电＋综合体”PPP项目

1. 项目背景

近年来，我国城市小汽车保有量增长迅速，大、中、小城市均相继出现了停车难以及乱停车的现象。位于华北的某市也不例外，据该市公安交警部门统计，截至2015年6月份，该市小汽车已达60多万辆，且每月有近千辆新车入户。由于小汽车快速增长而城市停车泊位缺口极大，给城区道路和停车场带来巨大压力，造成动态交通的严重堵塞，破坏了城市居民的居住环境和城市的形象。医院属于人流和车流的集散地，如某市中心医院在建设初期并未过多考虑停车需求问题，再加上自驾车就医者比例不断增加，导致医院周边交通拥堵、交通事故频发等多种交通问题，还增加了就医者的就医时间。2015年3月，该市决定将市中心医院迁出，并在该市高新区新建一座大型医院，医院占地面积278亩，核定床位1600张。根据规划，医院投入使用后，年门（急）诊量预计将达到100万人次（每日门诊量达2700余人次），考虑到医院内自备地下停车空间不足（只有80个停车位，且不对外开放，只供医院内部职工使用）、现有平面停车场受地理条件限制只能停100辆车左右，该市市政府决定建设一座智能立体停车库（以下简称“本项目”），以解决来院就医人员的停车难问题。

2. 基本情况

本项目占地36亩，总投资4300万元，建设周期为120个日历天，包括主体工程390

个升降横移式立体停车位（根据该市医院总体规划、该市小汽车保有量、日门诊量、停车场设计规范，该智能立体停车库类型为升降横移式，共七层），以及 50 个光伏发电充电桩、一座 100m² 全自动洗车房、一个 2000m² 超市以及若干个共 1000m² 的餐饮门店等。立体车库设计时综合考虑"节能环保"和"绿色建筑"理念，通过敷设光伏组件，建立光伏发电充电桩，不仅可满足立体车库电气设备供电要求，而且可为就医者、医护工作人员、周边群众提供电动汽车充电服务。立体停车库整体外观与医院主体设计风格融为一体，与周边环境融合性好。工程计划于 2016 年 3 月开工建设，2016 年 12 月底主体工程完工，调试后投入使用（见表 7-11）。

表 7-11　　项 目 规 划

项目	单位	数量	用地比例
立体车库用地	m²	600	3.91%
配套服务用房用地	m²	3000	19.60%
平面停车场用地	m²	774	5.05%
道路及广场用地	m²	8417	54.89%
绿化用地	m²	2537	16.55%
围墙	m	475	
大门	个	3	

项目总投资 4300 万元，按照项目概算方案估计的投资明细见表 7-12。

表 7-12　　项 目 投 资

项目	金额（万元）
立体停车库投资	1100
配套服务用房投资	601
地面停车场投资	22
路面硬化投资	210
绿化投资	12
室外管线及照明投资	35
围墙及大门投资	30
配电设备投资	300
太阳能发电设备投资	80
空中走廊投资	200
土地购置费	1710
合计	4300

3. 合作模式

经过前期招标，该市政府与国内知名的某智能立体停车库投资管理有限公司（以下简称某智能立体停车库公司）达成合作意向，双方以 BOT 模式合作。该市政府按照有关法律法规规定授予某智能立体停车库公司特许经营权。期限为 25 年，自特许经营合同签订之日起算。某智能立体停车库公司负责该市新建医院智能立体停车库项目的设计、投资、融资、建设和运营。某智能立体停车库公司投资回报采取停车费收取＋政府差额补贴模式。

4. 案例分析

智能立体停车库建设属于市政公用设施，公益性强，且立体停车库大多是作为单一的服务体，即仅为周边的政府、写字楼、医院等提供停车服务，完全靠收取停车费维持运营，收入来源单一，不能盈利或微盈利。总的来说，智能立体停车库 PPP 项目具有投资规模大、回报周期长、收益率低等特点，社会资本积极性普遍不高。

因此，为了解决该市新建医院停车难问题，保障项目的顺利落地，进一步提升医院的公共服务水平，同时实现自身的收益，某智能立体停车库公司经过充分调研并参考经济发达地区的先进经验，决定创新设计理念，从节能和扩大收入来源两个方面入手，即在建设立体停车库的基础上，还建设一批商业配套设施，保证投资主体的合理收益。具体来说，在满足该市新建医院停车需求的前提下，以立体停车库代替平面停车场，提高空间利用效率，同时在停车库周围建设相应的配套服务设施如全自动洗车房、超市、餐馆等，还能为医院工作人员、就医人员、探望人员及附近居民等的工作、生活提供便利。

(1) 在节能方面，本项目采取光伏发电模式，通过光伏发电一方面为立体停车库运行供电、为电能汽车充电、为其他配套服务设施供电，以节约能源；另一方面光伏发电余电可以并网。2013 年以来，国务院、国家发改委、国家能源局、相关省份多次发文推进光伏发电技术的应用，对于分布式光伏并网发电按照全电量补贴（国家补贴 0.42 元/度＋各省补贴），补贴期限原则上达到 20 年。在立体车库顶部敷设光伏组件进行并网发电是本项目的创新应用，不仅推进了建筑节能，而且可以取得可观的经济效益。

(2) 在立体停车库节省的土地上建设综合超市、餐馆、全自动洗车房等商业配套设施。配套设施主要有 50 个电能汽车充电桩、一座 100m^2 全自动化洗车房，一个 2000m^2 大型综合超市以及若干个共 1000m^2 的餐饮门店。

(3) 项目收入估算。

1）停车泊位出租收入。预计立体车库建设初期的就医量可达到预计日门诊量的 40%、第 5 年达到 50%、第十年达到 60%，在所有的就医者中驾车就医的比例按 30%计，停车时间不超过 2 小时的有 50%、不超过 3 小时的有 30%、超过 3 小时的有 20%。由此，立体车库运营初期可得年收入为 52 万元，第 6 年可得年收入为 86 万元，第 11 年可得年收入为 109 万元。

2）商业铺面出租收入。为方便医院工作人员、来院就医人员及附近居民的工作、生活，在立体车库周边配置建设相应超市和餐饮门店，年租金收入 210 万元。

3）广告位出租收入。本项目所建停车库为公共立体停车库，符合广告位设置的规划和标准，因此拟建立 100m^2 的 LED 显示屏，根据该市广告费租赁的收费标准，100m^2 的 LED 显示屏每月租赁标准为 1 万元，则一年可得的广告位租赁收入为 12 万元。

(4) 经计算本项目所得税前财务内部收益率为 7.12%，所得税后财务内部收益率为 6.18%，本项目具有一定的盈利能力。经计算本项目所得税前投资回收期为 9.75 年，所得税后投资回收期为 11.98 年，表明本项目有一定的盈利能力和抗风险能力，能够回收投资。

最后，某智能立体停车库公司设计的“光伏发电＋综合体模式立体停车库”成功中标。

四、旅游 PPP 项目

1. 项目背景

某市是一座古城，旅游资源丰富，尤其是人文资源享誉海内外。一直以来，某市人民政府都希望打造一个集人文、风景与旅游于一体的旅游胜地，以扩大城市的影响力，拉动经济增长，但受制于政府资金不足，始终未能将项目落地。近年来，贵州、北京、陕西、湖南等多地政府改变此前以政府投资旅游项目的做法，引进社会资本，通过与社会资本合作，解决了项目开发中的资金问题，取得了良好的效果。鉴于此，该市市政府决定引进社会资本建设一座大型文化公园（以下简称“本项目”）。

2. 基本情况

本项目占地 20km^2，包括新建 7 处人文景观，9 处文物保护单位、8 处历史建筑的保护修缮。基础设施工程包括道路、给排水、环卫、绿化等。

3. 台作模式

由于本项目开发范围大、难度大，因此开发建设资金及前期拆迁安置成本数额较大，如果仅靠本项目建成后门票收入及租金收入难以满足资金需求。因此，该市市政府经过慎重考虑，决定对本项目采取 PPP 模式合作建设。经过公开招标，某文化发展公司中标，由该市政府与某文化发展公司签订特许经营协议，特许经营期限 30 年。某文化发展公司在项目所在地设立 PPP 项目公司，负责本项目的投资、建设和运营，并以“使用者付费＋土地增值＋政府可行性缺口补贴”的模式获取回报。

4. 案例分析

（1）长期以来，我国旅游业主要依赖政府投资和银行业金融机构贷款，存在融资渠道单一、投资主体单一和引进社会资本不足的问题，可以说，资金问题阻碍了我国旅游产业的发展和旅游产品结构的转型。而反过来，社会资本却持币寻找旅游投资机会。可以说，国家大力推广 PPP 模式为广大社会资本进入旅游行业打开了通道。从国家政策来看，也重点支持旅游行业开展 PPP 模式合作。2014 年 12 月，国家发改委发布的《关于开展政府和社会资本合作的指导意见》（发改投资〔2014〕2724 号）指出：“PPP 模式的适用范围主要为政府负有提供责任又适宜市场化运作的公共服务、基础设施类项目。燃气、供电、供水、供热、污水及垃圾处理等市政设施，公路、铁路、机场、城市轨道交通等交通设施，医疗、旅游、教育培训、健康养老等公共服务项目，以及水利、资源环境和生态保护等项目。”而根据国务院办公厅转发的财政部、发改委、人民银行《关于在公共服务领域推广政府和社会资本合作模式的指导意见》（国办发〔2015〕42 号），PPP 共包括能源、交通运输、水利建设、生态建设和环境保护、市政工程、片区开发、农业、林业、科技、保障性安居工程、旅游、医疗卫生、养老、教育、文化、体育、社会保障、政府基础设施和其他等 19 个行业。从财政部公布的第一批、第二批 PPP 示范项目来看，其中旅游 PPP 项目占了相当大的比例。

（2）从市场和公益的角度来看，旅游行业具有公益性（为游客提供旅游资源）和商业性（注重市场化运营，以满足旅游资源的持续运营和维护，同时满足投资者的投资收益）双重属性，因此，旅游业具有借力 PPP 模式的天然基因：一方面，我国大力推广的 PPP 模式，其主要对象是基础设施建设项目和公用事业项目，“公益性”特征明显，且许多 PPP 项目本身就是纯公益类项目，如环境综合治理、河道治理、公园建设等；另一方面，从社会资本的投资回报来看，PPP 项目主要有三大类，一是供水、供电、供暖等完全市场化的商业项目，二是污水处理、垃圾处理等准市场化的准商业项目，三则是前述的纯公益类项目。从实践操作来看，社会资本参与 PPP 项目积极性不一，其最看中商业性项目，其次是准商业性项目，纯公益类项目最差。而旅游行业除具有公益性质外，还具有商业性质，适于市场化运作，这也正是社会资本所看中的。对地方政府而言，拥有旅游资源尤其是优质的旅游资源，是吸引优质社会资本的一张“王牌”。

（3）本项目以 PPP 模式合作建设，对旅游 PPP 项目具有一定借鉴意义，主要表现在以下几个方面：

1）本项目既具有社会效益，又具有经济效益，属于旅游行业中典型的准经营性项目。正是抓住了本项目的核心特点，才促使政府和社会资本以 PPP 模式进行合作。确定好合作模式后，合作双方发挥各自的优势，按照国家有关 PPP 的法规政策、PPP 模式的特点，同时结合本项目的特点明确责任分工以及科学设计交易结构，从而快速推进本项目。否则，就会重新回到此前政府主导建设和运营的模式，不利于本项目的推进。

2）本项目开发建设资金及前期拆迁安置成本数额大，如果仅靠项目建成后门票收入及租金收入难以满足项目资金需求。本项目以 PPP 模式合作的一大亮点就是在政府借助社会资本的力量成功“撬动”项目的同时，社会资本通过改善项目周边环境提升项目整体价值，从而最终实现项目的增值。

3）专业化的项目管理机构是项目快速推进的保障。本项目有政府部门牵头组建的委员会，下设专门的决策和执行机构，具体负责本项目的监管。政府和社会资本之间建立了长效的管理机制。

第四节　“一带一路”PPP 项目

一、巴基斯坦萨察尔 50MW 风电项目

1. 项目摘要

巴基斯坦萨察尔风电项目如图 7-11 所示。

巴基斯坦萨察尔 50MW 风电项目位于巴基斯坦信德省锦屏地区，项目总投资 1.3 亿美元，是“一带一路”倡议提出后的首个“一带一路”新能源项目。该项目由巴基斯坦的哈比卜集团全资成立项目公司萨察尔能源发展有限公司（简称“萨察尔能源公司”）。萨察尔能源公司与巴基斯坦联邦电力采购署签订电力购买协议。中国电力建设集团有限公司（简称“中国电建”）下属的中国水电工程顾问集团有限公司（简称“中水顾问”）与萨察尔能源公司签订工程总承包协议，并委托中国电建下属的华东勘测设计研究院有限公司（简称“华东院”）负责项目建设、运营等工作。2015 年 2 月 15 日萨察尔能源公司和中国工商银行在北京签署项目贷款协议，2015 年 12 月 11 日项目开工，2017 年 4 月 10 日开始商业运行。项目采用 33 台金风 1.5MW 风机机组，年发电量约 136.5GWh。

图 7-11 巴基斯坦萨察尔风电项目

巴基斯坦萨察尔 50MW 风电项目是中巴能源合作 14 个优先实施项目之一，受到中巴两国高度重视。项目贷款协议的签署标志着中巴经济走廊首单项目融资落地，拉开了“一带一路”沿线新能源项目开发建设的序幕。

项目基本信息见表 7-13。

表 7-13 项目基本信息

项目名称	巴基斯坦萨察尔 50MW 风电项目	
项目意义	巴基斯坦萨察尔风电项目是中巴能源合作 14 个优先实施的项目之一；中巴两国政府高度关注，是联系中巴友谊、促进“一带一路”经济体共同发展的关键纽带，具有重大政治、经济意义	
项目类型	新建项目	
所属行业	电力——电站建设	
合作内容	萨察尔风电项目位于巴基斯坦信德省锦屏地区，距离卡拉奇港口 120km，项目总工期 15 个月，年均发电量 136.5GWh。项目采用金风科技 1.5MW 风机，风机稳定可靠、故障率低，经济效益好	
合作期限	20 年	
运作方式	EPC+O&M	
付费机制	政府付费	
巴方政府	巴基斯坦联邦电力采购署	
签约日期	2012 年 4 月 28 日	
项目公司	萨察尔能源公司	
项目参与方	工程总承包	中国水电工程顾问集团公司（以下简称“中水顾问”）
	建设、运营等	华东电力设计院有限公司（以下简称“华东院”）

2. 项目实施要点

(1) 项目背景。巴基斯坦是南亚大国，人口约 1.67 亿。巴基斯坦电力结构以火电为主，总装机容量约 20GW，其中水电装机 6.6GW，占总装机容量的 34%，热电装机占 64%，核电 2%。在电力消费结构方面，居民用电占 43.3%，工业用电占 26.6%，农业、商业和公共用电分别占 12.6%，6.0%和 4.9%，其他行业占 6.6%。

巴基斯坦石油、煤炭和天然气资源的已探明储量并不丰富，国内电力生产能力一直不足。近年来随着经济发展和人口增加，能源和电力供应短缺情况越来越严重，巴基斯坦政府把目光转向国际上正在快速发展的风力发电。

(2) 项目启动。为了进一步改善电力结构，提高电力系统利用效率，巴基斯坦政府出台了一系列政策吸引风电投资者。一是在风电领域采用 BOO 或 BOOT 方式完全吸引私营投资，运营期不少于 20 年。二是由巴基斯坦联邦电力采购署采购所有电力。三是政府对风力资源给出一个基准评价值，与投资者分担风险。四是根据不同投资商的投资成本议定电价。五是税收政策方面，政府提供免税优惠政策，如免征海关关税和消费税，免收资源使用费，代征地且地租低廉。六是自由汇兑方面，巴方政府规定投资收益可以自由汇回投资者国家。

2012 年 4 月 28 日中水顾问与萨察尔公司签订工程总承包协议，正式开启合作。

(3) 项目合同。主要包括：设备供货合同，即巴基斯坦境外采购合同（简称“Off-shore”）；施工及安装合同，即在巴基斯坦境内实施的土建及设备安装合同（简称“On-shore”）；O&M（委托运营）合同，即合作期内的运行维护合同。

(4) 融资方案。该项目由中国工商银行提供 85%贷款，剩余部分为萨察尔能源发展有限公司自有资金。

3. 项目点评

萨察尔风电项目是中巴经济走廊首个签署贷款协议的项目，也是中巴经济走廊能源合作 14 个优先实施项目之一，其成功投产对于中巴经济走廊和“一带一路”建设具有示范效应。

(1) 高效联动，通力合作。该项目由工商银行提供贷款，工商银行依托全球电力金融产品线优势，结合丰富的海外投融资经验，通过总行、北京分行和卡拉奇分行等境内外、总分支机构高效联动，协同合作，推动项目完成审批、签约，实现融资关闭，完成提款，最终实现顺利移交。

(2) 不畏艰难，砥砺前行。黄沙漫天，烈日炎炎可谓巴基斯坦锦屏地区的真实写照。由于项目地处热带，且常年盛行由阿拉伯海吹来的海风，每年的 4 月份至 10 月份，最高气温可达 50℃，平均气温 40℃以上。除了艰苦的自然环境，项目团队在合同结构、项目管理模式、设计和施工标准、融资和结算方式、属地化管理、分包商管理、电网审批等方面遇到很大挑战。项目团队面对的国外业主及监理极高的规范，以及一年一度的斋月及突发情况，使得本来就很紧张的进度更加雪上加霜。为抢回工期，项目团队组织工作队伍三班作业，不畏艰难挑战，凭借拼搏、不放弃精神，项目提前完工，进入商业运行，赢得业主高度认可。

(3) 整合资源，强化管理。该项目由中国电建统筹管理，华东院负责项目全过程实施。

实施期间，华东院委派高管驻守项目现场，协调解决各种问题，保障人员和物资调配。华东院财务资产部、人力资源部、信息中心等职能部门专门抽调人手赴巴基斯坦，将服务延伸到一线；华东院院质安环部专门组织专家组赴现场检查指导健康安全环境管理体系工作；华东院海外事业部、设备成套管理部和建管公司等，也在合同、采购和管理等方面提供了重要支撑。该项目的项目部在整合各方资源的同时，加强对分包商的管理，强化沟通协调，帮助解决资金、物资等困难，加深彼此信任理解，充分调动分包商的工作积极性。

（4）履行责任，增进友谊。该项目为当地居民提供超过 200 个工作岗位。炎炎烈日下，为村民送去清洌的泉水；沙尘肆虐中，为村民送去急需的药品、衣物，并为当地建设小学，聘请教师负责教育村民的孩子们。项目团队在当地组织了一场大规模的板球联赛，吸引了当地多家公司支持与参与，组建了包括风电开发商、主机厂家、承包商等在内的 9 支参赛队伍，这次赛事吸引了 6 家当地电视媒体及 21 家报纸媒体报道，不仅活跃了工地气氛，丰富了海外员工的业余生活，增强了中巴之间的友谊，而且弘扬了中国及大国企业的文化和精神，也为中巴经济走廊、中巴能源合作及中巴世代友谊贡献了一分力量。

二、牙买加 H2K 高速公路南北线项目

1. 项目摘要

牙买加 H2K 高速公路南北线项目，是牙买加历史上规模最大的交通运输类项目。该项目南起西班牙城，北至旅游城市奥乔里奥斯，全长 66.163km，总投资 7.34 亿美元，如图 7-12 所示。

图 7-12　牙买加 H2K 高速公路南北线项目

项目初期由法国 Bouygue 公司负责建设，后因地质勘探不充分导致工程超概算等问题停工。中国交通建设股份有限公司下属中国港湾工程有限责任公司（简称“中国港湾”）、中交国际（香港）控股有限公司（简称“中交国际”）、中交第一航务工程局有限公司（简称“中交一航局”）、中交第二公路工程局有限公司（简称“中交二公局”）、中交第二公路勘察设计研究院有限公司（简称“中交二院”）共同出资在巴巴多斯注册成立加勒比基础设施投资公司。该公司全资控股设立牙买加南北高速公路公司作为项目公司。后者与牙买加高速公路运营建设公司签订协议正式获准取代法国 Bouygue 公司以 BOT 方式承建运营牙买加南北高速公路。

2012 年 12 月 21 日，牙买加南北高速公路公司与中国港湾签订了 EPC 总承包协议。该项目 2013 年 1 月 28 日开工，2013 年 8 月完成融资，2014 年 8 月 6 日中段完工开始试运营，2016 年 2 月南北两段建成，3 月通车，预计 2066 年移交，项目基本信息见表 7-14。

表 7-14　项 目 基 本 信 息

项目名称	牙买加 H2K 高速公路南北线
项目意义	牙买加历史上最大的交通运输类项目；最大的中牙经济合作项目；中交建在牙买加投资的首个基础设施项目；中资企业在海外首个高速公路 PPP 项目
项目类别	交通运输——高速公路建设
建设内容	连接西班牙城和牙买加旅游中心奥乔里奥斯的高速公路南北线，全长 66.163km，双向四车道，设计时速 80 公里
总投资额	7.34 亿美元
运作方式	BOT
合作期限	建设期 3 年，运营期 50 年
项目公司	牙买加南北高速公路公司，成立于 2011 年 9 月 13 日，注册资本 50 万美元，为项目借款方和运营方。该公司由中国港湾、中交国际、中交一航局、中交二公局和中交二院共同出资在巴巴多斯注册成立的加勒比基础设施投资公司在牙买加出资设立
融资安排	国家开发银行与项目公司签署长期贷款协议，本贷比 1∶3

2. 项目实施要点

（1）项目背景。牙买加西北海岸是世界著名的旅游区，经济快速发展，与首都金斯敦之间南北通道的交通压力不断增加，现有公路不能满足通行需求，制约了经济发展。牙买加政府于 1999 年启动了“Highway 2000 项目”（以下简称“H2K 项目”）规划，将其作为政府致力于提升国家基础设施和振兴经济的一项长期计划，旨在通过建造安全、高效连接全国主要城市的公路轴线，满足国内快速增长的交通需求，为金斯敦与牙买加主要人口集中的城市之间提供安全快速通道，促进沿线土地和旅游资源开发。

作为牙政府规划重点建设的南北交通干线，牙买加 H2K 高速公路南北线的建成将打通连接牙南北海岸的“大动脉”，将行车时间从原来的两个小时缩短至四十五分钟，为人员流动和物资运输提供便利，有助于岛内资源重新配置与开发利用，促进经济协调发展。

（2）项目开发过程。

1）融资方案。牙买加南北高速项目银行贷款全部由国家开发银行提供。2013 年 8 月 27 日，项目公司与国家开发银行签署贷款协议，根据长期贷款协议，南北高速配套资本金与贷款的比例为 1∶3，项目资本金约 1.5 亿美元，贷款额度为 4.255 亿美元和 2 亿人民币，贷款期限为 20 年，其中宽限期 3 年（含建设期），还款期为 2017—2033 年，合同约定贷款利率为 6 个月 Libor＋460BP。

2）项目交易结构。项目采用 BOT 的运作方式，项目参与者以及各自之间的合同关系如图 7-13 所示。

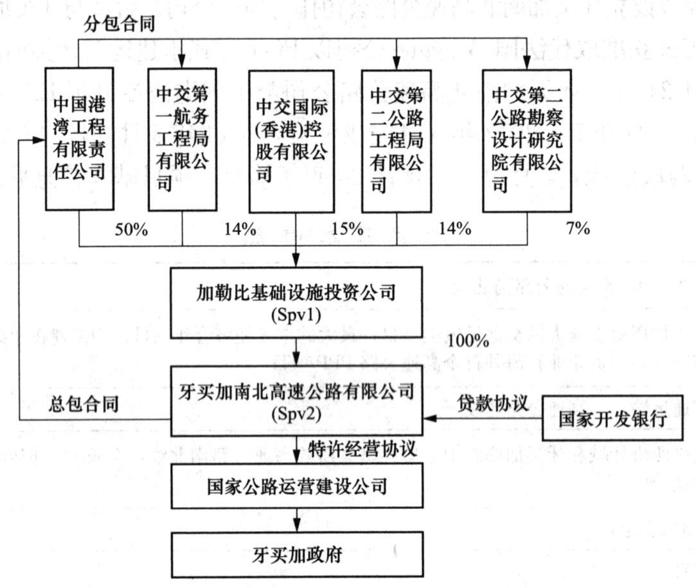

图 7-13　项目交易结构图

3）项目风险识别与管理（表 7-15）。

表 7-15　　**项目风险识别与管理**

风险类型	风险来源
信用风险与政治风险	因政权变更导致国家解体或新任政府不承认以往的债务和协议，可能影响项目资产的安全
市场与运营风险	①车流量和收费标准达不到预期标准；②借款人管理不善、管理成本增加；③自然灾害等不可抗力事件等对项目运营造成影响
利率及汇率风险	项目期限较长，利率及汇率变化难以预测，如发生不利变化将对项目造成一定影响
完工风险（完工前）	①地质条件比预想复杂；②牙买加本地公司施工缓慢；③政府征地拆迁进度较慢、征地不连续等问题

4）牙方激励措施（表 7-16）。

表 7-16　　**牙方对中方的激励措施**

关键激励点	具体激励措施
特许经营权	50 年运营
	承诺提供较为优惠的收费标准和定价机制
	约定项目唯一性：双方约定，除非本项目交通量已饱和，牙方不可建设新的存在竞争性的公路、铁路、轻轨或升级任何现存道路

续表

<table>
<tr><th colspan="2">关键激励点</th><th>具体激励措施</th></tr>
<tr><td colspan="2">土地开发收益权</td><td>划拨公路沿线 5 平方公里经营性土地，由项目公司自主开发，开发所得收益归项目公司所有</td></tr>
<tr><td rowspan="7">税收优惠</td><td>所得税</td><td>运营期前 20 年对牙买加南北高速公路有限公司的所得税实行零税率</td></tr>
<tr><td rowspan="2">一般消费税</td><td>运营期的过路费实行零税率</td></tr>
<tr><td>运营期前 25 年对投资人、承包商及分包商等实行 GCT 零税率或退税政策优惠</td></tr>
<tr><td>关税</td><td>从特许经营协议生效日至运营期的第二十五年止，对投资人、承包商及分包商进口与项目有关的施工设备、运输工具（小汽车除外）、材料等实行零关税</td></tr>
<tr><td>资本利得税</td><td>牙买加南北高速公路公司作为巴巴多斯公司的全资子公司，在向巴巴多斯公司分红时不用缴纳资本利得税</td></tr>
<tr><td>其他</td><td>印花税、利息的预提税、不动产税、财产转让税均免除</td></tr>
</table>

3. 项目点评

（1）充分重视前期风险评估工作。牙买加 H2K 高速公路南北线原由法国 Bouygue 公司于 2007 年开始实施建设，但由于地质勘探不到位，对施工难度准备不足，在未完工的情况下停工，预算严重超标，后续就增加投资与业主以及牙政府的谈判破裂。其后，中国港湾公司取而代之，正式获准以 BOT 方式承建运营 H2K 高速公路南北线。

与母国项目相比，海外项目的建设存在诸多不确定性，例如行政审批、项目勘探、拆迁征地、成本控制和法律规则等。Bouygue 公司的失败经验揭示了海外项目更需要重视前期风险评估工作，特别是充分利用本土资源，聘请本国专家进行详尽的实地考察与研讨，实现海外项目的本土化评估、规划与运作。

（2）立法经验值得借鉴。牙买加采用英国法律体系，法律法制比较健全。牙买加高速公路授权经营主要依据是《收费公路法》（Toll Road Act）。高速路特许经营协议提交牙买加交通部审核通过，内阁批准后生效。牙买加其他与道路相关的法律规定还包括《The Road Traffic Act》《The Main Road Act》等。一国的法律制度，特别是针对 PPP 模式的立法，很大程度上将决定项目的各方利益能否得到保障。中国目前 PPP 相关的立法仅停留在行政规章方面，法律位阶较低，专业程度较弱。牙买加的 PPP 立法值得学习借鉴。

（3）PPP 模式可作为国内企业拓宽海外市场的路径之一。对国内企业而言，牙买加 H2K 高速公路南北线项目是中国港湾乃至中交集团在海外的第一个公路投资项目。项目的成功有利于中国企业拓展新业务领域、做大海外业务，积极介入其他领域和地域的市场竞争，彰显了 PPP 模式作为中国企业开拓海外市场的可行性。

三、斯里兰卡科伦坡港口城项目

1. 项目摘要

斯里兰卡科伦坡港口城项目（以下简称“项目”）位于斯里兰卡首都科伦坡南港以南近岸海域，与科伦坡现有的中央商务区相连，规划范围北至科伦坡南港防波堤，南至 Galle Face Green，东至现有海岸线，如图 7-14 所示。项目由斯里兰卡大都市和西部发展部协调海域使用权及负责项目区域外的配套设施建设；由中国港湾工程有限责任公司（以下简称“中国港湾”）负责项目投融资并进行填海造地形成 269 公顷陆域，并负责项目区域内基础设施建设运营维护、土地销售及开发，项目信息见表 7-17。

图 7-14 斯里兰卡科伦坡港口城项目

表 7-17 项目基本信息

项目名称	斯里兰卡科伦坡港口城项目
项目意义	加强中斯两国合作关系；践行国家“一带一路”倡议；把握优质投资机会，实现国有资产保值增值
运作方式	BOOT
合作期限	长期
规划内容	项目完成后，将形成 269 公顷土地，其中用于公共建设土地面积约 91 公顷，包含公共道路、公共绿化及公共管道（给排水、供电、通信、网络）等；用于商业开发的土地可售面积约 178 公顷，包括住宅（含公寓和别墅）用地、办公楼用地、酒店用地、商业零售用地、文教卫生设施用地及娱乐康体用地等
项目内容	项目分两期，一期主要内容为：填海造地陆域面积约 269 公顷，一条长约 2000 米、宽约 70 米的运河，一条总长 3245 米的防波堤（两侧含沙堤）和 10 公顷面积沙滩，并完成一期规划区域内的道路、绿地、给排水、供电、通信及其他管线等基础设施建设运营维护、土地销售及开发。二期主要内容为：二期规划区域内的道路、绿地、给排水、供电、通信及其他管线等基础设施建设
总投资额	约 13.96 亿美元。其中，一期投资 11.50 亿美元；二期投资 2.46 亿美元
项目工期	一期于 2014 年 9 月开工，原计划工期 4 年，现计划 2020 年 4 月建成（2015 年 3 月因政府换届停工，2016 年 8 月复工）；项目二期计划 2022 年 3 月开工，工期 2 年，2024 年 4 月建成
项目公司	中国港湾于斯里兰卡注册项目公司，由项目公司负责该项目的融资和实施

2. 项目实施要点

（1）项目背景。2004 年，斯里兰卡时任总理拉尼尔·维克勒马辛哈（现任总理）提出了“大西部省”的规划构想，旨在促进国民经济发展，改善城市配套基础设施服务，提升国民幸福感，于2030年实现“斯里兰卡成为高收入发达国家”的愿景。

项目所在地科伦坡是斯里兰卡首都，是全国的经济文化中心，近年随着经济发展迅速，房地产逐渐升温，城市中心区土地供不应求。斯里兰卡政府自20世纪70年代即计划通过填海造地方式扩大科伦坡中央商务区范围，但受多重因素影响，该计划自科伦坡南港扩建工程开始后才重新提上日程。斯里兰卡政府对科伦坡城市发展进行了定位，目标是把科伦坡打造成南亚地区的国际商业和金融中心。这一定位使得科伦坡土地短缺问题更加凸显。为解决土地供求矛盾，斯政府迫切需要实施中央商务区填海造地项目。

（2）主要风险识别及管理。

1）市场风险。项目可能面临土地供给、销售及开发带来的市场风险，拟制订长期计划；通过控制土地开发节奏，做好市场宣传，打消市场对短期内供应量过大的担忧。另一方面，中国港湾与斯方签订的限制性竞争条款有效防止了类似项目入市竞争，并且通过政府土地销售及开发限制条款有效控制土地供给。

2）技术风险。交通规划方面，中国港湾聘请了国际上知名的交通规划公司对项目以及周边的交通路网规划进行研究，选取最优方案以保证交通畅通。

项目建设方面，中国港湾聘请了国内知名的科研单位，对关键技术，如防波堤的稳定性、沙滩稳定性、回淤等内容进行了数字模拟实验、物理模拟实验等验证和优化，以降低项目技术风险。

3）投资成本控制风险。中国港湾在项目前期认真做好科研勘察，联合各专业咨询机构做好投资估算，聘请专业建筑设计单位优化总平面布置，最大限度节省投资。中国港湾同时对项目进行严格招投标管理，以保证项目成本控制在预期范围内。

4）汇率和外汇管制风险。本项目将使用美元及境外人民币贷款，而科伦坡房地产销售收入惯例采用美元结算，汇率风险较小。由于本项目将享有外汇管制豁免政策，并设立专用外汇账户，土地销售及开发商收入汇兑不受外汇管制影响。

（3）投融资方案。项目一期工程融资8.05亿美元，占一期总投资额的70%，贷款期10年（含宽限期3年）。项目一期贷款协议已于2017年5月12日与国开行签署。项目二期拟以本债比3∶7的比例进行融资。

（4）建设、销售与开发方案。项目由中国港湾作为总承包方负责建设，项目总体规划由瑞典国际工程建筑咨询公司SWECO公司负责，项目控规由Surbana负责，项目市政设计由ATKINS负责，项目水工工程设计由中交四航院负责。项目公司聘请独立第三方监理Royal Haskoning负责监督项目实施，其中市政部分监理由斯里兰卡当地公司CECB负责。项目建成后由项目公司负责对土地进行销售及开发。

（5）运营维护方案。项目公司将与斯政府或斯政府任命的法定机构协商，共同成立运营管理公司并由项目公司控股，负责对港口城项目进行管理。项目中的游艇码头部分由项目公司100%持股进行运营，运营期为99年。此外，项目公司与斯里兰卡政府还就项目周边路网进行升级改造可能性等内容进行积极协商。

3. 项目分析

（1）加强中斯两国合作关系。中斯之间有着历史悠久的友好往来。1957年中斯两国正式建交，建交60年来，双边关系友好、稳定。2013年，两国宣布将中斯关系提升为真诚互助、世代友好的战略合作伙伴关系。港口城项目不仅是中国企业与斯政府合作共赢的契机，更进一步强化了两国互利友好的关系。

（2）契合斯里兰卡国家战略。港口城项目与斯里兰卡“大西部省”战略构想不谋而合，项目实施将切实促进斯里兰卡国民经济发展，改善城市配套基础设施服务，提升国民幸福感，有助于其实现2030年“斯里兰卡成为高收入发达国家”的愿景。

（3）创造可观的社会效益和经济效益。本项目将进行世界级的城市综合开发，推动科伦坡成为一个国际化都市，把科伦坡从游客集散地打造成目的地，充分展示斯里兰卡经济发展成果，成为世界及南亚新兴旅游热点区和节庆欢聚的地标，增加斯里兰卡游客数量，延长游客逗留时间，打造全新的斯里兰卡形象。随着对众多投资者的吸引力不断增加，港口城项目不仅给斯里兰卡带来可观的社会效益和经济效益，还将吸引国际高端专业人才，引进国际先进技术，提升本土企业国际竞争力。

（4）提供优良的基础设施。本项目实施后将提供现代化的商务环境和拥有绝佳景观及配套设施的住宅。项目将吸引投资者建设全新的娱乐观光设施和最前沿的活动、文化中心，为斯里兰卡人民及商务旅游客创造丰富的休闲娱乐体验。项目提供充裕的公共空间，为群众提供重大事件和节庆活动场所，展示斯里兰卡文化，彰显民族荣耀。

（5）为当地民众提供稳定的就业岗位。项目的实施对于民众最直接利益是创造稳定的就业岗位。据全球最大的商业地产服务和投资公司世邦魏理仕（CBRE）测算，项目建成后将为斯里兰卡民众创造约83000个稳定的就业机会，这将为更多的民众提供可靠的生活保障，提升民众生活水平。

参 考 文 献

[1] 张军．LPS 市综合管廊项目 PPP 融资风险管理研究 [D]．安徽大学，2017.

[2] 赵佳．城市地下综合管廊 PPP 模式融资风险管理研究 [D]．青岛理工大学，2016.

[3] 齐娜娜．PPP 模式下综合管廊项目风险评价研究 [D]．山东大学，2016.

[4] 胡海虹．城市轨道交通 PPP 项目风险管理研究 [D]．复旦大学，2012.

[5] 邓跃跃．建筑施工企业 PPP 项目管理会计应用实践 [J]．财务与会计，2018 (1)：36-37.

[6] 温来成，刘洪芳，彭羽．政府与社会资本合作（PPP）财政风险监管问题研究 [J]．中央财经大学学报，2015 (12)：3-8.

[7] 夏明月．城市基础设施 PPP 项目的风险管理研究 [D]．安徽建筑大学，2016.

[8] 彭志敏．PPP 项目中企业融资风险控制探讨——以中铁投资集团长沙空港为例 [J]．财会通讯，2017 (2)：113-116.

[9] 刘薇．PPP 模式理论阐释及其现实例证 [J]．改革，2015 (1)：78-79.

[10] 肖成志．对我国与英国 PPP 模式发展路径的比较分析 [J]．西南金融，2016 (12)：44-48.

[11] 金诺律师事务所．政府和社会资本合作（PPP）全流程指引 [M]．北京：法律出版社，2015.

[12] Brooks H，Liebman L，Schelling C. S. Public－Private Partnership：New Opportunities for Meeting Social Needs [J]. Journal of Poliey Analysis & Management，1984，4 (2).

[13] Ramamurti R. Can governments make credible promises? Insights from infrastructure projects in emerging economies [J]. Journal of International Management，2003，9 (3)：253-269.

[14] 陈洁．建设项目 PPP 融资模式风险识别及控制策略研究 [M]．北京：经济科学出版社，2018.

参考文献